21世纪高职高专规划教材·公共课系列

应用文写作项目化教程

第2版

主　编/王　燕

副主编/陈海敏　李　静

参　编/孙亚明　周　纯　徐华新　金　银

宋永燕　鲁　瑾　刘春生　王　虹

中国人民大学出版社

·北京·

学生心语

这门课程就像一场大的战役，我们是那支庞大的队伍，而老师就像一名伟大的军师。部队的部署、作战的方针，靠的是老师；队伍的前进、战果的取得，靠的是我们。是老师给了我们上阵杀敌的勇气，是老师给了我们取得战争胜利的保障。当我们攻陷了一座座堡垒，占领了一个个山头的时候，我们发现，我们是这场战役的主角；我们还会发现，我们是最大的受益者。

——物流 091 班　第六项目团队

当初老师选择用实训课的形式给我们上这门课，我们刚开始还有些抱怨呢，不过在后来的实训中我们确实学到了许多。我们一组八人集思广益成立了“大学生 ALI 巴巴”公司。从我们公司成立之初的筹备会、开业庆典和广告策划，到之后的招聘员工、公司经营过程中出现的合同纠纷，再到模拟法庭，我们真的从中学到了许多许多。我们 8 个人每周分工合作，各尽其职，团结奋进，成绩在步步提高，公司也在日益壮大。

有了应用文写作课程的学习经验，相信在今后的实践中，我会比别人做得更好、更出色！

——电商 081 班　蔡婷

应用文课程除了让我学到了求职信、申请书、通知、会议记录、合同、商务信函、起诉状等的写作知识和技能外，还给予了我很多写作知识以外的收获：信心、责任、团队。

忙并快乐着，希望我们每一天充实而快乐！

——电商 081 班　吴波

致教师

尊敬的老师：

敬业的您偶尔也许会面对课堂上几个昏昏欲睡或忙于低头看手机、玩游戏的学生而感到无奈。那么，如何使这些散漫的学生在课堂上变得积极主动、充满活力？我们为您提供一本全新的教材！

我们希望通过这本教材能够为您提供一种新的教学模式。从我们过去多年的教学体会来看，这种“基于大学生创业过程的项目化教学模式”，在学生团队从公司“筹备—开业—运营”的整个创业模拟实践活动中，有效地激发了学生学习的自主性、积极性，对提高课程目标学习的效率和提升学生的职业能力效果明显。

为了方便您组织课堂教学，我们在“创业实训篇”中为您专门设置了“课堂设计”栏目，以方便学生更好地按要求完成各项实训任务。我们建议您采用让学生以团队为单位围坐的形式开展每次课的教学活动；建议您留出每次课堂上2/3的时间给学生团队展示他们的学习成果，并适时作出点评；建议您建立一个良好的师生沟通平台，以确保学生团队在任务完成过程中能及时得到您的帮助和指点；建议您利用学生的好胜心理，以团队竞赛的方式，认真组织好每次团队完成任务情况的评比工作并当场宣布结果，给您的课堂增加点“火药味”；建议您一定要严格组织好“过程性评价”的工作，以团队绩效考核的方式，对学生在团队合作中的表现进行考核并加大成绩比例，给学生在课堂以外也施加点“压力”；建议您在教学条件允许的情况下，鼓励学生以电子文档、PPT、视频等多种形式展示学习成果；最后我们还想建议您，全力扮演好指导者和咨询者的角色，懂得欣赏您的学生，要充分相信他们的巨大潜力和爆发力，将课堂上更多的展示机会留给他们。您会发现：他们会不断地带给您惊喜！

第 2 版前言

Preface

本书自 2013 年 9 月由中国人民大学出版社出版以来，已被国内许多高职院校选作应用文写作课程的教材，这使得本人有缘与国内许多同行专家、授课教师展开学术和教学交流。朋友们在充分肯定本书的同时，也提出了宝贵的意见和建议，这为本书第 2 版的修订工作奠定了基础。

本书第 2 版在保留教材原有特色（见第 1 版前言）的同时，结合教材使用过程中的课程实训反馈情况，在内容上有了如下几方面的变化：

（1）遵循学生的认知规律，对教材 12 个项目重新进行分类整理与排序。教材第 2 版以学生为中心，分“基础认知篇”和“创业实训篇”两个篇目，循序渐进组织教学内容，使课程在整个实训流程，尤其在操作方面更具真实性、完整性和连贯性。修订后教材的课堂实训活动流程与文案写作见下表：

课堂实训活动流程与文案写作

篇目	实训项目	文案写作
基础认知篇	日常文书	请假条、留言条、收条、领条、借条、欠条、介绍信、证明信、申请书
	学业文书	*实验报告、*实习报告、*毕业论文、*毕业设计报告、*毕业答辩提纲
	公务文书	通知、通报、报告、请示、批复、函
创业实训篇	团队组建	岗位说明书、岗位竞聘书、绩效考核方案
	人员招聘	招聘启事、求职信、个人简历、劳动合同
	创业筹备会	*会议方案、会议通知、发言提纲、会议记录、*会议简报、会议纪要
	创业调研与融资	*市场调查方案、*调查问卷、市场调查报告、创业计划书、创业计划书讲稿及 PPT 要点
	开业庆典	*活动策划书、请柬、邀请函、欢迎词、欢送词、贺词、答谢词、*新闻稿
	广告宣传	产品说明书、*解说词、*广告策划方案、广告文案
	商务活动	*招标公告、*投标邀请函、招标书、投标书、*中标通知书、经济合同、商务信函、商务 E-mail、*商务谈判方案、商务谈判备忘录
	法务维权	经济纠纷起诉状、经济纠纷答辩状、*民事调解书、*判决书
	总结暨表彰	总结、述职报告、*计划

注：在课时不足的情况下，打*的文案建议采用课外自学的方式学习。

（2）针对教材第 1 版课堂使用的反馈信息，对本书“课堂设计”的内容进行了进一步的完善。目前，能够系统并有针对性地指导学生进行应用文写作技能训练的实训教材仍不多见，修订后的“课堂设计”更具指导性和操作性，能够更为有效地帮助师生组织并完成各项课堂实训任务。

（3）贴近职场工作情境和课堂现实，依照调整后教材的项目顺序，对教材中“情境导入”“情境分镜头”部分的内容进行重新设计与修订。由于本书对第 1 版原有的 12 个项目重新进行了分类整理与排序，故情境部分的内容也相应作了较大改动。

（4）依据教材内容，丰富课程网络学习资源。为协助师生在课堂内外更为灵活地开展课程学习活动，本书对与教材配套开发的电子课件、微课视频、实训任务书、教学大纲、案例分析、考试自测系统等内容进行了大量的补充与完善。

本教材第 2 版由王燕担任主编，陈海敏、李静担任副主编，孙亚明、周纯、徐华新、金银、宋永燕、鲁瑾、刘春生、王虹参与教材编写。

光阴荏苒，在本书付梓之际，衷心感谢所有为本书初版和再版付出辛劳、提供了支持和帮助的朋友们，衷心感谢使用本书的教师们和同学们！并向所有关心、支持本书出版和发行的各界朋友致以诚挚的谢意！

本书的不当之处在所难免，期盼同行专家、教师和各界读者朋友多提宝贵意见！电子邮箱：wangyan _ zy@163. com。

王　燕

2017 年 1 月

第 1 版前言

Preface

尊敬的读者：

这可能是你见过的一本非常“不一样”的教材！

这种“不一样”，建立在“坚持知识的掌握服务于能力的构建”的教学理念之上，建立在“以培养职业院校学生职业核心能力为目标”的审慎思考之上，建立在我院应用文写作教学团队历时五年、涉及二十多个专业“应用文写作”课堂教改成果与实践经验的基础之上。

本教材走出了以往应用文写作教材按体例划分的既有模式，以“就业”和“创业”为导向，以大学生校园学习生活和创业实践活动为主线重新整合教材内容，使独立、分散的知识点基于大学生创业实践过程有机联结，打破了“应用文写作”课程教学长期专注于知识的局限，使教学尽可能地接近现实环境，帮助学生通过对未来工作的提前演练，学会如何运用课堂上学习的知识有效地解决问题，为学生适应毕业后的工作打下基础。

本教材课堂实训活动流程与文案写作见下表：

课堂实训活动流程与文案写作

篇目	实训项目	文　案　写　作
校园活动篇	日常文书	留言条、请假条、收条、领条、借条、欠条、介绍信、证明信、申请书
	学业文书	*实验报告、*实习报告、*毕业论文、*毕业设计报告、*毕业答辩提纲
创业活动篇（筹备⇩开业⇩运营）	团队组建	岗位说明书、岗位竞聘书、绩效考核方案
	创业筹备会	*会议方案、会议通知、发言提纲、会议记录、*会议简报、会议纪要
	创业调研与融资	*市场调查方案、*调查问卷、市场调查报告、创业计划书、创业计划书讲稿及 PPT 要点
	开业庆典	*活动策划书、请柬、邀请函、欢迎词、欢送词、贺词、答谢词、*新闻稿
	人员招聘	招聘启事、求职信、个人简历、劳动合同
	公文往来	通知、通报、报告、请示、批复、函
	广告宣传	产品说明书、*解说词、*广告策划方案、广告文案
	商务活动	*招标公告、*投标邀请函、招标书、投标书、*中标通知书、经济合同、商务信函、商务 E-mail、*商务谈判方案、商务谈判备忘录
	法务维权	经济纠纷起诉状、经济纠纷答辩状、*民事调解书、*判决书
	总结暨表彰	总结、述职报告、*计划

注：在课时不足的情况下，打*的文案建议采用课外自学的方式学习。

我们认为，高职高专教材内容结构的编排不仅应该“好教”，更应该“好学”。教学内容组织应该使学生通过课程学习，最大限度地获取与工作过程有关的经验和技能。这就要求课程和教学以职业工作过程为主线，能激发学生积极主动参与的热情，并在教师的引导下，按照自己的习惯，将已吸纳的知识结构化、系统化，从而在这一内化过程中最终实现自身能力的拓展与提升。

与传统教材相比，本教材具有以下特色：

（1）优选内容，贴近校园职场需求。从学生在校学习、生活及未来职业发展的诉求出发，选取使用频率较高的文种，无形中缩短了学生与教材的距离。

（2）创新体例，创业过程贯穿其中。创新性地以一个完整的项目建构教材体系，各项目之间具有系统性和连贯性。每个项目按“学习目标—项目框架—课堂设计（创业篇）—模块”的体例编写。

（3）可操作性强，课堂设计指导教学。为了帮助教师更好地组织课堂实训教学，让学生更准确地领会并完成各项实训任务，我们结合多年的授课经验与体会，在教材中设置了“课堂设计”这一栏目，从课前、课中、课后三个时段，对每个实训项目的教学组织与安排进行了说明，使教学过程具有很强的可操作性，易于控制课堂实训效果。

（4）趣味实用，项目驱动寓教于乐。教材在心理结构构建、兴趣动机发展方面结合学生的心理认知顺序作了有益的尝试，充分体现了“以学生为主体”的教学思想。教师在整个教学过程中起组织、导演、示范、补充的作用，通过营造氛围、创设情境、成果展示、团队竞争、角色扮演、互相点评等方式，使学生置身于职场情境之中，缩短理论和实际的距离，从而充分调动学生的主动性、积极性和创新精神。

（5）过程评价，绩效考核科学管理。在对学生的评价方式方面，教材创新性地引进人力资源管理课程资源，对团队和个人在完成项目实训任务过程中的表现以绩效考核的方式予以评价，体现了全新的课程评价观念。

本教材设置了学习目标、项目框架、课堂设计、情景设定、情景导入、情景分镜头、执行路径、知识平台、知识拓展、拓展练习等板块，并穿插有文种范例和例文、小贴士、特别提示等栏目，构建了相对完整的应用文写作课程内容及实训指导，回归了以培养学生职业核心能力为目标的高职高专教育本位，突出强调了学生的参与性与主动性，体现了教材定位、规划、设计与编写等方面的职业教育教学改革示范性，适合高职高专院校各专业学生在学习应用文写作课程时选用。

本教材由无锡商业职业技术学院王燕担任主编，并负责全书的整体设计、课堂设计、统稿、修改、定稿工作，徐华新、鲁瑾担任副主编。具体编写工作分工如下：王燕负责编写项目二、项目四、项目十、项目十二、项目五的模块一和模块三，徐华新参编项目一、项目十一，鲁瑾参编项目三，陈海敏参编项目六，金银参编项目七，周纯参编项目八，孙亚明参编项目九，王虹参编项目五的模块二，刘春生、李静、宋永燕参与教材的审稿工作。

在本教材的编写过程中，无锡商业职业技术学院党委副书记马元兴教授、副院长沈苏林研究员、教务处马云峰教授，基础教学部领导陈承红教授、张天鹤副教授，以及万善璞、徐永生、张科老师，中国人民大学出版社编辑秦源和陈奕，学生宋前前等为本书的编写提供了大量的帮助，在此深表感谢。

在本教材的编写过程中，我们参阅了一些相关教材，引用了一些研究成果和网络资料，在本教材中已尽可能注明资料来源，有些因难以查实而没有注明出处，在此，除向已注明来源的教材的作者和网站表示衷心的感谢外，还要向那些没有注明出处的作者或网站表示歉意，并请谅解。

由于编写时间仓促，水平有限，书中疏漏和错误之处在所难免。如各位读者看过或用过本教材后有什么建议或想法，欢迎发送电子邮件与我们（E-mail：wangyan _ zy@163.com）联系。

王　燕

2013 年 6 月

目　录

Contents

基础认知篇

创业实训篇

基础认知篇

青梅来自苏北农村一个贫困的家庭，高中毕业后考入省内一所职业院校。在迈进大学校门的那一刻，青梅就暗下决心：一定要靠自己的努力来改变命运。在大学读书的几年时间里，青梅不仅在学习上始终名列年级前茅，在能力方面也十分注重对自己的锻炼和培养。进校之初，她通过班级竞选从六名竞选者中脱颖而出，当上了班长。两年来，除了将班级和社团的工作打理得井井有条，她还利用课余时间卖过报纸杂志、二手自行车、公交卡和盆景，还做过问卷调查员，以减轻家庭的经济负担。她用打工挣来的钱，自筹学费、生活费，还报名参加了本科自学考试和各种专业资格证书考试。

在忙碌而充实的校园生活中，青梅进入了大学三年级……

项目一　日常文书

学习目标

● **知识目标**

1. 掌握请假条、留言条、收条、领条、借条、欠条等条据类文书的写作格式及要求；
2. 掌握介绍信、证明信、申请书等书信类文书的写作格式及要求；
3. 了解条据写作的相关法律知识。

● **能力目标**

1. 能够根据日常事务需要，规范完成请假条、领条、借条等条据类文书的写作；
2. 能够洞察、防范借条写作中的陷阱，并能运用相关的法律知识保护合法权益；
3. 能够根据日常事务需要，规范完成介绍信、证明信、申请书等书信类文书的写作。

项目框架

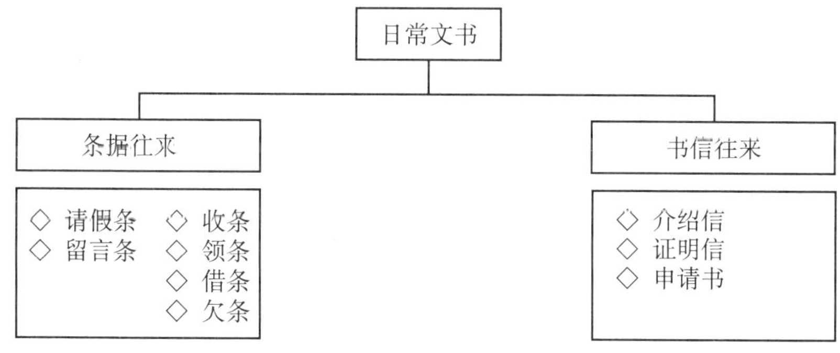

模块一　请假条、留言条、收条、领条、借条、欠条

情境设定

条据往来

知识导入

在日常工作和生活中，我们总免不了有很多公务杂事和私人小事要经办，在处理这些

事务的过程中，又必须履行一些必要的手续。例如：当我们收款收物、领款领物、借款借物、欠款欠物等，需要写收条、领条、借条、欠条为凭；当我们找人办事，对方人又不在时，可留下字条，将需委托或告知的事项交代清楚，以便对方及时办理或答复。条据类文书虽然是应用文中最简短的一类，但要想写好依然不是那么简单的事情，如果不加重视，甚至还可能引起经济纠纷。那么，如何才能规范地书写各种条据类文书呢？

情境分镜头

分镜头一 青梅和班里几个同学最近正打算报名参加人力资源管理师资格考试。上周青梅因家中有事向学校请了一周的事假回家，待青梅返回学校后才听同学说当天已是人力资源管理师资格证考试报名的最后一天。听到这个消息，青梅万分焦急，一是报名费、考前辅导费加起来要 750 元，她手头一时拿不出这么多现金，二是今天是考试报名的最后一天，而下午学校还有两节专业课要上，怎么办呢？情急之下，青梅只好来到教师办公室向班主任李老师寻求帮助。在青梅向李老师说明了来意后，李老师当即从包里取出 750 元交给了青梅，并告诉青梅不用着急还钱。青梅满怀感激地从李老师手里接过钱，再三表示两个月内一定把借的钱如数还清，并执意写了一张借条留给李老师作为凭据。

分镜头二 从班主任李老师的办公室出来后，青梅想到下午还有两节专业课要上，于是又赶紧写了一张事假条，打算委托室友小林下午去上课时将假条带给老师。但当青梅急急忙忙跑回宿舍后，却发现宿舍里一个同学也没有，打室友小林的电话也没人接。因为着急赶到市里报名，青梅只好又写了一张留言条给室友小林，将下午委托小林请假的事作了交代。

执行路径

学习条据类文书相关写作知识→了解借条的相关法律常识→拟写借条→拟写请假条→拟写留言条

知识平台

条据指的是日常工作和生活中，为办理涉及钱财和物品的各种手续而留下存根，或者为说明某种情况和理由而留下字据作为凭据的简便文书。条据具有简便性、凭证性和严肃性的特点。条据根据内容和性质的不同，可以分为说明式条据和凭证式条据两类。

说明式条据包括请假条、留言条、便条等，具有告知对方信息，向对方说明某件事情的作用。这类条据只起说明告知的作用，不具有法律效力。

凭证式条据包括收条、领条、借条、欠条等，具有作为证据、凭证的作用，并具有法律效力。

一、请假条、留言条

（一）请假条、留言条的定义

请假条是在因故不能到岗、不能到会、不能到课或不能如约到场办事的情况下，用于向上级领导或有关负责人说明缘由并请求批准的简便文书。

留言条是社会交往过程中，因公务或因私事需找人联系、办理而对方不在时，给对方留下告知信息的简便文书。

（二）请假条、留言条的撰写格式

请假条和留言条的撰写格式与书信类似，主要包括以下几个部分。

1. 标题

标题用来标明条据的性质，如“请假条”。留言条的标题可写可不写。

2. 称呼

称呼是对接收请假条的领导或有关人士的礼貌称呼。称呼与标题相隔一行，在首行顶格写，称呼后面加冒号。

3. 正文

写完称呼后，另起一行空两格写正文。请假条要写清楚请假的原因、理由以及请假的起止时间。留言条要求留言者将自己对对方说的话和请对方办的事或预约见面的时间、地点等阐述清楚。

请假条正文结尾处应写上“此致”“敬礼”“特此请假”“请准假”“请批准为盼”等结束语。留言条可不写此项内容。

4. 附件

请假条的附件：若就医后请病假，需附上医生出具的病情诊断书；若请事假，也应请相关单位或人士出具证明。留言条是否有附件视具体情况而定。

5. 落款

落款在正文的右下方与正文相隔一行，写上请假人或留言人的姓名，姓名的下面写明请假或留言的具体时间。

[请假条范例]

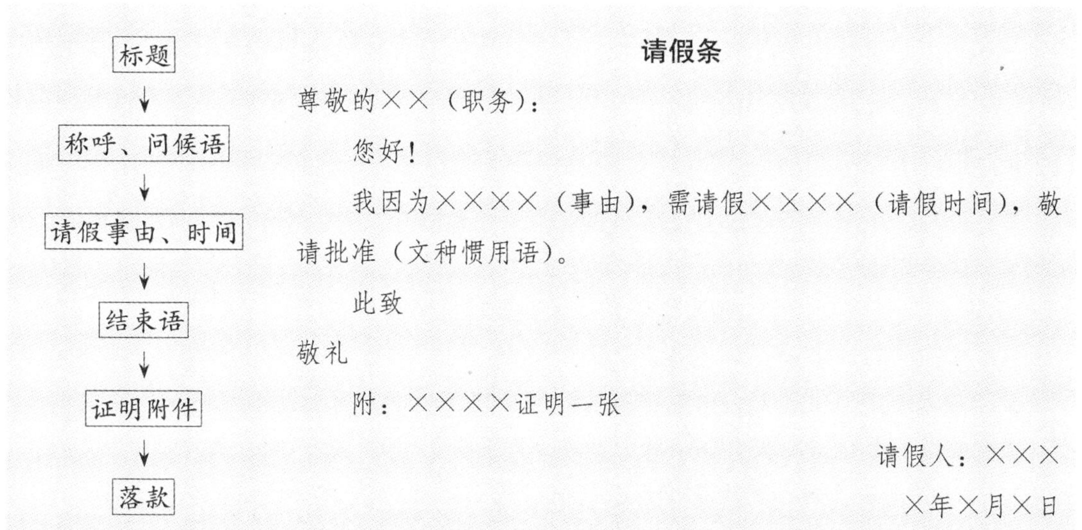

请假条

尊敬的××（职务）：

您好！

我因为××××（事由），需请假××××（请假时间），敬请批准（文种惯用语）。

此致

敬礼

附：××××证明一张

请假人：×××

×年×月×日

[请假条例文]

请假条

尊敬的李老师：

我今天早上突然腹泻，四肢无力且伴有低烧，经校医务室诊断为病毒性肠炎，需输液治疗，故无法前来上课，暂请假三天（3月20日—22日），请予批准。

此致

敬礼

附：校医务室证明一张

物流153班　张山

2016年3月20日

[简析] 这张请假条格式规范，内容简洁明了。正文部分写明了请假的理由，提供了批假的依据，写明了具体的请假起止期限，"请予批准"强调了请假要求；"此致/敬礼"表现了学生对老师的礼貌、尊重；所附的"校医务室证明一张"提高了获假率；最后写明了请假人的姓名和请假时间。这样的请假条易于被老师批准。

[留言条例文]

张老师：

我是院团委秘书处干事姚小晓，今天我来办公室找您，想跟您商量一下本周五全院辩论比赛辩题选定的事，正巧您不在，我下午两节课后再来找您。因事情紧急，请一定等我。另留下我的手机号码以便联系：18998××431。

谢谢！

姚小晓

11月18日中午12时

[简析] 这张留言条内容清楚，格式规范。顶格写留言对象的称呼，正文部分留言者在对自己的姓名、身份作了介绍后，便开门见山、简单明了地将托付对方的事情进行说明，并留下了另约见面的具体时间、地点及联系方式，最后落款署名和时间也很清楚。

特别提示

撰写请假条、留言条的注意事项

1. 字迹工整，不得潦草，方便识别。

2. 摆正身份，有礼有节。请假条是写给上级领导的，言语上要不失礼貌，尊重对方。留言条的语言视具体情况及当事人双方之间的关系而定，该礼貌时要礼貌。

3. 语言简洁、准确。无论是请假条还是留言条，其语言都要简洁，不能拖沓，而且要准确、得体、无误。如向上级领导请假，在结尾处就不能用"请一定批准"这种逼迫式的、无商量余地的口气，也不能用“望批准”这种上级对下级的口气，而应该用“请您酌情批准”“恳请批准”或“盼准假”这样的字眼，以示尊重。如留言时，若双方平时关系平等且十分熟悉，用语可随意些；若属初次打交道，则要以礼相待，尊重对方；若对方是长辈或上司，除礼貌用语外，必要时要用征询商量的语气。

二、收条、领条、借条、欠条

（一）收条、领条、借条、欠条的定义

收条是在收到单位或他人所给付的钱、物时，经收人拟写并出具的具有凭据作用的简便文书。收条当事人双方的行为既可以是公务行为，也可以是私人行为。

领条是在领到单位或部门的钱、物时，经领人拟写并出具的具有凭据作用的简便文书。领条当事人双方的行为一般是公务行为，特殊情况下也可以是公私双方行为。

借条是在借用单位或他人少量钱、物时，经借人拟写并出具的具有凭据作用的简便文书。借条当事人双方的行为既可以是公务行为，也可以是私人行为。大额度钱、物的借用应以合同的形式双方签约。借方在归还钱款或物品时，要收回借条，及时予以销毁，以防被他人利用。

欠条是单位或个人在付钱时，不能全部或部分付清，写给对方的作为约期付清的具有凭据作用的简便文书。欠条当事人双方的行为既可以是公务行为，也可以是私人行为。欠条一般要将所欠原因略加说明。当所欠钱款或物品全部归还后，应当收回欠条，及时处理。

（二）收条、领条、借条、欠条的撰写格式

1. 标题

在纸张的首行正中，用较大字号写明“收条”“领条”“借条”或“欠条”字样即可。

2. 正文

标题下方空一行，行首空两格落笔，用工整的字迹书写。

收条的写法是“今收到×××同志（或单位）××（钱或物）××（数量＋单位）”。

领条的写法是“今领到×××单位××（钱或物）××（数量＋单位）”。

借条的写法是“今借到×××同志（或单位）××（钱或物）××（数量＋单位），定于×年×月×日前（×日内）归还”。

欠条的写法是“×××同志（或单位）因×××（原因），欠×××同志（或单位）××（钱或物）××（数量＋单位），定于×年×月×日前（×日内）付清”。

收条、领条、借条、欠条的正文结尾都以“此据”二字为结束语。

3. 落款

落款包括署名和日期，落款与正文相隔一行，写在正文末尾的右下方。署名前一般应有“借款人”“欠款人”“经手人”“经领人”之类的字样。署名应是亲笔签的真实姓

名。正规的条据中，姓名前面要写单位或地址，签名后还应盖章，以示负责。日期要具体、完整。

[收条例文]

收条

今收到经贸学院青海玉树抗震救灾捐款柒仟肆佰元整。

此据

经手人：伍洲

2015年4月20日

[简析] 这是一张在收到其他单位交来的救灾捐款后写的收条。这张收条清楚说明了来自哪个部门、是什么款、数目是多少，语言表达清晰、简洁明了。

[领条范例]

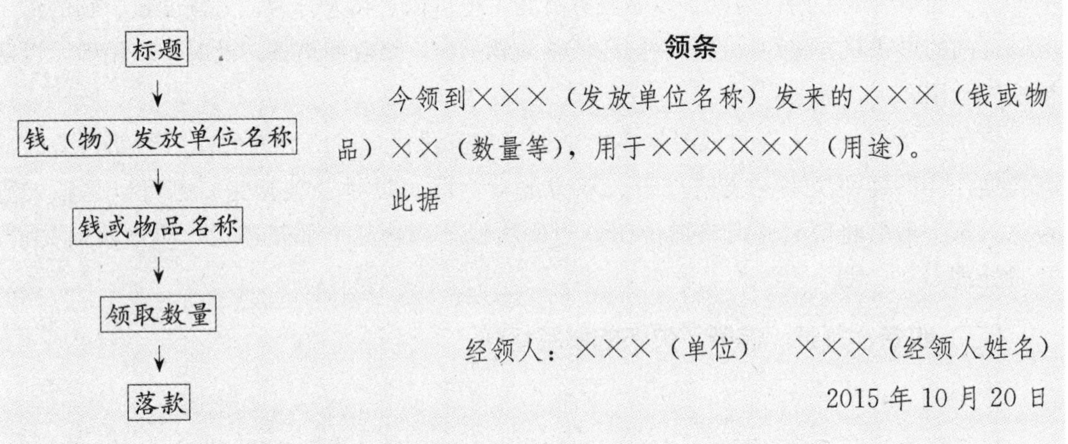

[领条例文]

领条

今领到院财务处发放的我院2015年第四季度特困生补助费，共计人民币贰万叁仟元整。

此据

经领人：经济贸易学院办公室　艾心

2015年10月9日

[简析] 领条是个人、团体或机关在领取钱物时，写给负责发放人留存的条子。这张领条在内容上简洁明了地说明了从何处领取、领取了多少钱、数目是多少，最后清楚交代了领取单位、经领人及经办时间。

[借条范例]

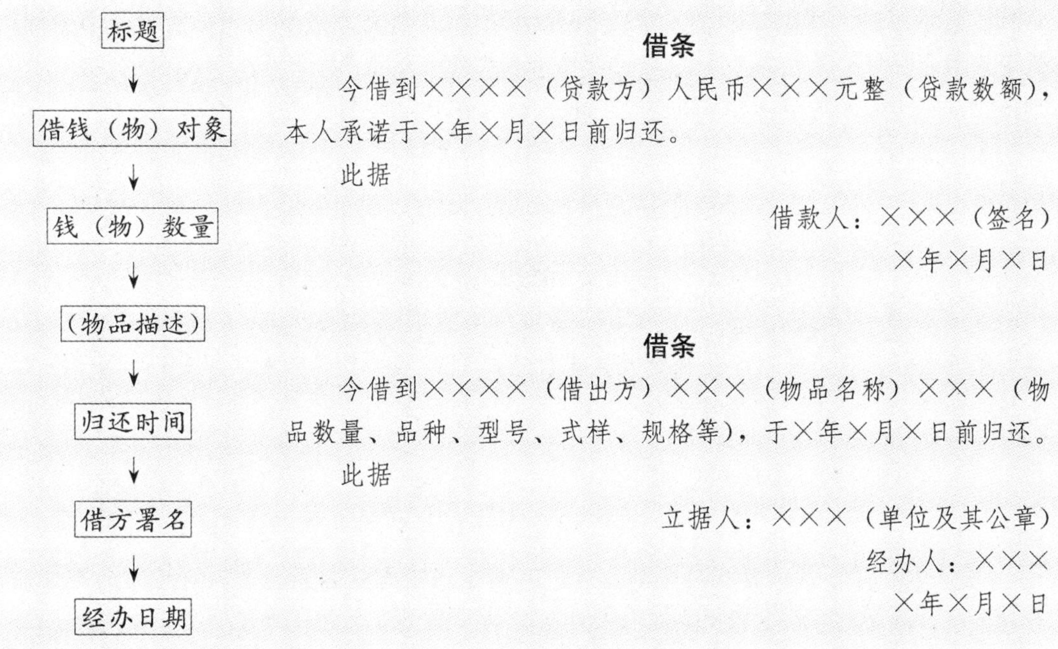

借条

今借到××××（贷款方）人民币×××元整（贷款数额），本人承诺于×年×月×日前归还。

此据

借款人：×××（签名）

×年×月×日

借条

今借到××××（借出方）×××（物品名称）×××（物品数量、品种、型号、式样、规格等），于×年×月×日前归还。

此据

立据人：×××（单位及其公章）

经办人：×××

×年×月×日

[借条例文 1]

借条

今借到王一凡人民币壹拾贰万伍仟捌佰元整，借款期限为 2015 年 11 月 20 日至 2016 年 5 月 19 日。

此据

甲丁（本人签名、手印）

2015 年 11 月 20 日

[简析] 这张借条交代了向谁借钱、所借币种、借款金额、还款期限等重要内容。此外，借款金额使用大写，并在末尾加“整”字，有防止涂改的作用；落款处有借款人本人签名及手印，有效地避免了日后可能出现的经济纠纷。

[借条例文 2]

借条

今借到学院后勤管理公司复印机壹台（型号×××，编号 SYHQ028，八成新），用于迎评工作需要。2016 年 3 月 20 日前归还。特立此据。

旅游管理系（公章）

经办人：丁一

2016 年 2 月 20 日

［简析］这是一张以部门名义借公家财物的借条。借条上明确写出了所借物品所属单位、物品名称、物品数量、物品型号、编号等相关信息，特别交代了所借物品用途，便于管理人员对公家物品的去向与用途作出相应的备注，“特立此据”起强调其证据的作用。落款署上了单位名称（并盖章）和经办人姓名，更有利于明确责任。

［欠条例文］

欠条

本人于2015年10月20日向梦之岛商城联创经营部购买联想Z41-70-IFI独显笔记本电脑壹台，还欠人民币壹仟捌佰元整未付清，于三天内全部结清。如果超出还款期限未还，违约金每日按欠款金额的0.2%执行。

此据

欠款人：张兰

2015年10月20日

［简析］借了个人或单位的钱物，还了一部分，还有一部分拖欠，对拖欠的部分所打的条子，就是欠条。这张欠条不仅说明了因何事而欠款，还说明了欠款的数额和归还的限期，语言简洁明了。

特别提示

撰写收条、领条、借条、欠条的注意事项

1. 钱款数额一定要大写。数字大写的写法是：壹、贰、叁、肆、伍、陆、柒、捌、玖、拾、佰、仟、万、亿。此外，物品也要写清楚名称、数量、规格、型号和质量等。

2. 数字前后不能留空白，后面要写上计量单位，然后写上“整”字，以防内容被涂改和添加。

3. 字迹一定要端正、清晰，不宜涂改。确实需要修改时，要在修改处加盖印章。

4. 书写不能用铅笔或红色笔，要用碳素墨水笔书写。

5. 单位名称和个人姓名一定要写全称，以免误认。

6. 条据应妥善保存，以作为凭证，以备日后核查。

7. 条据中的“此据”有两种写法，可在正文后同一行隔几个字写，也可提行空两格写。

知识拓展

写条据的十大忌讳

一忌空白留得过大。若条据的内容部分与签章署名之间的空白留得太大，则容易被持据人增添补写其他内容，或将原内容裁去，在空白处重新添加内容。

二忌大写、小写分不清楚。写条据时，如果只有小写，没有大写，或小数点位置不准确，数字前头有空格，或大写、小写不相符，都容易被持据人添加数字或修改，甚至由此而引发民事纠纷。

三忌用褪色墨水书写。用圆珠笔或其他易褪色的墨水书写条据，倘遇保存不当、受潮或水浸时，字迹会变得模糊不清，并给某些别有用心的人用化学制剂涂抹留下可乘之机。

四忌不写条据日期。不写日期的条据，一旦发生了纠纷，事实真相常常难以查清，对诉讼时效的确定也容易造成困难。如欠条的诉讼时效从其注明的还款期限之日起计算为两年（一般诉讼时效为两年），超过两年，债权人的债权将不再受到法律的保护，即丧失在诉讼中的胜诉权。

五忌条据内容表述不清。有的条据将“买”写成“卖”，“收”写成“付”，“借给”写成“借”等，都极易颠倒是非。

六忌名字不写齐全。条据上有姓无名或有名无姓，都会给对方留下行骗的口实和赖账的把柄。

七忌不认真核对。请别人或由对方写的字据，应字字斟酌，认真审核，不能稀里糊涂地签字盖章。

八忌使用同音同义字。姓名不要用同音同义字、多义字代替，否则也容易发生责任不清的纠纷。以身份证上面的名字为准，就具有法定的效力。

九忌印鉴不规范。由他人代笔书写或者代笔签名，而本人只在上面按一个手印，发生纠纷时，也很难认定责任。

十忌还款时不索回条据。还款还物时，对方若称一时找不到借条或欠条，应该让其写一张收据留存，这样才不至于给日后留下隐患。

总之，条据一经签订，一般对签约的各方就有了约束力，特别是经济性质的条据。因此，条据写得是否准确，权利与义务规定得是否严密、完备，关系到当事人的切身利益，影响发生纠纷时对是非曲直的判断和鉴别。所以，写条据时，必须认真慎重，熟悉各类条据的格式及写法，绝不可掉以轻心。

资料来源：梁志刚、周炫主编：《实用文书写作》，21～22页，北京，北京大学出版社，2009。

拓展练习

（1）王力海同学因参加海尔集团组织的家电商品促销活动，周五要耽误学校上课一天。请根据材料写一张请假条。

（2）改错练习。

借条

今借到李先生人民币 5 000 元，本月底如数还清。此据。

借款人：邓力（盖章）

模块二　介绍信、证明信、申请书

情境设定

书信往来

知识导入

书信是一种向特定对象传递信息和交流思想感情的应用文书，是一般社会交往中不可缺少的工具之一。书信分为一般书信和专用书信两大类。一般书信主要是指亲朋好友、同志之间交流思想、商量工作、研究问题、了解生活近况时所写的书信。专用书信主要是指应用在特定场合的、具有专门用途的书信，如介绍信、证明信、推荐信、感谢信、表扬信、求职信、建议书、倡议书、申请书等。学习并掌握常用书信的撰写方法，对满足大学生学习、生活和未来工作的需要十分必要。

情境分镜头

分镜头一　大学三年级，青梅与高杰等 4 名同学被学院就业办推荐到 A 公司顶岗实习 3 个月。去 A 公司报到前，就业办朱老师提醒青梅等人出发前去学校办公室开一份实习介绍信。

分镜头二　实习期间，青梅和高杰因工作表现出色而受到了 A 公司领导的好评。3 个月的顶岗实习结束后，A 公司为 4 位同学出具了实习证明，并向青梅和高杰表明了公司希望继续留用他俩的想法。青梅因为 A 公司提供的岗位与自己的专业不对口，便婉言谢绝了 A 公司的邀请，而高杰考虑到 A 公司毕竟是一家在国内享有盛名的企业，大学还没毕业就能找到这样的工作平台也是难得的机会，于是在向学校咨询了学校对毕业生提前上岗的有关规定后，向学校递交了提前上岗的申请。

执行路径

学习书信类文书相关写作知识→拟写介绍信→拟写证明信→拟写申请书

知识平台

一、介绍信

介绍信是机关、团体和企事业单位与其他单位或个人联系工作、介绍情况、洽谈业务，以及参加各种社会活动时使用的一种专用书信。使用介绍信，可以使对方了解来人的身份和目的，以便得到对方的信任和支持。因此，介绍信具有介绍和证明的双重作用。

（一）介绍信的种类

介绍信按形式一般分为书信式和填表式两种。

1. 书信式介绍信

书信式介绍信也称手写式介绍信，一般用印有单位名称的信笺书写，格式与一般书信基本相同。

2. 填表式介绍信

填表式介绍信是一种印有固定格式的专用信纸，需根据要办的具体事项按格逐一填写。填表式介绍信有存根，便于查存。

（二）介绍信的撰写格式

介绍信由标题、编号、称呼、正文、落款五部分组成。

1. 标题

首行正中写上“介绍信”三个字，要求字号大些，适当拉大字距排列。也有的标题由“发文机关＋介绍信”两部分组成。

2. 编号

标题右下方一般有编号，如“××字××号”。铅印式介绍信左边存根里的编号和右边文本里的编号要一致，由此既便于查核，也增加严肃性。标题右下方的编号要按照存根的内容填写。编号放在存根与开出介绍信中间的，号码要大写，字体要大些，便于裁开后有一半字迹。虚线的正中加盖公章。

3. 称呼

单位名称或单位负责人名称后加冒号，在第二行顶格写。要写明联系单位或部门，一定要写正确的全称或规范的简称，这是对对方的尊重。

4. 正文

在称呼的下一行空两格写介绍信的正文。正文通常用“兹”“今”“现”字领起，交代清楚持介绍信人的姓名、身份、人数以及需要商洽与联系的事项和要求。有时因为工作性质的需要，还要写明被介绍人的政治面貌、年龄、职务等。

正文以祝愿或敬意的话为结束语，如“请接洽为荷”“请接洽并协助办理为盼”等。结束语后，下一行空两格处写“此致”，再下一行顶格写“敬礼”。

5. 落款

在敬语的右下方写上出具介绍信单位的名称及发文日期，还要在日期下注明使用介绍信的有效期限，并加盖公章。要写明发信单位的全称（加盖公章）及开出介绍信的日期。

［介绍信范例1］

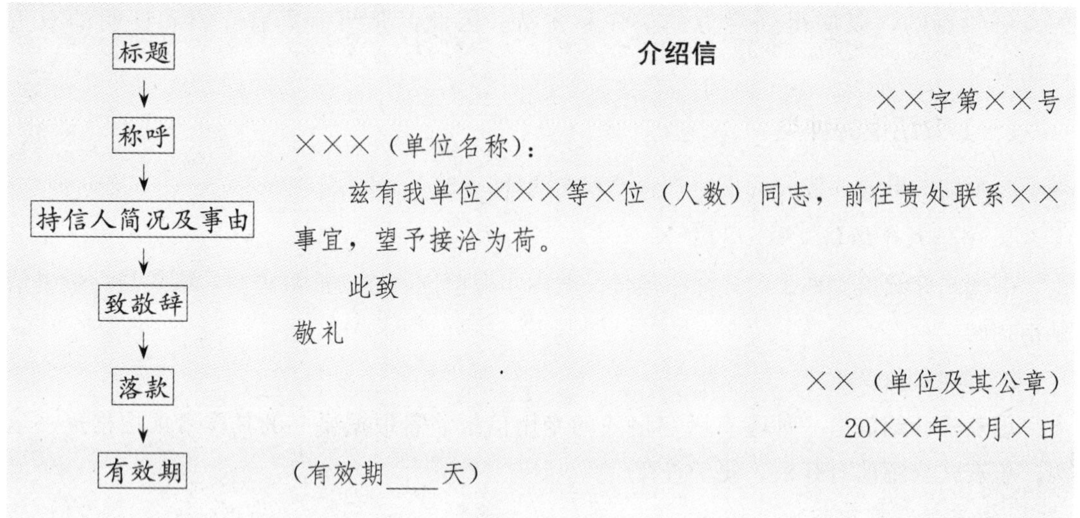

介绍信

××字第××号

×××（单位名称）：

兹有我单位×××等×位（人数）同志，前往贵处联系××事宜，望予接洽为荷。

此致

敬礼

××（单位及其公章）

20××年×月×日

（有效期____天）

［介绍信范例2］

介绍信（存根）

____字第____号

兹介绍__________等______名同志前往________联系________事宜。

____年____月____日

（有效期____天）

介绍信

____字第____号

________：

兹介绍____等______名同志前往你处联系__________事宜，请接洽并予协助。

此致

敬礼

__________（盖章）

______年______月______日

（有效期__________天）

［介绍信例文］

介绍信

××字第12号

市会计职称考务中心：

兹介绍我单位刘伟等两名同志前往贵处办理会计职称考试相关事宜，请予接洽并协助办理为盼。

此致

敬礼

洛阳经济管理学校（公章）

2015年5月19日

（有效期叁天）

[简析] 这份介绍信的行文格式规范，内容具体。正文交代了持信人的姓名、人数及联系接洽的事项，结尾处用了敬语，态度恳切，便于对方协助办好事务。

特别提示

撰写介绍信的注意事项

1. 接洽事宜要写得具体、简明。要写明持介绍信人的真实姓名、身份，不得冒名顶替。
2. 言简意赅地概括出商洽和联系的事项。
3. 要注明使用介绍信的有效期限，天数要大写。
4. 字迹要工整，不能随意涂改。如有涂改要加盖公章。
5. 一份介绍信只能用于一个单位。
6. 关于印刷式介绍信，除文本部分须加盖公章外，存根与文本的虚线正中亦要加盖公章。

二、证明信

证明信也称证明，是以行政机关、社会团体、企事业单位或个人的名义，凭借确凿的证据，用来证明某人的身份、经历或某件事情的真实情况的专用书信。证明信具有真实性和凭证性的特点。证明信的内容必须真实、准确、明白、肯定，对所证明的人和事要负责任。因此，写证明信时，要持慎重、严肃的态度。证明信具有凭证的作用，有的证明信有长久证明作用，可归档。

（一）证明信的种类

证明信从证明事项上分，有身份证明信、毕业证明信、事件真相证明信等。这些证明不同事项的证明信又可分为组织证明信、个人证明信与随身携带的证明信三类。

1. 组织证明信

组织证明信是指以组织名义写的，用来证明在本单位或曾在本单位工作的职工的政治、工作表现、身世、经历、学历等有关情况或本单位其他事件的证明信。这些材料一般源于该单位的档案，或来自调查研究。

以组织名义所发的证明信可采用普通书信形式，一般都是该单位的负责人或文书根据真实的档案或调查的材料来组织书写的一种证明性书信。这种证明信篇幅可长可短，视具体情况而定。以组织名义发出的印刷式的证明信则是一种较方便的、已事先把格式印好的、只需填进主要内容的证明信。这种证明信一般留有存根，以备今后查看，是一种较为正规的证明信。

2. 个人证明信

个人证明信是指以个人名义写的，用来证明某人或某事真实情况的证明信。这类证明信由个人书写，内容完全由个人负责。写这样的证明信，个人一定要严肃认真，仔细回忆，不得信笔由缰、马马虎虎。个人所写的证明信一般都以个人名义，采用书信体格式。

以个人名义所发的证明信，要写明写证明信者本人的政治面貌、工作情况等，以便使审阅证明信的人了解证明人的情况，从而鉴别证明材料的真伪与可信度。个人所写的证明信的内容如果本人不太熟悉，应写“仅供参考”的提示性语言。因为证明信有时是作为结论性证据的，所以要实事求是、严肃认真，要尽量言之有据。

3. 随身携带的证明信

随身携带的证明信是指一种带有证件作用的证明信，由被证明者随身携带，以保证被证明者工作、生活、旅行等正常进行。这种证明信常用作出差、旅行时证明身份用，一般都有一定的有效期，过期即自动失效。

（二）证明信的撰写格式

证明信一般都由标题、称呼、正文、落款等构成。

1. 标题

证明信的标题通常由以下两种方式构成：其一，单独以文种名“证明信”“证明”作标题；其二，由“事由＋文种”构成，如“关于×××同志××情况（或问题）的证明”。

2. 称呼

证明信在第二行顶格写上受文单位名称或受文个人的姓名称呼，然后加冒号。有些供有关人员外出活动证明身份的证明信，因没有固定的受文者，开头可以不写受文者称呼，而是在正文前用公文引导词“兹”引起正文内容。

3. 正文

证明信的正文部分，要在称呼写完后另起一行，空两格书写。应写明被证明事项的全部事实，针对对方所要求的要点写，要求证明什么问题就证明什么问题，其他无关的不写。例如：若证明某人的历史问题，则应写清姓名、何时、何地及所经历的事情；若证明某一事件，则要写清参与者的姓名、身份及其在此事件中的地位、作用和事件本身的前因后果，以还原人物、事件的本来面目；若证明某人的学历，应写清姓名、性别、年龄、籍贯、何年何月考入何校何专业、何年何月毕业。正文结尾处，要另起一行，空两格写上“特此证明”四字作结束语，也可直接写在正文结尾处。不写祝愿、勉励之类的话。

4. 落款

落款即在正文的右下方写上证明单位或个人的姓名称呼，成文日期写在署名下另起一行。证明信必须由证明单位或证明人加盖公章或签名、盖私章，以示负责，否则证明无效。

[证明信例文]

证明信

××会计师事务所：

李欣系我校会计金融学院会计专业2013级学生，该同学在校期间已完成全部专业课程的学习，成绩合格，符合毕业条件。毕业证将按照省教育厅统一安排于今年6月发放。

特此证明

××学院（公章）

2016年5月15日

［简析］这是一份以组织名义出具的证明，按照招聘单位要求证明其已符合毕业所需的各项条件，其毕业证书在制作过程中，按照程序将于6月发放，可以先行参加招聘活动。

特别提示

撰写证明信的注意事项

1. 实事求是，严肃认真，要言之有据。
2. 对于随身携带的证明信，一般要求在证明信的结尾处注明有效期限。
3. 语言要准确，文字书写要清晰、工整，字迹要清楚，不要潦草。
4. 不能用铅笔、红色笔书写，若有涂改，必须在涂改处加盖公章。
5. 证明信为两页以上的，需加盖骑缝章。

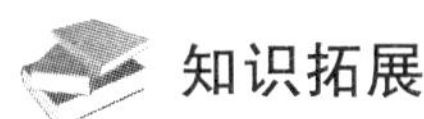

知识拓展

各式证明信样本大全

1. 出生证明

×××（性别）于×年×月×日在×省×市（或县）出生。×××的生父是×××，生母是×××。

2. 结婚证明

×××（性别，出生年月日）与×××（性别，出生年月日）于×年×月×日在×省×市（或县）登记结婚。

3. 夫妻关系证明

×××（性别，出生年月日）与×××（性别，出生年月日）现系夫妻关系。

4. 未婚证明

未离境者：×××（性别，出生年月日，现住北京市××区）至×年×月×日止未曾登记结婚。

已离境者：×××（性别，出生年月日，原住北京市××区）至×年×月×日离境之日止在中国居住期间未曾登记结婚。

5. 离婚证明

×××（性别，出生年月日）与×××（性别，出生年月日）于×年×月×日在×省×市（或县）登记结婚，×年×月×日在×省×市（或县）经××部门登记（或调解、判决）离婚。×××至×年×月×日未再登记结婚。

6. 经历证明/在职证明

×××（性别，出生年月日）于×年×月至×年×月在××单位（全称）从事××工作，任××（职称或职务）。

7. 未受刑事处分证明

×××（性别，出生年月日，现或原住北京市××区）至×年×月×日（已离境者请注明至×年×月×日离境之日）止在中国居住期间没有受过刑事处分。

8. 域外亲属关系证明

×××（性别，出生年月日，现住北京市××区）是居住在××国 ××市×××（性别，出生年月日）的××（相互关系）。

9. 亲属关系证明

×××（性别，出生年月日）的配偶是×××（出生年月日），子（或女）是×××（出生年月日），父亲是×××（出生年月日），母亲是×××（出生年月日），哥哥是×××（出生年月日），弟弟是×××（出生年月日），妹妹是×××（出生年月日）。

10. 国籍证明

×××（性别，出生年月日，现或原户籍地在北京市××区××路××号）具有中国国籍。

11. 年收入证明

兹证明×××（性别，出生年月日，现住址）××年个人税前年收入为人民币××××元。

12. 学历证明

×××（性别，出生年月日）于×年×月入××大学××系××专业学习，学制×年，于×年×月×日毕业。

13. 在校证明

×××（性别，出生年月日）于×年×月入××学校××系（高中等）学习，学制×年，现在是×年级学生。

14. 曾用名、别名证明

×××（性别，出生年月日）的曾用名（别名）是×××。

15. 死亡证明

×××（性别，出生年月日，生前住北京市××区××路××号）于×年×月×日在××地点因××（死因）死亡。

16. 离（退）休证明

×××（性别，出生年月日，现住址）于×年×月×日从××××（原工作单位全称）离休（或退休）。

三、申请书

申请书是个人或集体向组织、机关、企事业单位或社会团体表达愿望、提出请求时使用的一种专用书信。申请书具有求批性和真实性的特点。申请书所表述的情况和理由必须是真实的，不允许虚构或夸张，所请求事项也只有得到上级部门批准后才能付诸实施。此外，撰写申请书时，还应注意内容单一、主题明确，一般一事一议，即一份申请书只提出一个问题。

（一）申请书的种类

1. 思想政治方面的申请

这种政治申请一般为加入某些进步的党派团体。如申请加入中国共产党、中国共产主义青年团、少先队、工会、一些民主党派及参军等。

2. 工作、学习方面的申请

这类申请通常是在求学或实际工作中所写的申请。如入学申请书、带职进修申请书、工作调动申请书、提前上岗申请书等。

3. 日常生活方面的申请

日常生活中，我们会遇到一些问题，需要个人申请后组织、集体、单位才可能予以考虑、照顾或着手给予解决，诸如申请保障性住房、申请结婚、个人申请开业、申请助学金等。

（二）申请书的撰写格式

申请书通常由标题、称呼、正文、落款组成。

1. 标题

标题有两种写法：一是直接写“申请书”，二是“申请要求＋申请书”，如“入党申请书”“调换工作申请书”等。一般第二种标题更加明确醒目，便于引起有关部门的重视和处理。

2. 称呼

顶格写明接受申请书的组织、机关、团体的名称或有关负责人的姓名。

3. 正文

正文部分是申请书的主体，包括三项内容：

（1）申请内容。开篇就要向组织、领导提出申请什么。要开门见山，不含糊其词。

（2）申请原因。即为什么申请，也就是说明申请的目的、意义及自己对申请的认识。

（3）决心和要求。进一步表明自己的决心、态度和要求，以便组织了解申请人的相关情况，应写得具体、详细、诚恳、有分寸。语言要朴实准确、简洁明了。

（4）结束语。申请书的结尾或重申意愿，或表明决心，或表达期盼，如“请组织考验”“请审查”“请领导批准”“特此申请”“恳请领导帮助解决”“请领导研究批准”等。最后还要用礼节性祝颂语“此致”“敬礼”来作结。

4. 落款

个人申请要写清申请者姓名，单位申请要写明单位名称并加盖公章，注明日期。署名和日期的位置在正文末尾的右下方，与正文相隔一到两行。

［申请书例文］

申请书

尊敬的学校领导：

您好！我是 2008 级的学生，由于家庭无力筹得本学年的 10 000 元学费，特向学校提出减免学费的申请。

我来自苏北的一个贫困乡村，全家上下五口人的经济来源仅靠双亲单薄的农业收入，加上我爷爷常年卧病在床，我和姐姐上学读书，家里每年都得拿出大部分家庭收入用在爷爷看病和我们姐弟的读书上。家里常年入不敷出，早已负债累累。为了我们的学业，我父亲在当地的农村信用合作社贷了款，我也申请了助学贷款。现在整个家庭为还贷款利息已是耗尽心力，临时解决难题的贷款也成了压在父母心头的大山。

多年来，我家的生活状况一直维持在我上初中时的水平，粗茶淡饭，节衣缩食，日子过得十分艰辛。因为买不起农耕工具，年迈的父母主要是靠肩挑、背驮、手推的古老方式来耕作。父亲早年患乙肝，本需安心调养，但是他担心自己医疗费过高，就早早地拒绝了一切治疗，以至于现在病情日益加重。每当他生气或过度劳累时就会出现脸色发青、心慌气短、肚子往外胀等症状，表情十分痛苦。这时，妈妈、姐姐和我就会在一旁害怕得直哭，但父亲不允许我们这样哭哭啼啼的，一再要我们坚强。

由于父亲身体不好，不能干重活，我和姐姐又在外读书，矮小的母亲就承担了家里的大部分农活。多年下来，她的手指、手腕、胳膊肘、脖颈、膝盖、脚踝等多处都有损伤，也是一身的病痛。因不忍父母如此操劳，我几次萌生退学的念头，但都被父亲呵斥，被母亲劝阻。

前些年，尽管日子过得这样艰难，父母还能咬牙坚持供我们姐弟读书。但随着父母身体情况的恶化，飞涨的物价和高额的学费使我们这个羸弱而贫困的家庭再也无力去贷款。如今我家这小小的水塘几近干涸，已是山穷水尽。在此情形下，我不得不向学校提出减免学费的申请，恳请领导了解并考虑我家的具体状况，批准我减免学费的请求，切实减轻我们家的经济压力，成就我完成大学学业的梦想。我定当更加珍惜这来之不易的学习机会，加倍努力地用功学习，以优异的成绩回报学校和父母的恩情。

恳请领导批准，不胜感激！

此致

敬礼

××系××班级学生：×××

2016年9月12日

[简析] 这是一份在校大学生因家庭贫困，向学校申请减免学费的申请书。文章开头，申请人开门见山地向学校提出减免学费的申请，接着详细叙述了申请减免学费的原因，结尾部分，申请人进一步表明渴望自己的申请得到批准的愿望以及自己加倍努力学习的决心。这份申请书内容具体，格式规范，语言表达简明平实，言辞恳切而有分寸，在感情上能让人产生共鸣和理解，有助于申请最终获得批准。

特别提示

撰写申请书的注意事项

1. 申请的事项要写清楚、具体，涉及的数据要准确无误。
2. 理由要充分、合理，实事求是，不能虚夸和杜撰，否则难以得到上级领导的批准。
3. 语言要准确、简洁，态度要诚恳、朴实。

知识拓展

怎样写入党申请书

入党申请书是入党申请人向党组织正式表达个人意愿和志向的书面材料，也是党组织接纳其为党员的重要依据。写好入党申请书，是党员发展工作必须注意的一个环节。

一、入党申请书的内容

(1) 为什么要入党。主要表达自己对党的认识和入党动机。

(2) 自己的政治信念、成长经历和工作、学习、作风等方面的情况。如政治历史问题和受过何种奖励处分必须如实写清楚。

(3) 对待入党的态度和决心。

(4) 个人履历、家庭主要成员及主要社会关系情况。

写入党申请书是入党申请人向党组织表明自己的入党愿望和决心，因此要严肃认真，要联系自己的思想实际谈其思想，向党组织交心，要如实向党组织说明自己的政治历史、本人经历等有关情况。

二、写入党申请书的注意事项

写入党申请书是一件严肃的事情，应注意以下几个方面：

(1) 要认真学习党章和有关党的基本知识，了解党、认识党，树立正确的入党动机。要联系思想实际谈自己对党的认识，向党组织交心，切忌只抄书抄报，不谈真实思想。

(2) 要对党忠诚老实，如实向党组织说明自己的政治信念、本人经历等有关情况，不得隐瞒或伪造。

(3) 入党申请书一般应由本人书写。

三、入党申请书能否找人代写的问题

入党申请书一般应由本人书写。如因文化程度低或其他特殊原因，不能亲自书写的，可以由本人口述，请别人代写，但要说明不能亲自书写的原因，经申请人签名盖章后交给党组织。

资料来源：http：//wenku. baidu. com/view/4eb41d3b376baf1ffc4fad79. html.

拓展练习

(1) 指出下面的介绍信在内容和格式上存在的问题，并改正。

介绍信

南京大学教务处负责人：

我院是一所新成立的职业技术学院，今年即将开设 6 个专业，招收 1 200 名学生，虽然师资不足，设备有限，但我们决心办好。请你们给予大力支持与帮助。今介绍我校教务处王哲、李伟两位同志前往贵校联系有关教学工作事宜。

请予接洽并大力支持。

此致

敬礼

××市东湖职业技术学院

2015 年 3 月 20 日

（2）武月是××职业技术学院2016级会计专业走读生，因为要办公交车学生月票，请代她写一个身份证明。

（3）窦文涛从××职业技术学院营销专业毕业后，被××厂人事处安排在××车间统计员的岗位上。工作一段时间后，窦文涛感觉所学专业与实际工作相差甚远，个人的知识水平与工作能力无法施展，经慎重考虑，准备向厂长提出调换工作岗位的请求。根据以上材料，请你以窦文涛的名义写一份申请书。

项目二　学业文书

学习目标

● **知识目标**

1. 了解实验报告、实习报告、毕业论文、毕业设计报告的定义、特点和类型；
2. 掌握实验报告、实习报告、毕业论文、毕业设计报告的撰写格式；
3. 掌握毕业答辩提纲的主要拟订内容。

● **能力目标**

1. 能够结合自己的专业特点及学习实践情况，按照规范的写作格式，完成实验报告、实习报告、毕业论文、毕业设计报告的撰写任务；
2. 能够结合毕业答辩的要求及自己毕业论文的内容，理清答辩思路，拟订答辩提纲；
3. 能够运用论文答辩的相关技巧，顺利完成毕业论文的模拟答辩。

项目框架

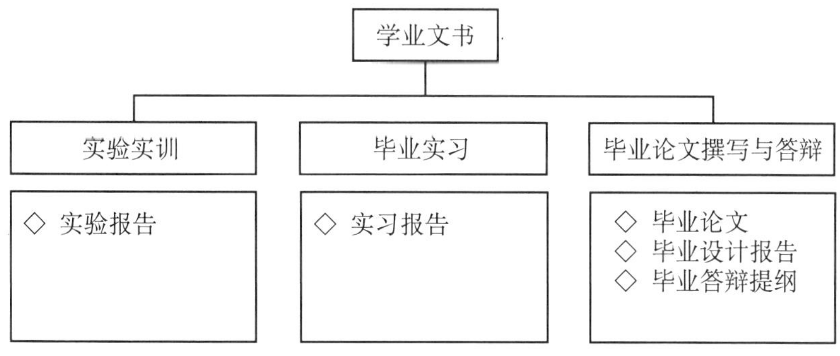

模块一　实验报告

情境设定

实验实训

知识导入

实验课程旨在系统强化对学生基本实验技能的训练，培养学生的独立实验能力、自主获取知识的能力及创新意识。而实验报告则完整地记录实验的全过程，包括对实验结果的分析和总结。撰写实验报告是科学论文写作的基础，不但有助于学生理解和掌握实验目的、原理、方法和技能，还能通过观察、分析实验现象和结果，初步培养和训练学生的逻辑思维能力、综合分析能力和文字表达能力。

情境分镜头

一天，青梅有个电脑制作方面的问题想请教模具设计和制造专业的老乡吴海洋。可当青梅在实训楼里找到吴海洋时，却看见吴海洋正一脸不高兴地跟几个同学犯嘀咕。原来最近吴海洋和实训小组的同学在老师的指导下完成了一项机电组装与维护的实训操作。整个实训过程中，小组同学合作得都十分愉快，大家对实验中的数据、观察到的现象、实验的结果都做了详细、客观、忠实的记录。在实训完成后，小组同学又对实验结果及实验过程中获取的相关数据、资料进行了分析、整理，他们认真的学习态度还受到了老师的特别表扬。可让大家感到意外的是，他们小组在实验后撰写的实验报告却被老师退回来要求重写。吴海洋和小组的同学很苦恼，不知道这份实验报告问题出在哪里，应该如何去改。

执行路径

学习实验报告的相关知识→做好实验前的各项准备工作→观察、记录实验过程和结果→综合分析、归纳整理实验资料→撰写实验报告

知识平台

实验报告是在科学研究活动中，人们为了检验某一种科学理论或假设，通过观察、分析、综合、判断，把实验的目的、方法、过程、结果等用文字形式如实地描述、记录下来，经过整理而写成的书面汇报。

一、实验报告的特点

1. 纪实性

实验报告是对实验过程和结果所做的客观、忠实的记录。必须排除一切主观因素，将实验中所积累的资料进行整理、归纳和分析，从而找出规律、得出结论，并报告给读者。

2. 表述方式多样性

实验报告除采用叙述和说明的表达方式，还可以配以图表、公式及算式来表明事物内在的联系及规律，使复杂的实验过程和实验装置简约、明晰地展现出来。

二、实验报告的种类

实验报告可分为创新型实验报告和检验型实验报告两种类型。

1. 创新型实验报告

创新型实验是指从事一项新的科学研究，设计出一个从开始到结束都是全新的实验，或是对前人的实验作了改进，得出更高精度的测量，或是用新的实验方法验证了已有的结果等。由此而写的实验报告，就是创新型实验报告。

2. 检验型实验报告

检验型实验是指重复前人已经做过的实验，来验证某一科学原理、定律或结论的实验。在大中专学校，学生根据学习过程中进行的电工学、机械学、物理学等实验而写的实验报告，就属于检验型实验报告。它不具备情报交流、资料保存的作用。

三、实验报告的撰写格式

有的实验报告采用事先设计好的表格，使用时只要逐项填写即可。一般说来，一份标准的实验报告包括以下内容：

1. 实验名称

实验名称要用最简练的语言集中反映实验的内容，使读者一目了然。标题一般由研究对象和文体名称组成，如“计算机图形学实验报告”，其中“计算机图形学”是实验的研究对象，“实验报告”是文体名称。

2. 实验日期、地点

实验报告上需写明实验日期和地点。

3. 实验操作者（或者还有实验指导者）

实验报告要将参与实验的人员的姓名、单位，按照主次顺序一一写明。如有实验指导者，也要列出。

4. 实验目的

简要说明为什么要做这个实验，该实验要解决什么问题。

5. 实验设备（环境）及要求

应对实验所用的仪器设备或材料及环境进行说明。实验设备或材料应注明名称、规格、型号、数量等。较复杂的仪器还要介绍其性能和原理，化学实验中的试剂还要给出其形态、浓度和化学成分等。此外，一些实验还需对实验环境要求进行说明，如要求环境干净整洁、密闭的、无氧的或是有氧的等。

6. 实验方法与步骤

这是实验报告中最为重要的环节，主要叙述实验时的条件及对实验的具体要求，具体介绍实验方法与步骤，重点介绍特殊方法，简单叙述实验过程及实验的主要操作步骤。这部分要写明依据何种原理、定律或操作方法进行实验，要写明经过哪几个步骤。必要时还应附上实验原理图、流程图等，再配以相应的文字说明，这样既可以节省许多文字说明，又能使实验报告简明扼要、清楚明白。

7. 实验结果

这部分是实验报告的核心，问题的讨论也由此而来，结论也由此产生。在此要列出实验中得到的数据、观察到的现象、获得的产品等。在撰写时应该注意将原始资料附在本次实验主要操作者的实验报告上，同组的合作者要复制原始资料。为了真实、准确、形象地表达实验结果，常借助以下一种或几种方法对实验结果进行表述，以获得最佳效果。

（1）文字叙述：根据实验目的将原始资料系统化、条理化，用准确的专业术语客观地描述实验现象和结果，要有时间顺序以及各项指标在时间上的关系。

（2）图表：用表格或坐标图的方式使实验结果突出、清晰，便于相互比较，尤其适合于分组较多且各组观察指标一致的实验，使组间异同一目了然。每一图表应有表目和计量单位，应说明一定的中心问题。

（3）曲线图：用记录仪器描记出的曲线图，使这些指标的变化趋势形象生动、直观明了。

8. 实验讨论

实验讨论是指根据相关的理论知识对所得到的实验结果进行解释和分析，是一种由感性认识上升到理性认识的过程。讨论应包括对为什么会得到这样的结果以及在实验中应注意的问题进行说明，还应包括：如果所得到的实验结果和预期的结果一致，那么它可以验证什么理论？实验结果有什么意义？说明了什么问题？但是，不能用已知的理论或生活经验硬套在实验结果上，更不能由于所得到的实验结果与预期的结果或理论不符而随意取舍甚至修改实验结果，这时应该分析导致其异常的原因。如果实验失败了，应找出失败的原因及以后实验应注意的事项。不要简单地复述课本上的理论而缺乏自己主动思考的内容。另外，实验讨论部分也可以写一些实验心得并提出一些问题或建议等。

9. 实验结论

结论是对实验报告全文的总结。它是对实验结果通过分析、判断、推理得出的对事物本质和规律的认识，是全篇报告的精华所在。结论的写作要求完整、明确，不含糊其词，不模棱两可；对成果的评价要公允，恰如其分，在内容和文字上要避免与结果重复。有时对没有明确肯定的结论，也可以提出建议或改进意见。

10. 致谢词

可参看本项目毕业论文撰写格式中“致谢词”部分的相关内容。

11. 参考文献表

可参看本项目毕业论文撰写格式中“参考文献”部分的相关内容。

［实验报告例文］

社会心理学实验报告

一、实验名称：动作技能的迁移与动作技能练习曲线

二、实验日期：2009年11月12日

三、实验人员：操作者：×××；被试者：×××、×××

四、实验目的

检验右手镜画练习对左手练习的迁移作用

五、实验设备

镜画仪（由一个金属双轨构成的六角星图案板）、平面镜、遮板和计数器、计时秒表等

六、实验步骤

(1) 被试者面对镜子正坐，调整平面镜使镜内图案正对被试者；同时，调节遮板，让被试者只能在镜中看见案板。

(2) 被试者用非优势手执笔，在主试者发出“开始”口令时，被试者先用探笔触一下计时圆点然后在六角星双轨内尽快画一遍，要求笔不能接触双轨的任何一边，当探笔接触双轨一次，计数器就会自动显示一次错误；画完一遍再用探笔触一下计时圆点，电子秒表自动显示画完一次所用的时间。主试者将被试者的错误次数和实验时间记录下来。

(3) 被试者再用优势手按照步骤 (2) 做 10 遍，主试者记录每次实验结果。

(4) 被试者再用非优势手做 2 遍，主试者记录实验结果。

说明：实验过程中，被试右手为优势手，左手为非优势手。

七、实验结果

实验结果如下所示。

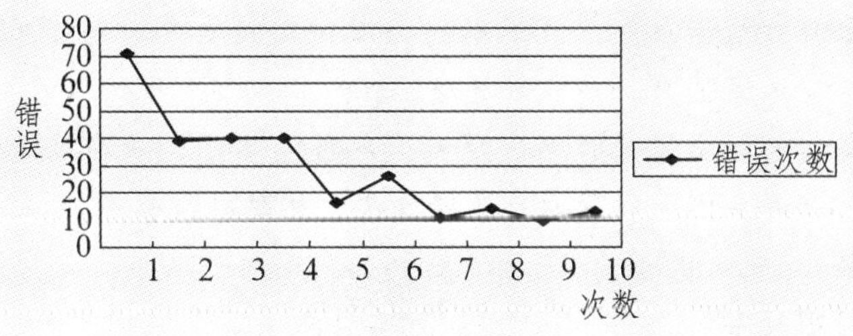

错误次数

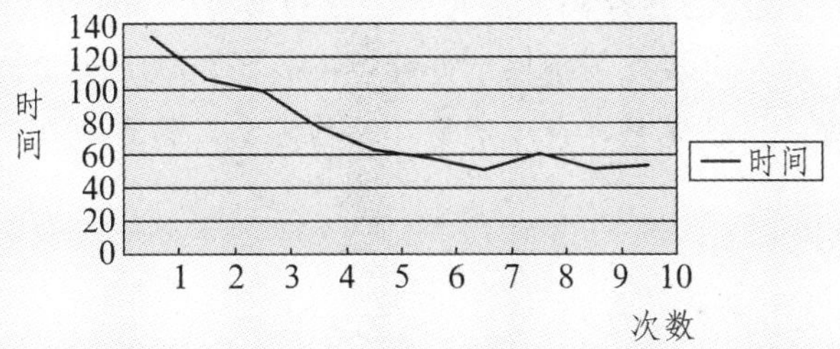

每次尝试的时间

每次尝试的时间与错误次数

	第一次左手练习	第二次左手练习	第三次左手练习
尝试时间 (s)	171	64	46
错误次数	77	27	13

八、实验讨论

(1) 实验表明右手的镜画练习对左手的学习有明显的迁移作用。在实验中，用时减少率为73.10%，错误减少率为83.12%。根据贾德的概括化理论知道，在经验中学到的原理和原则是迁移发生的主要原因。被试者通过概括出左右手练习的共同特点从而使后来的左手练习得到了明显的提高。

(2) 实验中难画的部分是转折的地方以及向上画的地方，在此，被试者的速度有明显下降。而最容易的地方是向下画且为直线的地方，在此，被试者的速度相对较快，也比较准确。向上画是逆向的运动，而转折的地方是要改变方向的地方，被试者较难迅速地掌握方向，所以这两处比较难；向下画时，被试者的手部运动比较简单，所以比较容易。

(3) 从本实验的镜画练习知道，视觉在动作技能练习中有很大的干扰作用。原来现实中的视觉与镜画的视觉是相反的，从而导致了学习的困难。也就是说，原有的技能对新技能的学习产生了干扰作用，即产生了负迁移。

(4) 在进行优势手实验时，由于次数较多，导致了被试者的疲劳，因此被试者在实验的中后期所犯的错误次数以及所需的时间都有所增加。而且被试者在犯错而找不到出路时，容易紧张，这更导致了错误次数的增加。

九、实验结论

(1) 由于被试者的左右手的迁移作用明显，因此，迁移理论在一定程度上有其正确性。

(2) 被试者本身的情绪态度以及周围的环境对实验会产生明显的干扰作用。因此，要使实验更准确，应该保证有必要的好环境。

(3) 被试者每次实验所需的时间以及错误次数随实验的次数增加而呈减少的趋势，但在实验过程中被试者会因为疲劳而导致错误次数和时间略有增加。

十、致谢（略）

十一、参考文献（略）

资料来源：http：//www.doc88.com/p-389773949151.html.

[简析] 这是一篇社会心理学的实验报告。该实验通过对右手镜画练习对左手练习的迁移作用的检验，在一定程度上论证了迁移理论的正确性。该实验报告对实验的整个过程观察细致、严谨，记录完整，条理清楚，结构完整，格式规范，是一篇较为优秀的实验报告。

特别提示

撰写实验报告的注意事项

写实验报告是一项非常严肃、认真的工作，要讲究科学性、准确性、求实性。在撰写时应注意以下几点：

1. 认真准备、精心实验是写好实验报告的前提

要写好实验报告，先要做好实验，否则在文字上花再多的功夫也无济于事。因此，实

验前，要掌握有关的科学理论，熟悉仪器设备，明确操作步骤，使实验能顺利进行。实验中，要正确操作，细心观察，如实记录。实验后，要对实验数据进行整理，不得随意修改数据，更不能伪造数据，必须坚持实事求是的科学态度。

2. 区别不同类型的实验，突出报告重点

实验的方法有定性实验、定量实验、对照实验、结构分析实验、模拟实验等。采用什么样的实验方法，要根据实验的目的、性质来确定。不同类型的实验报告，其写作的重点是不一样的。如对照实验，就是通过两个或两个以上的相似组群，对照比较、分析研究，去判断研究对象是否具有某种性质。在写作这一类型的科技实验报告时，要求重点介绍对照实验的方法和结果，因为只有对照实验方法恰当，各组实验结果分析全面，在此基础上得出的结果才令人信服。

3. 文字、图表相结合，增强实验报告的可视性

实验报告的主要表达方式是说明，除了使用文字说明外，还常常辅以图、表、照片等，以增加其可视性。但在写作时要注意它们之间的互相配合、衔接，使其相得益彰，防止互相重复，甚至互相矛盾。

拓展练习

根据自己所做的实验，在专业老师的指导下，写一篇实验报告。

模块二　实习报告

情境设定

毕业顶岗实习

知识导入

大学生在毕业实习期间，不仅要很好地完成实习单位分配的工作任务，而且要善于用脑、长于用心，将课本所学知识很好地运用到实习工作中。撰写实习报告是学生对个人实习过程的一次系统性总结。撰写一份高质量的实习报告，对学生个人专业知识和工作技能的提高十分有益。

情境分镜头

青梅和同学们在结束了3个月的顶岗实习后，陆续回到了学校。回到学校后，学校老师要求每位同学对自己的实习经历和收获进行总结，并上交一份实习报告。虽然青梅也不太清楚实习报告该怎么写，但是这3个月顶岗实习的经历确实让她感悟颇深，她相信只要

用心，没有做不成的事。在自学了实习报告的相关写作知识后，她开始认认真真地撰写这份报告。

执行路径

学习实习报告的相关知识→收集、整理与实习有关的各项材料→总结自己实习期间的优缺点→撰写实习报告的提纲→完成实习报告初稿→修改定稿

知识平台

实习报告是临近毕业的大中专学生在实习活动结束后，为及时反映实习内容、实习环节、实习效果、实习体会而撰写的总结性书面材料。实习报告的撰写是学生掌握、吸收专业知识情况的体现和升华过程。实习报告对检验学校教育和教学的成效、反映学生掌握和运用知识的情况具有重要作用。

一、实习报告的特点

1. 自指性

实习报告必须采用第一人称写自己的实习经历，其中的成绩、做法、经验、教训等都有自指性的特征。但也应注意，在第一段介绍了自己的实习时间、地点和分配到的任务后，下面的文本中应尽量少出现人称或不用人称。

2. 专业性

实习报告与实习总结有明显的区别。实习总结偏重于实习中的政治思想、组织纪律、劳动态度、人际关系等方面的收获体会，而实习报告则偏重于专业理论方面的体会。

3. 概括性

实习报告不是流水账式的“实习日记”，而是通过对实习期间林林总总材料的归纳和概括，从中选出有代表性的典型事例予以科学的归纳和总结。

二、实习报告的种类

（1）按实习任务分，可以分为课题实习报告、毕业实习报告等。

（2）按性质分，可以分为综合实习报告、专题实习报告等。

（3）按范围分，可以分为个人实习报告、小组实习报告等。

三、实习报告的撰写格式

一般来说，实习报告内容各异、形式多样。但总的来说，实习报告必须包含以下几个方面：

1. 标题

实习报告标题的写法一般有三种：

（1）“事由＋文种”，如“实习报告”“顶岗实习报告”。

（2）“实习地点＋事由＋文种”，如“网络营销实习报告”“××公司实习报告”。

（3）正副标题式，正标题概括实习报告的主题，副标题标明实习的单位和文种。如“质量是企业的命根子——海大集团股份有限公司实习报告”。

2. 正文

正文因实习的过程不同而异，一般来说，应具备以下几个方面：

（1）开头。用高度概括的语言介绍实习时间、地点、实习单位及岗位以及实习任务、目的，要求详略得当、重点突出。

（2）主体。主要介绍实习内容及过程，即介绍自己在实习期间如何将在学校学到的理论、方式方法运用到工作实践之中；对在学校没有接触过的新鲜事物，将自己观察体验的结果进行分析总结。这部分是报告的重点，应选择与专业实习有关的内容来写，要求内容翔实、层次清楚，侧重实际动手能力和技能的培养、锻炼和提高，不要简单罗列实习经过和主要做了哪些工作。

（3）结尾。概括总结自己实习的体会、经验教训、今后努力的方向等。最好能适当地结合事例说明自己的收获，突出学到了什么，取得了什么成果，还有哪些不足。同时要表明自己的态度，提出希望。这部分是实习报告的精华，要求条理清楚且客观地对自己的实习表现作出评价。

3. 落款

落款由署名、成文日期组成。如果报告是实习小组成员共同完成的，署名应该是若干人。

［实习报告例文］

会计专业的实习报告

为期三个月的会计实习已接近尾声。在无锡市××商业银行实习期间，我主要学习了会计制单到记账整个流程的业务工作。对我来说，这次实习是一次综合检验所学专业知识和能力的好机会，更是一次难得的锻炼和演练的机会。三个月的实习经历，使我受益匪浅，为我将来的工作奠定了良好的基础，让我的学习更有了目标性，可以通过实践发现问题、研究问题，从而解决问题；让我对自己的综合能力有了一个更清晰的认识，使我对自己也更加充满信心。

在经历了投递简历、一轮笔试、一轮面试后，我被无锡市××商业银行录取，并于2015年3月8日至6月7日，被分配到无锡市××商业银行××支行进行了为期三个月的实习。

刚开始实习时，我进行的是填制凭证的工作。由于以前有过几次简单的实践经验，因此对于凭证也就一扫而过，总以为凭着记忆加上学校里学的理论对于区区原始凭证可以熟练掌握，也就是这种浮躁的态度让我忽视了会计循环的基石——会计分录，以至于后来制单时有点手足无措。会计分录在书本上可以学习，可一些银行账单、汇票、发票联等就要靠实习时才能真正接触，从而有更深刻的印象。别以为光是认识就行了，还要把所有的单据按月按日分门别类，并把每笔业务的单据整理好、装订好，才能为记账做好准备。

填制好凭证之后就进入记账程序了。虽说记账看上去有点像小学生都会做的事，可重复量如此大的工作如果没有一定的耐心和细心是很难胜任的。因为一旦出错并不是随便用笔涂了或是用橡皮擦了就算了，对于每一个步骤会计制度都是有严格的要求的。例如：写错数字就要用红笔划横线，再用钢笔在其上面更正；而写错摘要栏，则要用蓝笔画横线并在旁边写上正确的摘要，平常我们写字总觉得写正中点好看，可摘要却不行，一定要靠左写起不能空格，这样做是为了防止摘要栏被人任意篡改。对于数字的书写也有严格要求，字迹一定要清晰工整，按格填写，不能东倒西歪的。另外，记账时要清楚每一明细分录及总账名称，不能乱写，否则总账的借贷双方就不能结平了。如此烦琐的程序让我不敢有一丁点儿马虎，这并不是做作业时或考试时出错了就扣分而已，在以后的工作中，这关乎一个企业的账务，是一个企业以后制订发展计划的依据。

所有的账记好后，接下来就结账，每一账页要结一次，每个月也要结一次，所谓月清月结就是这个意思，结账最麻烦的就是结算期间费用和税费了，按计算器按到手都酸，而且一不留神就会出错，要复查两三次才行。一开始我以为掌握了计算公式，按计算器这样的小事就不在话下了，可就是因为粗心大意反而算错了不少数据，好在同组的同学要我先用铅笔写数据，否则真不知道要把账本涂改成什么样子。

在对从制单到记账的整个过程基本上了解了个大概后，就要认真结合书本的知识总结一下手工做账到底是怎么一回事了。根据实习资料教程得知每一种银行账单的样式和填写方式以及什么时候才使用这种账单，有了基本认识以后学习起来就会更得心应手。其实课本上学的知识都是最基本的知识，不管现实情况怎样变化，抓住了最基本的就能以不变应万变。如今有不少学生实习时都觉得课堂上学的知识用不上，产生挫折感，可我觉得，要是没有书本知识作铺垫，又哪能应付瞬息万变的社会呢？

三个月的实习工作，不仅使我对会计工作有了进一步的认识，还使我学到了很多金融方面的理论知识以及银行业的许多相关制度及法规，学到了许多在学校里学不到的实际知识，增强了将理论应用到实际中的能力，积累了很多宝贵的工作经验，掌握了一定的业务操作能力和协调沟通能力，人际关系方面也学到了很多，让我受益颇多。在取得实效的同时，我也在实习过程中发现了自身的一些不足。比如，自己不够细心，经常看错或抄错数字，导致核算结果出错，引起不必要的麻烦；在编制分录方面还不够熟练，今后还得加强练习。

总之，这次实习的整个过程丰富了我，充实了我，更加升华了我，为我今后走向社会奠定了坚实的基础。

张三

2015年6月15日

资料来源：http：//www.yjbys.com/ResumeMaker/show-125611.html.

［简析］这是一篇会计专业学生的实习报告。文章开头部分交代了实习单位、实习内容及总的感受，主体部分通过一些事例重点介绍了实习任务的完成情况，结尾部分则概述了自己实习的体会。从整体看，这篇报告较完整地反映了该学生实习的过程和心得体会，内容翔实，中心明确，层次井然，语言清晰准确，可供学习者参考、借鉴。

特别提示

撰写实习报告的注意事项

1. 丰富、真实的实习资料是写好实习报告的基础。“巧妇难为无米之炊”，没有认真细致的现场实习是不可能写出高质量的实习报告的。因此，从开始实习的那天起就应该收集与实习有关的各种资料，并认真记录下来。一般来说，要收集以下几个方面的资料：一是实习单位的工作作风情况，二是所学的专业理论知识在实践工作中是如何得到灵活运用的，三是观察周围同事是如何处理人际关系的，四是自己的能力在实习中是否有所提高。

2. 实习报告的写作必须将实践经历与专业理论相结合。实习是为了更加深刻地理解和掌握专业知识，专业知识又可以使我们的实习更有成效。实习报告的写作本身就是对大学生科研能力、观察能力、写作能力的一个综合锻炼，是学生将理论转化为实践、将实践融入理论学习中的一个重要过程。

3. 语言要精练、流畅，重点突出，具有可读性和审美性。在实习报告的写作中，要注意将语言的通俗性和严谨性相结合，要善于运用打比方、举例子等手法将复杂的问题通俗易懂地表达出来，综合运用统计表格、图片等资料，以保证所应用的资料丰富多彩、重点突出，具有可读性。

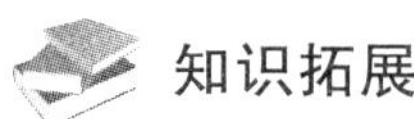

知识拓展

优秀实习报告的内容构思

实习报告的撰写是对学生职业素养和工作态度的一次重要考核，一份好的实习报告可以帮助学生获取理想的就业岗位。用心写好自己的实习报告，面试时带上它，也许它将会成为你求职的重要砝码。写好实习报告可以从以下几个方面整理思路：

（1）你是如何联系实习单位的？这是一个起点，也是一个重要的因素，如果是通过自己找的，那么这将是一份宝贵的经验，为你真正的求职积累经验，也许这份实习工作就成了你的正式工作。

（2）你的实习单位是什么公司，安排你做什么？一个刚开始工作的人一定要清楚两点，即公司的性质和自己的职责，不要认为实习是混事，应该视为试用期，去努力地工作，因为公司往往会通过实习观察一个人的职业素养、工作态度，任何企业都不会错过优秀的员工。

（3）讲述一件你实习期间最难忘的事，因为这也是使你从中得到最多的事。

（4）总结实习带给你的感受、感悟，讲述你对实习的看法，找出自己做得好的或不好的地方。

（5）有针对性地对自己未来的学习、工作做出规划。通过规划，以文字的形式理智地分析自己，在即将投入工作前清楚地认识自己，认识工作和学习的不同、员工和学生身份的不同，进一步锻炼和提升自身的职业素质。

小贴士

实习经历多不如精

实习经历太少，导致不少大学生实际能力与就业岗位衔接不上，这是目前一些企业普遍反映的问题。于是，不少大学生为了丰富自己的职场经验，也为了能给自己的求职简历添上漂亮的一笔，积极选择到企业实习或兼职。但是，很多毕业生在观念上存在一个误区，即认为自己实习经历多便是优势。对此，无锡新区某外资企业的一位人事经理向大学生提出如下忠告：

1. 经历不等于经验

企业虽然很欢迎高校毕业生加盟，但更希望具有一定工作经验的毕业生，而不是那种大学四年却有五六家实习单位的毕业生。因为大学生实习的时间有限，如果频繁更换实习岗位，很难想象他们能够学到真本事。有的毕业生自大三参加实习以后，走马灯似的频繁换岗，实习期最长的一个月，最短的仅一星期，这样的实习不仅失去了原本的意义，而且助长了浮躁心态，对于提升大学生职业素养和专业技能难以起到实际效果。

2. 实习宜“精”不宜“多”

任何职位都需要经过一定时间的实践才能熟悉，因此，大学生在参加实习时选择岗位宜“精”不宜“多”，应瞄准对口专业岗位进行较好的系统实习，以获取一定的实际工作经验，千万不能到处“撒网”，否则就会影响求职成功率。

拓展练习

请根据你自己的实习经历写一份实习报告。

模块三　毕业论文、毕业设计报告、毕业答辩提纲

情境设定

毕业论文撰写与答辩

知识导入

毕业论文的撰写和答辩过程是学生在专业老师的指导下，将专业知识的学习融入实践的重要环节，是巩固专业知识、提高专业技能的一项重要科研活动，是对学生学习能力、分析能力、解决问题能力、创新能力等综合能力的一次重要检阅。作为一种研究型论文，毕业论文写作需要一定的专业知识，也需要正确的写作方法。那么，如何才能撰写出一篇优秀的毕业论文呢？

情境分镜头

实习报告刚刚完成，青梅和同学们又紧锣密鼓地开始准备各自的毕业论文。身边的同学都在忙着查资料、选课题，铆足了劲为自己的毕业论文做前期的准备工作，青梅却连论文合适的切入点都还没有找到。眼看着毕业论文的上交时间一天天临近，青梅心里不免着急起来，她想了想，觉得还是应该抓紧时间主动与自己的论文指导老师丁老师沟通一下毕业论文的撰写思路和方法。

执行路径

确定论文选题，准备相关材料→撰写论文开题报告→理清思路，拟订论文提纲→撰写论文初稿→完成论文的修改和定稿工作→了解论文答辩流程及相关要求→草拟论文答辩提纲→参加答辩

知识平台

一、毕业论文

毕业论文是毕业生在导师的指导下，综合运用所学专业的基础理论、基础知识和基础技能，针对某一问题独立进行分析和研究后写成的，反映自己的学习成果和科研能力且具有一定学术价值的论文。

对大学生而言，毕业论文是其完成学业的标志性作业，是对学习成果的综合性总结和检阅，是大学生从事科学研究的最初尝试，是在教师指导下所取得的科研成果的文字记录，也是检验学生的知识掌握程度及分析问题、解决问题能力的综合答卷。毕业论文的编写，需要经过开题报告、论文编写、论文上交评定、论文答辩以及论文评分五个阶段。

（一）毕业论文的种类

毕业论文按照不同的标准可以划分为不同的形式。按照学科性质的不同，毕业论文可划分为三类。

1. 文科毕业论文

文科毕业论文是高职院校社会科学类的应届毕业生所撰写的论文，包含社会意识形态的各个方面，如哲学、社会学、经济学、管理学、政治学、法学、文学、语言学、伦理学、宗教学、历史学、教育学等。

2. 理科毕业论文

理科毕业论文是高职院校自然科学类的应届毕业生所撰写的论文。自然科学研究的领域十分广泛，包含研究自然界各种物质和现象的科学，如物理学、数学、化学、地学、天文学、生物学、动物学、植物学、生理学、农学、医学、力学、电学等。

3. 工科毕业论文

工科毕业论文是高职院校工程、技术专业的应届毕业生所撰写的设计型论文，可分为工艺设计和设备设计，一般由设计说明书和设计图纸组成。

（二）毕业论文的撰写步骤

毕业论文的创作是一个复杂的过程，一般可分为四个阶段：准备阶段、编写提纲阶段、撰写初稿阶段和修改文稿阶段。

1. 准备阶段

（1）选题。所谓选题，顾名思义，就是选择毕业论文的论题，即在写论文之前，选择确定要研究论证的问题。选题是撰写毕业论文的第一步，也是最关键的一步，实际上就是确定“写什么”的问题，亦即确定科学研究的方向。如果“写什么”不明确，“怎么写”就无从谈起。

论文的选题、毕业论文题目的选择是否恰当，既关系到毕业论文水平和价值，也可以大体看出作者的研究方向和学术水平。论文的选题通常从以下几方面考虑：

1）从业务强项或兴趣出发，选定论文选题的大方向。兴趣是最好的老师。选题时一定要量力而行，从自己的专业着手，充分考虑所选方向与自己的知识结构、素质结构及写作水平是否相契合，避免“眼高手低”。一般来说，要用限制的方法，逐步缩小课题的外延，直至适合自己的完成度。另外，不妨“小题大做”。

2）从实习或实践中发现问题进行选题。在平常的生活、工作中，总会遇到一些应该解决却未能解决的问题。这些问题的范围非常之广，有的是自己难以驾驭的。必须选择适合自己的，社会普遍关心的热点、难点、焦点问题进行论文的写作。这样的选题，如果能够运用所学的理论知识对其进行分析、判断、推理，找到事物的内部联系或规律性，提出自己的见解，探讨解决问题的方法，则是很有意义的。

3）从有必要进行补充或纠正的课题中进行选题。学术问题总是在前人的基础上得到启发，在纠正别人谬误的过程中得到更新和发展的。毕业论文的选题可以而且应当能够对前人的课题进行补充或纠正，只要自圆其说即可。

从论文的价值来看，选题的理论意义和现实意义是首要的，在此前提下，可以发现生产或科研中亟待解决的问题、中外学术观点的异同问题、事关国计民生的问题、学科的现状与发展前沿性的问题。

若选题太大，则驾驭不了；若选题太小，则不能完成毕业任务。但无论怎样选题，都必须考虑毕业论文的时间要求和容量要求，以及自身的学术水平和研究条件，切不可脱离实际去选题，即不能选择方向虽好但无法完成的课题。

（2）选材。在确定毕业论文的题目和中心论点之后，就要开始搜集和筛选资料。

首先，要尽可能地搜集与毕业论文题目有关的正反两方面的资料，掌握本学科的研究现状，以便更好地确定选题的方向。

其次，要围绕毕业论文的中心筛选资料，保证论文思路清晰、逻辑严谨。

最后，资料的搜集宜尽早进行。因为毕业论文写作期限短、时间紧，如果不提前准备，届时会非常仓促，影响论文质量。另外，提前搜集资料，还有利于及早了解专业动态、自己的专业兴趣及职业发展方向。

2. 编写提纲阶段

当材料准备较充足以后，要对其进行分析比较、提炼加工，进行整体构思，并将这种构思的大致思路写下来，即开始写提纲。毕业论文提纲是一篇论文的基本轮廓，是全文的骨架，起着疏通思路、安排材料、形成结构的作用。

毕业论文提纲可以从以下几方面撰写：

（1）拟定标题。

（2）写出总论点。

（3）考虑全篇总的安排：从几个方面，以什么顺序来论述总论点，这是论文结构的骨架。

（4）大的项目安排妥当之后，再逐个考虑每个项目的下位论点，直到段。

（5）依次考虑各个段的安排，把准备使用的材料按顺序编码，以便写作时使用。

（6）全面检查，作必要的增删。

3. 撰写初稿阶段

提纲撰写之后，接下来就要开始撰写论文。此时应该按照毕业论文的写作格式，根据提纲撰写的论点组织材料，进行周密论证。

毕业论文的格式将在后面详细介绍。

4. 修改文稿阶段

毕业论文初稿写成以后，回过头来再看，就会发现许多疏漏与不严谨的地方，因此只有进行反复修改后，才能定稿。修改主要有以下几个方面：

（1）修正观点。力求观点鲜明，论述充分。尽可能没有产生歧义的地方。

（2）增删材料。实际上就是检查材料与观点是否一致，删去与论文观点联系不够紧密的材料，增加更有说服力的材料。

（3）调整结构。实际上就是调整思路，包括层次和段落，检查其连贯性与紧凑性。

（4）润色语言。主要看用词是否准确，句子是否通顺。

（三）毕业论文的撰写格式

根据国家标准《科学技术报告、学位论文和学术论文的编写格式》（GB 7713—87）的要求，论文的标准格式一般由标题、署名、摘要、关键词、正文、注释、致谢词、参考文献等要素构成。毕业论文的格式与一般学术论文类似，不同的是，毕业论文必须加上封面。一篇标准的毕业论文格式包括以下几部分。

1. 封面

毕业论文的封面包括标题、所属学校、系别、专业、学号、姓名、指导教师、职称及成文日期等。

2. 目录

目录是文章的纲目，它一般由序号、名称和页码组成。目录要求标题层次清晰，且要与正文标题一致，主要包括摘要、正文的主要层次标题、参考文献、附录及致谢词等。

3. 标题

标题又称题目，通常是对学术研究过程或成果的直接阐述。论文题目要简单明了，能反映毕业论文的主要内容，使读者能一眼看出论文的中心内容，切忌笼统、空泛；语言要朴实，同时能引起读者的注意；标题不可过长，若字数少而不能涵盖题旨，可列副标题作为补充。

4. 摘要

摘要又称提要，是对论文基本内容的浓缩。它以提供文献内容梗概为目的，不加注释和评论。要求短小精悍、意思完整、忠于原文。一般 300～500 字，置于论文最前面。

5. 关键词

关键词又称主题词，是从其题名、层次标题和正文中选出来的，能反映论文主题概念的词或词组。它以为文献检索提供方便为目的，用于反映论文观点或主要内容。每篇论文一般选取 3～8 个词作为关键词，按词语外延层次从大到小排列，每个关键词之间以分号或空格隔开，另起一行，置于摘要之后。

6. 正文

正文是论文的主体和核心。一般包括前言、本论、结论三个部分。

（1）前言：又称绪论、引言、导语，是论文的开头部分，主要阐述研究的理由、目的、背景，前人的工作和知识空白，理论依据和实验基础，预期的结果及其在相关领域里的地位、作用和意义。前言的文字、措辞要精练，要能吸引读者读下去，篇幅不宜太长。

（2）本论：是论文的主体和核心，它占据着论文的最大篇幅。论文所体现的创造性成果或新的研究结果，都将在这一部分得到充分反映。因此，要求这一部分内容充实，结构合理，论据充分、可靠，论证有力，主题明确。为了满足这一系列要求，同时为了做到层次分明、重点突出，脉络清晰，文字简练、通顺，常常将正文部分分成几个大的段落，这些段落即所谓的逻辑段，一个逻辑段可包含几个自然段，每个逻辑段可冠以适当的标题（分标题或小标题）。

（3）结论：又称结束语，是毕业论文的收尾部分和围绕本论所作的结束语。其基本的要点就是总结全文，加深题意。作者在结论中应明确指出本研究内容的创造性成果或创新点理论（含新见解、新观点），对其应用前景和社会、经济价值等加以预测和评价，并指出今后进一步在本研究方向开展研究工作的展望与设想。结论要求精简，与前言相照应。

7. 注释

注释是对正文某些问题的进一步解释或补充说明，分为脚注和尾注。脚注位于该页的页脚，尾注位于文章正文内容的后面。

8. 参考文献

参考文献又称参考书目，是指作者在撰写毕业论文过程中所查阅和参考过的文献书目，一般集中列于文末。其作用是表示对他人成果的尊重，便于读者研究和查找文献资料，反映作者对本课题的历史和现状的了解程度，增加资料可信度。参考文献不宜过多，但应列入主要的参考文献，一般以 6～10 篇为宜，鼓励适量引用外文文献。一般情况下，未公开发表的文献，不宜引用。

（1）参考文献的著录格式。

参考文献的标注采用顺序编码制，即按照参考文献在论文中出现的先后顺序标注，其表示格式为：

1）著作：［序号］作者．译者．书名［M］. 版本（第一版不著录）．出版地：出版社，出版年份：起止页码．

2）期刊：［序号］作者．译者．题名［J］. 期刊名，出版年份和卷号（期数）：起止页码．

3）论文集：［序号］作者．译者．题名［C］. 编者．论文集名．出版地：出版社，出版年份：起止页码．

4）学位论文：［序号］作者．题名［D］. 保存地点．保存单位，年份．

5）专利文献：［序号］题名［P］国别，专利文献种类．专利号．出版日期．

6）国际、国家标准：［序号］标准编号．标准名称［S］.

7）报纸：作者．题名［N］. 报纸名，出版日期（版次）．

8）报告：作者．题名［R］. 保存地点，年份．

9）电子文献：作者．题名［电子文献及载体类型标识］. 文献出处．日期．

示例：

［1］刘国钧，陈绍业，王凤翥．图书馆目录［M］. 北京：高等教育出版社，1957：15-18.

［2］王燕．高职院校创业教育对基础学科的渗透与实践［J］. 无锡商业职业技术学院学报，2011（4）：51-55.

［3］谢希德．创造学习的新思路［N］．人民日报，1998-12-25（10）．

［4］GB/T 16159—1996，汉语拼音正词法基本规则［S］．

［5］万锦柔．中国大学学报论文文摘（1983—1993）［DB/CD］. 北京：中国百科全书出版社，1996.

（2）文献类型及其标识。

根据《文献类型与文献载体代码》（GB 3469—83）的规定，各类文献类型标识如下：

1）常用文献标识，如：期刊文章［J］，专著［M］，论文集［C］，学位论文［D］，专利［P］，标准［S］，报纸文章［N］，研究报告［R］。

2）电子文献载体类型用双字母标识，如：磁带［MT］，磁盘［DK］，光盘［CD］，联机网络［OL］。

3）电子文献载体类型的参考文献标识［文献类型标识/载体类型标识］，如：联机网上数据库［DB/OL］，磁带数据库［DB/MT］，光盘图书［M/CD］，磁盘软件［CP/DK］，网上期刊［J/OL］，网上电子公告［EB/OL］。

9. 附录

对于一些不宜放在正文中，但有参考价值的内容，可编入附录中。例如：公式的推演、编写的程序等；如果文章中引用的符号较多时，为便于读者查阅，可以编写一个符号说明，注明符号的意义。一般附录的篇幅不宜过长，若附录篇幅超过正文，会让人产生头轻脚重的感觉。

10. 致谢词

致谢词又称谢词，即以简短的文字对在论文写作中给予帮助的人（如指导教师、答疑教师及其他人员）表示自己的谢意。这不仅是一种礼貌，也是对他人劳动成果的尊重，是治学者应有的风范。致谢的文字要简洁，实事求是，切忌浮夸和庸俗之词。

[毕业论文例文]

××职业技术学院

毕业论文

标　　题：新旧债务重组准则之比较研究

　　　　——基于世纪星源的案例分析

系　　别：会计金融学院

专　　业：会　计

学　　号：01502121

学生姓名：冯　娟

指导教师：张　平

二〇〇六年五月二十一日

摘要

2006 年 2 月财政部颁布了修订的基本会计准则和 38 项具体准则，基本构建起与我国市场经济相适应同时又与国际准则趋同的会计准则体系。本文对新旧《企业会计准则——债务重组》中债务重组的定义、债务重组的方式、债务重组利得或损失的计量及相关的会计处理等内容进行比较，并在详细分析世纪星源债务重组案例的基础上，按新旧准则的相关规定对该案例的会计处理进行了“重述”及简评。新准则遵循了国际会计惯例，实现与国际会计准则的趋同，它严格定义了债务重组的条件，重新确立了公允价值计量属性，并将债务重组双方通过债务重组获得的利得或损失计入了当期损益。因此，其提供的信息更具相关性，为我国参与国际竞争提供了统一的会计信息平台，但新准则也为企业的盈余管理留下了空间。

关键词： 债务重组　会计准则　世纪星源　案例分析

目录

新旧债务重组准则之比较研究

——基于世纪星源的案例分析

引言

在市场竞争激烈的情况下，一些企业可能因为经营管理不善，或受外部各种不利因素的影响，致使盈利能力下降或经营发生亏损，资金周转缓慢，出现暂时的资金紧缺，难以按期偿还债务。正是由于这种情况，出现了债务重组——解决债务纠纷的方法。债务重组是指在债务人发生财务困难时，债权人按照其与债务人达成的协议或法院的裁定作出让步的事项。债务重组虽然不是企业正常经营活动过程中的主流，但在企业中仍有相当比重。现在我们执行的《企业会计准则——债务重组》是财政部于 1998 年 6 月正式发布，2001 年进行修订的版本（本文称之为旧准则）。2006 年 2 月 15 日，财政部正式发布了债务重组等 39 项新会计准则（本文称之为新准则），要求 2007 年 1 月 1 日起在上市公司执行。本文在此就世纪星源的案例对新旧债务重组准则进行对比研究。

1　新旧准则的主要差异

1.1　定义不同

…………

2　按新旧准则对世纪星源债务重组案例的分析

本文借助 20 世纪 90 年代世纪星源公司的债务重组案例对新旧债务重组准则进行比较研究。

2.1　沉重的债务包袱

…………

2.2　纸上交易，轻松赚利 1.36 亿元

…………

2.3　相关利益者的博弈

2.3.1　注册会计师的态度

…………

2.3.2　财务部的答复

…………

2.3.3　注册会计师的审计意见

…………

2.3.4　世纪星源的看法

…………

2.4　按新旧准则对本交易的分析

…………

3　重新确定公允价值计量属性的作用

3.1　重新确定公允价值量属性的作用

…………

3.2　为企业盈余管理留下一定的空间

根据新准则，债务重组中债务方可将债权人豁免或者允许少偿还的负债计入当期损益（营业外收入），这意味着一些无力清偿债务的公司，一旦获得债务的豁免，其收益将直接反映在当期利润表中，可极大地提升其每股收益水平。从某种程度上讲，新准则中有关确认重组收益的做法客观上为上市公司的盈余管理创造了条件，但会计信息的可靠性将会受到伤害。

…………

结束语：综上所述，新准则在定义上更准确，并且采用的公允价值进一步强化了对信息供给的约束，为向投资者、债权人和社会公众提供对决策有用的会计信息铸牢了基础，对债务重组方式的指导更具可操作性，提供的财务信息质量更高，反映财务信息更加清晰。新准则的发布和实施，使我国债务重组准则在关键环节和根本实质上实现了与国际会计的趋同，为我国参与国际竞争构建了统一会计信息平台。但是新准则又为企业调节盈余留下空间，公允价值往往又成为利润操纵的重要手段。因此，加强对公允价值的审计，兴“利”除“弊”，则又成为注册会计师的重要任务。

参考文献

[1] 会计准则研究组．会计准则重点难点解析．大连：大连出版社，2006.

[2] 于晓雷，徐兴恩．新企业会计准则实务指南与讲解．北京：机械工业出版社，2006.

…………

致谢

经过半年多的忙碌和努力，我的毕业论文顺利完成了。如果没有导师的督促指导和同学们的大力支持，我不可能这么顺利地完成这篇论文。

首先，我要感谢我的导师张平老师，张老师学识渊博、治学严谨、平易近人，深得学生们的爱戴……

其次，我要感谢我的同学们……

最后，感谢这三年来教过我的老师们……

资料来源：周成霞主编：《岗位应用文写作》，154～157页，北京，北京交通大学出版社，2009。

［**简析**］这是一篇某职业技术学院的毕业生论文。该论文围绕选题，分别从新旧准则的主要差异、新旧准则对世纪星源债务重组案例的分析及新准则与国际准则的趋同三个方面进行论述，观点鲜明，论据可靠，层次清晰，结论水到渠成。本论文结构符合毕业论文规范，安排得当。

特别提示

撰写毕业论文的注意事项

1. 观点要创新，具有独创性。即论文中要表现自己的新看法、新见解、新观点。不能简单地重复前人的观点。

2. 论据要翔实，富有确证性。要搜集充足、典型的材料。第一手材料要公正，要反复核实，要去掉个人的好恶和想当然的推想，保留其客观的真实。第二手材料要究根问底，查明原始出处，并深领其意，而不得断章取义。引用别人的材料是为自己的论证服务，而不得作为篇章的点缀。在引用别人的材料时，需要下一番筛选、鉴别的功夫，做到准确无误。

3. 论证要严密，富有逻辑性。论证是用论据证明论点的方法和过程。论证要严密，富有逻辑性，这样才能使文章具有说服力。从文章全局来说，作者提出问题、分析问题和解决问题，要符合客观事物的规律，符合人们对客观事物认识的程序，使人们的逻辑程序和认识程序统一起来，全篇形成一个逻辑整体。从局部来说，对于某一问题的分析、某一现象的解释，要体现出较为完整的概念、判断和推理过程。

二、毕业设计报告

毕业设计报告又称工科毕业设计说明书，是理工科专业学生在教师的指导下，综合运用所学知识对其毕业设计进行解释和说明的科技文书。

毕业设计是大学生教学计划中最后的综合性教学环节，是学生在教师指导下，针对某一课题，综合运用本专业有关课程的理论和技术，作出解决实际问题的设计。毕业设计与实际的方案设计、产品设计既有密切的联系，又有很大的区别。实际的设计，是在正式做某项工作之前，根据一定的目的和要求，预先制定方法、图样等。由于这种特殊的工作是在正式进行某种工作之前进行的，需要花人力、物力、财力和时间去实施，因此，它是一项非常严肃和细致的工作。而毕业设计的目的在于总结和检查学生在校期间的学习成果，是评定毕业成绩的重要依据；同时，毕业设计也有助于大学生对某一课题作深入而系统的研究，巩固、扩大、加深已有知识，培养自己综合运用已有知识独立解决问题的能力。

（一）毕业设计报告的种类

毕业设计报告有工程型、科研型和理论型三种类型。

1. 工程型

工程型设计的目的在于将技术原理转化为技术现实，或者为将科研成果转化为生产力创造基础。因此，设计者应在毕业设计期间做出工程产品的一部分或相对完整的工程系统，并应对是否污染环境、能否在市场上存在等问题作出明确的回答。工程型设计按特征的不同可划分为：产品设计、部件设计、布线设计、机房设计、网络规划设计、控制系统设计、管理系统与监测系统的设计等若干种。

2. 科研型

科研型设计的特点是带有探索性，以期在某个关键技术或理论上有所突破，有创新点，不排除有重大缺陷，不一定做出工程产品，它着重一般方法和核心实现技术。科研型毕业设计报告应对本领域的主要发展进行综述，特别应对近期国内外的主要情况给予简单的综述，并对理论及算法的实现作详尽的分析。

3. 理论型

理论型毕业设计强调理论的创新和探索，其成果价值主要通过论文来体现。相关知识详见本模块“毕业论文”部分。

我们所说的毕业设计，主要是指工程型毕业设计和科研型毕业设计。

（二）毕业设计报告的撰写格式

一篇完整的毕业设计报告应包括封面、目录、标题、摘要、关键词、前言、设计内容（正文主体）、参考文献、附录等。

1. 封面

可参看本模块“毕业论文”部分的封面制作要求。

2. 目录

可参看本模块“毕业论文”部分的目录制作要求。

3. 标题

毕业设计报告的标题一般写成“设计课题＋（常用语）的设计”，如“电子与信息工程系网站设计与实现”“基于Linux的防火墙设计和实现”“IPV6的网络实用项目设计”等。

4. 摘要

摘要是对毕业设计主要内容的介绍。一般写法是：简要背景＋“本文介绍了……”或“本文设计了……”等，如“本论文主要讨论基于Client/Server数据完整性约束及其如何实施企业业务规则，并以SQL Server和PowerBuilder为例，介绍了数据完整性约束的实现技术”。

5. 关键词

可参看本模块“毕业论文”部分的要求。

6. 前言

前言用于交代课题设计的缘起、目的、范围及意义等，通常包含综述前人的工作，说明本课题的意义、目的、研究范围及要达到的技术要求。如国内外文献综述，以及论文所要研究的设想、方法、实验、设计、选题依据等，阐述时应当言简意赅，不要与摘要雷同。一般教科书中有的知识，在此处不必出现。在毕业设计报告中为了反映作者确已掌握了坚实的基础理论和专门知识，并对研究方案作了充分论证，有关历史回顾和前人工作的综合评述、理论分析等可单独成章，用足够的篇幅叙述内容。

7. 设计内容（正文主体）

设计内容是毕业设计报告的核心部分，一般包括原理介绍、本设计的具体技术内容、设计采用的方法、实施过程和操作条件、实施结果和应用情况及性能指标或达到的技术经济指标、特点总结、优缺点的分析评价等。设计内容是对研究工作的详细表述，其内容包括：

（1）研究工作的基本前提、假设和条件，模型的建立，实验方案的拟订。

（2）基本概念和理论基础。

（3）设计计算的主要方法和内容。

（4）调查对象、实验与观测方法和结果、内容及其分析、仪器设备、原材料、计算方法、编程原理、数据处理、设计说明与依据、加工整理的图表等。

（5）理论论证，理论在课题中的应用，课题得出的结果，以及对结果的讨论等。

学生自己根据毕业设计课题的性质，一般仅涉及上述一部分内容。

设计内容中的图表应编排序号、图号、表名。图纸绘制与插图必须规范准确，符合国家标准。图表采用三线表，图的纵横坐标要注明量和单位。图序及图名置于图的下方。图必须用黑色绘图笔清绘或计算机制图。表序及表名置于表的上方。表内应表明是测试项标准规定的符号、单位和量。表内“空白”代表未测或无此项，“…”代表未发现，“0”代表实测结果为零。应逐步使用计算机绘制图表。

设计内容中出现的符号和缩略词应依据本专业、学科的权威性机构或学术团体所公布的规定。如为作者自定的符号和缩略词，应在第一次出现时加以说明，给出明确的定义。引用他人资料时要有标注，内容要符合专业培养目标。

8. 参考文献

可参看本模块“毕业论文”部分的要求。

9. 附录

可参看本模块“毕业论文”部分的要求。

[毕业设计报告例文]

关于学生成绩管理系统的设计报告

××大学信息管理系　　×××

[摘　要]　本文设计了一般学校通用的“学生成绩管理系统”。本设计采用目前通用的小型数据库 FoxBase 语言编写，以适应现行学校内部与外部交换信息的需要。

本设计以 FoxBase 为核心模块，开发出菜单模块、运算功能模块……采用功能模块形式的组合方式，构建整个系统。

[关键词]　数据库　学生成绩　管理系统　设计

一、前言

目前，大多数学校在利用计算机管理学生成绩方面，还停留在“单独表格式文件管理、没有形成系统”的水平层面上，即采用的是半手工、半计算机式的管理方式。在计算机上录入编排学生成绩名册，并录入成绩，进行手工统计，最后排版打印。这种方式造成很大浪费，即计算机资源得不到充分利用，且每学期录入一次名单，依次用手工统计分数，费时费工。

为解决这一问题，我们先后调查了5所中小学和3所大学，分析了学生成绩管理工作一般过程的需要，设计了本管理系统。

二、系统原理说明

（一）系统构建依据

本系统的构建依据是一般学校的学生成绩管理过程。其过程是：新生学籍登记→一年级上下学期成绩登记（包括期中成绩登记、期末成绩登记、补考成绩登记）→各个学期成绩登记→毕业成绩汇总。

（二）系统内容和性能

在这个过程中，各环节所需要的功能如下：

学籍登记需要名单录入、修改、查询、打印等功能。

各学期学习成绩登记需要名单录入、学习科目名称录入、各科成绩登记、各科人均分数、各分数段人数统计、学生个人各科成绩平均分数、各科补考人数统计和补考成绩登记。

毕业成绩汇总需要登记各学期成绩，统计学习总分和平均分，登记毕业实习和论文成绩等。

以上各项必须具有录入、修改、查询和打印的功能，已录成绩需要具有计算、统计等功能。

整体系统如下图所示：

…………

三、系统设计

（一）数据库文件

1. 成绩库文件字段含义

(1) QCJ（A、B、C、D）库

Q101…………Q—期中，1—第一学期，01—第一门课程。

Q202…………Q—期中，2—第二学期，02—第二门课程。

F101…………F－Q101<60，读入1。

FZ…………第一学期不及格课程门数。

FZ2 …………第二学期不及格课程门数。

QZ…………第一学期期中总分。

QZ2 …………第二学期期中总分。

QP…………第一学期期中平均分。

QP2 …………第二学期期中平均分。

KQ01…………第一学期期中考试门数。

…………

2. 打印库文件

（1）文件名：KCKY. DBF

本库用于打印各类成绩报表的有关课程名称、学院名称、专业名称。与其他库的连接字段为“班级”。

本库的结构与各个“管理系统”中的“课程库（KCKA—BCD）”结构相同。（略）

（2）文件名：XJDY. DBF

本库为学籍打印库，与 XJKA—BCD 库结构相同。（略）

（3）文件名：BYDY. DBF

本库为毕业成绩打印库，与 BYKA—BCD 库结构相同。（略）

（二）功能模块设计

1. 软件整体界面与功能模块程序设计（略）

2. 录入、修改、查询界面与功能模块程序设计（略）

3. 运算、统计、打印界面与功能模块程序设计（略）

（三）数据库文件与功能模块文件关系一览表（略）

附：

1. 软件整体界面程序

2. 录入、修改、查询程序

3. 运算、统计、打印程序

[参考文献]

[1] ×××. FoxBASE 编程 [M]. 北京：北京科学技术出版社，1995.

[2] ×××. 小型数据库实用案例 [M]. 北京：电子工业出版社，1996.

资料来源：http：//wenku. baidu. com/view/b4ad04661ed9ad51f01df299. html.

[简析] 该设计报告书属于计算机程序设计类，作为学生的毕业设计实践，选题大小、难度均适当，又具有现实意义。从写法上来看，其整体为总分式，即先概括介绍整体设计思路，然后分项说明各项设计的具体内容，最后局部设计汇总，结构清晰。在表述上，采用图表结合和典型设计程序说明的方式，将设计思路阐述得比较清楚。对于具体的程序文件，采用附件形式说明，避免了因程序文件过长而对阐述设计思想造成的影响。

三、毕业答辩提纲

毕业答辩不同于一般的口试，答辩前除提前做好毕业论文底稿、论文参考文献等相关资料的准备工作外，答辩提纲的拟订对答辩人理清答辩思路、有效地组织答辩语言、顺利完成毕业答辩任务很有帮助。毕业答辩提纲的主要内容包括：

1. 论文的主要内容

论文的主要内容包括论文所涉及的核心内容、答辩人所持的观点看法、研究过程、实验数据和结果。答辩老师的提问通常都是以论文内容作为依据，因此，答辩人在答辩前必须牢记论文中的重点内容。

2. 论文所研究课题的背景和研究该课题的意义

答辩人必须对课题现阶段的研究现状，新成果的理论价值、实用价值和经济价值及未来发展前景有充分的认识和了解。

3. 课题研究的关键点和难点

课题研究的关键点是指课题最主要解决的是什么问题，即课题的核心内容是什么；课题研究的难点是指解决这个问题有哪些方面比较困难。

4. 论文作者在课题中的工作

答辩人应具体列出在此课题中的研究模块、承担的具体工作、解决方案、研究结果等要点。

5. 课题创新点

这部分要作为重中之重，这是答辩老师比较感兴趣的地方，应认真整理、归纳其要点。

6. 课题参考资料

答辩人应收集与论文相关的参考资料，分类整理，做好索引，以便查找。

7. 自我评价

自我评价即对自己的研究工作的客观评价，如经过参加毕业设计与论文的撰写，在专业水平上有哪些提高、取得了哪些进步，研究的局限性、不足之处、心得体会等。

知识拓展

毕业答辩

一、毕业答辩的目的

1. 鉴别毕业设计（论文）的真伪

答辩是学生毕业前的最后一次考核，其首要目的是考查学生毕业设计（论文）的真伪性。

2. 评价毕业设计（论文）的质量

毕业答辩有一套评分标准，包括对基本理论、基本技能、专业知识的综合运用，创造性的研究方法和研究成果，学术水平和实际意义，表达分析的条理性和准确性，毕业设计（论文）中存在的不足与问题，工作能力和态度、工作量等，是否达到基本要求，有无突出表现。答辩小组成员将根据学生的具体情况评分。

3. 考察学生的临场发挥能力、语言表达能力、思维活跃能力

学生自述与回答问题时，应该沉着冷静、口齿清楚、论述充分有力、思维清晰、符合逻辑。对答辩老师的提问，要仔细聆听、抓住中心、快速思考、正确作答。

二、毕业答辩的问题

答辩老师提出的问题要具有一定的方向性，主要可分为鉴别论文真实性的问题、识别知识掌握程度的问题、判断论文研究深度的问题。出题应有一定的原则，把握难易程度和

范围，做到难易深浅相结合，题目（大方向）的数量一般在3个左右。常见问题的分类如下：

（1）辨别论文真伪，检查是否为答辩人独立撰写的问题；

（2）测试答辩人掌握知识深度和广度的问题；

（3）论文中没有叙述清楚，但对于本课题来讲尤为重要的问题；

（4）关于论文中出现的错误观点的问题；

（5）课题有关背景和发展现状的问题；

（6）课题的前景和发展问题；

（7）关于论文中独特的创造性观点的问题；

（8）与课题相关的基本理论和基础知识的问题；

（9）与课题相关的扩展性问题。

三、毕业答辩的程序

1. 自我介绍

自我介绍作为答辩的开场白，包括姓名、学号、专业。介绍时要举止大方、态度从容、面带微笑，礼貌得体地介绍自己，争取给答辩小组一个良好的印象。

2. 答辩人陈述

在这个环节，答辩老师在学生对论文的标题、选择该论题的原因进行概述后，通常会要求学生在规定时间内对论文的主要论点、论据和写作体会进行详细介绍。陈述内容可参看本模块“毕业答辩提纲”部分的相关内容。

3. 提问与答辩

答辩老师的提问安排在答辩人自述之后，是答辩中相对灵活的环节，有问有答，是一个相互交流的过程。一般按由浅入深的顺序提问，采取答辩人当场作答的方式。

答辩老师提问的重点会放在论文的核心部分，答辩老师通常会让答辩人对关键问题作详细、展开性论述，深入阐明。答辩老师也会让答辩人解释清楚自述中未讲明白的地方。论文中没有提到的漏洞，也是答辩小组经常会问到的部分。再就是会问到论文或答辩陈述中明显的错误，如果遇到这种状况，答辩人不要紧张，保持镇静，认真考虑后再回答。

答辩人要仔细聆听答辩老师的问题，然后经过缜密的思考，组织好语言。回答问题时要求条理清晰、符合逻辑、完整全面、重点突出。如果没有听清楚问题，可请答辩老师再重复一遍，态度要诚恳且有礼貌。当有问题确实不会回答时，可以请答辩老师给予提示。答辩老师会对答辩人改变提问策略，采用启发式的提问方式，降低问题难度。出现可能有争议的观点，答辩人可以与答辩老师展开讨论，但要特别注意礼貌，态度要谦虚。

4. 答辩委员会就答辩人的表现进行商讨、评定

在答辩人完成答辩提问退场后，答辩委员会集体根据学生的论文质量和答辩情况进行商讨，并最终商定该生的毕业答辩通过与否，并拟定成绩和评语。

5. 答辩老师对答辩情况进行小结

上述程序完毕后，答辩委员会召回学生，并由主答辩老师当面向学生就论文和答辩过程中的表现作出点评，包括成绩、不足和建议，同时当面向学生宣布答辩通过或不通过。未通过答辩的学生，学校一般会安排其在半年后或一年后另行答辩。至于论文的成绩，一

般不当场宣布。

6. 致谢

无论答辩通过与否，答辩人都应有礼貌地对答辩老师的点评进行答谢。

四、毕业答辩的技巧与注意事项

1. 熟悉内容

作为将要参加论文答辩的同学，首先而且必须对自己所著的毕业论文内容有比较深刻的理解和比较全面的熟悉。这是为回答毕业论文答辩委员会成员就毕业论文的深度及相关知识面而可能提出的论文答辩问题所做的准备。其中，“深刻的理解”是对毕业论文有横向的把握。例如题为“创建名牌产品　发展民族产业”的论文，毕业论文答辩委员会可能会问“民族品牌”与“名牌”有何关系。尽管毕业论文中未必涉及“民族品牌”，但参加论文答辩的学生必须对自己的毕业论文有“比较深刻的理解”和“比较全面的熟悉”，否则，就会出现尴尬局面。

2. 图表穿插

任何毕业论文，无论是文科还是理科都或多或少地涉及用图表表达论文观点的情况，所以对此应该有所准备。图表不仅是一种直观地表达观点的方法，更是一种调节论文答辩会气氛的手段，特别是对私人论文答辩委员会成员来讲，长时间地听述，听觉难免会有排斥感，不再接纳和吸收你论述的内容，这样，必然对你的毕业论文答辩成绩有所影响。因此，应该在论文答辩过程中适当穿插图表或类似图表的其他媒介以提高你的论文答辩成绩。

3. 语速适中

进行毕业论文答辩的同学一般都是首次。无数事实证明，他们在论文答辩时，说话速度往往越来越快，以致毕业答辩委员会成员听不清楚，从而影响了毕业答辩成绩。故毕业答辩学生一定要注意在论文答辩过程中的语速，要有急有缓，有轻有重，不能像连珠炮似的轰向听众。

4. 目光移动

毕业生在论文答辩时，一般可脱稿，也可半脱稿，也可完全不脱稿。但不管采用哪种方式，都应注意自己的目光，将目光时常地瞟向论文答辩委员会成员及会场上的同学们。这是你用目光与听众进行的心灵交流，是使听众对你的论题产生兴趣的一种手段。在毕业论文答辩会上，由于听的时间过长，委员们难免会有分神现象，这时，你用目光的投射会很礼貌地将他们的神“拉”回来，使委员们的思路跟着你的思路走。

5. 体态语辅助

虽然毕业论文答辩同其他论文答辩一样以口语为主，但适当的体态语的运用会辅助你的论文答辩，使你的论文答辩效果更好。特别是手势语言的恰当运用会使你显得自信、有力、不容辩驳。相反，如果你在论文答辩过程中始终直挺挺地站着，或者始终如一地低头俯视，即使你的论文结构再合理、主题再新颖、结论再正确，论文答辩的效果也会大受影响。所以在毕业论文答辩时，一定要注意使用体态语。

6. 时间控制

一般在比较正规的论文答辩会上，都有答辩时间的要求，因此，参加毕业论文答辩的学生在进行论文答辩时应重视论文答辩时间的把握。对论文答辩时间的控制要有力度，到该截止的时间立即结束，这样显得有准备，对内容的掌握和控制也应做到轻车熟路，这样容易给毕业论文答辩委员会成员留下一个良好的印象。因此在毕业论文答辩前应该对将要答辩的内容有时间上的估计。当然，在毕业论文答辩过程中灵活地减少或增加答辩内容也是对论文答辩时间控制的一种表现，应该重视。

7. 紧扣主题

在校园中进行毕业论文答辩，往往答辩人较多，因此，对于毕业论文答辩委员会成员来说，他们不可能对每一位学生的毕业论文内容有全面的了解，有的甚至连毕业论文的题目也不一定熟悉。因此，在整个论文答辩过程中能否围绕主题进行，能否最后扣题就显得非常重要了。另外，委员们一般也容易就论文题目所涉及的问题进行提问，如果能自始至终地以论文题目为中心展开论述就会使评委思维明朗，对你的毕业论文给予肯定。

8. 人称使用

在毕业论文答辩过程中必然涉及人称的使用问题，建议尽量多地使用第一人称，如“我”和“我们”，即使论文中的材料是引用他人的，也要用“我们引用”了哪儿的数据或材料。因为毕业论文大多是称自己作的，所以要更多使用而且是果断地、大胆地使用第一人称“我”和“我们”。如果是这样，会使人有这样的印象：东西是你的，工作做了不少！

9. 谦逊有礼

在毕业论文答辩过程中，除以上几点需要注意外，还应注意文明有礼，给答辩老师留下一个好的印象。在你与他人势均力敌的情况下，答辩老师有可能会因此而选择你。

拓展练习

（1）查找相关资料，结合自己专业的特点，在专业老师的指导下，完成一篇毕业论文或毕业设计报告。

（2）按照毕业论文答辩的程序，分角色模拟答辩过程，扮演答辩老师的同学需依据答辩人的表现进行评分，并就最终结果进行说明及讨论。

项目三　公务文书

学习目标

- **知识目标**

1. 了解公务文书的基本知识和格式；
2. 理解公文的概念、特点、种类、行文规则及适用范围；
3. 掌握常用公文的撰写格式及写作要求。

- **能力目标**

1. 能够根据内容恰当地选择文种，模拟写作，具备撰写公文的能力；
2. 能够撰写符合规范的常用公务文书；
3. 能够按照要求对公文进行准确快速的处理；
4. 能够正确辨别不同文种之间的异同。

项目框架

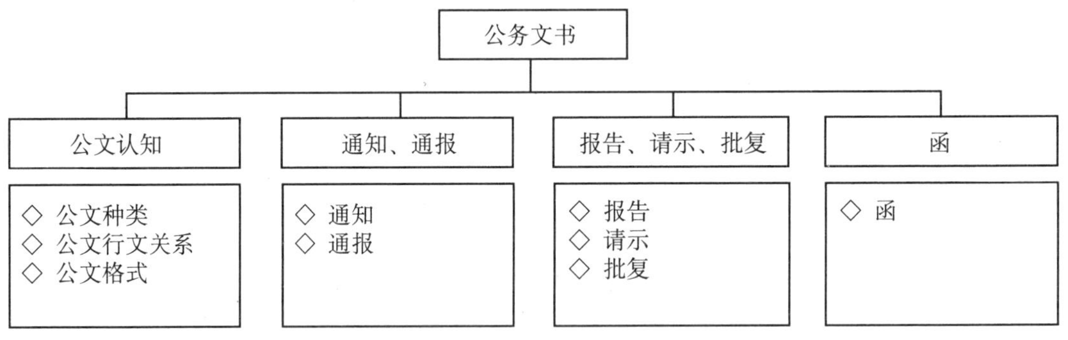

模块一　公文概述

情境设定

公文认知

知识导入

公文是国家管理工作的重要工具，在实际工作中具有较高的使用频率。此外，公文作为一种特殊规范化的文体，具有其他文体所没有的权威性，法定的制作权限和确定的读者，特定的行文格式、行文规则和办理办法。因此，熟悉公司行政管理过程中的公文写作要求，严格按照公文格式规范写作，学习并掌握公文的写作格式和方法，是大学生必备的职业素养。那么，在现实生活中的哪些情景下人们会使用公文呢？

情境分镜头

青梅在A公司实习期间，公司办公室刘秘书因病临时请假一个月。公司考虑到青梅在校期间曾在大学生通讯社做过编辑，具有较强的文字功底，决定让青梅先顶替刘秘书的岗位，做一些公文处理方面的工作。尽管在校学习过公文写作，但“纸上得来终觉浅”，青梅觉得自己还很有必要把公文写作方面的基础知识好好重温一遍。

执行路径

了解公文的特点、种类→理清公文的行文关系→掌握公文格式→熟悉公文的行文规则

知识平台

公文是公务文书的简称，它是党政机关、企事业单位、法定团体等组织在公务活动中形成的具有法定效力和规范体式的文书。

一、公文的特点

1. 作者的法定性

公文体现着国家的管理职能，因此必须由法定的作者在法定的范围内行使职权时制定和颁发。**法定作者**是指依法成立并能以自己的名义行使权利和承担义务的组织。各级党政机关、社会团体、企事业单位都是合法存在的法定作者。

2. 格式的规范性

公文具有特定的体式，其文体、结构、用纸的尺寸、文件标记都有统一的规定。

3. 制发的程序性

公文的撰写和处理，从起草到成文，到收发、传递、分办、立卷、归档、销毁等，都有一套规范化的制度，任何单位都不能违背这些规定和要求，这样才能保证公文的效用，体现公文的权威性。

4. 使用的工具性

公文是各机关、团体、组织在公务管理过程中最经常、最大量使用的一种工具。公务管理的方法很多，而最科学、最正规的方法是利用公文。

二、公文的种类

根据2012年4月16日由中共中央办公厅和国务院办公厅联合印发的《党政机关公文处理工作条例》（中办发〔2012〕14号）第8条的规定，党政机关公文种类包括决议、决定、命令（令）、公报、公告、通告、意见、通知、通报、报告、请示、批复、议案、函、纪要，共计15个。

1. 决议

适用于会议讨论通过的重大决策事项。

2. 决定

适用于对重要事项作出决策和部署、奖惩有关单位和人员、变更或者撤销下级机关不适当的决定事项。

3. 命令（令）

适用于公布行政法规和规章、宣布施行重大强制性措施、批准授予和晋升衔级、嘉奖有关单位和人员。

4. 公报

适用于公布重要决定或者重大事项。

5. 公告

适用于向国内外宣布重要事项或者法定事项。

6. 通告

适用于在一定范围内公布应当遵守或者周知的事项。

7. 意见

适用于对重要问题提出见解和处理办法。

8. 通知

适用于发布、传达要求下级机关执行和有关单位周知或者执行的事项，批转、转发公文。

9. 通报

适用于表彰先进、批评错误、传达重要精神和告知重要情况。

10. 报告

适用于向上级机关汇报工作、反映情况，回复上级机关的询问。

11. 请示

适用于向上级机关请求指示、批准。

12. 批复

适用于答复下级机关请示事项。

13. 议案

适用于各级人民政府按照法律程序向同级人民代表大会或者人民代表大会常务委员会

提请审议事项。

14. 函

适用于不相隶属机关之间商洽工作、询问和答复问题、请求批准和答复审批事项。

15. 纪要

适用于记载会议主要情况和议定事项。

三、公文的行文关系

行文是指一个机关给另一机关的发文。公文从行文关系上划分有三种：

1. 上行文

下级向它所属的上级领导机关的行文，即自下而上的行文。如报告、请示。

2. 下行文

上级领导机关给其所属的下级机关的行文，即自上而下的行文。如决议、决定、命令、通知、通报、批复。

3. 平行文

同级机关或者不相隶属机关之间的行文。函是最典型的平行文。

需要注意的是，在 15 种公文中，有些文种的行文方向并不十分固定，要注意辨别，如：通报既可以是下行文，也可以是平行文；意见既可以是下行文，也可以是上行文；通知既可以是下行文，也可以是平行文等。

四、公文格式

公文格式专指法定（或称主要）公文文种外形结构的组织与安排，包括由哪些要素组成，以及这些要素在页面上的标识位置。

党政机关公文十分强调它的“规范格式”与“规范体式”。这里所讲的“规范”，是指它的行文格式是十分严格的，而且是党和国家统一制定的标准。就这一点来讲，其他文章是不具备的。

根据《党政机关公文格式》的规定，公文格式各要素由版头、主体、版记三部分组成。置于公文首页红色分隔线以上的部分称为版头；置于公文首页红色分隔线（不含）以下、公文末页首条分隔线（不含）以上的部分称为主体；置于公文末页首条分隔线以下、末条分隔线以上的部分称为版记。

（一）版头部分

版头部分包括份号、密级和保密期限、紧急程度、发文机关标志、发文字号、签发人和版头中的分隔线等内容。

1. 份号

份号是指将同一文稿印刷若干份时每份公文的顺序编号。用 6 位阿拉伯数字、3 号黑体字，顶格编排在版心左上角第 1 行。如“000015”。涉密公文应当标注份号。

2. 密级和保密期限

密级和保密期限是指公文的秘密等级和保密的期限。涉密公文应当根据涉密程度分别标注“绝密”“机密”“秘密”和保密期限。密级不同，文件发放、传达、阅读的范围也就不同。密级一般用 3 号黑体字，顶格编排在版心左上角；如需同时标识密级和保密期限，用“★”隔开。标注方法如“机密★1 年”。保密期限中的数字用阿拉伯数字标注。

3. 紧急程度

紧急程度是对公文送达和办理时限的要求，分为特急、加急两种。标明紧急程度是为了引起注意，急事急办，以保证公文的时效。如需标注紧急程度，一般用 3 号黑体字，顶格编排在版心左上角；如需同时标注份号、密级和保密期限、紧急程度，按照份号、密级和保密期限、紧急程度的顺序自上而下分行排列。

4. 发文机关标志

发文机关标志是公文责任者名称的标注，即人们通常所说的“红头”。可以由发文机关全称或者规范化简称加“文件”二字组成，也可以使用发文机关全称或者规范化简称。

发文机关标志居中排布，上边缘至版心上边缘为 35 mm，推荐使用小标宋体字，颜色为红色，以醒目、美观、庄重为原则。

联合行文时，如需同时标注联署发文机关名称，一般应当将主办机关名称排列在前；如有“文件”二字，应当置于发文机关名称右侧，以联署发文机关名称为准，上下居中排布。

5. 发文字号

发文字号是某一公文在发文机关一个年度内发文总号中的一个实际顺序号，由发文机关代字、年份、发文顺序号组成，三部分的顺序不可颠倒。如果是联合发文，只标明主办机关的发文字号。

发文字号位于发文机关标识下空 2 行，用 3 号仿宋体字标识，居中排布，发文字号之下 4 mm 处印一条与版心等宽的红色反线。年份、发文顺序号用阿拉伯数字标注；年份应标全称，用六角括号“〔〕”括入。发文顺序号不加“第”字，不编虚位（即 1 不编为 01），在阿拉伯数字后加“号”字。例如：“浙政〔2015〕8 号”，“浙政”是浙江省人民政府的机关代字，“〔2015〕”是年份，“8 号”是发文序号。

上行文的发文字号居左空一字编排，与最后一个签发人姓名同处一行。

6. 签发人

签发人是指审阅核准并签发公文的机关负责人。在上报的公文上的签名由“签发人”三字加全角冒号和签发人姓名组成，居右空一字，编排在发文机关标志下空二行位置。“签发人”三字用 3 号仿宋体字，签发人姓名用 3 号楷体字。

7. 版头中的分隔线

发文字号之下 4 mm 处居中印一条与版心等宽的红色分隔线。

（二）主体部分

主体部分一般由标题、主送机关、正文、附件说明、发文机关署名、成文日期、印章、附注、附件等内容组成。

1. 标题

标题是指标明某一公文主要内容的概括性名称。一般由发文机关名称、主题（事由）和文种三部分组成。发文机关名称用全称或规范化简称；主题（事由）是对公文主要内容的概括，要求准确、简要，常用介词“关于”所组成的介词结构词组表示，如“教育部办公厅关于举办全国教育系统2016届高校毕业生网上招聘周活动的通知”。公文的标题中除法规、规章名称加书名号外，一般不用标点符号。

标题一般用2号小标宋体字，编排于红色分隔线下空二行位置，分一行或多行居中排布；回行时，要做到词意完整、排列对称、长短适宜、间距恰当，标题排列应呈梯形或菱形。

2. 主送机关

主送机关又称抬头、受文机关或上款，是指公文的主要受理机关。普发性下行文的主送机关较多，一般使用泛称，如“校直属单位”。上行文的主送机关一般是一个。请示、报告、函的主送机关只能是一个。一些行文方向不定、没有特指主送机关的公布性公文，如公告、通告等，则不写主送机关。

主送机关位于公文标题下空1行，左侧顶格用3号仿宋体字标识，回行时仍顶格，用冒号启下。如果主送机关不止一个，应按其性质、级别或惯例依次排列，中间用顿号（类间用逗号）断开。如果主送机关名称过多导致公文首页不能显示正文，应当将主送机关名称移至版记中抄送机关之上一行。

3. 正文

正文是公文的核心部分，用来表述公文的具体内容，一般要求一文一事。除个别极简短的公文外，正文内容一般分开头、主体、结语三部分。开头常阐述发文缘由，即发文目的、依据。主体大多列举有关事项，陈述事实、理由，或提出意见、办法，或布置工作。结语提出希望、要求，也常使用公文习惯语作结。根据文种和内容的不同要求，有时结语也可省略。

公文首页必须显示正文。一般用3号仿宋体字，编排于主送机关名称下一行，每个自然段左空二字，回行顶格，每行28字，每页22行。文中结构层次序数依次可以用“一、”“（一）”“1.”“（1）”标注；一般第一层用黑体字，第二层用楷体字，第三层和第四层用仿宋体字标注。

4. 附件说明

附件说明用于说明公文正件所附材料的名称及件数。附件是补充说明正文的依据，如图表、数据、名单或其他补充说明公文某一方面内容的材料等，若穿插在公文正文中，往往会隔断公文前后意思的联系而造成阅读上的不便。

附件是正文内容的组成部分，与正文一样具有同等效力。如有附件，在正文下空一行左空二字编排“附件”二字，后标全角冒号和附件名称。如有多个附件，使用阿拉伯数字标注附件序号，附件名称后不加标点符号。附件名称较长需要回行时，应当与上一行附件名称的首字对齐。附件说明标法如下：

附件：1. ××××××××××××××××××××××××××
　　　2. ××××××××××××××××××××××××××
　　　3. ××××××××××××××××××××××××××

5. 发文机关署名

正文末尾右下侧写上发文机关名称，称为发文机关署名或落款，署发文机关全称或者规范化简称。公文标题已写明发文机关的，一般可不再落款。

6. 成文日期

发文机关署名之下署会议通过或者发文机关负责人签发的日期。联合行文时，署最后签发机关负责人签发的日期。用阿拉伯数字将成文日期中的年、月、日标全，年份应标全称，月、日不编虚位（即1不编为01）。

7. 印章

公文中有发文机关署名的，应当加盖发文机关印章，并与署名机关相符。有特定发文机关标志的普发性公文和电报可以不加盖印章。加盖印章分以下几种情况：

（1）加盖印章的公文。

成文日期一般右空四字编排，印章用红色，不得出现空白印章。

单一机关行文时，一般在成文日期之上，以成文日期为准居中编排发文机关署名，印章端正、居中下压发文机关署名和成文日期，使发文机关署名和成文日期居印章中心偏下位置，印章顶端应当上距正文（或附件说明）一行之内。

联合行文时，一般将各发文机关署名按照发文机关顺序整齐排列在相应位置，并将印章一一对应端正，居中下压发文机关署名，最后一个印章端正、居中下压发文机关署名和成文日期，印章之间排列整齐、互不相交或相切，每排印章两端不得超出版心，首排印章顶端应当上距正文（或附件说明）一行之内。

（2）不加盖印章的公文。

单一机关行文时，在正文（或附件说明）下空一行右空二字编排发文机关署名，在发文机关署名下一行编排成文日期，首字比发文机关署名首字右移二字，如成文日期长于发文机关署名，应当使成文日期右空二字编排，并相应增加发文机关署名右空字数。

联合行文时，应当先编排主办机关署名，其余发文机关署名依次向下编排。

（3）加盖签发人签名章的公文。

单一机关制发的公文加盖签发人签名章时，在正文（或附件说明）下空二行右空四字加盖签发人签名章，签名章左空二字标注签发人职务，以签名章为准上下居中排布。在签发人签名章下空一行右空四字编排成文日期。

联合行文时，应当先编排主办机关签发人职务、签名章，其余机关签发人职务、签名章依次向下编排，与主办机关签发人职务、签名章上下对齐；每行只编排一个机关的签发人职务、签名章；签发人职务应当标注全称；签名章一般用红色。

当公文排版后所剩空白处不能容下印章或签发人签名章、成文日期时，可以采取调整行距、字距的措施解决。

8. 附注

附注用以说明公文的印发传达范围或使用时需注意的事项。如“此件发至县团级”“此件可自行翻印”等。请示和上行文意见应在附注中表明联系人的姓名和电话。附注用3号仿宋体字，居左空二字加圆括号编排在成文日期下一行。

9. 附件

附件应与公文正文一起装订，并在附件左上角第1行用3号黑体字顶格标识“附件”二字，有序号时标识序号；附件的序号和名称前后标识应一致。如附件与公文正文不能一起装订，应在附件左上角第1行顶格标识公文的发文序号并在其后标识附件（或带序号）。

（三）版记部分

版记部分包括版记中的分隔线、抄送机关、印发机关和印发日期、页码等内容。

1. 版记中的分隔线

版记中的分隔线与版心等宽，首条分隔线和末条分隔线用粗线（推荐高度为0.35 mm），中间的分隔线用细线（推荐高度为0.25 mm）。首条分隔线位于版记中第一个要素之上，末条分隔线与公文最后一面的版心下边缘重合。

2. 抄送机关

除主送机关外需要执行或者知晓公文内容的其他机关名称，对公文一般不需要答复与办理。如有抄送机关，一般用4号仿宋体字，在印发机关和印发日期之上一行、左右各空一字编排。“抄送”二字后加全角冒号和抄送机关名称，回行时与冒号后的首字对齐，最后一个抄送机关名称后标句号。

如需把主送机关移至版记，除将“抄送”二字改为“主送”外，编排方法同抄送机关。既有主送机关又有抄送机关时，应当将主送机关置于抄送机关之上一行，之间不加分隔线。

3. 印发机关和印发日期

印发机关即公文印发部门的名称，一般是发文机关的办公部门。印发日期以付印日期为准。印发机关和印发日期一般用4号仿宋体字，编排在末条分隔线之上，印发机关左空一字，印发日期右空一字，用阿拉伯数字将年、月、日标全，年份应标全称，月、日不编虚位（即1不编为01），后加“印发”二字。

版记中如有其他要素，应当将其与印发机关和印发日期用一条细分隔线隔开。

4. 页码

页码即公文页数顺序号。一般用4号半角宋体阿拉伯数字，编排在公文版心下边缘之下一行，数字左右各放一条4号一字线，一字线距版心下边缘7 mm，空白页和版记页均不编排页码。公文的附件与正文一起装订时，页码应当连续编排。

公文首页及尾页的版式具体如图3—1至图3—3所示。

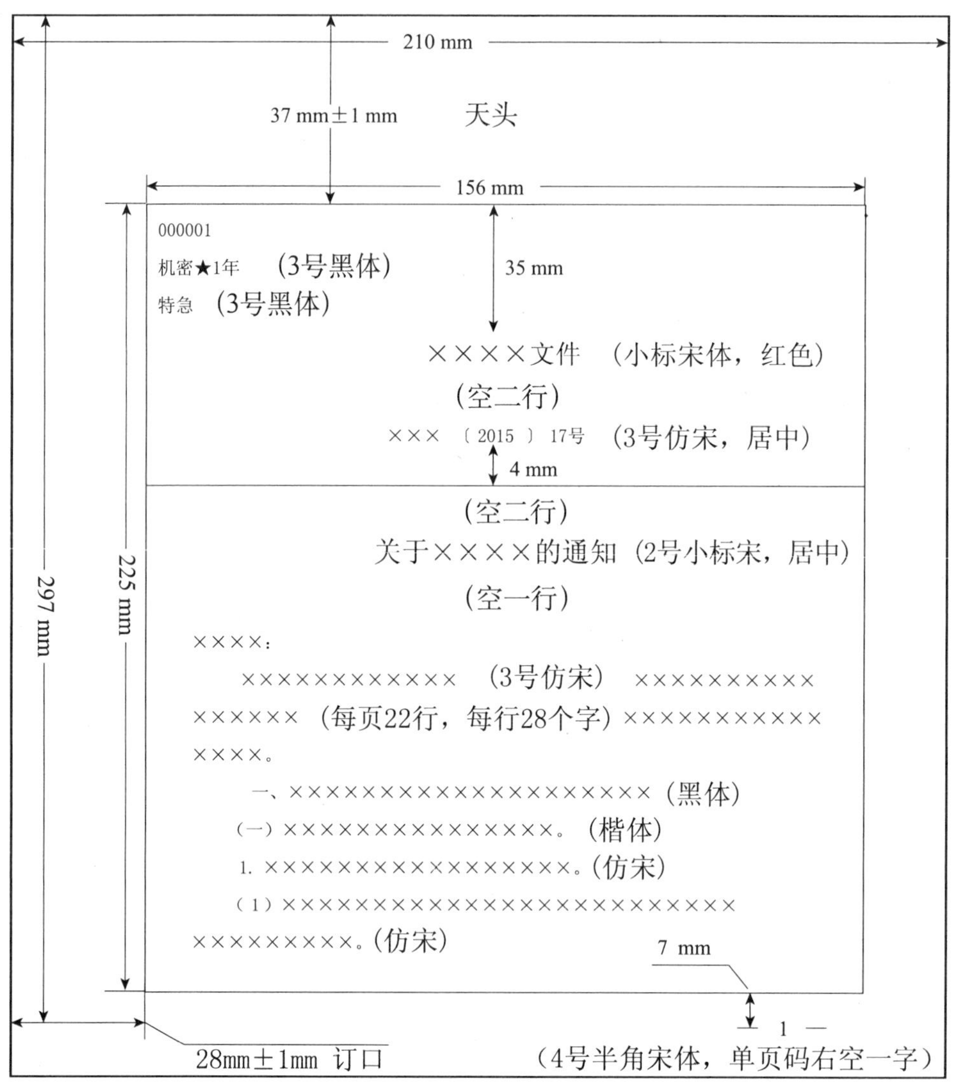

图3—1　公文首页版式1

五、公文的行文规则

行文规则确保公文能得到迅速、高效、准确的传递、处理，避免行文紊乱。具体行文规则如下：

1. 下行文规则

（1）主送受理机关，根据需要抄送相关机关。重要行文应当同时抄送发文机关的直接上级机关。

（2）党委、政府的办公厅（室）根据本级党委、政府授权，可以向下级党委、政府行文，其他部门和单位不得向下级党委、政府发布指令性公文或者在公文中向下级党委、政

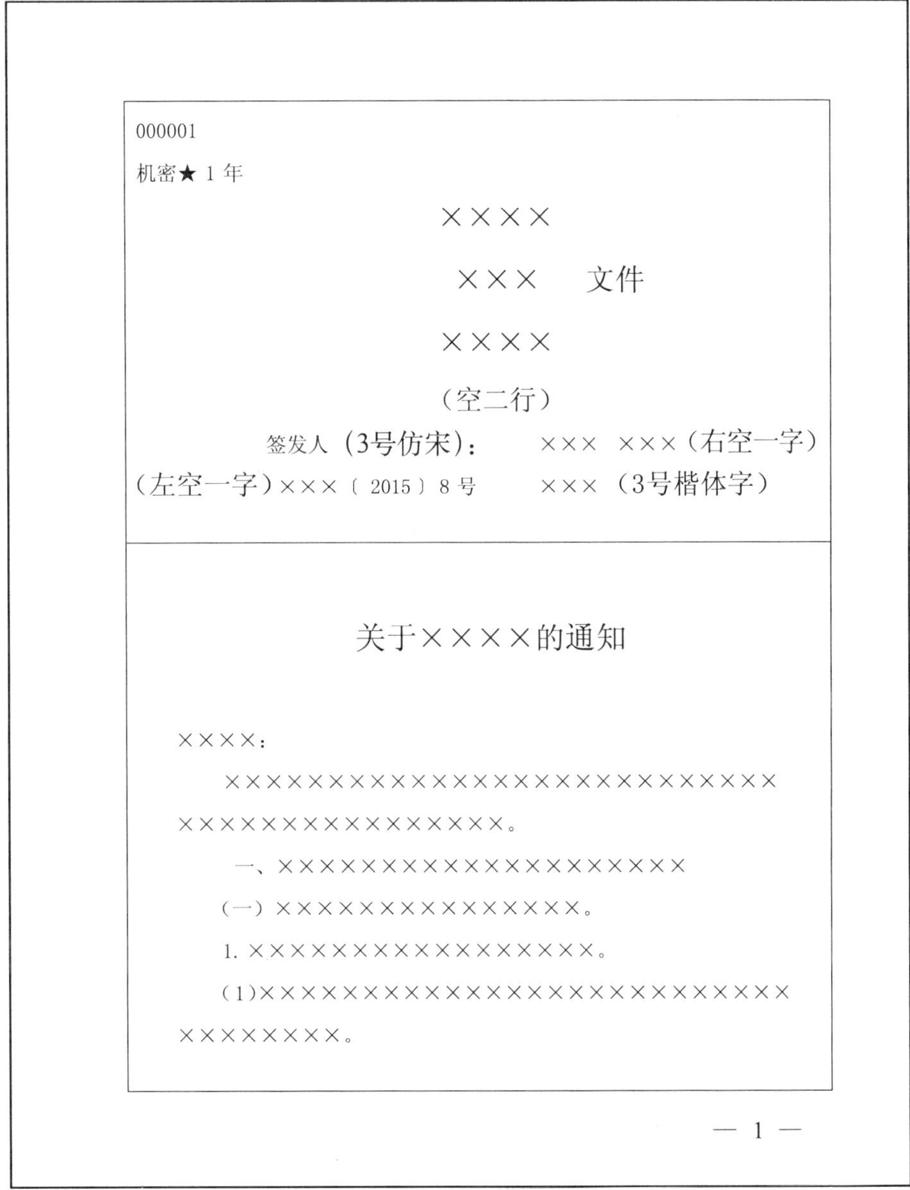
000001

机密★ 1 年

××××

×××　文件

××××

（空二行）

签发人（3号仿宋）：　×××　×××（右空一字）

（左空一字）×××〔2015〕8 号　×××（3号楷体字）

关于××××的通知

××××：

××。

一、××××××××××××××××××××

（一）×××××××××××××××××。

1. ×××××××××××××××××。

（1）××××××××××××××××××××××××××××××××××××。

— 1 —

图 3—2　公文首页版式 2

府提出指令性要求。需经政府审批的具体事项，经政府同意后可以由政府职能部门行文，文中须注明已经政府同意。

（3）党委、政府的部门在各自职权范围内可以向下级党委、政府的相关部门行文。

（4）涉及多个部门职权范围内的事务，部门之间未协商一致的，不得向下行文；擅自行文的，上级机关应当责令其纠正或者撤销。

（5）上级机关向受双重领导的下级机关行文，必要时抄送该下级机关的另一个上级机关。

××××××××××。

（空一行）

（左空二字）附件：1. ××××××××××

2. ××××××××××（3号仿宋）

（空一行）

××××××（居中对齐下行）

×年×月×日（右空四字）

（加盖印章）

（左空二字）（附注：×××××××）（3号仿宋）

（左空一字）抄送：××××，××××，××××，××××，（右空一字）

××××，××××。（4号仿宋）

（左空一字）××××（4号仿宋）×年×月×日印发（右空一字）

—2—（4号半角宋体，双页码左空一字）

图3—3 公文尾页版式

2. 上行文规则

（1）原则上主送一个上级机关，根据需要同时抄送相关上级机关和同级机关，不抄送下级机关。一般不得越级行文。

（2）党委、政府的部门向上经主管部门请示、报告重大事项，应当经本级党委、政府同意或者授权；属于部门职权范围内的事项应当直接报送上级主管部门。请示一般只写一个主送机关，需要同时报送其他机关的，应当采用抄送形式，但不得向其下级机关发文。

（3）下级机关的请示事项，如需以本机关名义向上级机关请示，应当提出倾向性意见后上报，不得原文转报上级机关。报告不得夹带请示事项。

（4）请示应当一文一事。不得在报告等非请示性公文中夹带请示事项。除上级机关负责人直接交办的事项外，不得以机关名义向上级机关负责人报送请示、意见和报告。

（5）除上级机关负责人直接交办事项外，不得以本机关名义向上级机关负责人报送公文，不得以本机关负责人名义向上级机关报送公文。

（6）受双重领导的机关向一个上级机关行文，必要时抄送另一个上级机关。

3. 联合行文规则

联合行文应遵循同级别原则。《党政机关公文处理工作条例》第 17 条规定："同级党政机关、党政机关与其他同级机关必要时可以联合行文。属于党委、政府各自职权范围内的工作，不得联合行文。党委、政府的部门依据职权可以相互行文。部门内设机构除办公厅（室）外不得对外正式行文。"

知识拓展

行政公文处理流程

公文处理是指对公文的发文办理、收文办理、公文管理、公文归档。它是使公文得以形成并产生实际效用的全部行为过程，是机关实现管理职能的重要形式。公文处理必须做到及时、准确、安全。

（1）发文办理。指以本机关名义制发公文的过程，包括草拟、审核、签发、复核、缮印、用印、登记、分发等程序。

（2）收文办理。指对收到公文的办理过程，包括签收、登记、审核、拟办、批办、承办、催办等程序。

（3）公文管理。指对公文的公开发布、撤销、废止，以及本机关所有收文和发文的存放、复印、清退等工作的科学管理。

（4）公文归档。指公文办理完毕后，根据《中华人民共和国档案法》和其他有关规定，及时把公文原稿和有关存档文件整理好，以件为单位，进行装订、分类、排列、编号、编目、装盒，使之有序化的过程。个人不得私自保存应当归档的公文。

拓展练习

下列公文的格式有何不妥，请修改。

（1）发文字号　　　××发（2012）第 15 号

（2）附件　　　　　附件：1.××××××××××。

模块二　通知、通报

情境设定

拟写通知、通报

知识导入

在日常生活中，通知和通报的使用极其广泛，不论在政府机关，还是企事业单位中，都扮演着越来越重要的角色。因此，通知、通报的写作是现代从业人员必须掌握的一项职业技能。那么，在现实生活中的哪些情形下，人们需要使用通知、通报呢？

情境分镜头

分镜头一 一天，A公司办公室陈主任告诉青梅，A公司已对销售部经理黄宏违反公司财务制度，利用职务之便，擅自将公司用于新产品推广的专项资金挪为他用一事作出了处理决定：撤销黄宏销售部经理职位，并扣除其全年奖金。为杜绝此类事情再次发生，使公司上下全体员工引以为戒，公司领导同时决定将黄宏违反公司财务规定一事通报公司各部门。因为事情紧急，主任要求青梅在下班前将这份通报撰写完成并交其审核。

分镜头二 青梅在办公室工作转眼快一个月时间了，在这段时间里青梅写得最多的公文就是通知。这天，办公室陈主任又给青梅布置了一项新任务，即将公司刚收到的市里颁发的一份《关于加强融资平台财务管理有关问题的通知》转发给各部门，要求部门负责人组织部门人员学习。

执行路径

学习通知、通报的相关知识→掌握通知、通报的撰写格式和要求→情境设计→撰写相关文种→修改、定稿→交上级审核批准→对外正式发布

知识平台

一、通知

通知是批转下级机关的公文，转发上级机关和不相隶属机关的公文，传达要求下级机关办理和有关单位需要周知或者执行的事项，以及告知人员任免等事项时所使用的公文。

通知的使用不受内容繁简的制约，也不受机关性质与级别的限制，是公文中使用频率最高、使用范围最广的文种。

通知包括“晓”和“谕”两重功用，或告诉人们有关事项，或要求办理、执行。

（一）通知的特点

1. 普遍性

在所有的公文中，可以说通知的使用最为普遍。它不受内容制约，既可用于布置工作、传达重要指标，也可用于知照一般事项，还不受机关性质、级别的限制。

2. 执行性

通知大多属于下行文，其内容是要求下属单位予以办理或执行的事项。所以受文单位应该服从通知的安排，执行通知所述的事项。

3. 时效性

上级机关发布通知，一般对受文单位都有明确的时间要求，必须在规定的时间内办理完本通知的事项，不得贻误、拖延。若超过了规定的时间，往往自动失效。

（二）通知的种类

通知按内容性质的不同，可分为指示类通知、批示类通知、事务类通知、会议类通知、任免类通知五种。

1. 指示类通知

指示类通知是指上级机关向下级机关、所属单位布置任务和下达指示性措施的公文。通常而言，指示性通知是在上级机关向下属机关发布（或废止）行政法规和条例、规定、办法、实施细则等规章和其他重要文件时使用。

2. 批示类通知

批示类通知主要用于印发行政管理规章或重要讲话，转发上级机关或不相隶属机关的公文，批转下级机关的公文。

3. 事务类通知

事务类通知也称一般性通知，主要用于传达要求下级机关办理和需要有关部门周知或执行的事项，如布置工作，安排活动，告知机构设立或变动、印章启用或废除、单位更名事项等。

4. 会议类通知

会议类通知属事项性通知，因其使用十分广泛普遍，故从事项性通知中单独列出。

5. 任免类通知

任免类通知主要用于任免、聘用干部。按干部管理权限，由上级机关决定任免人员，再把任免决定用通知行文在指定范围内公布。

（三）通知的撰写格式

通知由标题、主送机关、正文、落款构成。

1. 标题

通知的标题一般有两种写法：一是“发文机关＋事由＋文种”，二是“事由＋文种”。如“国务院办公厅转发建设部等部门关于做好稳定住房价格工作意见的通知”“国务院关于召开全国劳动模范和先进工作者表彰大会的通知”“关于胡××等同志职务任免的通知”。有的标题还可以根据具体情况，在“通知”前加上“紧急”“联合”“重要”“补充”等字。

2. 主送机关

绝大部分通知都需要有主送机关。主送机关可以是一个，也可以是多个。如果主送机关过多，对同级别的主送机关要采用统称。

3. 正文

通知的正文通常由缘由、事项和结束语三部分组成。不同种类的通知，写法也不尽相同。

（1）指示类通知。

这类通知的正文很简短，只需写明发布的意义和目的，提出执行要求即可。

（2）批示类通知。

这类通知的写法类似于指示类通知，先写明印发或被批转（转发）的文件，后提出实施意见和执行要求，常用“现将……印发（批转、转发）给你们，请参照（遵照）执行”这类惯用语。

（3）事务类通知。

这类通知的写法比较复杂，一般由通知缘由、通知事项、执行要求、结尾四部分构成。

1）通知缘由。这部分主要交代发文的依据、目的和意义等，应简明扼要。

2）通知事项。这是通知的主体部分，要把布置工作、周知事项的目的、要求、措施及办法等内容阐述清楚，事项内容多的常分条列项，由主到次排列。

3）执行要求。对于发布指示、安排工作的通知，可以在结尾处提出贯彻执行的有关要求。如无必要，可以没有这一部分。

4）结尾。常用“特此通知”“请遵照执行”等结束语，也可省略。

（4）会议类通知。

详见项目六“创业筹备会”中模块一“会议方案、会议通知、发言提纲”中的相关内容。

（5）任免类通知。

这类通知写法比较简单，一般先写明任免依据，后写明任免人员的姓名和职务，有的还写上任期和待遇等。

4. 落款

在正文右下方署上发文机关名称和发文日期。

［通知范例］

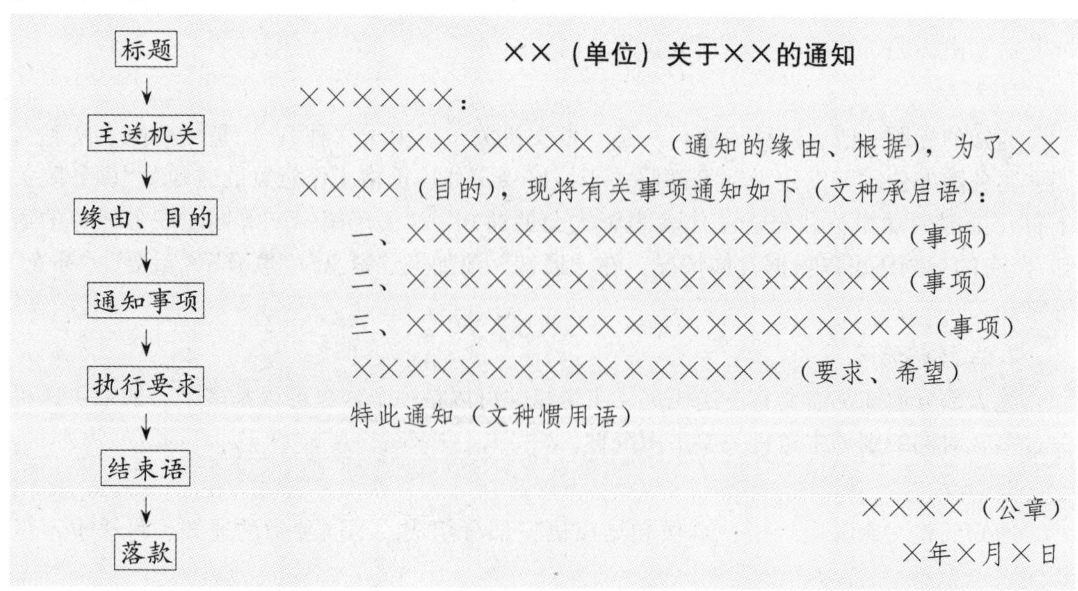

标题 → 主送机关 → 缘由、目的 → 通知事项 → 执行要求 → 结束语 → 落款

××（单位）关于××的通知

××××××：

××××××××××××（通知的缘由、根据），为了××××××（目的），现将有关事项通知如下（文种承启语）：

一、××××××××××××××××××××（事项）

二、××××××××××××××××××××（事项）

三、×××××××××××××××××××××（事项）

××××××××××××××××××（要求、希望）

特此通知（文种惯用语）

××××（公章）

×年×月×日

［通知例文 1］

国务院办公厅文件

国办发〔2013〕19 号

国务院办公厅关于印发中国反对拐卖人口

行动计划（2013—2020 年）的通知

各省、自治区、直辖市人民政府，国务院各部委、各直属机构：

《中国反对拐卖人口行动计划（2013—2020 年）》已经国务院同意，现印发给你们，请认真贯彻执行。

附件：中国反对拐卖人口行动计划（2013—2020 年）

国务院办公厅（印章）

2013 年 3 月 2 日

国务院办公厅　　2013 年 3 月 2 日印发

［简析］ 这是一份批示类通知。本文主送机关按其性质、级别、惯例依次排列，正文由印发语、意义和要求构成。印发语是典型的写法，句法结构为"经×××同意，现将×××印发给你们，请认真贯彻实施（执行、落实）"。如果印发的文件非常重要、有特殊意义，印发语后面还应阐述执行的意义和要求。最后是附件，标明被印发文件的名称。

［通知例文 2］

教育部关于做好 2015 年全国普通高等学校毕业生就业创业工作的通知

教学〔2014〕15 号

各省、自治区、直辖市教育厅（教委），有关省、自治区人力资源社会保障厅，部属各高等学校：

高校毕业生就业创业工作是教育领域重要的民生工程，党中央、国务院高度重视，明确要求强化就业创业服务体系建设，提升大学生就业创业比例。2015 年宏观就业形势面临多重压力，高校毕业生规模进一步加大，就业创业工作任务十分艰巨。为贯彻落实党的十八大和十八届三中、四中全会精神，全力做好 2015 年高校毕业生就业创业工作，现就有关事项通知如下：

一、全面推进创新创业教育和自主创业工作

各地各高校要把创新创业教育作为推进高等教育综合改革的重要抓手，将创新创业教育贯穿人才培养全过程，面向全体大学生开发开设创新创业教育专门课程，纳入学分管理，改进教学方法，增强实际效果。坚持理论与实践相结合，组织学生参加各类创新创业竞赛、创业模拟等实践活动，着力培养学生创新精神、创业意识和创新创业能力。

高校要建立弹性学制，允许在校学生休学创业。高校要聘请创业成功者、企业家、投资人、专家学者等担任兼职导师，对创新创业学生进行一对一指导。

要加大对大学生自主创业资金支持力度，多渠道筹集资金，广泛吸引金融机构、社会组织、行业协会和企事业单位为大学生自主创业提供资金支持。建设一批大学生创业示范基地，继续推动大学科技园、创业园、创业孵化基地和实习实践基地建设，高校应开辟专门场地用于学生创新创业实践活动，教育部工程研究中心、各类实验室、教学仪器设备等原则上都要向学生开放。实施好新一轮大学生创业引领计划，落实创业培训、工商登记、融资服务、税收减免等各项优惠政策，鼓励扶持开设网店等多种创业形态。完善大学生创业服务网功能，提供项目对接、政策解读和在线咨询等服务。

二、大力引导高校毕业生到基层就业

（略）

三、强化就业指导服务

（略）

四、进一步加强思想教育和政策宣传

（略）

五、推动高等教育更好适应经济社会发展需要

（略）

六、加强就业创业工作组织领导

（略）

教育部（印章）

2014年11月28日

[简析] 这是一则事务类通知。标题由发文机关、事由和文种三要素组成。主送机关使用统称。正文开头交代发布本通知的社会背景和目的，用“现就有关事项通知如下”转入下文。通知事项采用并列式分条陈述，层次很清晰。

[通知例文3]

关于纪××等同志职务任免的通知

××建筑分公司：

根据公司发展需要，经董事会研究决定：

任命纪××为经理，主持全面工作；

任命吴××为副经理，主持施工工作。

免去蒋××的经理职务和刘××的副经理职务，由公司安排其他工作。

以上任免调整自通知发布之日起执行。

×××集团公司董事会（印章）

2015年1月28日

［简析］任免类通知的正文，第一部分一般说明任免的依据，多用“经×××研究决定”“根据×××，经×××研究决定”一类用语领起第二部分，即任免事项。每个事项单独为一个段落，以达到醒目的效果。本文简明扼要，直陈其事，符合一般任免类通知的写作要求。

特别提示

撰写通知的注意事项

1. 通知事项要具体明确，切实可行，以便下级机关或有关人员贯彻执行。

2. 语言准确简明，切忌马虎疏漏或模糊不清，以免给工作带来影响。

二、通报

通报是表彰先进、批评错误以及传达重要精神或者情况的公文，是一种有较强教育作用和指导作用的周知性下行文。

（一）通报的特点

1. 典型性

无论是表彰先进、批评错误，还是传达重要精神或情况，都要求是典型人物、事件或情况，且具有典型意义，而非一般性的人、事、情况。

2. 教育性

通报通过表彰先进典型，弘扬正气，鼓励人们学习先进；通过反面事例批评错误，让人们吸取教训、引以为戒，并改正错误；通过传达带有倾向性的情况和信息，让人们了解好的苗头和不良的倾向，以教育人们引起重视。

3. 真实性

通报中所表扬、批评和传达的情况，要求准确无误，不允许有任何虚假成分，否则将失去正面教育意义，从而达不到教育目的。

4. 时效性

通报具有极强的时效性，写作时须抓住有利时机，及时制作，及时通报，以达到教育、宣传的目的，取得良好的教育效果。

（二）通报的种类

1. 表彰通报

这类通报着重介绍人物或单位的先进事迹，从中总结出成功经验，召号人们向先进学习。

2. 批评通报

这类通报用于批评处理重大事故、事件、违法违纪案件等，告诫人们吸取教训，防止类似错误再次发生。

3. 情况通报

这类通报主要用于上级机关向所属下级机关传达有关重要情况，发布重要信息，以便上情下达，统一认识，协调并推动工作。

（三）通报的撰写格式

通报一般由标题、主送机关、正文、落款等部分构成。

1. 标题

通报的标题一般由“发文机关＋事由＋文种”或“事由＋文种”组成。如“内江市人民政府关于表彰实施科技兴市‘1＋5’工程先进单位的通报”“关于给不顾个人安危勇于救人的王××同志记功表彰的通报”。

2. 主送机关

通报的主送机关是发文机关的下属单位。

3. 正文

通报的正文一般由“发文缘由＋通报事项＋分析（＋决定）＋结束语”组成，但不同类型的通报因内容存在很大差异，在具体写法上也有较大不同。

（1）表彰通报。

1）叙述先进事迹，包括时间、地点、人物、事迹，怎么做及结果。

2）对上述事件进行分析、评议，指出其典型意义，或概括其主要经验。语言要简明且具有概括性。

3）提出表彰。

4）发出号召。

（2）批评通报。

1）通报缘由，即将事故或错误事实的经过情况、时间、地点、事故、后果等交代清楚。

2）对事故进行分析评议，重点分析事故发生的原因，指出事故的性质及其危害。

3）提出处分决定。

4）写明防止发生此类事故的措施。要对症下药，提出告诫，或重申某一方面的纪律。

（3）情况通报。

1）叙述情况。

2）分析情况，总结经验教训。

3）提出改进工作的希望和要求。

4. 落款

在正文右下方署明发文机关名称和发文日期。

特别提示

撰写通报的注意事项

1. 认真做好调查研究，对事实要认真核对，不夸大、不缩小，更不能添枝加叶或凭空虚构。

2. 要选择具有典型意义的材料，以发挥通报应有的作用。

3. 评议要把握分寸，做到恰如其分，绝不任意降低或拔高。

[通报范例]

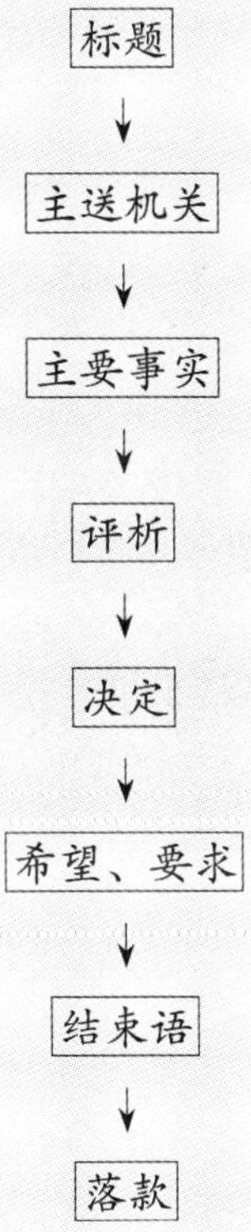

标题 → 主送机关 → 主要事实 → 评析 → 决定 → 希望、要求 → 结束语 → 落款

1. 表彰通报

××（单位）关于表彰××××的通报

各部门、各有关机构：

××××××××××××××××（事件背景、依据：介绍基本情况、主要先进事迹及结果）。

××××××××××××××××（先进事迹评析：成绩成就、影响）。

为了表彰×××××，××××××××××（目的），经研究，作出以下表彰决定（文种承启语）：

一、××××××××××××××××（表彰决定事项）

二、××××××××××××××××（表彰决定事项）

…………

希望×××××××××，努力做好××××××××××××××××（希望、号召、要求）。

×××××（单位及其公章）

×年×月×日

2. 批评通报

××（单位）关于批评××××的通报

各部门、各有关机构：

××××××××××××××××（事件背景、依据：介绍基本情况、事故或错误事实及后果）。

××××××××××××××××（分析事故原因、性质及危害）。

为了严肃纪律，××××××××××（目的），经研究决定：对×××（批评对象）予以××××××××××的处分（处分决定事项）。

望大家引以为戒，从×××××中吸取教训，××××××××××××××××（希望和要求）。

×××××（单位及其公章）

×年×月×日

3. 情况通报

××（单位）关于××××情况的通报

各部门、各有关机构：

最近，我单位发生了×××××事件（背景、依据）。为了××××××（目的），现将情况通报如下（文种承启语）：

××××××××××××××××（概括叙述事件情况）。

×××××××××××××（对事件进行分析）。

×××××××××××××（希望和要求）。

×××××（单位及其公章）

×年×月×日

[通报例文]

关于“抗震救灾、爱心捐助”活动情况的通报

公司各部门：

2013 年 4 月 20 日，我国四川雅安市芦山县发生了 7.0 级地震，给当地人民的生命和财产造成了重大损失。灾情发生后，为支援灾区恢复生产、重建家园，我公司举办了为期一周的“抗震救灾、爱心捐助”活动，全体员工积极响应，踊跃捐款捐物，表现出对灾区人民的深厚情谊。现将本次活动中收到的款物情况通报如下：

办公室：捐款 0.8 万元，衣物 20 件；

销售部：捐款 0.6 万元，衣物 30 件；

设计部：捐款 0.4 万元，衣物 48 件；

施工部：捐款 0.6 万元，衣物 33 件。

合计：捐款 2.4 万元，衣物 131 件。

这批款物已经于 2013 年 5 月 6 日移交到本市民政局。

望全体职工继续发扬团结互助的精神，持续关注灾区的重建，将对灾区人民的深厚感情转化为工作的动力，全面促进我公司各项事业的发展。

特此通报。

安达房地产公司

2013 年 5 月 7 日

[简析] 这是一篇关于捐助活动的情况通报，开头简要介绍了灾情和捐款活动的目的，主体部分准确说明了各部门的捐赠资金与物资，结尾部分结合该活动提出了希望和要求。整篇通报主题鲜明，语言简洁准确，结构脉络清晰。

小贴士

通报与通知的区别

1. 内容范围不同。通报与通知都有告知的作用，但通知告知的主要是工作的情况，以及共同遵守执行的事项；通报则是告知正反面典型，或有关重要情况。通知主要用于发布行政法规和规章，批转和转发公文，告知需办理和周知的事项；通报主要用于表扬先进、批评错误以及传达交流重要情况和信息。

2. 目的要求不同。通知的目的是告知事项，布置工作，部署行动，要求受文机关遵照执行；通报的目的不是贯彻执行，而是通过正反面的典型去教育人们，宣传先进的思想和事迹，提高人们的认识，引起人们的重视。

3. 表现方法不同。通知的表达方式以叙述为主，语言具体明白；通报的表达方式常常兼用叙述、说明和议论，陈述事实，说明问题，分析评价，具有较强的感情色彩，以达到宣传教育的目的。

拓展练习

（1）下列标题有何不妥，请修改。

1）××市人民政府通知

2）××县人民政府转发××乡人民政府关于加快水稻品种改良工作的通知

3）××县人民政府转发《××市人民政府关于转发"××省人民政府关于加快畜牧养殖业发展的通知"的通知》

（2）××公司人力资源部将对各部门新入职的员工进行培训，培训的主要内容包括公司的各项规章制度、企业文化、员工的职业道德等。请代拟一份通知，告知各部门有关培训内容、培训方式、培训对象、培训时间和地点等事项。

（3）下面这篇通报存在哪些问题，请予评析。

热血筑警魂

——关于××县公安局民警见义勇为事迹的通报

今年2月15日下午1点多，××县民警××正和儿子××在儿童公园游玩，忽然从不远处的明月湖传来呼救声，××飞奔到明月湖畔，原来有一男孩不慎落水，××来不及多想，只想到他是一名警察，便脱掉大衣，跃入水中。二月的东北，水凉得扎骨，但他没有想到个人安危，心中只有一个念头：救孩子。××一次、两次、三次潜入水中，终于把落水儿童救到岸上，孩子得救了，而××昏迷了三天三夜。目前，经过抢救，××已经脱离了生命危险。××真是新时期最可爱的人，他的精神是多么值得人们学习呀！

××在生与死的关键时刻，为抢救落水儿童，不顾个人安危，临危不惧，不怕牺牲，表现了人民警察热爱祖国、热爱人民的高尚情操和献身精神。

希望各单位职工向××学习，发扬见义勇为、不怕牺牲的精神，为搞好各项工作作出更大的贡献。

××县人民政府（印）

2016年3月1日

模块三 报告、请示、批复

情境设定

拟写报告、请示、批复

知识导入

报告、请示、批复是上级部门与下级部门在日常工作中经常使用的书面沟通形式。

因此，职场人士在处理上级和下级部门之间的日常事务时，应当熟悉并了解必要的文种使用常识及写作要求，以避免出现文种混用的情况，如：下级向上级汇报本单位情况时，应该采用哪种公文形式？下级单位在遇到一些本单位、本部门权限范围内无法自行解决的，需要上级部门协调帮助或作出明确指示的问题时，需要采用哪种公文形式向上级说明情况，以期获得上级部门的支持和帮助？当上级部门收到下级部门的请示时，又应当如何回复？

情境分镜头

这天，青梅去市场部送材料，正巧遇见实习同学小欧愁眉苦脸地从经理办公室走出来，手里还拿着一份刚刚被经理退回来的文稿。原来，昨天下班前经理交代小欧做两件事：一件是写一份向公司请求增拨新产品推广活动经费的请示，另一件是让她将新产品推广活动的进展情况以书面报告的形式写出来一并递交上去。没想到当小欧把自己奋战一夜完成的《市场部新产品推广进展情况暨请求增拨活动经费的请示报告》递交给经理后，经理却沉着脸要她回去重写。小欧心里觉得挺委屈，不知道问题出在哪里。青梅接过小欧手里的文稿，一眼看出了问题所在，于是她让小欧中午到办公室来找她，到时再同她一起好好地把文稿修改一下。

执行路径

学习报告、请示、批复的相关知识→掌握报告、请示、批复的撰写格式和要求→完成相关文种的撰写任务→修改、定稿→交上级审核批准→发布

知识平台

一、报告

报告是下级机关向上级机关汇报工作、反映情况、提出意见或者建议，答复上级机关的询问所使用的公文。报告属于陈述性上行文，行文的目的是为领导机关了解情况、制定政策和指导工作提供依据。

（一）报告的特点

1. 汇报性

报告是下级机关向上级机关或业务主管部门汇报工作、反映情况、答复问题的重要途径，是下情上达的主要工具，报告的目的是让上级机关掌握基本情况并及时对下级机关的工作进行指导。

2. 陈述性

报告在汇报工作、反映情况、答复询问时均以陈述事实为主，大都采用叙述说明的表达方式，把事情的来龙去脉（时间、地点、人物、经过、原因、结果等情况）交代清楚，使上级机关能迅速地、全面地、准确地掌握有关情况。

3. 客观性

报告反映的情况、提供的信息，必须是实事求是的真实信息，既报喜又报忧，不允许任何弄虚作假。

（二）报告的种类

按照性质、内容，报告可分为四种类型。

1. 工作报告

工作报告是指向上级机关汇报工作情况的报告，包括综合性工作报告和专题性工作报告。综合性工作报告是综合汇报某阶段的工作，对某阶段各方面的工作作一个总的回顾，总结经验教训，提出今后的设想等；专题性报告是就某一项工作向上级机关进行汇报。

2. 情况报告

情况报告是向上级机关汇报出现的新情况、新问题，特别是突发事件、特殊情况、意外事故及处理情况的报告。

3. 答复报告

答复报告是答复上级机关询问事项的报告。这种报告是被动行文，必须有针对性地实事求是地回答，不可避而不答或答非所问，也不要旁及无关的问题，答复前要作深入的调查。

4. 报送报告

报送报告是向上级报送文件、物件时使用的报告，正文通常非常简略，只需写明“以上报告如有不妥，请批示”等即可。

（三）报告的撰写格式

报告的结构包括标题、主送机关、正文、落款四个部分。

1. 标题

报告的标题一般由“发文机关＋事由＋文种”构成，也可根据需要省略发文机关，由“事由＋文种”构成，如“铜陵市人民政府关于1999年度工作情况的报告”“关于我市中学寒假补课有关情况的报告”。

2. 主送机关

主送机关只能有一个，若需要其他上级机关了解时，则以抄送的方式处理。

3. 正文

报告的正文由发文缘由、报告事项和结束语组成。

（1）发文缘由。报告的发文缘由通常应简明扼要地交代报告的起因、目的、主旨或基本情况，要开门见山，一般用“现将有关情况报告如下”“现将……汇报如下”等惯用语承启下文。

（2）报告事项。报告事项主要是报告具体情况、存在的问题和今后的打算。内容较多的报告，可分条列项，由主到次排列。不同类型的报告，其主体部分有简有繁，写法不尽相同：工作报告一般以“成绩、做法、经验、体会、打算、安排”为主，情况报告一般用“情况—原因—教训—措施”的结构来写，答复报告一般写答复的意见或处理结果。

（3）结束语。工作报告的结束语常用“以上报告当否，请审查（审阅）”“特此报告”；答复报告多用“专此报告”作为结束语；随文报告常用“请查收”“请核查备案”等作为结束语；呈转性报告常用“以上报告如无不妥，请批转有关部门执行”等作为结束语。报告不要求上级答复，所以它的结束语不宜写“以上报告，请指示（批示）”等语句。

4. 落款

落款由发文机关（加盖印章）和成文时间组成。

[报告范例]

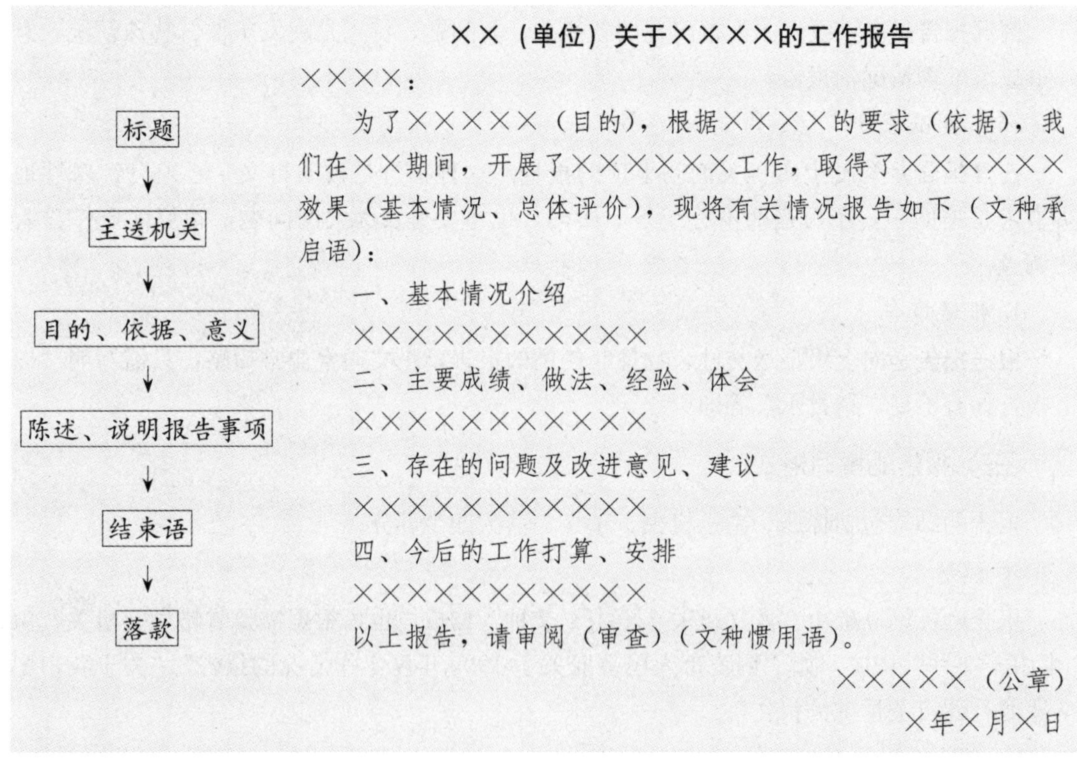

××（单位）关于××××的工作报告

××××：

为了×××××（目的），根据××××的要求（依据），我们在××期间，开展了××××××工作，取得了××××××效果（基本情况、总体评价），现将有关情况报告如下（文种承启语）：

一、基本情况介绍

××××××××××××

二、主要成绩、做法、经验、体会

××××××××××××

三、存在的问题及改进意见、建议

××××××××××××

四、今后的工作打算、安排

××××××××××××

以上报告，请审阅（审查）（文种惯用语）。

×××××（公章）

×年×月×日

[报告例文]

关于冷库建设及使用情况的报告

商贸集团总公司：

我公司在接到总公司关于冷库建设的批复和建筑经费后，当即成立了冷库建设工作组，会同当地有关部门协商冷库建设事宜，完善冷库建设方案，选择公司附近的三余屯地区作为新建冷库的地点。目前，新建冷库已如期完工并投入使用。现将冷库建设及使用情况报告如下：

一、采取股份制方式筹集资金。我公司严格按照国家政策进行筹款，采取股份制方式共筹集资金100万元，加上总公司所拨建筑款500万元，确保经费按期到位。

二、运用招标方式选择施工队伍。为确保工程质量，我公司严格按照招标程序，选择有信誉、有资质的施工队伍，最终确定由本省建筑工程公司第三建筑队负责施工。

三、加强工程管理，确保工程质量。我公司选派有经验、有能力、责任心强的王明副经理负责冷库建设工作，加强工程质量管理。冷库于2015年9月动工，2016年9月竣工。经验收，工程质量完全达标。

四、完善冷库设施，按期投入使用。工程竣工后，我公司经过20多天的布置、安装、设备调试，又自筹资金购置了一套冷冻设备，冷库于2016年10月1日正式投入使用。冷库占地面积为4 000平方米（80米×50米），上下两层，分四个区域，分别储存肉类、蛋品和海鲜，储存量达200吨。新建冷库由于规模扩大、交通运输便利、冷冻设备效果显著，投入使用3个月来，我公司营业收入就比去年同期增长了20%，极大地鼓舞了员工的士气，促进了公司的发展。

特此报告。

商贸集团第五分公司

2016年11月1日

资料来源：http：//wenku. baidu. com/view/2b9fb844336c1eb91a375df7. html.

[简析] 这是一篇专题性工作报告，发文机关在完成了一项专门工作或解决某项问题之后，立即向上级部门报告有关工作的开展情况。开头写明报告的缘由：在接到总公司同意新建冷库的批复和建筑经费后，分公司开始了冷库建设工作，目前冷库已如期完工并投入使用。然后用“现将冷库建设及使用情况报告如下”过渡到下文。正文部分用几个观点句分别报告冷库的建设和使用情况，层次清晰，用语简明扼要。

特别提示

撰写报告的注意事项

1. 主题要新颖。撰写报告要善于发现新的有价值的材料，并以新的视觉分析取舍材料，提炼反映本质性和规律性的新观点、新主题。

2. 内容要真实。报告的内容必须真实，任何未经实践和调查的内容均不能写进报告，同时汇报务必实事求是，既不夸大成绩，也不掩盖存在的缺点和问题。

3. 重点要突出。撰写报告必须抓住重点，突出中心，安排结构要分清主次、详略得当，材料处理也要注意点面结合，做到概括材料和典型材料相统一，以增强说服力。

4. 报告不要夹带请示事项。《国家行政机关公文处理办法》明确规定报告“不得夹带请求事项”。上级机关一般不对报告作答复，夹带请示事项的报告，会给上级机关的办理带来不便，容易贻误工作。

二、请示

请示是下级机关向上级机关请求指示或批准的呈请性、期复性公文。上级机关既可以是上级领导机关，也可以是上级业务指导机关。

（一）请示的特点

与报告相比，请示具有如下特点：

1. 呈请性

请示是向上级机关请求指示或批准的公文，行文内容具有请求性。而报告是向上级机关汇报工作、反映情况、答复上级机关询问或要求的公文，具有陈述性质。

2. 期复性

期复是指在一定时间内希望得到答复。这是请示的第二个特点。上级机关收到下级机关的请示，不管同意与否，在一定时间内都应该给予答复。而报告的目的是告知，使上级掌握某方面或阶段的情况，不要求上级一定答复。

3. 超前性

请示的行文时间具有超前性，必须在事前行文，等上级机关作出答复后才能付诸实施，没有上级的答复，就不能自作主张行事，不能“先斩后奏”。而报告则可在事后行文，也可在工作进行中行文，一般不在事前行文。

4. 单一性

请示事项具有单一性，要求一文一事。而报告可以一文一事，也可以一文数事。

（二）请示的种类

1. 请求指示性指示

这类请示有两种情况：第一种是对上级机关文件中规定的某些政策界限把握不准，而本机关无权解释或不能擅自决定，即请求上级机关给予指示的请示；第二种是遇到本机关过去的职权内从来没有处理、解决过的新情况、新问题，需要请求上级机关给予指示的请示。这类请示要把请示的原因、请示的事项写清楚。

2. 请求批准性指示

这类请示多数是因增设机构、增加编制，上项目、列计划，要资金购置设备等而向上级机关作的请示。请示的要求就是请求批准。

3. 请求批转性指示

这是政府的职能部门对新情况、新问题提出了处置意见和解决方法，但由于“条条不对块块”的规定，不能直接要求同级职能部门或不相隶属机关、部门照此执行，因而请求上级领导机关审查批准，并批转给有关方面执行的请示。此类请示的结尾语多有“以上请示如无不妥，请批转各部门执行”的字样。

（三）请示的撰写格式

1. 标题

标题一般由“机关名称＋事由＋文种”构成，也有的只写“事由＋文种”，但不可只写文种。如“国家税务局关于加强批发扣税工作的请示”“关于交通肇事是否给予被害家属抚恤问题的请示”。文题一定要写“请示”，凡写“申请”“要求”“请求”的都不对，上级机关可不予受理。

2. 主送机关

请示的主送机关只能有一个，且一般不主送上级机关的领导个人。主送机关要根据请示事项准确选择，不要同时主送上级领导机关和上级业务指导机关。

3. 正文

请示正文一般由缘由、事项、结束语三部分组成。

（1）缘由。这是正文的开头，主要说明请示的原因，要突出请示的必要性和迫切性。缘由是请示的重点，要写得充分，有理有据。写明缘由后，常用“现将……问题请示如下”“特请示如下”等惯用语过渡到下文。

（2）事项。这是请示的主体，主要说明请求上级机关批准或指示的具体事项。这部分说明的事项须明确，条理要清楚，若请示内容多，可采用条款式安排结构。

（3）结束语。这是请示的结尾，具体明确地提出批复请求，常用“以上请示，请批复（审批）”“以上请示如无不妥，请批复”等惯用语。

4. 落款

落款署上发文机关（加盖印章）和成文时间。

［请示范例］

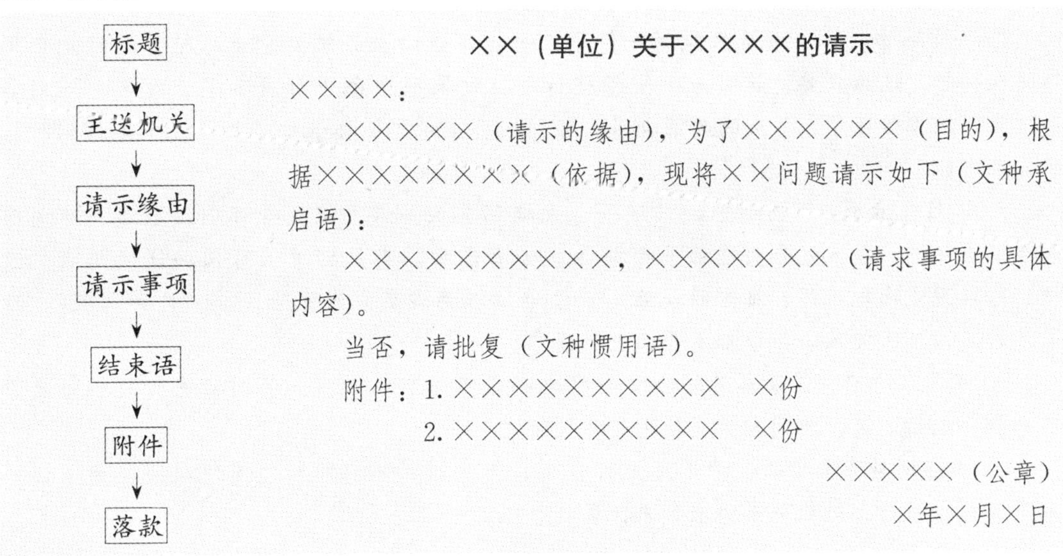

××（单位）关于××××的请示

××××：

×××××（请示的缘由），为了××××××（目的），根据××××××××（依据），现将××问题请示如下（文种承启语）：

×××××××××××，×××××××（请求事项的具体内容）。

当否，请批复（文种惯用语）。

附件：1. ×××××××××××　×份

2. ×××××××××××　×份

×××××（公章）

×年×月×日

［请示例文］

××商贸集团第五分公司关于拨款新建冷库的请示

××商贸集团总公司：

近年来，随着人们生活水平的不断提高，人们对农副产品的需求量也不断上升，我分公司所经销的产品在市场上的占有率有了明显提高。为了进一步促进销售，我们与周边地区的多个养殖场、鱼塘等实行联营，保证了新鲜货源的供应。但是，目前由于鲜肉、鲜蛋、鱼虾等副食品大量增加，公司原有的冷库已不能满足需要，制约了公司业务的拓展。为此，经公司调研讨论，拟在公司附近的三余屯地区再建一个储存量可达200吨的冷库（详见设计方案）。经预算，冷库建设共需人民币500万元。由于时间紧迫，问题突出，故恳请总公司拨款500万元予以支持。如蒙批准，我们将责成一名副经理分管此项工作，于今年9月开工，争取明年6月底竣工并投入使用，创造效益。

以上请示当否，请批复。

附件：××商贸集团第五分公司新建冷库设计方案

商贸集团第五分公司

2016年3月10日

资料来源：http：//wenku. baidu. com/view/f5ede480b9d528ea81c779af. html.

［简析］这份请示是请求批准的请示，采用完整式标题，事由是“拨款新建冷库”。因为请示的目的是希望上级批准、同意、解决有关问题，为了达到这一目的，正文开头写明新建冷库的原因。请示事项部分具体而明确地交代了新建冷库的选址、规模和建设时间等，以说明冷库建设的可行性和可操作性。

特别提示

撰写请示的注意事项

1. 一文一事。一份请示只能写一件事，一些单位向上级机关请示，经常把好几个问题写在一起，认为只要能解决一个问题就行了，结果一个也不解决不了，因为“一文多事”牵涉的单位多了，涉及的政策也多，任何一个上级机关都很难答复，几个单位同时答复更不可能。

2. 不多头请示。一份请示，只送一个上级领导机关或上级主管部门，不能同时主送两个以上机关，更不能分头送给多个领导。如有需要，有关的单位可用抄送的形式。这样，可以避免出现推诿、扯皮的现象。一些单位以为多头分送保险，搞“广种薄收”，结果常常是谁都有关系，但谁都不管，失时误事。

3. 不越级请示。请示与其他公文一样，一般不越级请示，如果因特殊情况或紧急事项必须越级请示时，要同时抄送越过的机关。

4. 不得抄送下级机关。请示是上行公文，行文时，不得同时发下级机关，更不能要求下级机关执行上级机关未批准和未批复的事项。

请示与报告的区别

请示与报告都属于上行文，格式也比较相近，但他们也存在明显的不同之处。

1. 目的和要求不同。请示是向上级机关陈述理由，以请求批准和指示，要求一定答复；报告是让上级机关了解、掌握情况，并不要求一定答复。

2. 性质不同。请示是请求、期复性公文，报告是陈述性公文。

3. 行文时限不同。请示必须事前行文，不能“先斩后奏”；报告行文较为灵活，事前、事后或事中皆可行文。

4. 主送机关数量可以不同。请示只能写一个主送机关；在遇到灾情、疫情等紧急情况需要多级领导机关尽快知道时，报告可写多个主送机关。

5. 内容含量不同。请示内容单一，只能一文一事，侧重于讲明原因，陈述理由，表达事项，要求体现请求性，篇幅较小；报告内容较杂，容量可大可小，报告事项数量不限，一文一事、一文多事均可，侧重于概括陈述情况，总结经验教训。

6. 结尾用语不同。报告的结束语一般写“特此报告”“以上报告，请审阅”，或者省略结束惯用语；请示则不能省略结束惯用语，一定要写“以上请示，请批复”之类的惯用语。

三、批复

批复是上级机关答复下级机关请示事项的公文，是上级机关向下级机关的指示性公文。它与请示相对应，应下级机关的请示而发。批复的呈送机关就是请示的发文机关。

（一）批复的特点

1. 行文具有被动性

批复的写作以下级机关的请示为前提，它是专门用于答复下级机关请示事项的公文，先有上报的请示，后有下发的批复，一来一往，被动行文，这一点与其他公文有所不同。

2. 内容具有针对性

批复要针对请示事项表明是否同意或是否可行的态度，批复事项必须针对请示内容来答复，而不能另找与请示内容不相关的话题。因此，批复的内容必须明确、简洁，以利于下级机关贯彻执行。

3. 效用具有权威性

批复表示的是上级机关的结论性意见，下级机关对上级机关的答复必须认真贯彻执行，不得违背。批复的效用在这方面类似命令、决定，带有很强的权威性。

4. 态度具有明确性

批复的内容要具体明确，不能有模棱两可的语言，否则会使得请示单位不知道如何处理。

（二）批复的种类

1. 指示性批复

在审批某一问题的同时，进一步提出指示性意见要求下级机关执行，一般篇幅较长。

2. 表态性批复

用于回答请求批准类的请示，主要表明上级机关对下级机关请示内容的同意或不同意。这类批复内容单一，不涉及其他问题。

（三）批复的撰写格式

批复一般包括标题、主送机关、正文和落款等部分。

1. 标题

标题一般由“发文机关＋事由＋文种”组成，有的还加上回复对象，也有的只写“事由＋文种”，如“国务院关于设立天津港保税区的批复”“关于福建省海洋功能区划的批复”。持肯定或否定态度的批复，直接在标题中标明“同意”或“不同意”的表态词，如“国务院关于同意蚌埠市城镇住房改革试行方案给安徽省人民政府的批复”。标题还可由“发文机关＋请示标题＋文种”组成，如“××公司对《关于制作2016年公司台历、挂历的请示》的批复”。

2. 主送机关

批复的主送机关就是相应请示的发文机关。

3. 正文

（1）批复导语。即正文的开头部分，往往只用一句话说明是针对什么机关的什么请示而批复，通常引用下级机关请示的来文的标题、发文字号、发文日期或内容要点，如“你市《关于将天津港商业性保税仓库扩展为保税区的请示》（津政报〔1990〕34号）悉”“你局2006年3月16日关于××××××的请示收悉”等。

（2）批复意见。即批复的主体部分，要根据有关方针、政策规定和实际情况，针对请示中提出的问题所作的答复和指示，表明同意或不同意的态度，并提出具体处理意见、希望或要求。一般用“经研究，现批复如下”引出批复意见，也可以直接用“经研究，同意……”写明批复的事项是什么，通常是针对请示事项逐项说明。

（3）批复结语。结语使用的语言要简短，语气要坚决，态度要鲜明。如“此复”“特此批复”“此复，希执行”等，也有的不用惯用语结尾。

4. 落款

落款包括发文机关名称及成文日期。

［批复范例］

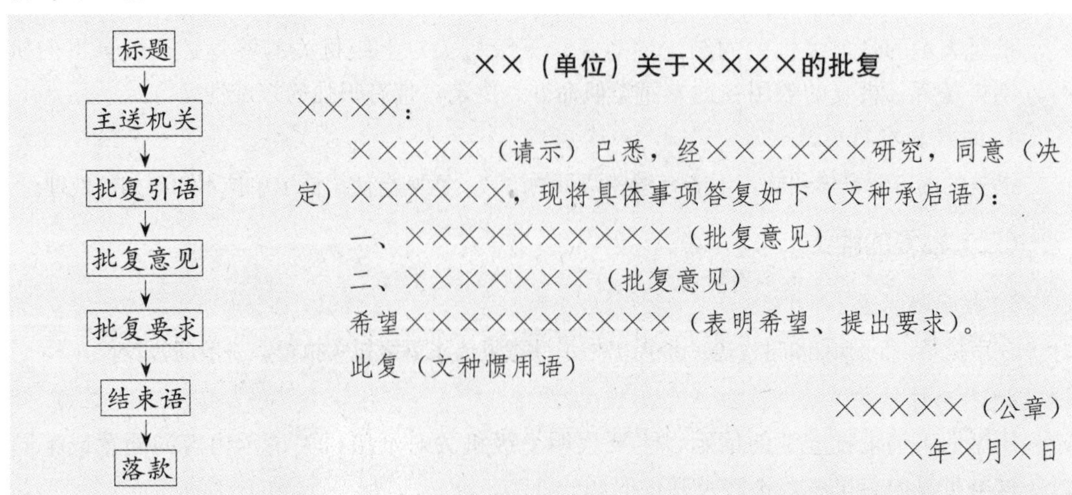

[批复例文]

××市机械工业管理局
关于同意××重型汽车制造厂与××工程机械锻件厂合并的批复

××重型汽车制造厂、××工程机械锻件厂：

重汽字〔20××〕5号文、工机字〔20××〕18号文收悉。根据两厂请示，经研究，同意××工程机械锻件厂并入××重型汽车制造厂。现将有关事项批复如下：

一、××工程机械锻件厂并入××重型汽车制造厂后，撤销××工程机械锻件厂的法人资格。考虑到工程机械锻件产品生产和经营业务的需要，可保留××工程机械锻件厂的厂名，领取营业执照。

二、××工程机械锻件厂的所有债权债务由××重型汽车制造厂承担。

三、20××年×月×日起，××工程机械锻件厂各种报表由××重型汽车制造厂统一上报。

此复

××市机械工业管理局（印章）
20××年×月×日

资料来源：http：//www. docin. com/p-522453105. html.

[简析] 这是一份同意请求的表态性批复。正文开头引述对方请示的标题或文号，说明批复的写作缘由，并对下级请示的事项表明了鲜明的态度，接着用“现将有关事项批复如下”引出下文。正文主体部分阐明批复的事项。语言精练准确，简明扼要，语气坚决、肯定，使请示单位一看就明白。

小贴士

批复与复函的区别

批复和复函两者都有答复有关事项的功用，都属于被动行文，有请示才有批复，有来函才有复函。但批复用于批准和答复下级机关的请求事项，复函则用于回复平级单位或不相隶属机关单位之间的来函。

特别提示

撰写批复的注意事项

1. 掌握请示，逐一答复。由于批复是针对请示来写的，因此，批复前一定要认真研究请示的事项，充分考虑其是否符合政策法规和工作实际，全面掌握请求内容后围绕请求事项逐一答复，切忌离开请示发表空泛的意见或另作指示。

2. 态度鲜明，意见具体。答复下级的请示事项，态度要鲜明，要么肯定，要么否定，不能含糊其词，模棱两可。而且意见要明确具体，以便下级机关贯彻执行。

3. 批复及时，用语准确。对请示来文，应尽早答复，不能拖延，以免影响工作。语言要精练准确，简明扼要，语气坚决、肯定，使请示单位一看就明白。批复一般表明态度、提出具体要求即可，不需要长篇叙述和说理，篇幅不宜过长。

拓展练习

（1）请指出下面的报告存在哪些问题，并予以修改。

关于××高速公路塌方事故的报告

××市建设委员会：

×年×月×日，××高速公路××路段发生塌方事故，造成一定的伤亡后果。事故发生前，桥面上分散有三四十名工人，已浇铸了近 200 立方米的混凝土，而且违章施工，按程序应分两次浇铸的混凝土却一次浇铸，估计事故原因是桥面负荷过重。事故发生后，近 200 名消防队员、工地工人、公安干警到现场紧急抢救，抢救时间持续近 30 个小时。据查，该工程承建商是××市市政总公司。

特此报告。

××市市政工程总公司

×年×月×日

（2）请指出下面的请示存在哪些问题，并予以修改，然后针对修改后的请示内容写一份批复。

关于申请学生宿舍等问题的请示

市人民政府、市教育局：

我校今年由于招生规模扩大，住宿生人数增加，已有的学生宿舍已无法容纳，原 6 人房间，现基本上住 8 个人，严重影响学生的身心健康。因此，我校决定再建一栋学生宿舍楼。另外，我校图书馆也尚未达到省“两基”标准，请上级部门给予支持。

江海市汇宁中学

2016 年 5 月 6 日

模块四　函

情境设定

拟写函

知识导入

函的使用极为广泛，大到机关团体、企事业单位，小到个人都经常使用函。然而现实中许多涉及“函”的公文撰写却很不规范，如：不相隶属机关之间商洽工作、询问和答复问题不用函而错用请示或报告；向无隶属关系的有关主管部门请求批准或回复不用函而滥用请示、报告、批复；答复上级机关的询问不用报告而误用函；向上级机关请求指示不用请示而误用函；本属因业务需要商洽性的函错用成通知等。那么，如何才能正确选用并拟写一份缘由充分、事项明确、语气得体、结构完整的函呢？

情境分镜头

为了加强校企文化融合，与企业建立多渠道的深度合作关系，江南某职业技术学院向A公司发出了一份商洽函，表达了拟与A公司合作开展师徒制人才培养的想法。A公司接到江南某职业技术学院来函后，即组织公司管理层召开会议，专门就此事进行了商议，并作出了与江南某职业学院建立师徒制校企合作关系的决定。随后，办公室陈主任将回复江南某职业学院来函的任务交给了实习生青梅来完成。

执行路径

学习函的相关知识→了解公函与商函的联系和区别→掌握函的撰写格式和要求→撰写函→修改、定稿→交上级审核批准→发函

知识平台

函适用于不相隶属机关之间相互商洽工作、询问和答复问题，向有关主管部门请求批准等。函是一种以平行文为主的公文，而且是公文中唯一的平行文。也就是说，不管行文内容是什么，只要是平行文（不相隶属机关之间行文）就一定用函。

一、函的特点

1. 适用范围广

函既可用于相互商洽工作、询问和答复问题，又可用于向主管部门请示批准事项。任何级别的机关、企事业单位都可用函，函的使用频率较高。

2. 灵活简便

函的篇幅往往很短小，内容单一，语言简洁，而且制作程序简易，被称为公文的“轻骑兵”。

3. 行文多向性

函属于平行文，但也适用于上下级单位、部门之间相互行文，兼有上行、下行方向。

二、函的种类

1. 按性质、格式分

（1）公函。属于正式公文，用于处理郑重的事项或问题，从标题、发文字号到成文时间都应严格按公文的格式制发。

（2）便函。用于处理一般事务，不一定要有完整的公文格式，可不加标题、不编发文字号，也可不盖章。

2. 按行文方向分

（1）发函。发函也称去函，是发文机关主动制发的函。

（2）复函。复函也称回函，是答复对方有关事项的函。

3. 按行文目的、内容分

（1）商洽函。用于平级机关、不相隶属机关之间相互商洽事项，或联系工作。这种函多用于商调干部、联系参观学习、查询或了解有关人员或事情等。这种函在工作中要求发函与复函相对应，如人员调动事宜，发函提出商洽，复函有针对性地给予答复。

（2）问答函。用于平级机关之间互相询问问题、征求意见和答复询问事项。问答函在询问或答复时，应该注意询问要明确，答复要清楚。

（3）请批函（请求批准函）。用于向平级机关或不相隶属机关的主管部门请求批准事项。

（4）告知函。用于告知不相隶属机关有关事项。

公函与商函的联系与区别

公函适用于不相隶属机关之间商洽工作，询问和答复问题，请求批准和答复审批事项。商函也适用于没有隶属关系的企业之间进行商务往来，相互商洽、相互询问和答复问题。从往来关系看，商函与公函具有一致性，但在许多方面公函与商函之间仍存在明显的不同，具体表现在：

1. 在使用主体方面：公函的使用主体是国家机关、社会团体和企事业单位，不能用于个人；商函的使用主体是企业或企业的代表人。

2. 在制作方面：公函要执行公文格式的规定，而商函没有严格的规定，按照惯例来写作。

3. 在文书内容方面：公函的内容比较宽泛，而商函仅限于交易磋商。

三、函的撰写格式

函一般由标题、主送机关、正文、落款几个部分组成。

1. 标题

函的标题由“发文机关＋事由＋文种（函或复函）”组成，有时也省略发文机关，由“事由＋文种（函或复函）”两部分组成。如“国务院办公厅关于羊毛产销和质量等问题的函”“关于请求批准××市节约能源中心编制的函”。

2. 主送机关

函的行文对象一般情况下是明确而单一的，所以多数函的主送机关只有一个。但有时内容涉及部门多，也有排列多个主送机关的情况，如《国务院办公厅关于羊毛产销和质量等问题的函》（国办函〔1993〕2号）的主送机关就有7个之多：原国家计委、经贸办、农业部、商业部、经贸部、纺织部、技术监督局。

3. 正文

（1）发函缘由。这是函的开头部分，主要用来说明发函的根据、目的、原因等。如果是复函，则先引用对方来函作为引据，如“×年×月×日函悉”，然后交代根据，说明缘由。这部分结束时，常用一些惯用的套语转入下一部分，如“现将有关情况说明如下”“现就有关问题函复如下”等。

（2）事项。这部分主要说明发文单位联系的事项和意见，或者答复对方提出的问题和要求。

（3）结束语。常用惯用语作结。不同种类的函结尾惯用语有所不同：

1）商洽函：上述要求，请予函复；祈请函复，请予大力协助为盼；如蒙慨允，不胜感激。

2）问答函：希予协助；请即函告；特此函询，请复。

3）请批函：请予批准；请予协助解决；盼复。

4）去函：为荷；为盼；为要；是荷；敬请函复；盼予复函；特此函达，盼蒙允诺。

5）复函：此复；特此函复；特此函告。

4. 落款

落款处署上成文时间并加盖发文机关印章。

［函的范例］

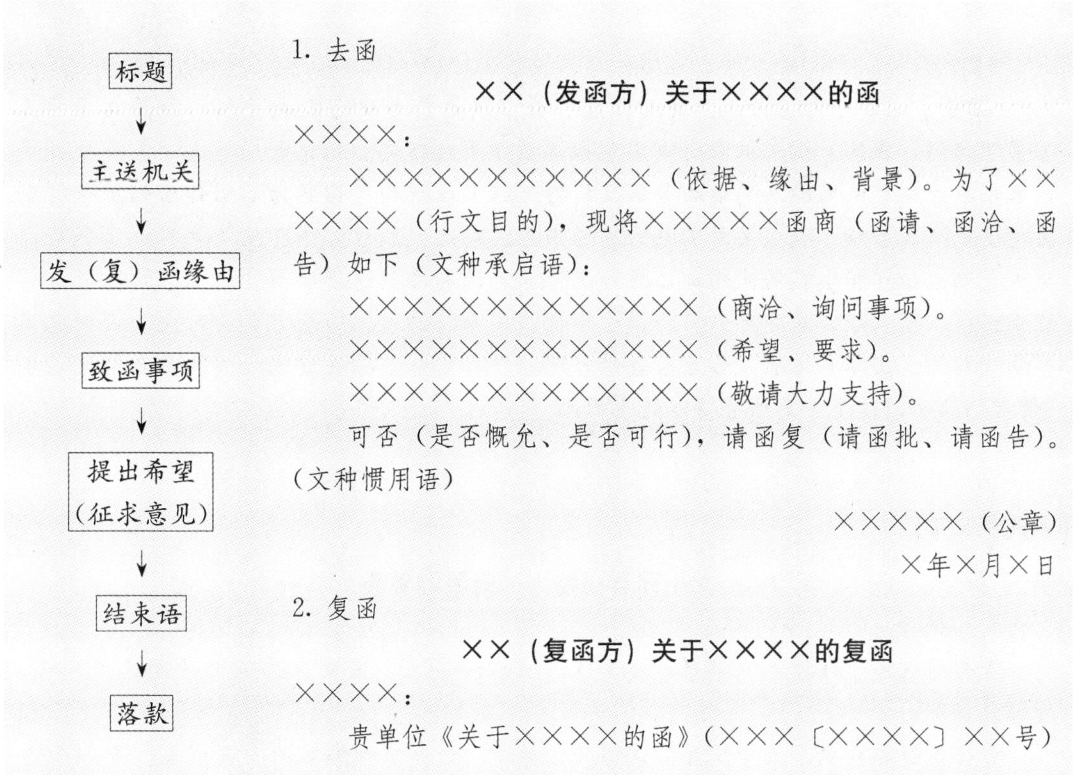

1. 去函

××（发函方）关于××××的函

××××：

×××××××××××××（依据、缘由、背景）。为了××××××（行文目的），现将×××××函商（函请、函洽、函告）如下（文种承启语）：

×××××××××××××××（商洽、询问事项）。

×××××××××××××××（希望、要求）。

×××××××××××××××（敬请大力支持）。

可否（是否慨允、是否可行），请函复（请函批、请函告）。（文种惯用语）

×××××（公章）

×年×月×日

2. 复函

××（复函方）关于××××的复函

××××：

贵单位《关于××××的函》（×××〔××××〕××号）

已收悉（依据、缘由、背景）。经研究，现函复（现函批、现函告）如下（文种承启语）：

××××××××××××××××××××××（事项）。

××××××××××××××××××××××（事项）。

专此函复（特此函复、特此函批）。

×××××（公章）

×年×月×日

[函的例文1]

关于请求解决我县枯水期用电指标的函

××市供电局：

去年以来，我县利用本地水力资源发展小水电，每年丰水期输入国家大电网的电量达3 000万至6 000万度，每度电价0.25元。而枯水期我县则严重缺电，以每度电价0.50元购进1 500万度电，仍然不能保证城镇居民生活用电。目前，已有几家水泥厂、糖厂因缺电而停产。为此，我县请求从今年起在每年11月1日至次年3月30日的枯水期内，每天能支持配送我县基数电10万度。

可否，请予函复。

××县人民政府（印章）

×年7月1日

资料来源：http：//wenku. baidu. com/view/057eb0f2ba0d4a7302763a92. html.

[简析] 这是一份请批函。县人民政府与市供电局并没有隶属关系，但供电局是业务管理部门，因此，请求批准解决用电指标应该用函行文。正文开门见山，直陈自去年以来该县为国家电网输入的电力数额及价格。这不仅说明了该县为国家作出的贡献，而且使这一情况与枯水期该县外购电力及费用形成对比。然后陈明即便是这种低卖高买的形式也难以扭转枯水期居民用电短缺和企业停产的局面。这样，便把请求配给基数电的理由说得入情入理，充分可信。为便于审批，文章将请求配给基数电的时间和数额也写得明确具体。文章虽不长，但要求合情合理，理据充分。陈述要求的关键处正确地用了“请求”两字，这是一篇语言得体的请批函。

[函的例文2]

关于同意商租××商厦的复函

上海××超市总公司：

贵公司《关于商租××商厦的函》（沪×超函〔××××〕20号）收悉，经研究，现答复如下：

贵公司欲租我商厦五楼闲置的楼面开设超市，这是方便顾客的购买需求，有利于盘活我商厦的闲置资源，扩大我商厦的经营规模与商品种类的好事，本商厦欢迎贵公司来我商厦五楼开设超市。具体租金请贵公司来人面洽。

特此函复。

上海××商厦（印章）

×年4月1日

［**简析**］这是答复对方商洽事项的函。正文开头引述对方来函标题及发文字号，以作复函缘由，继而用“经研究，现答复如下”一语过渡到主体部分。主体部分先概括对方来函所商洽的事项及意义，既是对来函的回应，又表达了自己的态度。紧承这句，作出欢迎合作的表态，并提出面谈要求。文章针对性强，态度诚恳，表述严谨，行文规范。

特别提示

撰写函的注意事项

1. 注意函的使用范围。函是一种典型的平行文，是平行机关或不相隶属机关之间经常使用、用于商洽和联系工作的一个文种。它的主要作用是：相互商洽工作、询问和答复问题，向有关部门请求批准及对对方的请求作回复等。

2. 措辞得体，平等待人。函的写作要以诚恳合作、平等待人为原则，在语言上要尊重但不能一味逢迎，严肃但不能动辄板起脸来训人，以诚相待，切忌盛气凌人，但也不能过于谦虚，以免显得虚伪。

3. 内容单一，事项明确。函要坚持“一事一函”的原则，不将无关或不同类事情写入同一份函。无论询问、请批、商洽、告知或答复什么，都要明确具体，一目了然，切忌含糊不清。

小贴士

请批函与请示的区别

请批函和请示都有请求批准的功用。但请批函用于向不相隶属的机关或有关主管部门请求批准事项；请示则用于有隶属关系的上下级之间，下级向上级请求批准事项。

拓展练习

（1）南京东方外语培训中心拟于2015年暑期举办雅思考试培训班，因报名人数很多，教室不够用，拟向南京市第一中学租用多媒体教室三间，租用时间为2015年7月15日至8月15日，每间教室租金为每天200元。请你以南京东方外语培训中心的名义，向南京市第一中学写一份商洽函。

（2）请你以南京市第一中学的名义，向南京东方外语培训中心写一份复函，同意在

2015年暑假期间借出三间多媒体教室。

（3）下面这份函存在不少错误，请改正。

××市彩虹服装公司关于抓紧归还借款的函

××市染织厂：

你厂2015年夏季从我厂借去资金五万元，当时讲好半年内一定归还。但现在已时过一年了，你们还没有将此笔款项还给我们，致使我厂的流动资金发生了困难。真是不像话！我厂要求你们在十日内将五万元还给我们，切勿再次拖欠。

此致

敬礼

××市彩虹服装公司

2016年8月16日

创业实训篇

随着夏季的来临，青梅毕业的日子正一天天地临近。这半年里，青梅一边忙着写毕业论文，一边忙着四处应聘找工作。可眼看快毕业了，青梅的工作仍然没有着落。这一天，青梅被无意间在校园广告栏里看到的一则学校创业园模拟创业公司即将开班的消息吸引住了。因为家庭经济状况不好，青梅大学期间的学费和生活费几乎都是靠自己打工挣来的。在勤工俭学期间，青梅虽然也曾萌生过创业的念头，但苦于没有资金，“创业”二字对她来说只是一个不切实际的梦想。眼下，“创业”二字却再次拨动了青梅不安分的心弦。青梅决定，在正式工作没有着落前，先去创业园报名参加模拟创业公司培训。

在培训班开班典礼上，创业园指导老师海豚老师向同学们介绍了模拟公司的情况。海豚老师告诉同学们，模拟公司是按照创业者实际创办公司的组织结构和商业操作模式运行的虚拟公司，其教学宗旨是让学生在模拟真实职场环境的情况下，尽可能真实地经历和体验创业的全过程，了解并熟悉中小企业从公司创办到企业运作管理的操作流程，培养与他人一起工作、相互合作和交流的能力，从而获得并加强职业岗位的核心能力，为今后的就业或创业打下良好的基础。海豚老师还向同学们详细说明了培训班的上课模式及要求，即整个培训都以团队的形式开展模拟创业实训活动。在实训期间，每个团队都将“实打实”地开设一家自己的公司，并按照公司“筹备—开业—经营”的整个流程体验创业的全部过程。海豚老师还特别强调，文案写作能力训练也是这次培训的重点，在培训结束时，每个团队需将团队实训期间的全部文案汇编成册，公开展示。

项目四　团队组建

学习目标

● **知识目标**

1. 掌握岗位说明书的撰写格式及要求；
2. 掌握岗位竞聘书的撰写格式及要求；
3. 了解绩效考核方案的主要内容和撰写格式。

● **能力目标**

1. 能够结合团队的目标任务，通过对职能岗位的分析，较好地完成定岗、定员任务；
2. 能够根据团队实际工作需求，完成岗位说明书、岗位竞聘书的撰写任务；
3. 培养并提升学生分析问题、解决问题的能力以及团队合作的能力。

项目框架

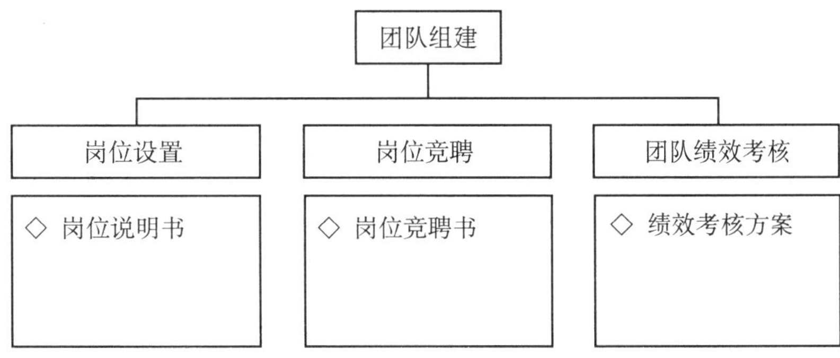

课堂设计

实训任务 1：岗位竞聘

任务描述	在课堂上举行课程管理团队竞聘演讲活动，竞选课程教师助理 2 名，团队队长 5 名，每位竞选同学准备 3 分钟竞选演讲。
文案任务	教师助理岗位竞聘书、团队队长岗位竞聘书
教学组织	**任务分工及实训步骤与要求**
课前	1. 学习委员 （1）负责教师助理、团队队长岗位竞聘活动的动员、报名和组织工作，课堂竞聘人数建议为 10～12 名。

课前	（2）负责完成本次竞聘活动评审团的组建及评审成绩统计工作，评审团成员建议由5～6名同学组成。 （3）负责完成竞聘者文稿的收集、整理工作，课前将文稿上传给任课教师，以便教师作课堂点评。 2. 全班同学 （1）了解“团队组建”的相关知识，为下一步团队组建工作做好准备。 （2）积极参加教师助理及团队队长的竞聘活动。 3. 竞聘者 （1）认真阅读岗位说明书，结合岗位竞聘条件，按照竞聘书撰写要求，完成竞聘书的撰写。 （2）将竞聘文稿上传给学习委员。 （3）撰写竞聘发言提纲，做好在课堂上竞聘演讲的准备工作。
课中	（1）评审团成员提前在教室前排入席。 （2）教师讲解岗位说明书及竞聘书的相关知识及要点，进一步明确本次竞聘活动的要求。（时间：20分钟） （3）参加竞聘的同学发表竞聘演讲。（时间：3分钟/人） （4）教师点评、指正，强化知识点。 （5）评审团当场投票评选，学习委员负责统计成绩。 （6）教师公布评选结果，并向聘任的教师助理、团队队长颁发课程聘书。
课后	（1）竞聘者：修订岗位竞聘书并上传给团队队长。 （2）团队队长：负责完成团队组建工作。 （3）教师助理：负责分工完成本次实训和文案的整理和归档工作。

实训任务2：团队组建

任务描述	团队队长带领团队成员完成团队岗位说明书以及绩效考核方案的制订工作。
文案任务	团队岗位说明书、团队绩效考核方案
教学组织	**任务分工及实训步骤与要求**
课前	1. 团队队长 （1）完成项目团队组建任务，每个班级的团队数量建议控制在5个以内。 （2）结合课程实训活动的要求，组织队员拟订团队内部岗位说明书。各岗位建议实行轮岗制，即定岗不定人，尽可能为每名同学提供不同岗位任职的工作经历。 （3）结合团队任务要求，组织队员拟订团队绩效考核方案初稿。各团队可在课程任务执行过程中，对本团队的绩效考核方案进行修订与完善，直至课程结束时将最终定稿汇总于团队文案中。 （4）做好团队组建情况汇报准备。 （5）将团队文案进行整理并上传给教师助理。 2. 教师助理 将团队文案进行整理并上传给任课教师。
课中	（1）教师讲解岗位说明书及绩效考核方案的制订流程及撰写方法，明确本次实训任务、时间和要求，导入实训。（时间：20分钟） （2）每个团队派1名代表上台汇报本团队组建情况及绩效考核方案。发言者要声音洪亮，口齿清晰，表述内容重点明确，避免照本宣科。（时间：5分钟/队） （3）教师对每个团队的组建情况及绩效考核方案的制订情况进行针对性点评，强化知识点。（时间：10分钟） （4）教师公布实训成绩及排名。

课后	（1）项目团队：负责完成团队文案修订及上传任务，并参照新拟订的团队绩效考核方案完成团队内部绩效考核。 （2）教师助理：负责将各团队的文案进行整理并上传给任课教师，并做好团队实训和文案成绩的统计、记录、归档和发布工作。

注：若课时不足，本次实训任务可安排在课外开展。

模块一　岗位说明书

情境设定

岗位设置

知识导入

在团队建设中，只有配置合理、分工明确、任务清楚的团队，才有可能成为高效、有战斗力的团队。明确团队目标，依据目标设置岗位，通过岗位分析以及岗位说明书的撰写对每个岗位应履行的职责进行清晰定位，这是组建一支优秀团队的基本程序。那么，如何才能做到人人有“岗”、人人有“事”呢？

情境分镜头

分镜头一　培训班正式开课后，海豚老师向学员们布置的第一项任务就是团队组建。每个团队为7～8人，可自由组合，团队组建完成后，每个团队需依据接下来的团队任务撰写一份团队的岗位说明书。海豚老师建议大家先了解一下模拟创业的实训要求，再组建团队。

分镜头二　在接到海豚老师的任务后，兴奋的青梅很快与6名同学组成了一支团队。这支团队有3名是来自会计系同一个宿舍的室友，有2名是连云港老乡，还有1名是青梅的好友。看到团队中有自己熟悉的伙伴，青梅和队友们对这样的“团队”组合都很满意。然而，当青梅和队友们一起撰写团队的岗位说明书时，他们却发现因为没有认真阅读团队组建的相关要求，不知不觉中自己的团队已经输在了团队竞争的起跑线上……

执行路径

明确团队任务目标→设计团队组织架构→设定岗位→搜集岗位信息→进行岗位分析→撰写岗位说明书

知识平台

一、岗位分析

岗位即职位，是组织要求个体完成的一项或多项责任以及为此赋予个体的权力的总和。**岗位分析**，又称工作分析，就是以工作岗位为研究对象，收集有关工作岗位的职责、任务、活动、标准、任职资格要求、工作流程、工作环境，并进行整理、分析和综合的过程。

岗位分析是一项复杂的系统工程，做好岗位分析，有利于梳理岗位及工作职责，使职责清晰明确；有利于改进工作流程，提高工作效率；有利于为绩效管理体系及方法的制定提供依据。进行岗位分析应从以下八个要素着手进行，即7W1H：

（1）who：谁从事此项工作，责任人是谁。

（2）what：完成哪些工作任务。

（3）whom：为谁做，即顾客是谁。

（4）why：为什么做。

（5）when：什么时间完成。

（6）where：工作地点、环境等。

（7）what qualifications：从事此项工作的员工需具备什么条件。

（8）how：具体如何做，即工作程序、规范。

二、岗位说明书的撰写

岗位说明书，又称职业说明书，是对企业期望员工做些什么、应该做些什么、应该怎样做和应该履行什么职责等事项所作出统一规定的书面材料。在企业中，岗位说明书最终经人力资源部负责人审核批准，并进行编号，成为正式的岗位说明书档案。岗位说明书应根据实际情况去写，文字要简单明了，并使用浅显易懂的文字填写，内容越具体越好，避免形式化、书面化。

（一）岗位说明书的内容

1. 基本信息

基本信息即该岗位名称、岗位等级、岗位编码、所属部门、工作条件、直接上下级等基本识别信息。

2. 岗位设置目的

岗位设置目的，又称岗位工作概述，即用简练而准确的语言来描述该岗位在单位及部门中存在的目的和作用。常用语的格式为“工作依据（根据……）＋工作内容（动词＋工作对象）＋工作成果（描述岗位工作达到的目的）”。应特别注意的是，岗位设置目的陈述不包括如何完成结果的过程。

3. 职责描述

职责描述包括直接责任与领导责任，要按照岗位职责的重要性顺序，由主到次，逐项列出任职者的工作职责，最好能写出该项职责要达到的目标，每条职责描述的字数最好不超过50字。标准的岗位职责描述格式应该是“动词＋宾语＋结果”（详见本模块的“特别提示”）。

4. 关键业绩指标

关键业绩指标即以对该岗位工作任务、职责的认识程度，确定公司应该用什么指标衡量、考核、验收该岗位相应责任的结果。

5. 岗位权限

岗位权限即根据岗位所承担的责任，在人、财、权方面所赋予的相应工作权限。

6. 工作关系

工作关系即该岗位在组织中的位置，通常用图、表形式表现岗位对内和对外联系的主要机构和部门，以及该岗位的直接上下级。

7. 任职资格

任职资格，又称职务规范，即担任此职务的人员应具备的基本资格和条件。它指出了一项工作对任职者在受教育程度、工作经验、知识、技能和个性特征方面的最低要求，主要包括身体素质、受教育程度、工作经验和技能、心理素质和职业道德等。

（二）岗位说明书的撰写格式

岗位名称：	岗位等级：	岗位编号：
所属单位：	所属部门：	
工作地点：	工作环境：	

岗位设置目的：

职责描述：

工作关系：

用于记录该岗位对内和对外联系的主要机构和部门，以及该岗位的直接上下级。

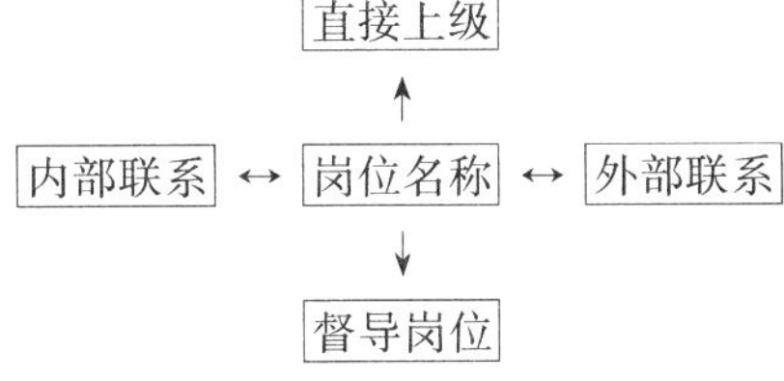

关键业绩指标：

任职条件：

本岗位履行职责所依据的主要流程文件、操作规范、规章制度或指令等：

本岗位描述书有效期限：_____年___月___日至_____年___月___日		
拟定人：	直接主管：	审批人：
签字：	签字：	签字：
日期：	日期：	日期：

［岗位说明书例文］

应用文写作教师助理岗位说明书

岗位名称	教师助理	岗位编号	YYW0001
直接上级	教师	直接下级	各项目团队队长
下属员工	全体学员	轮换岗位	无
薪酬类型	学期制	岗位编制	2人

岗位设置目的：负责协助教师做好课程实训项目的相关工作，确保课程每次实训任务按计划实施完成

职责描述	衡量要点	频次
（1）完成课程团队组建工作，于规定时间内制作并上传团队名单至教师指定邮箱。	是否按时完成，信息是否完整、清晰	1次
（2）协助教师做好课前各项实训任务的传达、落实、解释及信息反馈工作，确保每次课堂实训任务快速、准确落实到位。	实训任务是否准确、及时落实到位	每次课
（3）跟踪了解各团队项目实施的进展，配合教师及时处理团队在实训任务完成过程中遇到的困难和问题，确保每次课堂实训任务按计划完成。	各团队课前实训准备情况是否保质保量	每次课
（4）每次实训课前，及时收集、整理、打包各团队文案作业电子稿、PPT，并于规定时间内上传至教师指定邮箱，确保教师在实训课前及时收到并批阅各团队的实训作业，以保证教师有针对性地开展课堂实训。	文案是否在规定时间上传	每次课
（5）按时认真做好课堂实训成绩的日常统计、记录、归档工作，做好期末团队文案作业的收集工作，确保团队期末实训和文案成绩的评定有据可查。	每次的实训记录是否完整、清楚	不定时
（6）负责通知团队队长按时参加由课程老师主持召开的课程管理团队每周网络例会，并负责安排落实好会议考勤和会议记录工作。	会议考勤、会议记录是否准确、完整	每周
（7）负责制定团队队长绩效考核表，认真做好日常考核工作，确保学期末对团队队长绩效考核成绩有据可依。	绩效考核表记录是否完整、准确	不定时
（8）协助教师做好课程QQ群（课程课外实训平台）的创建及日常维护、管理工作，保证课程实训平台正常使用。	QQ群运作是否正常	不定时

工作权限：

（1）对教学实训任务及要求有解释权；

（2）对教学实施方式有建议权；

（3）对团队队长有指挥权、考核权；

（4）对各团队任务执行情况有知情权、建议权；

（5）对直属下级人员有奖惩的决策权、任免的提名权，对下级的工作有监督、检查权，对下级的工作争议有裁决权，对下级的管理水平、业务水平和业绩有考核评价权。

工作协作关系：

内部协调关系	上级：任课教师
	下级：各项目团队队长及队员
外部协调关系	教务科、专业课教师等

所需记录文档：团队队长岗位职责、团队名单、团队实训成绩、团队队长绩效考核表

任职资格：

（1）对教师助理一职的岗位职责有较清晰的认识和了解，并乐于完成该岗位的相关工作任务；

（2）做事认真、踏实，责任心强；

（3）有较强的任务执行能力、组织能力、沟通能力、团队协调能力及文字表达能力；

（4）有时间和精力完成该岗位的相关工作。

工作条件：

使用工具	电脑、打印机、办公桌椅、电话、文件夹				
工作环境	校园				
工作时间	不确定，常需加班				
制定与修订	时间	内容	制定者	审核者	审批者

特别提示

撰写岗位说明书的注意事项

1. 岗位职责描述的句式应规范。一份好的岗位说明书包含了以动词开头的、准确描述“需要做什么”的语句，如可用“起草”“审核”“执行”“指导”等具体的动词，尽量避免用“负责”等笼统的词。例如：

每季度起草报告向……

倾听客户的买卖指令……

比较部门实际费用与预算费用的差别……

2. 职责描述语句通常由“动词＋宾语＋目的描述”构成，如表4—1所示：

表4—1　　岗位职责描述语句构成表

动　词	宾　语	目的描述
收　集	财务数据	审核各部门提出的预算费用需要
执　行	财务预算模型分析	支持公司下年度财务规划
统　计	客户数据	向公司管理层汇报老客户流失率
清　洁	机房设备	按照清洁手册的排班要求，保证设备的正常操作
驾　驶	员工班车	在工作日按时接送员工上下班
检测和修理	报损的机器设备	每天，或根据需要

3. 在用动词描述岗位的具体职责时，通常采用以下动词对岗位职责进行描述。

（1）决策或设定目标的岗位：批准、指导、授权、建立、制订、规划、决定、准备、预备、发展。

（2）执行管理岗位：达成、增进、评估、建立、赢得、评定、吸引、限制、确保、维护、评估、衡量、监控、取得、认同、审核、找出、设定、执行、指明、改善、标准化。

（3）专业与支援岗位：分析、辨明、界定、建议、提议、促使、预测、协调、解释、支援。

（4）特定性或基层工作岗位：检查、检验、执行、履行、对照、提出、分配、处理、收集、汇集、生产、制造、分发、进行、提供获得、提交、操作、执行、供应。

（5）一般性岗位：管理、联系、协助、控制、监督、协调。

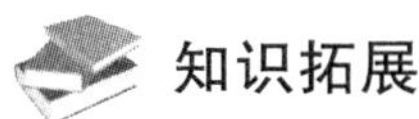

知识拓展

团队组建准备

团队（team）由认同一个共同目标的少数具有技能互补的人组成，他们在一个能使彼此担负责任的程序下，利用每一个成员的知识和技能，协同工作，解决问题，共同为达成高品质的结果而努力。团队以达到一个既定结果为最终目标，共同目标是团队区别于群体的重要特征。

1. 团队组建要素

（1）目标（purpose）。团队通过一个共同目标，把工作上相互联系、相互依存的人组成一个群体，使之能够以更加有效的合作方式达成个人的、部门的和组织的目标。项目团队应该有一个既定的共同目标，即应该明确：我们为什么要建立团队？我们希望通过它达到什么目的？如果没有目标，团队就没有存在的价值。

（2）人员（people）。人是构成项目团队最核心的力量。在一个项目团队中，人力资源是所有创业资源中最活跃、最重要的资源。应充分调动团队成员的各种资源和能力，将人力资源进一步转化为人力资本。不同的人通过分工来共同完成项目团队的目标。在选择和确定团队成员时，必须认真细致地从多方面考察候选者，内容大致包括候选人的技能、学识、经验和才干，更为重要的是，以上这些要素要尽量符合团队的目标、定位、职权和计划的要求。团队中不同角色对团队的贡献如表4—2所示：

表4—2　　团队中不同角色对团队的贡献

角色	行动	特征
决策者	寻求群体进行讨论的模式，促使群体达成一致，并作出决策	有较高的成就，极易激动，敏感，没有耐心，好交际，喜欢辩论，具有煽动性，精力旺盛
策划者	提出建议和新观点，为行动过程提出新的视角	个人主义，慎重，知识渊博，非正统，聪明
协调者	阐明目标和目的，帮助分配角色、责任和义务，为群体做总结	稳重、智力水平中等，信任别人，公正，自律，积极思考，自信
监督评估者	分析问题和复杂事件，评估其他人的贡献	冷静，聪明，言行谨慎，公平客观，理智，不易激动
资助者	为别人提供个人支持和帮助	喜欢社交，敏感，以团队为导向，不具有决定作用
外联者	介绍外部信息，与外部人谈判	有求知欲，多才多艺，喜爱交际，直言不讳，具有创新精神
实施者	强调完成既定程序和目标的必要性，并且完成任务	力求完美，坚持不懈，勤劳，注意细节，充满希望，有行动力
执行者	把谈话和观念变成实际行动	吃苦耐劳，实际，宽容，勤劳

（3）定位（place）。定位是指团队通过何种方式同现有的组织结构相结合，从而创造出新的组织形式。为了让来自不同领域的成员真正成为一个更具合作性的团队伙伴，要明确以下四点：1）确定由谁选择和决定团队的组成人员；2）团队对谁负责；3）如何采取有效措施激励团

队及其成员；4）制定一套规范，规定团队任务以及确定团队同组织结构结合的方式。

（4）职权（power）。职权是指团队担负的职责和相应享有的权限，即团队的工作范围和在某个范围内决策的自主程度。职权实际上是团队目标和定位的延伸。岗位说明书的制定有助于团队成员职责和权限分工的规范化。

（5）计划（plan）。计划是目标最终得以实现的具体行动方案，制订计划有助于指导团队成员做什么以及怎样做，有助于使团队按计划一步一步地贴近目标，从而最终实现目标。

2. 团队组建的主要工作

团队组建工作主要包括以下三方面，如图4—1所示：

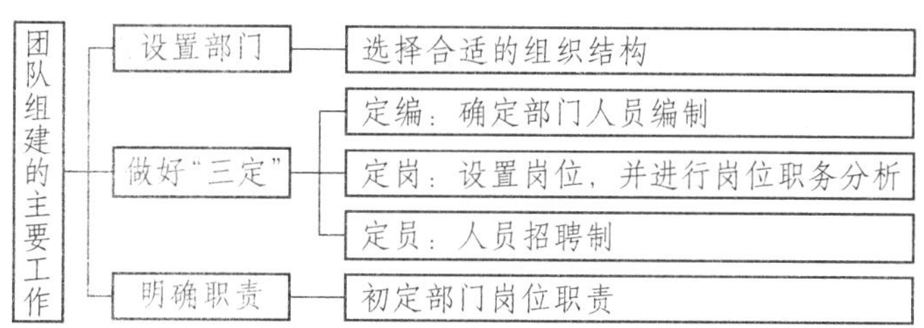

图4—1　团队组建的主要工作

3. 组织架构设计

组织图是岗位描述中的核心部分，它反映了与该岗位在组织中与上下左右的关系。部门设置的一般原则是：统一领导、责权一致、无空白无重叠、跨度层级合理。以本课程的管理结构图4—2为例：

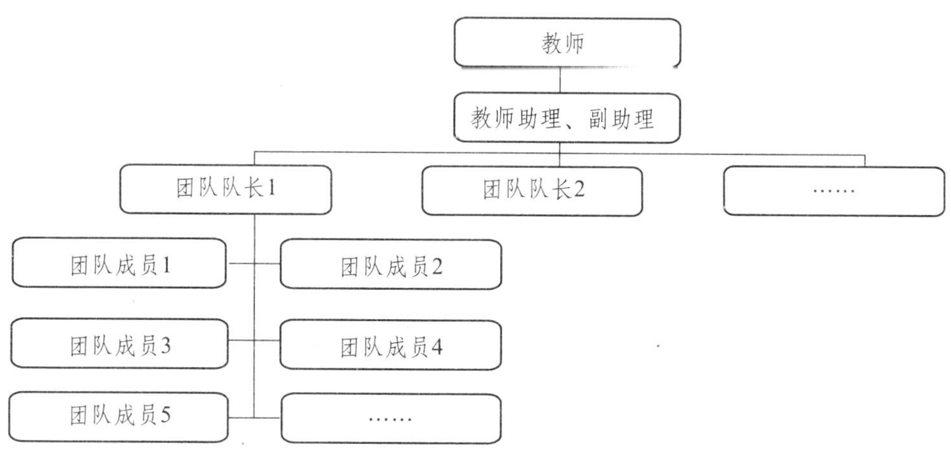

图4—2　应用文写作课程管理结构图

拓展练习

《西游记》写的是唐僧师徒西天取经的故事，但如果我们站在团队建设的角度看，整个西天取经的过程，实际上就是一个团队从组织到管理的过程。漫漫西行路，任重而道远，如果没有一个明确的组织机构，不确定好每个成员的职责是什么，在团队中处于什么地位，就不能很好地发挥团队成员的积极性，就无法提高效率，也就完不成取经的任务。下面，请你为唐僧团队绘制一张组织架构图，并依据团队中每个成员的职责各撰写一份岗位说明书。

模块二　岗位竞聘书

情境设定

岗位竞聘

知识导入

公开竞聘眼下已成为很多单位和企业选拔人才的重要渠道。随着社会竞争的日益激烈，大学毕业生的求职也都面临竞职、竞聘的考验，如何在竞聘演说现场抓住机会，充分展示自己的能力，给观众和评委留下良好的印象，是现代职场人在职业发展的道路上必须掌握的一项重要技能。

情境分镜头

分镜头一　在各团队组建工作尚未全部完成之际，海豚老师宣布：通过公开竞聘的方式选出教师助理 2 名，各团队队长各 1 名。同时，海豚老师还特别规定，竞聘上岗的教师助理和团队队长，将根据自己的岗位级别享受相应级别的岗位津贴（成绩加分）。

分镜头二　在仔细阅读了团队队长岗位职责说明书后，青梅决定竞选团队队长一职。在认真地撰写完成岗位竞聘书后，青梅心里还是十分忐忑，尽管大一时就参加过班长的竞选，但不知为什么，这次竞选团队队长却让她颇为紧张。与此同时，教师助理一职的竞聘准备工作已在临时代理的组织下紧锣密鼓地进行着……

执行路径

认真阅读各岗位的岗位说明书→报名参加竞聘→撰写岗位竞聘书→参加竞聘演讲→参加竞聘答辩→投票选举→公布竞聘结果→教师助理、团队队长就职宣誓

知识平台

一、岗位竞聘书的定义与类型

（一）岗位竞聘书的定义

岗位竞聘书，又称竞聘演讲稿，是竞聘者为了竞争某岗位或职位，就自我竞聘条件、

竞聘优势、未来的施政目标和构想所写成的书面材料。竞聘演讲是一个单位或部门在公开竞聘的过程中，综合考察竞聘者的思想素质、业务水平和管理能力的有效方式。而竞聘者发表竞聘演讲的目的，就是使听众对竞聘者有充分的了解和认识，从而鉴别其能否胜任该职位。因此，竞聘书有别于其他演讲稿的最重要的特征就是竞争性。

（二）岗位竞聘书的类型

1. 技术岗位竞聘书

技术岗位竞聘书是指竞聘的岗位技术含量高，重在表述自己的技术能力和推进技术工作的方略的竞聘书。

2. 行政职务岗位竞聘书

行政职务岗位竞聘书是指竞聘的岗位属于行政岗位，重在表述自己的行政能力和施政方略的竞聘书。

二、岗位竞聘书的撰写格式

岗位竞聘书一般包括以下几部分：标题、称呼、正文和落款。

1. 标题

标题的写法一般有三种：其一，文种式标题，如“竞聘书”；其二，“竞聘岗位名称＋文种”式标题，如“办公室主任竞聘书”；其三，文章式标题，如“实实在在做事——竞聘办公室主任的竞聘书”。

2. 称呼

称呼即对评委或听众的称呼。一般用“各位领导、同志们”“各位评委”“各位听众”即可。前面也可加“尊敬的”加以修饰。

3. 正文

（1）开头。精彩而有力的开头非常重要。在竞聘演讲中，常用下面的方式来开头：

1）以诚挚的心情表达自己的谢意。例如：“我非常感谢各位领导、同志们给了我这次竞聘的机会。”

2）要介绍自己的有关情况。具体介绍姓名、学历、职务、经历等。例如：“我叫×××，2012 级会计金融专业学生，2012 年 10 月加入系学生会，现任系学生会学习部干事。”

3）阐述竞聘演讲的主要内容。这种方法能使评选者一开始就明了竞聘者的演讲主旨。例如：“我今天的演讲内容主要分两部分：一是我竞聘项目团队队长的优势，二是谈谈做好项目团队队长的工作思路等。”

（2）主体。主体部分旨在让听众了解你对竞聘岗位的认识和当选后的打算。所以，竞聘演讲的主体部分应该包括以下几方面内容：

1）简介自己应聘的基本条件，说明为什么要应聘、凭什么应聘等问题。在这一部分，竞聘者应该以直率的语态，明确表达自己的竞选动机、条件以及工作目标、措施，给人留下“说真话，干实事”的印象。其中，竞聘条件是关系到竞聘者能否被聘任的重要因素之一，竞聘者在介绍时，首先一定要有针对性，即针对竞聘的岗位来介绍；其次要提供有说服力的实例，用事实来说话。

2）阐明自己任职后的打算。在竞聘演讲中，评选者最关心的是竞聘者任职后的打算。因此，竞聘者在竞聘演讲时，一定要紧紧围绕听众关心的热点、难点问题，提出明确的工作目标和切实可行的措施。

（3）结尾。演讲的结尾会给听众留下深刻的印象，竞聘演讲稿的结尾一般来说，应表明自己对竞聘成败的态度，表达自己对竞聘上岗的信心，并期望得到评选者的支持等。

4. 落款

落款包括竞聘者姓名和竞聘时间。现场演讲无须读出落款。

［岗位竞聘书范例］

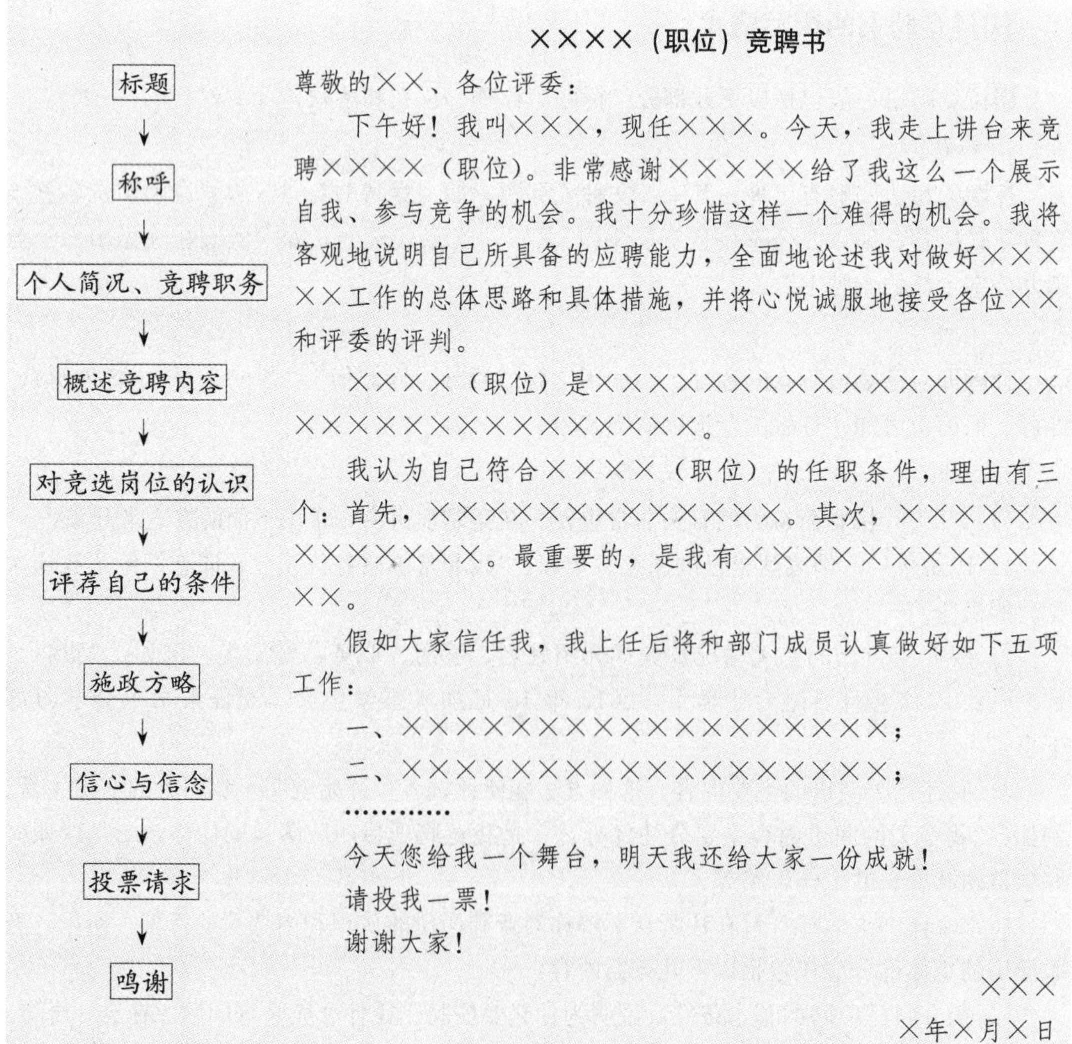

标题 → 称呼 → 个人简况、竞聘职务 → 概述竞聘内容 → 对竞选岗位的认识 → 评荐自己的条件 → 施政方略 → 信心与信念 → 投票请求 → 鸣谢

××××（职位）竞聘书

尊敬的××、各位评委：

下午好！我叫×××，现任×××。今天，我走上讲台来竞聘××××（职位）。非常感谢×××××给了我这么一个展示自我、参与竞争的机会。我十分珍惜这样一个难得的机会。我将客观地说明自己所具备的应聘能力，全面地论述我对做好×××××工作的总体思路和具体措施，并将心悦诚服地接受各位××和评委的评判。

××××（职位）是××××××××××××××××××××××××××××××××××××。

我认为自己符合××××（职位）的任职条件，理由有三个：首先，××××××××××××××。其次，××××××××××××××。最重要的，是我有×××××××××××××。

假如大家信任我，我上任后将和部门成员认真做好如下五项工作：

一、××××××××××××××××××××；

二、××××××××××××××××××××；

…………

今天您给我一个舞台，明天我还给大家一份成就！

请投我一票！

谢谢大家！

×××

×年×月×日

［岗位竞聘书例文］

班长竞聘书

各位同学：

你们好！

今天，我走上演讲台的唯一目的就是竞选“班级元首”——班长。我坚信，凭着我新锐不俗的“官念”，凭着我的勇气和才干，凭着我与大家同舟共济的深厚友情，这次竞选演讲给我带来的必定是下次的就职演说。

我从没有担任过班干部，缺少经验，这是劣势，但正因为从未在“官场”混过，一身干净，没有“官相官态”和“官腔官气”。少的是畏首畏尾的顾虑，多的是敢作敢为的闯劲。由于我一向生活在最底层，从未有过“高高在上”的体验，对摆“官架子”看不惯、弄不来，就特别具有民主作风。因此，我的口号是“做一个彻底的平民班长”。班长应该是架在老师与同学之间的一座桥梁，能向老师提出同学们的合理建议，向同学们传达老师的苦衷。我保证做到在任何时候、任何情况下，都先是“想同学们之所想，急同学们之所急”。当师生之间发生矛盾时，我一定明辨是非，敢于坚持原则。特别是当老师的说法或做法不尽正确时，我将敢于积极为同学们谋求正当的权益。

班长作为一个班组的核心人物，应该具有统御全局的大德大能，我相信自己是够条件的。首先，我有能力处理好班级的各种事务。因为本人具有较高的组织能力和协调能力，凭借这一优势，我保证做到将班委的积极性都调动起来，使每个班委成员扬长避短，互促互补，形成拳头优势。其次，我还具有较强的应变能力，所谓“处变不惊，临乱不慌”，能够处理好各种偶发事件，将损失减少到最低限度。再次，我相信自己能够为班级的总体利益牺牲一己之私，必要时，我还能“忍辱负重”。最后，因为本人平时与大家相处融洽，人际关系较好，这样在客观上就减少了工作的阻力。

我的治班总纲领是：在以情联谊的同时以“法”治班，最广泛地征求全体同学的意见，在此基础上制订出班委工作的整体规划；然后严格按计划行事，推选代表对每个实施过程进行全程监督，责任到人，奖罚分明。我准备在任期内与全体班委一道为大家办九件好事：

(1) 借助科学的编排方法，减轻个人劳动卫生值日的总长度和强度，提高效率；

(2) 联系有关商家定期送纯净水，彻底解决饮水难的问题；

(3) 建立班组互助图书室，并强化管理，提高其利用率，初步解决读书难问题；

(4) 组织双休日同乡同学的“互访”，沟通情感，加深相互了解；

(5) 在得到学校和班主任同意的前提下，组织旨在了解社会、体验周边人们生存状况的参观访问活动；

(6) 利用勤工俭学的收入买三台二手电脑，建立电脑兴趣小组；

(7) 在班组报廊中开辟“新视野”栏目，及时追踪国内改革动态，和通勤生结成互帮互促的对子；

(8) 建立班级“代理小组”，做好力所能及的代理工作，为有困难的同学代购物件，代寄邮件，代传讯息等；

(9) 设一个班长意见箱，定时开箱，加速信息反馈，有问必答。

我会是一个最民主的班长，常规性工作要由班委会集体讨论决定，而不是由我一个人说了算。重大决策必须经过“全民”表决。如果同学们对我不信任，随时可以提出“不信任案”，对我进行弹劾。

同学们，请信任我，投我一票，我一定会经得住考验，成为你们所期待的公仆！相信在我们的共同努力下，充分发挥每个人的聪明才智，我们的班务工作一定能搞得十分出色，我们的班级一定能跻身全院先进班级的行列，步入新的辉煌！

谢谢大家！

竞聘人：×××

2016年9月12日

[简析] 在这篇班长竞聘书中，竞聘者客观地分析了自己的优、劣势所在，不回避问题，并机智地变劣势为优势。竞聘者提出以情联谊的同时以“法”治班，民主制订班委会工作规划并责任到人，以及任期内将为大家办九件好事等一系列“施政方略”，还提出了希望大家支持的请求。竞聘书对竞选的职位认识到位，见解独到，语言简洁，力求口语化，竞选态度鲜明，信心十足，对赢得大家的认同并拉到选票有较好的感染力和说服力。由于听众是同班同学，彼此熟悉，因而竞聘者不必介绍自己的政治面貌、学历、职务等。

特别提示

撰写岗位竞聘书的注意事项

1. 介绍好个人简况。个人简况要真实、简要，与竞选职务无关的一般不介绍。

2. 突出自己的优势。优势往往是“人无我有”或“人有我强”的特殊能力，以求更好地引起评委和听众的特别关注。

3. 阐述好对竞选岗位的认识。对竞选岗位的职能、职权、工作范围、权利义务等必须有客观、深入且独到的认识。

4. 可行性施政目标的构想和措施。切忌信口开河，必须切实可行，能够让听众最大限度地认同。

5. 语言诚挚、朴实、力求口语化。

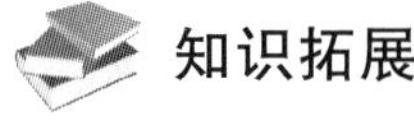

知识拓展

怎样做好竞聘演讲

竞聘演讲的重要特征是具有竞争性，而这种竞争的实质是争取听众的响应和支持，这要求演讲者注重评委和听众的选择意向和接受心理。一般说来，在竞聘演讲中，朴实又不乏生动的演讲风格比较合适。

同时，这种竞争绝不是对手之间的相互贬抑，而应是彼此对比。这就要求演讲者善于展示自己的特长，突出自身的优势，既要在演讲内容、语言气势和仪态气质上表现出一种强烈的自信，使听众产生靠得住的感觉，又要表现出一种谦恭的良好风度，给听众留下好的印象。

好的竞聘演讲应做到以下两点：

第一，要有气势，“气盛宜言”。著名演讲家戴尔·卡耐基曾说过：“不要怕推销自己。只要你认为自己有才华，你就应该认为自己有资格担任这个或那个职务。”当你充满自信时，你站在演讲台上，面对众人，就会从容不迫，就会以最好的心态来展示你自己。当然，竞聘中的自信必须建立在丰富的知识和经验的基础上。

第二，要情理交融。在演讲过程中，竞聘者若表现出鲜明的理智，则会激发听众的信任感。但是，竞聘演讲同样需要情感的作用，用真挚而强烈的情感，使听众产生共鸣，从而确立有利于竞聘者的情感意向。

总之，竞聘是一个很严肃的过程，对一个组织来说，竞聘可以使它找到合适的管理人才；对应聘者来说，竞聘现场是展示自己能力、寻找事业发展契机的好机会。因此，无论是发表竞聘演讲还是进行竞聘答辩，自信而稳重的态度、简洁而鲜明的表达方式，以及对所竞聘工作的深刻认识始终应该是竞聘者表现的重点。

资料来源：http：//www. docin. com/p-401103973. html.

拓展练习

你了解本系学生会干部和学生社团的竞选流程吗？如果你有兴趣，可以试着参加班级或学生社团的竞聘活动，为今后的事业发展积累必要的经验。

模块三　绩效考核方案

情境设定

团队绩效考核

知识导入

绩效考核是一个团队生存发展的基础。在团队中，具备不同素质和能力的员工，为团队作出的贡献也不同。绩效考核不仅有助于团队的管理，也有助于提高团队成员的效率并促成团队目标的最终实现。那么，在团队管理中，如何才能制订出科学、合理的绩效考核方案，并以此作为团队绩效考核施行的标准和尺度呢？

情境分镜头

分镜头一　团队组建工作完成后，为了便于今后团队内部的绩效管理，海豚老师要求各团队制订相对合理的团队内部绩效考核方案，方案一经确定，将作为今后团队成员考核的标准。各团队在平时的工作中需切实落实方案内容并做好日常记录，绩效考核结果最终将作为团队成员课程评分的依据。

分镜头二 功夫不负有心人，经过前期认真的准备，青梅终于在团队队长的竞聘中以最高得票成功胜出。在宣誓就职后，青梅与团队成员在认真学习了制订绩效考核方案的相关知识后，共同商讨并制订了团队的绩效考核方案，经过几轮试讲后，最终确定了代表团队上台汇报的成员名单。

执行路径

完成团队组建→学习制订绩效考核方案的相关知识→讨论并拟订绩效考核方案→做好汇报准备

知识平台

一、绩效考核方案的定义

绩效考核方案是指考评者为对员工个人或团队在一定时间与条件下完成某一任务所表现出的工作行为和所取得的工作结果进行测量、考核、评价所制订出的考核方案和采用的方法。一个完整的绩效考核方案要解决以下问题：

（1）考核目的是什么？

（2）考核什么？

（3）采用什么方法考核？

（4）如何组织与实施考核？

（5）如何运用考核结果？

二、绩效考核方案的主要内容

绩效考核方案的主要内容包括：绩效考核目的、绩效考核方案适用的范围、绩效考核的内容和方法、绩效考核周期和考核时间安排、绩效考核方案的执行步骤、各部门或管理人员的责任划分、绩效考核申诉制度、绩效考核应该达到的效果、绩效考核结果的处理。

三、绩效考核方案的撰写格式

绩效考核方案一般由标题、正文、落款组成，有的还有附件。

1. 标题

标题通常由“单位名称＋事由＋文种”组成，如“××企业绩效考核方案”或“××

企业2016年绩效考核方案”。

2. 正文

正文是绩效考核方案的核心部分。正文一般包括开头、主体两部分，有时可不写开头，直接进入主体。

(1) 开头。通常写明绩效考核的目的、考核原则、考核范围等，常采用“为了……(目的)，本着……的原则，特制订本方案。本方案适用于……(考核适用范围或对象)”的格式。

(2) 主体。主体部分通常采取条文式的格式，将方案的具体内容按条列出。具体包括考核组织与考核关系，考核内容，考核周期和时间，考核方案内容和考核办法，部门职责划分，考核流程，考核时间安排，申诉制度，考核结果的运用、管理等内容。

3. 落款

文尾右下方写明具体的方案制订单位名称，注明成文日期。

4. 附件

一些与考核方案相关但又不方便置于正文的材料，可以以附件的形式附在方案后面。

[绩效考核方案例文]

腾龙公司2016年度员工考核方案

一、考核目的

1. 促进公司与员工之间、部门与部门之间多方面的沟通。

2. 从公司角度正确地评价员工的工作绩效情况，为年度奖惩提供依据。

3. 了解员工的工作态度和工作能力的适应情况，为员工的晋升、调配等多方面流动提供依据。

4. 了解员工和团队的培训需求。

5. 从员工角度，了解公司对自己工作的评价及期望，明确自己改进工作的方向，并找出改进绩效的方法。

二、考核原则

1. 以公司对员工计划的业绩目标和员工实际工作事实为基本依据。

2. 以客观、公正、沟通、公开、规范为核心考核理念。

3. 充分发挥各部门、各事业部直线经理的人力资源管理权限和职能。

三、考核对象

考核对象是公司职员，参与考核人员名单参照团队绩效考核人员名单。

四、考核的组织与领导

统一部署与最终裁决：公司总裁。

考核领导小组：由公司总裁、分管人力资源工作的公司领导、人力资源部的经理组成。

五、考核关系

本次考核实行员工自评后由直接主管评估部属，间接上级复核终评制的方式，即被考核人和其直接主管依据岗位职责和工作目标计划，进行年度工作回顾检查，而间接上级对初评结果进行监督复核。

人力资源部对员工考核有政策制度咨询、执行监督、申诉调查等职能。考核领导小组是腾龙公司员工考核政策的最终仲裁机构。

具体考核权限关系见下表：

考核权限关系表

考核对象	初评考核人（员工自评后）	终评人
各部门一般员工	直接主管	总经理
部门经理助理	部门经理	主管公司领导或总裁
部门经理	主管公司领导	公司总裁

六、考核内容

1. 工作态度：指对腾龙公司的认同感、敬业精神、务实精神、对同事工作的促进、团队的协作努力程度。

2. 工作能力：指完成日常工作的效率、完成任务指标的质量等，不同岗位根据其岗位职责及其考核标准来衡量其工作能力。

3. 实际业绩：指一年中完成工作的数量和质量，不同的岗位根据其实际任务指标或工作要求确定。

4. 民主评议和满意度调查：公司中级以上职员接受下属员工对其进行无记名民主评议，并接受相关部门员工对其部门工作的满意度调查。

七、各类岗位考核内容的权重

本考核中各类岗位在实际业绩、工作态度、工作能力以及民主评议和满意度调查各方面的权重比例见下表：

各类岗位目标考核权重分配表

岗位类别	考核用表	适用人员	业绩考核	态度考核	能力考核	民主评议和满意度调查
管理人员类	管理人员考核表	部门经理 经理助理	70%	10%	10%	10%
职员类	职员考核表	各部门职员	60%	20%	20%	—

说明：每位员工所属岗位类别依据其本人所从事工作界定，转岗人员转岗不到1个月的使用原岗位类别，超过1个月的使用现岗位类别，同时使用原岗位类别考核表以作参考。

八、各类岗位考核用表

考核表按工作岗位进行分类，分为经营管理类、职能管理类、市场营销类、技术支持及综合行政类等。

年终考核成绩由人力资源部存于员工个人档案中，除考核领导小组和各部门总经理外，其他人员一概不得查阅。

九、考核结果确认

本次考核的考核结果按员工考核总分划分为“杰出”“优秀”“良好”“称职”“有待提高”五个等级，考核结果经过加权处理实行部门（事业部）比例控制，各部门、各事业部在向人力资源部申报考核结果时，一律按下面的比例：

1. 杰出员工：96 分及以上，且不超过本部门（事业部）员工总数的 5%。

2. 优秀员工：86～95 分，且不超过本部门（事业部）员工总数的 15%。

3. 良好员工：71～85 分，约占本部门（事业部）员工总数的 60%。

4. 称职员工：61～70 分，约占本部门（事业部）员工总数的 15%。

5. 有待提高员工：60 分及以下，约占本部门（事业部）员工总数的 5%。

注意：经考核被列入杰出员工和有待提高员工的，必须同时提供具体的事实依据。

十、操作流程

本次考核充分发挥各部门、各事业部直线经理的人力资源管理权限和职能，人力资源部提供相应的量表工具，由各部门、各事业部具体按照公司考核日程安排对部门员工实施考核。管理人员民主评议由人力资源部统一组织实施。

考核操作程序主要可以分为以下三个步骤：

1. 员工自评：员工用适当的考核用表进行自我评估。

2. 考核人初评：按照考核权限关系表，初评考核人对员工的表现进行初评。考核人与员工进行绩效面谈，双方就员工绩效目标的完成情况和未来工作设想进行沟通，如果双方就员工自评和考核人初评的结果达成一致意见，被考核人在考核表上签名确认；如果经沟通双方不能就考核结果达成一致，则由第三方签名证明绩效面谈已进行。

3. 终评人终评：按照考核权限关系表，终评人对考核结果评估认定。

当考核人初评评分与员工自评分数差距很大，甚至跨越档级，并经沟通不能达成一致意见时，要将评分根据和原因附在考核表后面交终评人和人力资源部。如有必要，可另外附具体的事实说明，以作为考核结果的补充材料。

十一、日程安排

本次考核时间为 2016 年 1 月 7 日至 2016 年 2 月 7 日。具体时间安排如下：

2016 年 1 月 7 日—1 月 8 日：员工自评，填写考核表。

2016 年 1 月 9 日—1 月 11 日：部门考核人初评。

2016 年 1 月 12 日—1 月 16 日：终评人复核终评。

2016 年 1 月 9 日—1 月 16 日：中级职员民主评议。

2016 年 1 月 17 日—1 月 30 日：人力资源部汇总考核结果。

2016 年 1 月 31 日—2 月 7 日：确认考核结果，处理考核申诉。

十二、考核申诉

被考核人与考核人讨论考核内容和结果后，如有异议，可先向终评人提出申诉，由终评人进行协调；如终评人协调后仍有异议，可向考核领导小组提出申诉，由人力资源部专员进行调查协调。

考核申诉的同时必须提供具体的事实依据。

十三、考核奖惩

根据考核终评结果，公司对员工进行相应的精神、物质奖励或降级解聘处理：

1. 杰出员工：予以通报表彰，颁发证书，进行现金奖励，原则上连续两年获得杰出成绩的，岗位工资予以晋升一级或给予特别的奖励。

2. 优秀员工：岗位不作调整，颁发证书，在机会适当时，可作职务晋升处理。

3. 良好员工：岗位不作调整。

4. 称职员工：岗位不作调整，但列为年中考核对象。

5. 有待提高员工：予以辞退，或岗级下调一级，列为年中考核对象。

附件：1. 管理人员考核表

2. 职员考核表

附件1：

管理人员考核表

考评者身份：上级：□　同事（本部门）：□　同事（其他部门）：□　下级：□　自评：□

被考评者姓名		被考评者职务		被考评者所属部门	
考评日期					
评价制度及分数	1分—有待提高　2分—可以接受　3分—一般　4分—好　5分—优秀				
考核项目	考核内容			评分	备注
计划控制能力	1. 每月能够制订出明确、具体的工作计划。				
	2. 按轻重缓急排定工作次序。				
	3. 能够将计划分解，按照员工的能力进行合理的分配。				
	4. 对下属的工作进行跟进与掌控，以确保目标的达成。				
分析决策能力	5. 能防微杜渐，并快速采取行动，将不良事件消灭在萌芽状态。				
	6. 决策及时、果断，能抓住要害。				
	7. 具有较强的逻辑思维能力和分析问题的能力且考虑问题全面。				
	8. 对突发事件的处理较为及时、妥善。				
授权与激励能力	9. 善于用人所长，并赋予下属相应的权力和责任。				
	10. 能够根据下属的表现进行及时反馈，做到赏罚分明。				
	11. 善于激发员工的工作激情与潜能。				
	12. 能够有效地帮助下属设立明确的、有挑战性的工作目标，在工作中适时给予员工鼓励。				
沟通协作能力	13. 能够经常就工作目标与下属沟通。				
	14. 能够与别的部门进行有效的沟通。				
	15. 能够积极促进团队成员间的合作。				
	16. 能够协调化解矛盾和冲突。				
工作责任和态度	17. 能够接受和支持团队决定，并以身作则。				
	18. 面对工作中的压力，能够化压力为动力。				
	19. 热爱自己的工作，对于任务追求卓越结果。				
	20. 能够主动配合领导、同事及其他相关部门的工作。				
考评者意见			总计		

附件 2:

职员考核表

考评者身份：上级：□　同事（本部门）：□　同事（其他部门）：□　下级：□　自评：□

被考评者姓名		被考评者职务		被考评者所属部门	
考评日期					
评价制度及分数	1分—有待提高　2分—可以接受　3分—一般　4分—好　5分—优秀				

考核项目	考核内容	评分	备注
专业能力	1. 对于问题，能够及时而有效地调动同事解决问题。		
	2. 决策执行性较高，可以达到预定的目的。		
	3. 有大量创新提议，并能实现创新管理。		
	4. 完成自己任务的同时激励别人完成任务。		
工作态度	5. 遵守公司的规章制度，并且以身作则，廉洁自律。		
	6. 热爱自己的工作，对于任务追求卓越结果。		
	7. 能够不断学习前辈的知识，并且乐于将所学知识传授给他人。		
	8. 积极主动配合其他岗位的工作。		
沟通能力	9. 可以通过及时沟通解决出现的问题。		
	10. 沟通及时准确，并且逻辑清楚。		
	11. 能够积极听取别人的意见并有效地给予反馈。		
	12. 能够准确地搜集与工作相关的信息，并进行准确的分析。		
团队协作	13. 能够积极促进团队成员间的合作。		
	14. 能够主动配合领导、同事及其他相关部门的工作。		
	15. 能够接受和支持团队决定。		
	16. 能够与上级和同事分享工作成绩，乐于协助同事解决工作中的难题。		
工作责任	17. 能够制订可行的工作计划，以确保工作井井有条地开展。		
	18. 主动发现工作中的问题，并积极寻找解决办法。		
	19. 工作效率高，经常提前完成所交付的任务。		
	20. 能够积极承担工作中的责任。		
考评者意见		总计	

[简析] 这是一份企业员工绩效考核方案。方案由标题、正文、结尾组成，全文采用条列式格式。整个方案内容全面，规定具体，标准明晰，用词准确，表述清楚，易于方案的执行、检查和监督，是一篇比较全面、规范的范文。

拓展练习

在《西游记》中，如果把唐僧、孙悟空、猪八戒、沙僧四人视为西天取经公司的成员，在这个公司中，唐僧决定主要的战略目标，是这个公司的董事长；孙悟空则是主要战略的执行者，是这个公司的总经理；猪八戒则是这公司的中层管理人员；沙僧是这个公司的一般职员。既然作为一个团队，就必须对团队的成员进行绩效考核，这是一个团队生存发展的基础。这样不仅能很好地对团队进行管理，而且可以提高团队成员的效率，更好地完成公司目标。请你为西天取经公司中唐僧、孙悟空、猪八戒、沙僧这几名成员各拟订一份绩效考核表。

项目五　人员招聘

学习目标

● **知识目标**

1. 掌握招聘启事的撰写格式及要求；
2. 掌握求职信和个人简历的撰写格式及要求；
3. 了解面试的相关注意事项及技巧；
4. 了解劳动合同的主要条款内容及签署常识。

● **能力目标**

1. 能够根据招聘岗位的需求撰写招聘启事；
2. 能够在撰写的求职信与个人简历中有针对性地展示并成功推销自己；
3. 能够在求职面试中灵活运用所学的面试技巧应对面试官的提问；
4. 能够运用掌握的劳动合同的相关知识维护和保障单位和个人的合法权益。

项目框架

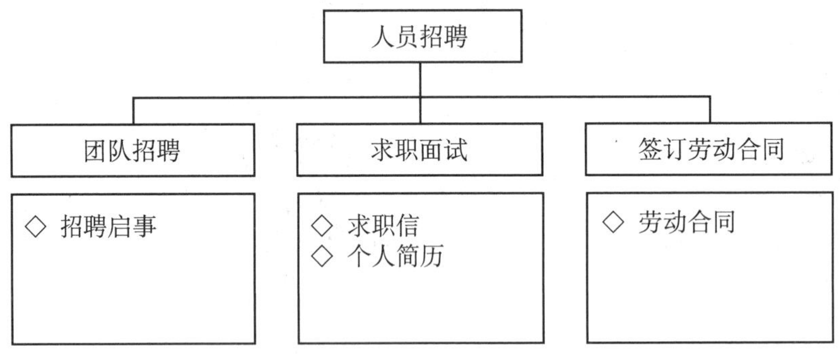

课堂设计

实训任务 1：招聘与求职

任务描述	本次实训任务分两部分：一是各团队完成招聘新成员的任务，并对求职者的个人简历进行评审与点评；二是各团队成员（队长除外）以求职者的身份，向其他团队投递求职信和个人简历。
文案任务	招聘启事、求职信、个人简历

教学组织	任务分工及实训步骤与要求
课前	1. 招聘方（各项目团队） （1）各团队提前两周在QQ群内发布团队招聘启事。各团队应留下真实的电子邮件地址，以便于其他项目团队队员投递求职材料。 （2）各团队在对求职者的求职资料进行评审后，选出3名求职者参加面试。 （3）招聘方需提前做好在课堂上对求职信和个人简历进行点评的准备。建议以PPT的形式展示材料，配合点评。 （4）将团队招聘启事、求职信、个人简历点评材料进行整理并上传给教师助理。 2. 求职者（各项目团队队员） （1）学习并掌握个人简历及求职信的写作知识及撰写方法。 （2）在对个人各项信息进行归类、整理和提炼的基础上，结合拟应聘团队的招聘启事，完成个人简历和求职信的撰写。（本次求职文案成绩占个人期末成绩的10%，每位同学至少选择一个团队投递个人求职材料。） （3）在规定时间内将个人的求职材料以电子邮件的形式投递到各团队的指定邮箱。 （4）凡接到面试通知的同学，将获得课程加分奖励。 3. 教师助理 负责将各团队上交的文档进行整理并上传给任课教师。
课中	（1）教师讲解招聘启事、求职信、个人简历的基础知识及写作要点，并对各团队的招聘启事进行点评。（时间：20分钟） （2）各团队对收到的求职信和个人简历进行点评，建议各团队在点评陈述中配合使用PPT展示。（时间：10分钟/队） （3）教师针对各团队的点评内容，进行补充点评。 （4）各团队公布面试者名单。（时间：3分钟）
课后	1. 团队队员 对个人求职信及个人简历进行修订。 2. 项目团队 负责将团队面试者名单及团队文案进行整理并上传给教师助理，完成团队内部绩效考核。 3. 教师助理 负责将各团队文案进行整理并上传给任课教师，做好各团队实训和文案成绩的统计、记录、归档和发布工作。

实训任务2：面试并签订劳动合同

任务描述	各团队举办招聘面试会，面试双方需提前做好面试的相关准备工作，面试结束后，招聘团队与录用者现场签订劳动合同。劳动合同由招聘方提前拟订并打印。在合同签订过程中，签约者需仔细阅读合同条款。
文案任务	应聘者自我介绍、招聘方面试问题、劳动合同
教学组织	任务分工及实训步骤与要求
课前	1. 招聘方 （1）查阅面试问题资料，准备至少20个面试题目。要求面试提问时，自我介绍为必答问题。 （2）考虑到课堂时间有限，建议每个团队课前先举行一次面试初试，选出表现最佳的3名同学参加复试。 （3）依据团队工作内容，准备一份劳动合同文本。 （4）确定本公司面试官和人力资源部经理人选。

课前	（5）将团队文档进行整理并上传给教师助理。 2. 面试者（接到面试通知的学员） （1）查阅面试资料，结合自身情况，做好充分的面试准备。 （2）学习面试礼仪及面试技巧。 （3）将自我介绍写成文稿，反复练习。 （4）邀请其他学员协助自己进行面试前的模拟练习。 3. 教师助理 负责各团队实训文案的整理、上传及面试现场的布置事宜。
课中	（1）教师明确本次实训活动的要求。（时间：5分钟） （2）各团队面试流程包括：求职者进入面试现场，面试官向面试者提出3个问题，自我介绍为必答题。问答双方必须声音洪亮、清楚，让场内所有人听清楚双方的问答。 （3）在招聘公司面试结束后，招聘团队的面试官需对面试者的各方面表现进行点评。点评需有理有据，其间教师作补充点评。 （4）各团队公布录用者名单。（录用者可获课程加分。） （5）招聘团队在大屏幕上展示劳动合同文本，在场同学若能发现文本中的错漏之处，可当即提出，教师负责点评。 （6）招聘团队与录用者签订劳动合同。
课后	1. 项目团队 做好面试材料、劳动合同文本的修订及上传工作。 2. 教师助理 做好各团队录用者名单的统计工作，以及各团队实训和文案成绩的统计、记录、归档和发布工作。

模块一　招聘启事

情境设定

发布招聘消息

知识导入

求职应聘是大学生正式步入社会的第一道门槛。了解用人单位的招聘流程和方法，了解招聘启事中招聘岗位的用人需求与甄选标准，可以使大学生在未来的求职过程中更加懂得如何才能更清晰地了解招聘单位的人才需求和录用标准，使自己未来的求职之路更加有的放矢。

情境分镜头

分镜头一　海豚老师考虑到各团队因缺乏团队组建经验，眼下许多团队内部人员结构并不合理。为了使各团队能够在未来模拟创业的过程中更为出色地完成创业实训任务，海豚老师决定举行一次团队招聘会：一方面让各团队通过公开招聘的方式招纳新的团队成员，对团队结构进行重新整合；另一方面让学员们可以结合自身条件与需求，选择新的团队求职应聘。

分镜头二　通过这一阶段学习的深入，青梅和其他学员也愈加意识到之前因为大家对团队组建要素认识不够，单凭便捷或感情亲疏选择队友，导致自己团队的人员结构确实存在许多不合理的地方。这次团队招聘会也正好给了各个团队重新调整团队内部结构的机会。青梅知道这次团队招聘的结果直接影响团队未来的模拟创业公司的实训结果，所以对这次团队招聘活动一点也不敢小觑，接到海豚老师的任务后，立刻组织团队队员着手团队招聘的各项准备工作……

执行路径

确认招聘流程→分析并确认团队招聘需求→撰写招聘启事→发布招聘信息

知识平台

一、一般招聘流程

1. 确定人员需求

这一阶段通常由各用人部门根据实际工作需要向单位人力资源部报送本部门人员需求情况，如招聘部门、人数、职位要求等。

2. 制订招聘计划

人力资源部在对用人部门的用人需求进行整合、确认后，将招聘的相关事宜上报上级领导审批。经领导批准后，方可按下列程序安排招聘。

（1）拟定岗位说明书，明确招聘岗位任职资格。

（2）选择招聘渠道：人才市场、网络、报刊、电视台、广播电台、猎头公司、人际网络等。

（3）准备招聘材料：招聘启事、面试的问题及笔试等。

3. 人员甄选

人员甄选的工作包括以下步骤：

（1）筛选应聘材料，确定面试名单，发出面试通知。

（2）确定面试官，布置面试现场。

（3）面试官对面试者的专业素质、面试表现等进行综合评价。

（4）确定录用名单，通知面试结果。

二、招聘启事概述

启事是机关、企事业单位、团体或个人，因需要向公众说明某事或提请公众注意，希望公众协助办理某事时使用的一种事务文书，是一种常用的周知性文体。

（一）启事的类型

启事一般分为以下几种类型：

（1）寻找类启事。包括寻人启事、寻物启事、招领启事等。

（2）征招类启事。包括招生、招考、招聘、征文、征订、征集设计启事等。

（3）周知类启事。包括开业启事、迁址启事、变更启事、婚庆启事等。

从广义上讲，我们在撰写启事时，应明确写明启事的目的、事项、条件等，要写得具体、明白、准确，简练通俗，千万不可模糊、含混、模棱两可，以免产生歧义，如寻物启事要写清丢失物品的时间、地点以及物品的特征等，并留下失主的联系方式。此外，启事的语气通常要凸显尊重、感谢之情，如寻物启事里的“不胜感激”，订婚启事里的“敬告亲友”，迁址启事里的“欢迎惠顾”等。下面结合项目内容重点对招聘启事进行介绍。

（二）招聘启事及其撰写格式

招聘启事是用人单位面向社会公开招聘有关人员时使用的一种应用文书。招聘启事撰写的质量好坏会影响招聘效果和招聘单位的形象。

招聘启事通常由标题、正文和落款三部分组成。

1. 标题

招聘启事的标题应简洁明了，如“招聘启事”“招聘”“诚聘”等。但日常生活中也会经常见到标语、口号式的标题，这种标题较活泼，能吸引人的注意。

2. 正文

招聘启事的正文包括开头和主体两部分，其内容如下：

（1）开头。开头首先要对用人单位的情况进行介绍，以增强对求职者的吸引力；其次要阐述招聘原因，引出招聘启事的正文主体。

（2）主体。主体主要列出应聘职位的资格条件、待遇、招聘人数及应聘办法（需要准备的个人材料、联系方式、联系人、时限等）。正文的写法形式多样，可以分段写，内容多的应逐条分项写清楚。

3. 落款

落款即要求在正文右下角署上招聘单位名称和启事发布时间。在标题或正文中已写明启事单位名称的，落款中可省略，只写日期。

小贴士

启事与启示的区别

在现实生活中，常常会出现“启示”代替“启事”的混淆现象。“启示”与“启事”一字之差，意思却不同。“启示”的含义是开导、启发，使人有所领悟，“启事”则是说明、陈述某事的一篇文字。启事多刊登在报纸、杂志、电视、广播、网络等各种媒体上，有的也张贴在街头、路边等引人注意的公共场所。

［招聘启事例文］

大学生 ALI 巴巴公司招聘启事

我公司成立于2009年，位于无锡藕塘职教园，是一家为大学生服务的专业服务公司，主营业务有校园商家店铺、学生 VIP 会员、公司代购代销、广告业务。现因公司业务发展需要，诚聘以下职位人员：

一、网页设计师1名

职位描述：

(1) 负责网页的设计与制作，跟踪反馈效果并进行改进。

(2) 负责在线营销推广频道的设计、建设及推广。

(3) 负责与合作伙伴之间的合作网站或合作频道的建设。

职位要求：

(1) 能够熟练使用 Photoshop、DreamWeaver 设计网页模板，快速制作网站。

(2) 有网站设计开发经验，对互联网、设计行业有深入了解。

(3) 能够紧跟设计趋势，对于设计、用户体验、行为分析等有较强的学习和应用能力。

待遇：月薪2 000元，另有提成，交五险一金。

工作地点：无锡

二、销售代表1人

职位描述：根据公司销售政策，销售“中国供应商”产品，完成公司下达的销售任务，为大学生提供推广服务。

职位要求：

(1) 大专以上学历。

(2) 开拓能力较强，能承受工作压力并经常出差，敢于向高薪挑战。

(3) 熟悉外贸流程，有网络广告或 B2C 电子商务销售经验者优先考虑。

待遇：月薪2 000元，另有提成，交五险一金。

工作地点：无锡

三、贸易服务专员1人

职位描述：

(1) 服务于大学生 ALI 巴巴网站，通过电话、上门拜访等方式向客户提供外贸知识咨询、网站产品使用、定期回访、投诉处理等售后服务工作，提升客户满意度。

(2) 与销售、培训配合，保持良好的客户关系，并提供解决方案，提高公司续签指标。

职位要求：

(1) 熟悉外贸操作。

(2) 大专以上学历，英语三级以上。

(3) 细致、耐心，有良好的服务意识。

(4) 有良好的沟通能力和抗压能力。

(5) 有相关服务或销售经验者优先考虑。

待遇：月薪2 000元，另有提成，交五险一金。

工作地点：无锡

符合以上条件的应聘人员请将个人资料（简历、文凭复印件、身份证复印件以及相关等级证书、获奖证书影印件等）发至公司邮箱：dxsalibaba@126.com。符合条件者我们会在一星期内电话通知其参加面试。

报名截止日期：2012年12月16日

公司网址：www.dxsalibaba.com

邮　　箱：dxsalibaba@126.com

联系电话：0510-85212345

联 系 人：闫小姐

2012年12月10日

[简析] 这篇招聘启事由标题、正文、落款三部分组成。标题由“招聘方名称＋事由＋文种”构成。正文部分介绍了招聘方的简要情况和具体的招聘事项，具体包括：招聘职位、人数及资格条件，受聘后的薪酬待遇，以及报名方式、联系方式等。落款因标题已写明招聘单位名称，故结尾可不署名。

特别提示

撰写招聘启事的注意事项

1. 内容要真实。招聘启事的内容不能弄虚作假，否则，不但欺骗他人，还会损害单位形象。

2. 标题要能揭示事由，简短醒目，吸引公众。

3. 内容单一，一事一启，便于公众迅速理解和记忆。

4. 文字通俗、简洁、集中，态度庄重、平易，而又不失热情、文明，给公众信任感。

拓展练习

请指出下面这篇招聘启事存在的问题，并加以修改。

招聘启事

本店因业务发展需要，现需招募相关工作人员，有意者请联系本店。

本人联系电话：××××××

招聘单位：蓝天服装有限公司

×年×月×日

模块二　求职信、个人简历

情境设定（一）

求职应聘

知识导入

在当前就业形势日趋严峻的环境下，每位求职者都想为自己谋得一份好工作，但是一个岗位往往有十几人甚至几十人、上百人争夺，犹如千军万马过独木桥。对求职者来说，要想敲开面试的大门，引起用人单位的注意，获得一份自己期待的工作，就必须清楚地知道如何才能撰写出一份适宜的个人简历和求职信。

情境分镜头

分镜头一　为了让每位学员都能获得一次求职的体验，海豚老师要求除队长外的所有团队成员都至少投递一份个人简历和求职信到其他团队，凡收到其他团队面试通知的学员，将获得课程加分。

分镜头二　第三团队的闻欣很喜欢青梅团队的合作氛围，在看到青梅团队的招聘启事后，认为文案编辑一职很适合自己，在仔细阅读了文案编辑的岗位要求后，闻欣又对个人信息资料重新进行了梳理，并着手撰写求职信和个人简历……

执行路径

A线　应聘者：自学求职信和个人简历的写作知识→仔细阅读招聘要求→对个人求职材料进行重新梳理→撰写个人简历→撰写求职信→递交求职资料

B线　招聘方：收集、整理求职者应聘材料→对求职材料进行筛选与评审→确定面试名单→发出面试通知

知识平台

一、求职信

求职信是指求职者向自己欲谋求职位的单位介绍自己的基本情况，提出供职请求的书信。求职信的性质介于正式文书与私人文书之间，具有问候、简洁说明应聘原因、引起对方注意和兴趣的作用。求职信具有针对性、自荐性、竞争性的特点。好的求职信具有鲜明的个性、简洁的文风，不要求全面详细地介绍情况，而应着重突出自我优势、特长、技能，切忌成为个人简历的文字叙述版。

（一）求职信的类型

常见的求职信有以下两种：

1. 应聘式求职信

应聘式求职信是求职者根据用人单位招聘人员的条件向用人单位进行自我介绍而谋职的书信。

2. 非应聘式求职信

非应聘式求职信是不知晓用人单位是否有用人需求而径自投递的求职信。

（二）求职信的撰写格式

求职信一般由标题、称呼、正文、敬语、落款及附件等部分组成。

1. 标题

居中写明“求职信”（或“自荐信”“应聘信”）。

2. 称呼

求职信若是写给国有企事业单位的，通常称呼写单位名称或单位的人事处（组织人事部）；若是写给民营、私营或合资独资企业的，称呼则一般写公司领导或人力资源部负责人。求职信不同于一般私人书信，双方未曾谋面，因此要恰当、郑重其事。

3. 正文

（1）开头。写求职、应聘的缘由，简要介绍求职者的基本情况，说明从何渠道得到有关信息以及写此信的目的。

（2）主体。这是求职信的重点部分，重点突出自己的优势和闪光点，对自身能力作出客观的评价。忌啰唆，更不要苛求对方。

（3）结尾。以诚恳的态度表达自己希望被择优录用的愿望，如“希望领导给我一次面试的机会”“盼望答复”“静候佳音”等。结尾可与主体衔接在一起写，也可另起一段。最后写上附件名称。附件一般是证书和有关材料的复印件等。

4. 敬语

出于礼节的需要，信的最后一般需要写上一两句祝颂的话或敬语，如“此致　敬礼”等。

5. 落款

署上写信人的姓名和成文日期。成文日期要年、月、日俱全。

求职信上还要注明求职者的通信地址、电话、电子邮箱等信息，以便于联系。

6. 附件

求职信后一般都附有个人简历、学历证书复印件、奖励证书复印件、各科成绩表等，这是用人单位考察应聘者的重要依据。

［求职信范例］

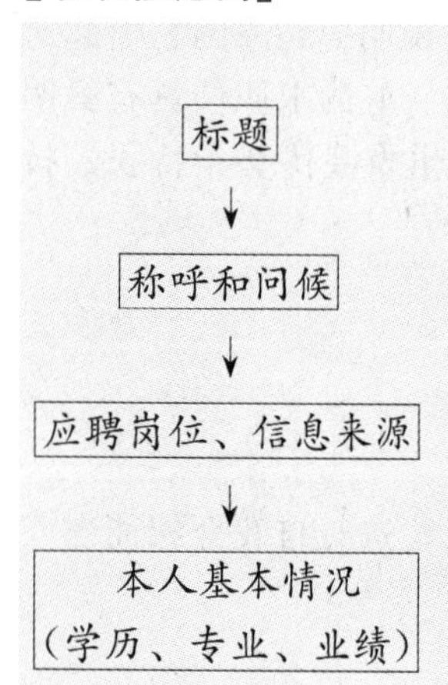

求职信

尊敬的××公司人事部经理：

您好！感谢您能在百忙中翻阅我的求职信。

我写此信应聘贵公司招聘的××一职。我很高兴地在招聘网站看到贵公司的招聘广告，期望有机会加盟贵公司。（开门见山写明求职岗位及信息来源）

我是××学院××专业的一名应届毕业生。经过四年××专业的学习，我熟练掌握×××、×××、×××等与专业相关的知识，并于20××年获得××颁发的××资格证书（见附件）。（介绍本人的学历、专业、业绩）

我对××××××具有浓厚的兴趣，为此我还自学了×××

×、××××等，曾获×××××奖项，有比较强的××××××的技能。（介绍本人的志向、兴趣、性格）

作为新时代的大学生，我非常注重社会实践，在大学期间，我多次参加过社会实践活动，并曾在×××××做过业务员，具体从事××××××等方面的工作；在××××做过×××，具体从事××××工作。本人具备一定的××能力和××能力，熟悉××××××工作（如各种办公软件操作及一些与求职岗位相关的工作技能），具有良好的团队合作精神。（介绍本人的工作实践经历及能力表现）

本人期盼能成为贵公司的一员，我相信自己可以胜任贵公司××一职。如果贵公司能给我一个机会，我会用×××××××××××××××来回报贵公司给我的这次宝贵机会。

期望您能给我一次面试的机会。随信附上简历、英语等级证书、获奖证书等。（结尾部分以诚恳的态度表达求职意愿，写上附件名称）

此致

敬礼

附件：×××××××××××

×××敬

×年×月×日

联系地址：××市××区××路××××学院××专业××级×班

邮　　编：××××××

手　　机：×××××××（联系地址、电话、电子邮箱等）

实践经历及能力表现
↓
信函格式敬语
↓
附件
↓
落款
↓
联系地址、电话等

［求职信例文］

求职信

尊敬的领导：

您好！我叫××，是一名刚刚从××大学毕业的学生，我的专业是计算机。我写这封信的目的是应聘贵公司的市场部业务员。

首先，我想说明的是我为什么想要加入贵公司。

前一段时间，我参加了贵公司的校园招聘推介会，正像贵公司宣讲人员所说的一样，当我们选择职业和公司时，首先要考虑的是这个企业的价值观是否与自己的价值观相吻合。我很尊重并赞同贵公司的企业文化，我认为善良、真诚、诚信是一个人最应该珍视的品质，也是一个企业所应尊重的道德底线。我有志加入其中并为这样的企业的发展努力贡献自己的力量。

其次，我想说明为什么我是加入贵公司的合适人选。

我想申请加入贵公司的市场部，虽然我的专业与所应聘的职位可以说是完全不对口，但是我认为我的学习能力很强，只要给我一个机会，我会利用这个机会迅速成长并成熟起来。

大学期间，我曾做过多份兼职工作，包括电话卡推销员、洗衣机推销员、笔译人员、英语培训班的助教和老师等。无论是哪一份工作，我都很认真地投入进去并且取得了不错的工作成果。这些工作本身的意义并不是很大，但是通过这些工作，我认识到了自己的长处和不足：我有很好的口才和感染力——这是作为市场部人员所应具备的最基本的素质；我有激情，做事积极主动——这是我能够做出业绩的最重要的保证；我不怕吃苦，肯脚踏实地地工作——这是我对企业和个人负责的表现；我能很快地融入工作中，利用尽可能短的时间熟悉、了解工作内容并迅速展开工作——这是我能够为企业创造收入的关键。

当然我也有我很大的弱点，比如说我比较容易多愁善感，但是这一点的另一个好处就是让我有较强的“同理心”；我做事可能有时候会冲动一些，但在工作中我会尽量克制。

作为一名刚踏入社会的大学生，我多多少少也会感觉到迷茫，但是我觉得选择贵公司会让我的潜力得到最好的发挥。我是一个自信、积极而且有同理心、有勇气的女孩，我有团队合作的意识，并且会努力认真工作。我希望您能够给我一个机会把这些证明给您看，我一定不会让您失望的。

期盼您的答复！随函奉上我的成绩单及个人简历，敬请收阅。

此致

敬礼

自荐人：××

×年×月×日

[简析] 这封求职信言辞恳切，条理清晰。其优点归纳如下：1）开头自我介绍并说明目的，简练清晰。2）根据对公司招聘信息的了解，强调自己的价值观和公司合拍的地方，应聘动机符合对方要求。3）从看似对自己不利的条件入手，打消对方的疑虑，化弱势为优势。4）根据应聘职位的需求，具体阐述自己的相关经历及从中获得的经验，针对性极强。5）坦诚提及自己的缺点，表现出对自身客观、理性的认识。6）总结前文，再次提出自己的请求。

特别提示

撰写求职信的注意事项

1. 有的放矢。有效的求职信都具有很强的目标性，或针对公司的某一具体职位而写。不要把求职信写成一种能到处撒网的东西，然后大量复制，到处投递。

2. 设置两个左右的兴趣点。写出你自己最关键的经历、最好的成绩、最重要的特长以及自己的愿望、心情和信心等。表明你所受到的教育、所具有的技能和个性特征将会为招聘单位作出什么样的贡献。

3. 特长词句加黑加粗。在求职信的格式上，对需要特别强调的词语用另外一种字体打出，更能吸引招聘者的目光。

4. 加上小故事或者事例。一些与所应聘的工作相关的小故事、小事例往往更能反映求职者的某种性格、品质或解决问题的思维方法，有助于加深招聘者对你的了解，并作出判断。

二、个人简历

个人简历，又称求职资历、个人履历等，是求职者将自己与所申请职位密切相关的个人信息经过分析、整理并清晰简要地表述出来的书面求职资料。求职简历是招聘者在阅读求职者求职申请后对其产生兴趣，并进一步决定是否给予面试机会的极重要的依据性材料。

求职者在撰写个人简历时，一定要清醒认识到招聘方要找的是最合适的，而不一定是最优秀的人选，因此求职者在准备应聘材料时，一定要仔细分析招聘单位明确的以及潜在的要求，并根据对方的需求准备相应的材料，以体现自己的优势。特别在撰写个人简历时，一定要学会用清晰、具体，甚至数据化的细节来表现自己的实力，争取赢得招聘团队的好感和注意。

（一）简历制作的要求

1. 简洁性

简历行文要求简洁，避免口语化、第三人称表述。行文多使用名词、动词，避免使用形容词、副词。表述时，多用短句进行表述，避免长篇大论、大段表述。

简历的篇幅一页纸就可以了。招聘人员在筛选简历时，常常采用“扫描式”，在每份简历上逗留的时间一般只有几秒钟，因此，求职者在写作简历时，要便于招聘人员快速阅读，做到分类清晰、层次清楚、排版整齐、字号美观（字号不要小于五号），关键词要加黑。

2. 相关性

简历写作内容与求职意向岗位的需求要有相关性。在选择简历素材时，不要求“多而全、面面俱到”，而是选取相关性较强的素材，并把素材按照重要性进行排序（不要按照时间排序），在篇幅上进行主次处理，突出重点，打造简历“头版头条”和“核心优势”。

3. 差异性

每个人的简历都是独一无二的，具有个人特点。不要去套用、抄袭简历模板，要根据自身情况，进行个性化制作。简历差异性的大小，决定了“不可替代性”的大小。为了提升简历的差异性，要挖掘个人特点、善于用数字等进行表述。

数字是最直观和有说服力的，每一条核心经历背后，都应该有一个“庞大的”数据库作为支撑。

简历制作的数字表述示例见表5—1：

表5—1　　简历制作的数字表述示例

事项	常规表述	差异性表述
GPA	GPA：3.7	GPA：3.7（年级排名10%）
《商院青年》编辑部	担任《商院青年》编辑部主任	担任××省十佳校园媒体刊物《商院青年》编辑部主任
“商院之声”广播站	担任“商院之声”广播站播音员	担任“商院之声”广播站播音员（2 200人录用15人）

（二）简历制作的技巧

1. 个人信息部分

个人信息部分除了姓名外，有三个要素不能缺，即联系电话、邮箱地址和学校地址，除此之外，诸如民族、体重、健康状况、出生年月等可以不写。如果有身高优势，可以写。如果是中共党员，可以根据应聘的单位（国企、民企等建议写）灵活处理。关于生源地、籍贯，如果应聘的是本地企业，建议写；如果应聘的是外地企业，灵活处理。

个人照片，建议要粘贴。照片使用正装彩色证件照效果最佳（照片略带微笑，效果会更好）。建议将照片洗出来，再贴在简历上，效果比彩打要更好。女生照片切记头发不要盖眉毛。照片不要过度进行美化处理，否则效果适得其反。

2. 教育背景部分

教育背景部分表述要清晰、准确、易读。第一，要注明入校及毕业时间，不要表述成“08级”等，否则会增加招聘人员的“换算”时间；第二，要注明学校、专业、学位、主修课程（5门以内）；第三，成绩较好的，可注明排名、平均分数（GPA）；第四，本科、研究生、第二学位等可分开阐述；第五，不要把奖项、证书等其他无关信息放在教育背景部分。

[“教育背景”举例]

教育背景

2013.9—2016.6　××职业技术学院　会计学院　会计学专业
GPA：3.7　平均分：85　专业排名前10%
专业课程：会计学（91/100）、财务会计（89/100）、成本管理会计（87/100）、财务软件应用（97/100）、财务管理（91/100）

3. 实践经历部分

实践经历部分要求专业、客观、具体地表述你的实践与活动经历。表述实践与活动经历的小技巧包括：第一，阐述你实践的机构和组织的价值（区别对待，如果是众人皆知的，就没必要阐述，如果存在信息不对称的，则可以进行阐述）；第二，阐述你的岗位职责（简洁明了）；第三，阐述你做了什么，达成了什么成果（数字、事实）；第四，阐述你将所学的什么知识、模型、工具应用到实践中；第五，阐述你在实践过程中学会的系统、流程、工具等；第六，阐述你在实践过程中产生的影响和效果。对于以上几个方面，根据实际情况可酌情阐述。

［“实践经历”举例］

实践经历

2015—2016 ××职业技术学院礼仪队 队长

- 组织管理20余人的团队，合理安排队员工作，协调冲突。
- 负责队内人员素养提升，开展训练10余次，举办会议、讲座10余次。
- 负责礼仪队队员的人员调度与评定。
- 被评为××职业技术学院优秀礼仪队队长。

4. 所获奖项部分

所获奖项部分要求把奖项表述得更加醒目、直观。表述获奖的小技巧包括：第一，奖项要按照重要性排序，并注明时间、获奖比例；第二，各级奖励较多时，按照级别进行分类，如国家级、省级、市级、校级等；第三，各类奖励较多时，按照类别进行分类，如综合类、学业奖学金类、单项奖类、社会实践类、文体类、校外奖学金等；第四，将重要的奖项关键词加黑。

［“所获奖项”举例］

所获奖项

国家级	第×届全国青少年网上普法知识大赛青年专业组月赛优胜奖	2014/10
	普法优秀志愿者（中国青少年社会服务中心、“我们的文明”组委会联合授予）	2014/03
省　级	××省大学生**综合素质A级证书**（全校55人获此荣誉）	2015/03
市　级	**优秀青年志愿者**（共青团××市委、××青年志愿者协会联合授予）	2016/06
校　级	××职业技术学院**三好学生**（2次）（Top6%）、**优秀毕业生**（Top10%）	2016/06
	中国工商银行奖学金一等奖（全校仅有8人获此荣誉）	2015/10
	精神文明奖学金（全校11人获得）、“三下乡”**社会实践先进个人**	2014/10
	××职业技术学院**优秀共青团干部**（Top0.5%）	
	××职业技术学院乙等**学业奖学金**（4次）（Top10%）	

5. 技能证书部分

技能证书部分要求打造和突出你的个人技能。技能证书部分的表达技巧包括：第一，分类表述，如外语、计算机、专业证书、文体技能等；第二，表述简洁、专业，如CET-6；第三，避免大众化、无特色的表述，如“熟练使用Office”。

［“技能证书”举例］

技能特长

专业技能：注册会计师证书（扎实掌握税法、经济法、审计、财务管理、会计），会计从业资格，证券从业二级分析师资格
外语技能：CET-6，外资银行实习7个月（工作资料全英文）
计算机技能：计算机二级
文体技能：800米田径，健美艺术体操四级

6. 个人特长部分

对于个人突出的特长，可以单独开辟栏目进行阐述（抽取相关的实践经历、奖项等作为支撑材料），这样可以吸引招聘人员的注意力。

［“个人特长”举例］

外语能力

1. 证书：CET-6：561/710　TOEFL：870/990
2. 外语实践：

××职业技术学院英语天堂协会副社长　　2015.09—2016.07

- 带领团队在全校百团评比中取得第二名，荣获“校级明星社团”称号
- 成功举办××省4校联合英语风采演讲大赛及××英语爱心行等大型活动

××语言文化培训中心英文助教　　2016.08

- 认真备课上课，定期组织员工开展绘画、吉他培训，对学生进行电话家庭辅导

7. 个人评价部分

针对每一个不同意向职能、意向公司、意向行业，研究公司的产品，了解行业中的竞争对手和产业密集区域，在简历“个人自述”或者“职前自述”部分进行巧妙的体现和结合。

对于企业的价值观和文化，若大而空，会给人不务实的印象，刚毕业的大学生若概括不准确，则会给人夸夸其谈的感觉，不建议同学们选择。避免引用名人名言、古诗词等，最好写自己总结出来的一些感悟等。

［个人简历例文］

个人简历

个人概况

姓　　名：陈××	性　　别：男
出生年月：1996年2月	民　　族：汉
籍　　贯：江苏省××市	健康状况：良好
学　　历：专科	

教育背景

毕业院校：××职业技术学院　　　　　　　　毕业时间：2016 年 7 月

所学专业：广告学

主修课程：广告学、企业文化学、广告文案策划与推广、应用文写作、管理学原理、质量管理、英语、企业经营战略、计算机应用等。

论　　文：《门店广告创意与环境》《广告发布与城市管理》等（已发表）。

英语水平：能熟练地听、说、读、写，并通过国家英语六级考试。尤其擅长口语交流和英文写作，能熟练运用网络查阅相关英文资料并及时予以翻译。

计算机水平：获微软办公室应用专家证书（Office XP 综合），获教育部 VB 认证；熟悉网络和电子商务，精通方正排版软件，能独立操作并及时高效地完成编辑工作。

获奖情况

2014 年、2015 年、2016 年连续三年被评为优秀团员；

2015 年 3 月获全国大学生广告大赛优秀创意三等奖；

2014 年、2015 年均获学院一等奖学金。

实践经历

2014 年 6 月至 2014 年 12 月，在××广告公司从事业余策划，参与××地产公司大型画册《人居天地》的策划、编辑、印刷事务。2015 年 7 月至 2016 年 4 月，在××市纵横文化发展公司实习，参与完成了××项目的××部分的策划及文案撰写工作。

个人特点

人性特点：性格活泼开朗，善于交往，诚于合作，勤恳务实，严于律己，宽以待人。

兴趣特长：书法。

自我评价：具有良好的沟通能力和组织能力，能迅速适应新环境，快速学习新知识。

求职意向

1. 文化传播及新闻出版；
2. 市场营销（包括市场调研、策划、运作等）。

联系方式

电子邮件：××××××@126.com

移动电话：159535×××××

住宅电话：0510-82783×××

通信地址：无锡市惠山区×栋×单元×室

邮政编码：214000

[简析] 这份简历类似于表格，给人一目了然的感觉，在求职现场和网上应聘时非常实用。

情境设定（二）

面试

知识导入

面试是通过当面交谈、问答、场景考察等方式对应试者进行考核的一种方式，是决定最终是否录用的重要标准。随着我国教育体制的改革，供需双方双向自主选择就业模式的深入，面试成为用人单位选人、学生就业的必经环节。大学生在加强自身综合素质培养的同时，掌握一定的面试技巧，懂得在面试现场结合招聘岗位的要求展示自身能力，对顺利就业有很大的帮助。

情境分镜头

分镜头一 招聘方：由于青梅团队的招聘工作组织、宣传到位，招聘启事发出后，各团队成员的应聘材料便如雪片般飞来。经过对求职材料的评审和筛选，青梅团队最终确定了 3 位面试者名单。在发出面试通知后，青梅团队又进一步明确了面试官人选，并就面试当天的面试题目、现场布置等各个环节开展准备工作。

分镜头二 应聘者：闻欣如愿以偿地接到了青梅团队的面试通知，面对人生第一次面试体验，闻欣既兴奋又紧张。为了缓解闻欣的紧张情绪，闻欣的室友们还自愿扮演面试官的角色，配合闻欣进行了多次面试前的模拟演练，有效缓解了闻欣的心理压力。经过认真、充分的准备，闻欣自信地走进了面试现场……

执行路径

A 线　招聘方：准备面试题目→确定面试官→布置面试现场→面试

B 线　应聘者：了解面试技巧和相关礼仪知识→有针对性地整理个人信息，分析优势、劣势→模拟面试演练→准备面试着装→面试

知识平台

一、面试准备

面试准备工作的流程及具体内容如图 5—1 所示：

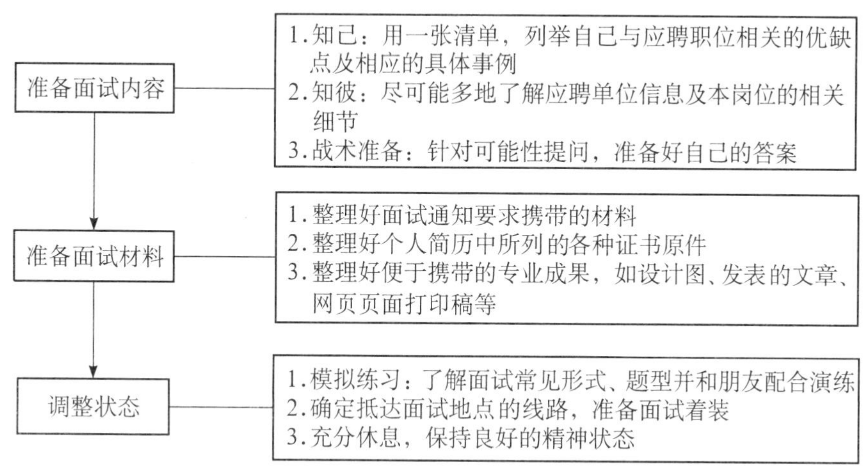

图 5—1　面试准备工作流程

二、面试技巧

（一）面试过程中自我介绍的技巧

1. 自我介绍种类

不同的企业要求的时间长度不一，一般有 30 秒、1 分钟、3 分钟等几种。面试者可事先进行一些相应的准备和练习。

2. 介绍个人姓名

介绍姓名时，一定要吐字清楚、声音洪亮，声调要有抑扬顿挫的感觉。推荐一个介绍姓名的“3P”原则：停顿（pause）、间隔（part）、强调（punch）。

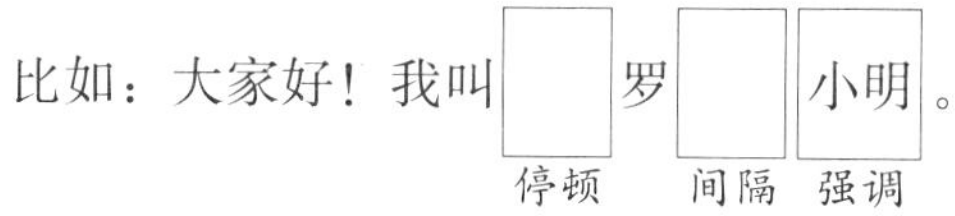

注意：介绍姓名时，带有灿烂的微笑，效果会更好。

3. 自我介绍三部曲

（1）我为什么应聘？（知彼，阐述对用人单位、应聘岗位的理解）

（2）我凭什么应聘？（知己，阐述个人的核心能力和优势）

（3）如果我能应聘，我能为贵企业做什么？（知己知彼，阐述自己能给企业带来的预期的价值）

[案例]

下面是某工艺品总公司招聘业务员面试现场的一则对话。

面试考官：我公司主要是经营有地方特色或民族特色的工艺品，如北京的景泰蓝、景德镇的陶瓷和潮州的抽纱等。这次招聘的对象主要是能开拓海内外业务的潮州抽纱的业务员。现在，请你先介绍一下自己的情况。

求职者：我叫李伟，今年24岁，是潮州市人。今年毕业于潮州市商业学校，市场营销专业。我一直生活在潮州，小时候就经常帮妈妈和奶奶做抽纱活，对于传统的抽纱工艺可以说是比较了解的。在商校学习的两年中，我掌握了营销方面的专业知识，这是我将来搞好业务的资本。我的口才较好，曾参加省属中专学校的求职口才竞赛，得了二等奖，并且具备一定的英语口语能力。我这个人的特点是头脑灵活、反应快，平时喜欢看报纸，对国内外的经济发展动态很感兴趣，喜欢从事具有挑战性的工作。

[简析] 自我介绍基本上是面试的必考题目。在回答这类题目时，应注意做到以下几点：1）介绍内容要与个人简历相一致；2）表述方式上尽量口语化；3）要切中要害，不谈无关、无用的内容；4）条理要清晰，层次要分明；5）事先最好以文字的形式写好背熟。从上面这段对话中可以看出，求职者在面试前已对这个问题做好了充分的思想准备，无论从回答内容，还是语言表述形式上，都表现得十分自然、得体。

（二）面试过程中进行表达的注意事项

1. 礼仪方面

“您”这个词，要经常挂在嘴边；阐述观点时，要考虑相关方的感受；说话要得体，“体”就是“规则、场合”。

2. 表达内容方面

(1) 不要对自己加软性评价，如“我很优秀”“我能力十分突出”等；人性张扬不要紧，但一定要“具体”，若要霸气，就要有霸气的资本。

(2) 少谈远大的理想，要具体，不要太宏观。

(3) 避免表达时层次不清、逻辑不清楚；要开门见山，把主题先讲出来，先说结论，后说论据。

(4) 赞美单位，一定要简洁，别瞎捧、宏观捧，要独特、个性、具体、用心；要阐述清楚你的理想抱负和用人单位的需求之间的契合点。

三、面试经典问题

1. 自我认知类

◇你的缺点是什么？（2011华为校招面试题）

◇如果我们淘汰你，你认为原因是什么？（2011华为校招面试题）

◇你最骄傲的经历是什么？（2011宝洁校招面试题）

◇描述一个你与人合作共同完成任务的经历。（2011宝洁校招面试题）

◇请详细描述一下你理想中的未来工作环境及每日的工作内容。

（2010三星集团校招面试题）

◇运用案例说明你认为在校期间一件最有成就感和最失败的事。

（2010三星集团校招面试题）

◇你能不能喝酒？　（2009 中国银行总行招聘面试题）
◇依靠你的专业素养能给团队带来哪些帮助？　（2010 中国建设银行苏州分行校招面试题）
◇用三个词形容你的大学生活。　（2010 中国建设银行苏州分行校招面试题）
◇你的梦想是什么，为此做了哪些努力？　（2010 优衣库校招面试题）
◇你生活中有没有遇到过挫折？是如何面对的？　（2009 腾讯校招面试题）

2. 企业认知类

◇请您谈谈您对所要应聘部门工作的认识。　（2009 中国银行总行招聘面试题）
◇如果公司需要你从最基层的手机销售做起，是否愿意？为什么？　（2010 三星集团校招面试题）

3. 专业问题类

◇请您谈谈银行利率市场化问题。　（2009 中国银行总行招聘面试题）

4. 案例情境类

◇企业中是平时不怎么做事儿，但在关键时刻可以解决问题的员工重要，还是平时很努力工作，但关键问题不能胜任的员工重要？　（2011 东亚银行校招面试题）
◇我们在市区内和郊区有两家基层营业部，但市区的效益不好，郊区的好，请问你愿意分到哪里？为什么？　（2011 交通银行广东省分行校招面试题）

5. 即兴演讲类

◇请现场背一首五言或七言的诗，并以全诗开头第一个字展开做一分钟以内的简单发言。　（2011 徐工集团校招面试题）

6. 生活化问题

◇您看没看过电影《非诚勿扰》，喜欢哪个角色？　（2009 中国银行总行招聘面试题）
◇你和四个领导坐车，你怎么安排座位？　（2010 中建五局校招面试题）

7. 时政类问题

◇如果你是达芬奇沙发的 CEO，如何来处理这次的达芬奇事件？　（2011 华为校招面试题）
◇谈谈你对“3Q”大战的看法。　（2010 招商银行深圳分行校招面试题）

拓展练习

（1）根据下面的资料，撰写一份求职信。

张元同学是××职业学院文秘专业的应届毕业生。在校期间，她学习了“秘书学”“办公自动化”“公关礼仪”“秘书写作”等课程，学习成绩优秀。英语已过四级，口语能力较强，曾在W市大学生英语演讲比赛中获一等奖。张元同学性格开朗，办事认真负责，待人热忱，曾在××公司实习期间受到领导和员工的一致好评。张元同学准备毕业后去红豆集团应聘办公室秘书。（要求：收集企业相关信息，研究其企业文化，分析该企业对应聘职位的要求，有的放矢。）

（2）张元同学想应聘红豆集团办公室秘书一职，根据下列资料，请你帮她撰写一份个人简历。

该职位的相关要求如下：

1）大专以上学历。

2）主要职责：

- 审核各部门提交的发文文稿及总裁办对部门、各事业部所发的各类文件；
- 负责公司外联事务及来宾接待工作；
- 负责安排及组织公司的日常会议，制发会议通知，制定会议议程，整理会议决议；
- 根据公司要求及相关会议纪要，对各部门的工作进行协调及督办，确保公司各项工作的有效落实；
- 协助办公室主任做好行政部日常管理工作，贯彻落实岗位责任制和工作标准。

3）任职要求：

- 熟悉现代企业的系统化运作和管理，熟悉企业行政管理知识，具有较强的亲和力，以及优秀的人际沟通、协调、组织、管理能力；
- 稳重、踏实、勤勉、敬业，具有较强的分析问题、解决问题的能力，以及良好的外联、公关能力；
- 有政府、企业、各类协会来宾接待经验者优先考虑。

模块三　劳动合同

情境设定

签订劳动合同

知识导入

2011年上海人才服务行业协会与智联招聘携手进行的“3·15”特别调查显示，有半数以上的大学生都遭遇过求职陷阱。在这些求职陷阱中，43%的骗局涉及劳动合同。而这些“中招者”上当的主要原因就是缺乏求职经验以及对劳动法规不熟悉。因此，大学生步入社会前，有必要先了解一些签订劳动合同的常识，以保证自己合法的劳动权益不受侵害。

情境分镜头

分镜头一 在各团队人员招聘任务完成后，海豚老师要求各团队与录用者签订一分劳动合同，并提醒大家仔细阅读劳动合同中的各项条款内容，避免日后产生不必要的合同纠纷。

分镜头二 在朋友们的帮助和个人的努力下，闻欣过五关、斩六将，终于顺利地通过了青梅团队的最后一轮面试，成功地被青梅团队录用。在与青梅团队签订劳动合同时，细心的闻欣发现劳动合同中除文本格式欠规范外，之前青梅团队承诺的奖励条款也没有在文本中体现。面对眼前的这份合同，闻欣想，自己该以什么方式向青梅团队提出自己对这份合同存在的异议呢？

执行路径

了解劳动合同的基本格式和内容→招聘方准备劳动合同文本→聘用双方签订劳动合同

知识平台

劳动合同是用人单位（甲方）的法定代表人（或者委托代理人）和职工（乙方）为明确双方的权利义务关系而订立的契约文书。《中华人民共和国劳动合同法》第10条第1款规定："建立劳动关系，应当订立书面劳动合同。"已建立劳动关系，未同时订立书面劳动合同的，应当自用工之日起1个月内订立书面劳动合同。用人单位与劳动者在用工前订立劳动合同的，劳动关系自用工之日起建立。

一、劳动合同的特点

1. 身份的限定性

身份的限定性是指签署劳动合同者必须是用人单位（甲方）的法定代表人（或者委托代理人）和职工（或者求职者）。

2. 规定的规范性

劳动合同中的条款内容必须符合《中华人民共和国劳动法》和有关规定，合同中的未尽事宜，可按照平等自愿、协商一致的原则签订补充协议，作为本合同的附件，以规定规范双方的责任和权利。

3. 法律的约束性

劳动合同签署后，劳动合同中的各项条款对于用人单位的法定代表人（或者委托代理人）与职工（或者求职者）就产生了法律约束力。

二、劳动合同的类型

按格式分，劳动合同分为两种类型：

1. 固定格式劳动合同

固定格式劳动合同即国家劳动部门把劳动合同中必不可少的相关内容分项设计，印制成有固定格式的劳动合同。签署劳动合同者，只需把达成的协议逐项填写到表格或文字空当处即可。

2. 非固定格式劳动合同

非固定格式劳动合同即签署劳动合同者根据《中华人民共和国劳动法》和有关规定，将各方协商一致的条款逐条记载下来的劳动合同。

如果按写作形式分类，劳动合同可以分为条款式劳动合同、表格式劳动合同和条款表格结合式劳动合同。

三、劳动合同的撰写格式

1. 标题

标题一般由“劳动合同的性质或内容＋文种”组成，如“实习大学生劳动合同”“××××公司职工劳动合同”，也有的只写“劳动合同”这几个字。

2. 订立合同人

订立合同人即订立劳动合同的当事人名称或者姓名。要准确写出用人单位的全称、全名。通常用人单位的法定代表人（或者委托代理人）为甲方，职工（或求职者）为乙方。

3. 引言（开头）

引言即劳动合同的开头，主要写明甲乙双方根据《中华人民共和国劳动法》和政府的有关规定，按照平等自愿、协商一致的原则订立合同。

4. 主体

劳动合同的主体包括如下方面的内容：

（1）合同期限。可分为固定期限、非固定期限和试用期限等类型。

（2）工作内容。乙方的工作岗位、工作任务或职责。

（3）工作时间。甲乙双方商定的工作时间。

（4）工资待遇。工资的执行形式和标准，其中需标明试用期与试用期满的工资标准。

（5）劳动保护和劳动条件。甲方提供的工作场所，以及按有关规定保障、保护乙方的健康及相关权益的措施。

（6）社会保险和福利待遇。在合同期内，甲方应依法为乙方办理及提供的相关的社会保险和福利待遇。

（7）劳动纪律。甲乙双方就有关规章制度的制定、遵守、履行、考核和奖惩等方面的约定。

（8）合同的变更、解除和终止。甲乙双方约定的合同的变更、解除和终止的具体条件。

(9) 违约情形及责任。甲乙双方约定的具体的违约情形及违约责任。

(10) 调解及仲裁。甲乙双方在履行本合同时假如发生争议，将采用协商解决、申请调解、申请仲裁、向人民法院提起诉讼等类型中的何种方式，以及在时间和程序方面的约定。

5. 结尾

结尾对劳动合同进行必要的说明。劳动合同有未尽事宜的，将按国家和地方的有关政策规定办理；在合同期内，劳动合同条款有与国家、省有关劳动管理新规定相抵触的，按新规定执行；劳动合同的份数、保管及有效期；劳动合同所附的表格、图纸、实物等附件。

6. 落款

写甲乙双方单位全称和代表姓名，并签名盖章。还应写上劳动合同当事人的有效地址、邮政编码、电子邮箱、电话以及开户银行、账号等。

[劳动合同例文]

合同样本（全员劳动合同）

合同编号：

甲方：	乙方：
单位名称：	姓名：
法定代表人：	身份证号码：
地址：	现住地址：
经济类型：	
联系电话：	联系电话：

根据《×××厂实行全员劳动合同制的暂行规定》（以下简称《暂行规定》）和×××劳动局《本市全民所有制企业实行全员劳动合同制试行办法》的有关规定，在平等自愿、协商一致的原则下，双方订立合同如下：

一、合同期限

本合同期限经双方协商一致，采取下列第__种形式：

1. 固定期限：自______年____月____日起至______年____月____日止。其中，试用期自______年____月____日起至______年____月____日。

2. 无固定期限：自______年____月____日起。其中，试用期自______年____月____日起至______年____月____日。

3. 以完成一定工作任务为期限：自______年____月____日起至______工作任务完成时止。

二、工作内容

1. 甲方根据生产和工作的需要，并参照乙方的工作技能或特长，经考核后择优上岗或安排适当的工作。上岗前应按照《×××厂岗位聘用实施办法》与所在部门签订上岗聘约。

2. 甲方因生产和工作需要或根据乙方的工作能力和表现情况，可调动乙方的工作部门工作岗位，在征求乙方意见时，如无特殊情况，乙方应以服从为原则。

3. 双方有关岗位聘用、解聘等事项按《×××厂岗位聘用实施办法》和《×××厂职工下岗待聘的暂行规定》办理。

三、双方的责任和义务

1. 甲方应根据国家有关劳动保护、安全生产的法规制度，采取有效措施，为乙方提供良好的劳动环境和工作条件，加强对职工的安全、卫生和劳动保护，并根据生产和实际工作需要发给乙方必要的劳防用品和保健营养待遇。同时，对女职工应酌情实行特殊保护。

2. 甲方根据企业生产和经济发展情况，不断提高和改善职工生活福利待遇，并提供必要的集体生活设施和娱乐场所。

3. 甲方根据生产和工作需要，对职工提供必要的专业技术培训和业务进修条件，并进行政治文件学习、安全生产和厂规厂纪教育等。

4. 乙方有参加甲方民主管理，获得政治荣誉和物质奖励的权利。

5. 乙方上岗后应按照甲方的生产和工作要求，掌握本岗位的工作技能和操作规程，按质按量地完成各项规定的生产和工作任务，并接受甲方职能部门的有关考核。

6. 乙方在合同期内，应具有良好的职业道德和主人翁精神风貌，维护企业声誉，爱护集体财产。

四、劳动报酬

1. 甲方实行本企业的内部工资分配形式并根据按劳分配的原则，按照岗位的劳动技能高低、工作责任大小、劳动强度和劳动条件优劣情况，确定不同工种的劳动报酬，随着生产经营发展和经济效益增长的情况，逐步提高乙方劳动报酬和有关福利待遇。

2. 乙方工资、奖金、浮动工资、岗位工资、加班工资和相应的福利津贴等，仍按甲方现行的规定按月发放。

3. 乙方在生产或工作中有突出贡献或特殊成绩的，甲方可给予必要的精神鼓励和物质鼓励或晋级工资。

五、福利待遇和劳动保险

1. 在劳动合同期内，乙方仍享受统一规定的有关津贴、物价补贴、住房补贴、养老保险、独生子女费，以及法定的公休节假日、探亲假、婚丧假、产假和甲方规定的职工休假等。

2. 在劳动合同期内，乙方因工或非因工死亡的待遇以及家属劳保待遇等仍按国家现行政策规定执行。

3. 在劳动合同期内，乙方患病或非因工负伤期间的有关待遇仍按国家现行的有关政策和本单位规章制度执行。对乙方的停工医疗期按《暂行规定》中的有关条款执行。

4. 被列入下岗待聘范围的人员，其各种待遇按照《×××厂下岗待聘的暂行规定》执行。

5. 乙方达到离退休年龄，其离退休待遇仍按国家现行政策规定执行。

六、劳动纪律

乙方在劳动合同期内必须自觉地遵守国家的有关法规法纪，遵守劳动纪律和甲方制定的各种规章制度，如有违纪违章行为，甲方有权按有关厂规厂纪规定给予必要的处罚。

七、合同的变更、终止和解除

1. 凡有固定期限的劳动合同，期限届满时即为终止，甲乙双方经协商后可续订劳动合同。

2. 合同双方在履行劳动合同过程中，如发生特殊情况，无法履行劳动合同的有关内容，经双方协商一致后，可变更劳动合同的有关内容，但必须办理变更手续。

3. 职工达到规定的离退休年龄或因病丧失劳动能力提前退休时，劳动合同自然终止。

4. 在劳动合同期内，任何一方要求解除劳动合同，除属《暂行规定》第十六条第一、二、三、四款之外，必须提前一个月以书面形式通知对方，方可办理解除劳动合同的手续。

5. 乙方在劳动合同期内，如属《暂行规定》第十六条规定之一的，甲方可以解除劳动合同。

6. 乙方在劳动合同期内，如遇有《暂行规定》第十八条规定之一的，甲方不得解除劳动合同。

7. 乙方在劳动合同期内，如遇有《暂行规定》第十七条规定之一的，可向甲方提出解除劳动合同。

8. 被解除劳动合同的乙方人员，甲方根据《暂行规定》的有关条款办理有关手续。

八、违约责任

1 在合同期内，甲方除《暂行规定》第十六条、第十九条，乙方除《暂行规定》第十七条规定的条件外，均不得解除合同或自行离职，否则应支付违约金 5 000 元。

2. 甲乙双方必须严格履行劳动合同，除遇有特殊情况，经双方协商一致不能履行劳动合同的有关内容外，任何一方违反合同给对方造成经济损失的，应根据其后果和责任大小，赔偿对方的经济损失。赔偿金额按有关规定或实际情况确定。

3. 凡由甲方出资对乙方进行培训、学历学习、进修或分房的人员，其有离职、调动或违约时，均按《×××厂关于职工在服务期内离岗及违约赔偿办法》的有关规定执行。

九、双方需要约定的有关条款

1. 本合同未尽事宜，均按《暂行规定》的有关规定办理。

2. 本合同的有关规定在执行过程中，如与国家新颁布的有关规定相抵触时，应按国家规定执行。甲乙双方需要修订或补充的，可协商修订补充。

十、劳动争议的调解、仲裁

因履行劳动合同发生争议，当事人应当从知道或应当知道其权利被侵害之日起六个月内向企业劳动争议调解委员会申请调解，也可在争议发生之日起六个月内或企业调解不成三十日内，按规定向××区劳动争议仲裁委员会申请仲裁。

本劳动合同依法成立，具有法律效力，经甲乙双方签字后生效。此合同一式两份。企业和劳动者各执一份。

甲　方：　　　　　　　　　　　　　　乙　方：

法定代表人（签章）：　　　　　　　　（盖章或签名）

合同签订日期：　　　　　　　　　　　合同签订日期：

　　年　月　日　　　　　　　　　　　　年　月　日

鉴证单位（盖章）：

鉴证人：

鉴证日期：　　年　月　日

注：签订本劳动合同必须用钢笔书写，不得使用圆珠笔。

资料来源：http：//china.findlaw.cn/laodongfa/laodonghetongfa/laodonghetongzhishi/1034898.html.

[简析] 这是一份比较规范的劳动合同样本，合同对合同期限，工作内容，双方的责任和义务，劳动报酬，福利待遇和劳动保险，劳动纪律，合同的变更、终止和解除，违约责任，双方需要约定的有关条款，劳动争议的调解、仲裁等都按《中华人民共和国劳动合同法》的相关规定进行了明确说明。

特别提示

大学生签订劳动合同的注意事项

作为职场新人，大学生签订一份能使自己的权益最大化的合同是一门重要的学问。在与用人单位签订劳动合同时，应认真审查，小心论证。一般情况下，应注意以下几个方面：

1. 合同的形式和内容

虽说合同的形式很随意，但必须有双方当事人，有合同条款，有日期。合同为一式两份，劳动者一份，用人单位一份。

2. 试用期

在试用期内，毕业生可以随时提出离开用人单位，而不需要承担违约责任；用人单位只有举证证明劳动者不符合录用条件才可以解除劳动合同。

合同应该在试用期之前签订，在劳动合同的期限内，在试用期劳动者有权享受各项社会保险。

关于试用期的长短，《中华人民共和国劳动合同法》规定，劳动合同期限6个月以下的，试用期不能超过15天；劳动合同期限6个月以上、1年以下的，试用期不能超过30天；劳动合同期限1年以上、2年以下的，试用期不能超过60天；试用期最长不得超过6个月。国家机关、高校、研究所一般采用见习期，通常为1年，1年后考虑转正。劳动者可以在法律规定范围内和用人单位共同协商试用期的长短，并在合同上注明试用期的长短。

国家法律法规还规定了试用期的工资不能低于当地的最低工资，因此，如果毕业生在试用期工资低于当地最低工资，可要求用人单位增加。

3. 明确工资类型

签订劳动合同时，毕业生要明确自己所获得的工资是税前工资还是税后工资。税前工资包含了劳动者依法应当承担的个人所得税，劳动者实际拿到的工资是税前工资减去个人所得税和“五险一金”所剩下的金额。如果用人单位承诺支付的是税后工资，大家一定要用人单位在合同中予以明确，否则发生争议时将被认定为税前工资。

4. 关于“五险一金”

“五险”包括养老保险、医疗保险、失业保险、工伤保险和生育保险，“一金”指的是住房公积金。养老保险、医疗保险和失业保险是由企业和个人共同缴纳保费，个人承担的费用从工资里扣除；工伤保险和生育保险完全是由企业承担的。“五险”是法定的，“一金”不是法定的。

5. 明确双方违反劳动合同的责任

违约责任中应该包括双方的责任，有些合同只规定了劳动者违约的责任，对用人单位的责任只字不提，大家应与用人单位协商约定双方的责任。

6. 注意格式合同

格式合同是指当事人一方预先拟订合同条款，对方只能表示全部同意或者不同意的合同。一些用人单位对毕业生出具格式合同，在这个过程中，用人单位拥有主导权。因此，大家如果发现用人单位出具的是格式合同，最好提出异议。如果改变不了签订格式合同的命运，要注意的是劳动合同中有些条款是空白的，双方可以协商约定，把约定好的内容填上去。

7. 注意培训及其费用

如果是非技术性培训，用人单位是不应该收费的。如果是技术类的培训，毕业生若是在试用期内辞职的，无须赔偿培训费。在试用期满后辞职的，应赔偿培训费用。还有一种特殊的培训称为培训服务期，即用人单位出资为特定劳动者提供特殊培训，用人单位可以与享受这些特殊待遇的劳动者约定一个附属期限，即服务期，在这个期限内劳动者不能随意跳槽。因此，如果有相关的约定应当在合同中予以明确。

8. 谨防“押金”“风险金”等费用

一些用人单位在签订合同前擅自向毕业生索要各种费用，如“押金”“风险金”“培训费”等，这些做法是违反法律的相关规定的。

9. 保护好自己的证件

用人单位在签订合同时通常要看毕业生的各种证件，用人单位看证件可以，但不要让他们把证件的原件拿走，用人单位没有权利向毕业生索要原件留底。

10. 注意用人单位的签字

签字时最好能在一定的场合并双方一起签字，比如在单位的办公室，有些不法分子仿造一些公认比较好的单位的签名，以骗取劳动力。因此，大家在签合同时一定要注意场合。

11. 了解用人单位的规章制度

在签订劳动合同时，一些单位会拿出《员工手册》之类的文件让毕业生签收，签收之后就意味着大家了解了文件的内容并同意文件里的规定。在这里，建议大家在签收前认真阅读。尤其是在试用期内，用人单位通常会借口说违反单位规章制度而不符合条件以解雇劳动者。

12. 关于三方协议

三方协议是由毕业生、用人单位和学校三方就学生就业方向签订的一种协议。当毕业生到用人单位报到、用人单位正式接收后，就业协议自行终止，双方的劳动关系以劳动合同为准。因此，毕业生与用人单位建立正式劳动关系时，应当签订劳动合同，并使劳动合同和就业协议一致。

13. 合同纠纷的解决办法

如果用人单位无正当理由解除劳动合同，企业中若有劳动争议调解委员会，劳动者可请求其调解。若不愿调解，劳动者可直接申请仲裁机构仲裁。对仲裁结果不服时，劳动者与用人单位双方皆可向法院提起诉讼。仲裁程序为法定程序，劳动者与用人单位双方都不允许直接向法院提起诉讼，必须先经过仲裁程序。

最后要强调的一点就是，在签订合同时，毕业生有任何疑问，都要大胆地询问，尤其是对表达不清楚或不明确的地方，一定要细问并在合同中以明确的语词表达出来。

资料来源：http：//wenku.baidu.com/view/1bb5a61e964bcf84b9d57bfb.html.

拓展练习

请指出下面劳动合同中的错误，并予以修改。

××职业技术学院临时用工合同

一、单位名称：××职业技术学院（甲方）

二、所用人员：　　　　　　　　（乙方）

三、为加强对学生宿舍的管理，我校特意聘用临时人员协助学校负责学生宿舍的清洁卫生、学生管理等工作，并作为学生宿舍管理员，校方按有关规定给付其相应的劳动报酬。

四、学生宿舍管理员的职责范围：负责所属学生宿舍楼层过道、厕所的清洁打扫工作。

五、校方要求学生宿舍管理员各司其职，爱岗敬业，对学生要有爱心，发现问题随时处理或汇报校方。

六、校方所聘临时人员的报酬按国家有关规定给付。

××职业技术学院

2016年10月20日

项目六 创业筹备会

学习目标

● **知识目标**

1. 了解会议组织流程及会议方案的主要内容、撰写格式及写作要求；

2. 掌握会议通知、发言提纲、会议记录、会议简报、会议纪要的撰写格式及写作要求。

● **能力目标**

1. 能够依据会议需要有效地组织并主持中小型会议；

2. 能够较规范地完成会议通知、会议记录、会议简报、会议纪要的撰写任务；

3. 能够紧扣会议议题拟写发言提纲，并能在会议发言中言简意赅、有条有理地陈述自己的观点和理由。

项目框架

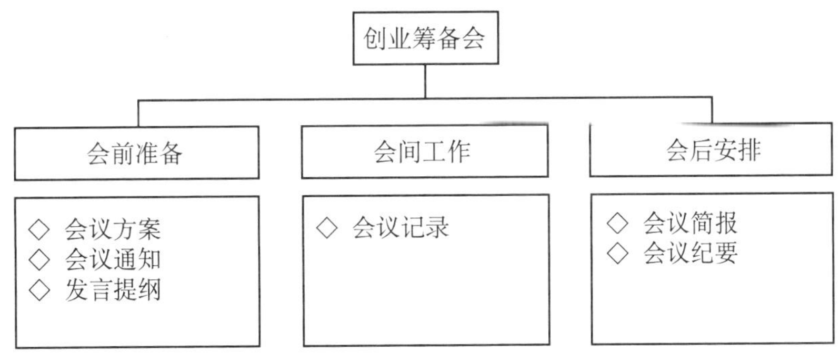

课堂设计

实训任务：团队创业筹备会

任务描述	各项目团队分别召开团队创业筹备会，讨论并确定团队的创业项目。各团队需按照会议流程，完成会前、会中、会后的各项筹备及收尾工作，确保会议任务顺利完成。
文案任务	会议通知、会议发言提纲、会议记录、会议纪要、* 会议简报
教学组织	任务分工及实训步骤与要求
课前	1. 项目团队 (1) 了解会议流程，并草拟会议方案。

课前	（2）撰写会议通知，并上传至课程QQ群。 （3）团队队长做好会前动员及会议筹备、分工工作，以确保会议任务顺利完成。会议分工如下： 1）主持人1名：制定会议议程，做好会前各项准备工作，能紧扣会议议题组织会议，能适度掌控会议节奏，确保会议任务的完成。 2）记录人2名：熟悉会议记录的各项要求，并能够在会中快速、准确、规范地做好会议发言记录。 3）发言人（团队全体成员）：了解确定创业项目的基本要素，在市场调研的基础上，每位成员必须提出一个具有可行性的创业项目，并陈述其理由。发言人需提前拟写发言提纲，并在会上陈述其项目的可行性及理由。 （4）整理团队文档并上传给教师助理。 2. 教师助理 （1）负责做好会场布置及其他实训准备工作。 （2）整理各团队文档并上传给任课教师。
课中	（1）教师讲解创业项目确定要素等相关知识，明确会议通知、会议记录的撰写知识及写作要点；明确会议议题（确定团队创业项目）和相关要求，导入实训。（时间：20分钟） （2）以团队为单位，召开各团队创业筹备会，会议期间团队各成员需按照各自的分工及要求完成任务。（时间：30分钟） （3）会议期间，教师巡视并了解各项目团队的会议进展情况，对各组存在的问题及时点拨。 （4）教师宣布会议结束，各组整理会议记录。（时间：5分钟） （5）各团队交换会议记录，小组互评，教师补充点评、指正，强化知识点。
课后	（1）项目团队：1）对会议记录进行修订；2）依据团队创业筹备会的情况，撰写“创业筹备会会议纪要”1份；3）将团队本次实训的相关文档整理、打包，上传给教师助理；4）完成团队内部绩效考核。 （2）教师助理：完成各团队文档整理、上传，以及实训和文案成绩的统计、记录、归档和发布任务。

注：标注*的文案任务视课时情况确定是否完成。

模块一　会议方案、会议通知、发言提纲

情境设定

会前准备

知识导入

会议是工作中运用非常频繁的一种群体沟通手段。有关调查表明，领导者和管理者的工作时间一般至少有30%是在会议中消耗掉的。鉴于会议在工作中无法取代的作用和低效繁多的现状，能否组织高效会议成为工作能力的重要体现。那么，如何才能做好会议前的各项策划与准备工作，以保证会议的顺利进行呢？

情境分镜头

分镜头一　团队组建工作完成后，海豚老师向各团队布置了下一个实训任务，即各团队以“确定团队创业项目”为议题，召开一次团队创业筹备会，最终选择一项具有可行性的项目作为团队的创业项目。为了确保本次会议有序进行，海豚老师要求各团队按照会议组织流程开展各项组织工作，会前须制订会议方案并发出会议通知。

分镜头二　俗话说：“好的开始是成功的一半。”在学习了会议组织的流程及相关知识后，缺乏会议组织经验的青梅意识到，除了会议的主持、记录及一些文案准备工作外，这次会议成功举办的关键还在于团队成员对这次会议讨论的议题发言准备是否充分。为确保团队创业筹备会能够顺利召开，会前青梅向团队成员提出了3点要求：(1) 每2～3名队员组成一个调研小组，展开市场调研，并确定一项切实可行的创业项目；(2) 每个调研小组准备3分钟发言，发言内容包括创业项目的名称、选择该项目的理由；(3) 为了使大家的发言更加简练且有条理，每位队员在会前须撰写发言提纲1份。

执行路径

A线：学习会议相关知识→了解会议组织流程→明确会议分工、职责→发出会议通知→做好会议文书的写作及会上发言准备工作

B线：开展市场调查→确定并论证项目的可行性→整理思路，撰写发言提纲→准备会议发言

知识平台

一、会前职责

会前职责如图6—1所示：

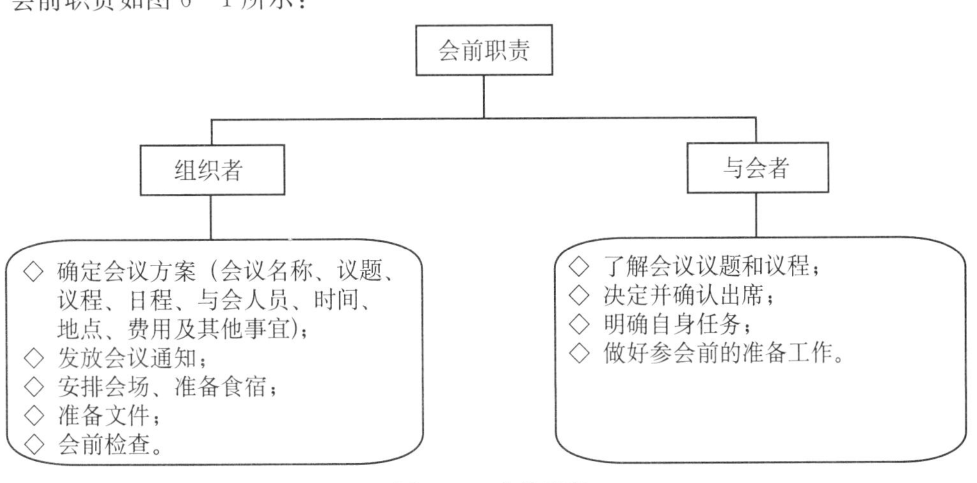

图6—1　会前职责

二、会议方案

会议方案是在召开大中型会议或其他活动之前，为了对整个会议或活动情况进行预先安排而撰写的计划性文书。一方面，会议方案可以向上级机关报告，使上级了解会议或活动的基本情况，从而成为是否批准的依据；另一方面，会议方案也是会议或活动的预演，为会议或活动的准备与顺利开展提供保障。

（一）会议方案的类型

会议方案按照会议的性质可分为以下三种类型。

1. 代表会议方案

代表会议一般参加的人比较多（如全国人民代表大会、职工代表会议），召开的时间长，会议程序严格，而且不同级别的代表会有不同的要求，因此其方案比较复杂。

2. 庆典会议方案

庆典会议方案除会议本身之外，因涉及奖旗、奖状、奖品之类，在财务和物资方面需做好准备，其会议方案也比较复杂。

3. 工作会议方案

工作会议虽然不像代表会议在程序和规格上要求得那么严格，但材料的准备工作一般是其重点，在其方案中应重点讲述。

（二）会议方案的撰写格式

会议方案一般由标题、正文和落款组成，有的还有附件。

1. 标题

标题一般由“会议名称＋筹备方案”组成，会议名称要写明会议的正式名称，“筹备方案”也可写为“策划书”“方案”或“预案”，如“关汉卿国际学术研讨会筹备方案”或“××公司2016年度总结表彰大会预案”。

2. 正文

会议方案的正文一般采用条文式格式，由开头、主体、结尾三部分组成。

（1）开头。开头部分应写明开会缘由、会议名称、会议时间、会议地点、会期等。

（2）主体。主体部分要具体明确会务工作中的一切有关事务，如会前、会中、会后的相关安排等。具体包括：会前的文件准备、资料、发言稿、会议通知、会场准备、与会人员接待、会议预算安排，会中的服务安排、会议记录、随时情况汇总、会议简报的编写，会后的整理记录、纪要撰写、与会人员返程及议定事项的催办反馈程序、要求、责任人等。

（3）结尾。会议方案的结尾部分通常要根据会议方案的性质而定，会议方案如果是报送上级领导审批的，结尾处应写上“以上方案，是否可行，请批示”等结尾用语。如果属于本单位制订的会议方案或者上级下发的指导性的会议方案，只需在结尾处强调对本会议方案的执行。

3. 落款

大多数会议方案需要落款并写明成文时间，以使方案更加完备。落款即方案的制订者，如筹备组等。也有些方案可以省略落款与成文时间。

［会议方案例文］

××省××局 2016 年工作会议方案（草）

一、会议名称（会标）

××省××局 2016 年工作会议

二、会议时间

2016 年×月×日（星期×）上午 9 时，会期 1 天。

三、会议地点

机关×楼会议室

四、会议的主要任务

对 2016 年全局工作进行总结和表彰。

五、参加人员

…………

说明：各处参加人员总计约××人，人数与×楼会议室可容纳人数基本相符。

六、会议议程

主持人：×××

1. ×××同志宣读《关于表彰 2016 年度先进集体、先进个人的决定》。

2. ×××同志宣读《关于 2016 年工作目标兑现奖励的决定》。

…………

七、会议材料（材料袋内拟装会议材料）

1. 会议须知——《会议须知》包括：注意事项、会议日程和人员名册。

2. 工作报告——×××同志讲话。

3. 传达提纲——全省×××工作会议、全省×××祝捷表彰大会、全省×××系统创建文明行业总结表彰大会，共三个传达提纲。

…………

八、会议组织

成立×××局 2016 年工作会议筹备小组：

（一）会务组

组　长：×××

副组长：×××

成　员：×××　×××　×××　×××　×××

1. 安排食宿：安排会议工作午餐和外地来的人员的住宿。（×××）

2. 布置会场：

（1）组织卫生员全面打扫会场卫生；（×××）

（2）制作、悬挂会议的会标；（×××）

（3）调试灯光、麦克风；（×××）

（4）制作、摆放主席台桌签；（×××）

（5）设置签责任状所用的桌椅；（×××）

（6）划分与会代表座位区域，并贴好标签；（×××）

（7）根据颁奖顺序，逐一贴好受奖集体代表和个人座位标签。（×××）

3. 负责先进集体和个人的评比和颁奖。

4. 购买材料袋。（×××）

5. 照相、摄像、录音。（×××　×××　×××）

6. 引导各级领导入场。（×××）

7. 安排主席台和各领导会议用水。（×××）

8. 维护会场秩序。（×××　×××）

（二）材料组

组　长：×××

副队长：×××

成　员：×××　×××　×××　×××

1. 起草下发通知。起草下发《关于召开××局2016年工作会议的通知》，通知中应明确会议的大致时间、会期、地点、参加范围、原则要求、注意事项。要求限期上报参加会议人员的名单（名单要写明姓名、性别、单位、职务，含司机）。（×××）

2. 制作《会议须知》。（×××）

3. 起草主持词。（×××）

4. 起草×××书记在工作会议上的讲话或讲话提纲。（×××）

5. 起草《关于表彰2016年度先进集体、先进个人的决定》。（×××）

6. 会后编发会议简报。（×××）

7. 印刷、分发材料。（×××）

…………

九、费用预算（略）

××省××局　办公室

×年×月×日

资料来源：http：//blog.163.com/yanchangcheng@126/blog/static/42300565201121511065563/.

［简析］ 这是一篇会期为一天的会议方案。方案按照会议筹备的相关内容，分条款叙述，具体介绍了会议名称、会议时间、会议地点、会议任务、参加人员、会议议程、会议材料、会议组织、费用预算等。内容详细，要求具体。语言表述简洁、清楚。

特别提示

撰写会议方案的注意事项

1. 认真领会领导的意见。制订会议方案需反复与领导和有关方面沟通，明确领导意图，弄清会议方案的目的、要求和意义，必要时通过联席会议征求对制订方案的意见。

2. 充分发挥集体的力量。会议或活动的工作内容往往比较繁杂，个人很难承担所有工作，因此在开展活动之前应当成立筹备小组。方案的拟订也应当发挥集体的力量和智慧，集思广益，使方案完善可行。

3. 方案内容具体明确。撰写会议方案要做到总揽全局、目标清楚、思路清晰、分工明确，有利于会议的顺利进行。

三、会议通知

会议通知是事项性通知的一种。会议通知是向与会者传递召开会议信息的载体，是会议组织者同与会者沟通的重要渠道。会议通知可分为口头通知、电话（传真）通知、书面通知、电子邮件通知等。

书面的会议通知一般由标题、主送机关、正文、落款等部分组成，有的会议通知在文后还附有附件。

1. 标题

标题的写法一般有三种：

（1）发文机关名称＋事由＋文种，如“××单位关于召开××会议的通知”。

（2）事由＋文种，如“关于召开××会议的通知”。

（3）文种，如“通知”“紧急通知”等。

2. 主送机关

通知送达对象的称呼，可以是单位、部门或个人。应当使用全称或规范化简称、统称。

3. 正文

（1）缘由：一般说明召开会议的目的和意义。

（2）事项：一般包括会议内容、会议时间、会议地点、参加人员、其他事项等。其中，会议时间包括报到时间、结束时间；会议地点包括报到地点、会议召开地点、住宿地点、路名、门牌号等，必要时可以附上简要地图；参加人员，如发给单位，要写明参加人员的基本职务，参加会议的人数；其他事项，包括费用、准备材料、联系方式、报名方式等。

（3）结束语：常用“特此通知”作为结束语。在具体行文时，也可用执行要求等自然结尾。

4. 落款

写明发文机关名称（如标题已写明发文机关名称，落款则可以不写发文机关）和发文时间，需要时加盖公章。

［会议通知范例］

标题 → 主送单位 → 会议背景、缘由 → 会议目的 → 会议相关事项 → 会议要求 → 联系方式 → 落款 → 附件

××公司关于召开××会议的通知

各××××，公司各部门：

×××××××××××××（交代会议背景、缘由）。为了××××××××××，公司决定召开×××××会议。现将有关事项通知如下（文种承启语）：

一、会议内容：××××××××××。

二、与会人员：×××、×××、×××、×××。

三、会议时间：×年×月×日至×月×日。

四、会议地点：××××。

五、报到时间和地点：×年×月×日 9:00—18:00，在××省××市××路××号×××报到。

六、其他事项：

1. 与会人员每人缴纳会务费××元。食宿由大会统一安排，住宿费每人每天××元。

2. 与会人员请事先将抵达本市的车次、航班和时间通知会务秘书处，以便接站。

3. 接到本通知后，请填妥回执，于×月×日前寄达会务组。

4. 会务组联系方式：

通信地址：××省××市××路××号××工作会议会务组

联系人：×××

邮　编：×××××××××

联系电话：×××××××××

电子邮箱：huiwulianxizu@163. com

QQ：××××××

××公司

×年×月×日

附件：会议报名回执表

附件：会议报名回执表

姓名		性别		年龄	
任职单位与部门				职务	
通信地址				邮编	
联系电话			电子邮箱		
是否入住会议统一安排的××宾馆		是　否	预计入住天数		
预计报到时间			预计离开时间		
是否需要预订回程机（车、船）票		是　否	回程机（车、船）票班次		
对本次会议有何要求					
备注					

[大中型会议通知例文]

关于召开江苏省基础教育百校数字化学习试点工作会议的通知

各市教育局、昆山市教育局、泰兴市教育局、沭阳县教育局：

为落实《国家中长期教育改革和发展规划纲要（2010—2020 年）》，推进我省基础教育改革和教育信息化深入发展，经研究，定于近期召开全省基础教育百校数字化学习试点工作会议，现将有关事宜通知如下：

一、会议内容

1. 举行江苏省基础教育百校数字化学习试点启动授牌仪式；

2. 汇报交流试点工作方案；

3. 教育厅领导、专家作报告；

4. 安排部署下一阶段工作任务。

二、会议时间

2015 年 10 月 17 日一天，10 月 16 日下午报到。

三、参会人员

1. 江苏省基础教育数字化学习专家指导委员会专家及专家工作组部分专家。

2. 各市教育局分管基础教育和信息化工作的局长各 1 人，各市教育局基教处、教研室、电教馆、装备中心负责人各 1 人。

3. 江苏省基础教育百校数字化学习试点学校校长 1 人。

四、会议地点

南京维景国际大酒店（南京市中山东路 319 号，沪宁高速中山门出口向西 50 米；地铁 2 号线明故宫站 1 号出口向东 200 米），酒店总机：025-84808888。

五、其他事宜

1. 请各市负责通知本市所有参会代表，并将参会人员名单汇总后，于 10 月 12 日前报至省教育厅基础教育处。联系人：高华。电话/传真：025-83335670。电子信箱：js-njgh2000@163. com。

2. 参会代表住宿费用自理，驾驶员及其他人员食宿费用自理。

附件：江苏省基础教育百校数字化学习试点工作会议回执

省教育厅办公室（印）

2015 年 10 月 9 日

资料来源：http：//wenku. baidu. com/view/938d5ac1bb4cf7ec4afed0c1. html.

[简析] 这是一则会议通知。正文部分分条介绍了会议名称、会议内容、起止时间、会议地点、参加人员和其他有关事宜，条理清晰，便于有关人员贯彻执行。

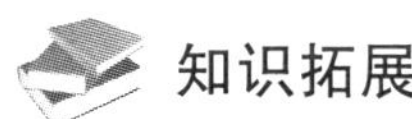

知识拓展

会议的基本常识

会议是指三人以上聚集在一起，就某个或某些议题进行讨论或解决的一种多向沟通方式。两个人谈话或讨论称为交谈或会谈。会议的召开应有一定的议题和目标，并通过一定的会议程序达到目标。

1. 会议的种类

(1) 按组织分类，可分为内部会议和外部会议，正式会议和非正式会议。

(2) 按时间分类，可分为定期会议和不定期会议。

(3) 按出席对象分类，可分为联席会、内部会、代表会、群众会。

(4) 按功能性质分类，可分为决策性会议、讨论性会议、告知性会议、招待性会议、学术性会议、协调性会议、报告性会议、谈判性会议、动员性会议、纪念性会议。

(5) 按议题性质分类，可分为专业性会议、专题性会议、综合性会议。

(6) 按规模大小分类，可分为特大型会议（万人以上）、大型会议（数千人）、中型会议（数百人）、小型会议（数十人或数人）。

(7) 按会议采用的方式手段分类，可分为集中性会议和电子会议（如电话会、网络会、电视会等）。

(8) 按与会者的国籍和议题范围分类，可分为国内会议、国际会议。

2. 会议六要素

(1) 与会者。与会者就是参加和参与会议的成员。与会者一般可分为以下几种：

1) 主持人。会议主持人是负责控制和推进会议进程的人员，往往也是会议的组织者和召集者，对会议的正常开展和取得预期效果起着领导和保证作用。

2) 出席人。会议出席人有四种，即正式成员、列席成员、特邀成员、旁听成员，他们在会议中的作用各有不同。会议正式成员享有发言权、表决权；列席成员有发言权，没有表决权；特邀成员即特别邀请列席会议的人员，与列席成员一样，有发言权，没有表决权；旁听成员只是听会，没有发言权和表决权。

3) 记录人。记录人应提前介入会议，了解议题和会议出席人员，还应该如实记录会议内容，不能根据自己的理解决定记录内容的取舍。会议结束后，应向主持人提交会议记录，供其审核。

4) 会议工作人员。主要负责会议的筹备工作、会议材料工作和会间事务性工作。

(2) 组织者。组织者是会议的主办者。其主要任务是确定会议目标和规则，制定会议方案，提供会议场所、设施和服务，以确保会议的顺利进行。

(3) 会议议题。会议议题是指会议所要讨论、报告的主要内容，所反映的是会议的目的、主题、任务，以及为了完成任务而将采取的措施。组织内部如工作会议的议题应相对集中、具体，应有必要性、可行性，并力求解决。会议议题应在会前提出，临时提出的议题称为动议。会议议题主要有三个来源：来自上级机关和领导人，来自下级部门提交的、需要以会议的形式研究和决定的问题，来自本层次的管理活动中需要研究和决定的事项。

(4) 会议名称。正式会议必须有一个恰当、确切的名称。会议的名称要求能概括并能显示会议的内容、性质、参加人员、主办单位或组织、时间、届次、地点或地区、范围、规模等。会议名称必须用确切、规范的文字表达。大中型会议的会议名称被制作成横幅大标语，置于会议主席台的上方或后方，作为会议的标志，简称“会标”。

(5) 会议时间。会议时间是指会议的开始和结束时间。

(6) 会议地点。会议地点是指会议召开的地区、城市，又指会议召开的具体会场。

3. 会议组织工作流程和工作内容（以大中型会议为例）

会议组织工作流程和工作内容如图6—2所示：

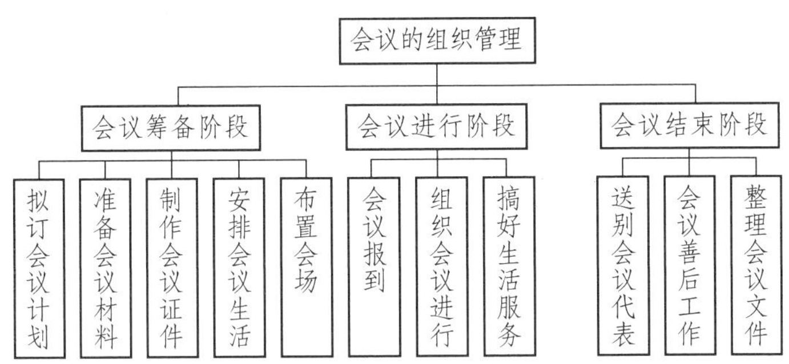

图6—2　会议组织工作流程和工作内容

四、发言提纲

会议发言提纲通常由标题、题注、称呼、正文四部分组成。

1. 标题

(1) 公文式标题。即按照公文标题的要素内容写作，具体有两种写法：一种直接写文种，如“会议发言提纲”；另一种由“会议名称＋文种”组成，如“民主生活会发言提纲”。

(2) 新闻式标题。将会议发言的核心内容概括为一句话作为会议发言提纲的标题，如“我们是怎样抓好廉政教育活动的”。

2. 题注

有的发言提纲的标题后面会标明题注。题注包括两项内容：

(1) 会议名称。写在标题之下，前后加括号，如“（在省纪委廉政教育座谈会上的发言提纲）”。这种题注适用于新闻式标题。

(2) 会议时间。在会议名称下面标明会议时间。

3. 称呼

称呼即对与会人员的称呼。一般用泛称，如“各位领导、同志们”“各位朋友”，后加冒号。

4. 正文

因为会议类型比较多，所以会议发言提纲没有固定的格式或模式，但还是有一定的规律的。从实践看，会议发言提纲正文大体包括两部分内容：

(1) 前言。会议发言提纲的前言即开头，要说明发言的缘由，即为什么来开会、自己参加会议的心情、自己想说点什么。

(2) 主体。主体是会议发言提纲的核心内容，主要是围绕会议的主题有感而发的内容。这部分内容讲什么、怎么讲、讲多少，都是由会议的主题决定的。会议发言提纲有简单提纲和复杂提纲两种。简单提纲只拟出发言的要点，具体内容不展开；复杂提纲也称详细提纲，是在简单提纲的基础上展开的，重点内容从几方面谈都要一一列出。

[发言提纲例文]

艰苦的拼搏　丰硕的成果

——××省供销社系统1998年工作总结（提纲）

各位领导、同志们：（对与会人员的称呼）

一、基本情况概述

二、主要成绩

1. 为国家治理整顿作出了重要贡献。

2. 为农业抗灾夺丰收作出了重要贡献。

3. 内部挖潜取得好的效果。

4. 社会信誉明显提高。

三、存在问题

1. 亏损面仍较大，亏损额较大。

2. 少数企业领导班子的思想、精神状态跟不上形势发展。

3. 内部联合进展不快。

4. 支农工作发展很不平衡。

四、基本经验

1. “以农为本，富民兴社”是供销社的基本经验和基本指导思想。

2. 自力更生、艰苦奋斗是供销社战胜困难求发展的优良传统和企业精神。

3. 坚持改革才能兴旺发达，勇于竞争才能巩固并提高供销社主渠道地位。

4. 密切与农民联系，办好基层网点建设，加强合作联合，是发挥群体优势、使供销社立于不败之地的重要保障。

[简析] 这是一篇工作总结的简单发言提纲。这篇发言提纲的结构有条不紊、脉络分明，将发言的主要内容从四个方面一一提炼、列出，使发言者在现场发言时的思路更加清晰，发言内容的针对性更强。通常在发言主体内容前面，发言者可交代发言的缘由。

特别提示

撰写发言提纲的注意事项

1. 写作前，要认真考虑发言内容。先确定好谈几个问题，再考虑从哪几个方面谈，分清重点和次要，突出重点。

2. 提纲要繁简得当，不必写得太细，突出要点即可。

3. 重要事例和必要数字要写入提纲，以免讲话时忘记。

4. 写好提纲后，要检查一遍，查看有无遗漏或不妥，若有，则应注意补充或修改。

拓展练习

根据下面的材料，拟写一份会议通知。

全国市场营销协会决定于2016年11月10日至16日在广西壮族自治区南宁市召开一年一度的营销协会年会。于10月8日发出会议通知。会议的内容是研究和探讨当前营销学的有关学术问题和热点问题，全国市场营销协会的会员均可参加。会期为7天，11月9日报到，报到和开会地点是：南宁军区空军招待所。要求：每位与会者于会前半个月提交相关学术论文一篇。会务费为900元，食宿、交通费用自理。

模块二　会议记录

情境设定

会间工作

知识导入

一些比较正式和重要的会议，通常需要安排记录人员对会议的组织情况和具体内容进行记录。那么，如何才能准确、清楚、真实、快速地完成一份会议记录呢？

情境分镜头

分镜头一　在这次创业筹备会上，海豚老师要求各团队成员在规定时间内按制定的会议议程讨论并确定团队创业项目，同时要求各团队在会议结束时上交会议记录。

分镜头二　在紧张有序的会前准备工作完成后，青梅团队的创业筹备会如期举行，但会议实际进行的过程却没有大家想象得那么简单、容易，整个会议可以用“热烈而无序”五个字来形容。首先是负责会议主持的青梅，虽然会前明确了会议议题，拟订了详细的会议议程，也向与会者明确了会中的各项要求，但是在会议进行过程中由于频频出现发言者随意打断对方发言和讨论内容偏离主题等现象，自己未能把控好会议的节奏，导致在规定时间内未完成会议任务。还有负责团队会议记录的两名队员，虽然在会议前已对会议记录的格式和要求烂熟于心，但真正到了会中写记录时才发现，自己的记录速度远跟不上发言者的语速，再加上一些同学的发言内容缺乏逻辑性和条理性，用语也欠规范，待到会议结束时，两人拼到一块的会议记录仍然是不完整的。好在两人在会中及时调整策略，用手机把会议过程录了音，这才将会议记录缺失的部分补充完整。还有几个平时觉得自己挺能说的同学，原本对自己的创业项目很有信心，觉得凭借自己的口才一定能说服其他队员支持自己的项目，没想到在会中发言时才发现，“能说”不等于“会说”，要真正做到发言内容有理、有据、有序，不仅自己的逻辑思维能力需要加强，更要学会倾听。

执行路径

草拟发言提纲→执行会议议程→讨论会议议题、完成会议记录→修订会议文书

知识平台

一、会中职责

会中职责如图6—3所示：

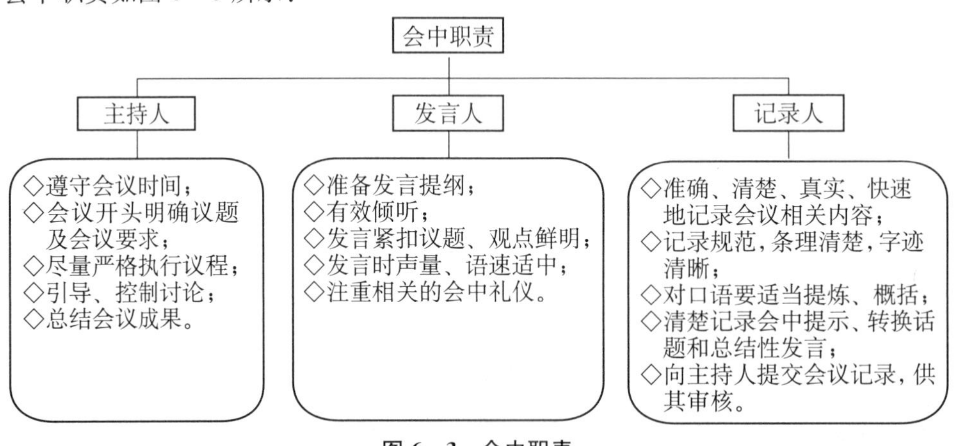

图6—3　会中职责

二、会议记录的种类和撰写格式

会议记录是有关会议情况的记录，是由负责记录的人员对会议有关情况及会议讨论发言的具体内容做如实记录的书面材料。会议情况包括会议组织情况、会议内容、与会者的发言、会议成果等。会议记录具有原始性、凭据性、规范性的特点。会议记录一般用于比较重要和正式的会议。比较重要的会议都有一个或两个以上的记录员。

（一）会议记录的种类

会议记录按记录的详略，大致分为详细记录和摘要记录两种。

1. 详细记录

这种记录要求详细记录会议的全过程，包括会上发言、不同意见、争论和会议决议，有的还记录发言人的语态动作。重要会议要采用详细记录。

2. 摘要记录

这种记录只对会上发言的要点、结论、决议做记录，与议题无关的话题可以不记。

（二）会议记录的撰写格式

会议记录一般由标题、正文组成。

1. 标题

标题一般由“会议单位＋会议名称＋文种”构成，如“××公司产品营销会议记录”；有的由“会议内容＋文种”构成，如“关于加强学生思想工作座谈会记录”。

2. 正文

会议记录的正文由开头、主体、结尾三部分组成。

（1）开头。会议记录的开头部分应说明会议的组织情况。其主要内容及要求如下：

1）会议时间。即会议召开的日期，必要时精确到分钟。

2）会议地点。要写清会议室名称。

3）会议出席人姓名。人数多的会议可只写人数。

4）缺席人姓名及缺席原因。

5）列席人及其职位。列席人即不属于会议正式成员，但与会议有关的各方面人员。

6）主持人。一般写明姓名、职务。

7）记录人姓名。应签名以示负责。

8）议题。议题是会议讨论或解决的问题，在议题不止一项时，应分条列项地进行记录。

（2）主体。会议记录的主体部分即会议的主要内容，旨在记录会议的进行情况，具体包括主持人开场白、大会主题报告、讨论发言、会议决议四项内容。会议记录方法可分为摘要式记录和详细记录两类。

1）摘要式记录。只记录发言要点、结论、决议等内容。

2）详细记录。按会议进程详细完整地记录会上的发言、不同意见、争论和会议决议。重要会议多采用详细记录。

（3）结尾。会议记录的尾部单列一行，写“散会”，并标明散会时间。

有些会议记录需当场由发言人和会议主持人审阅、签名。有些会议记录则在会后整理后再送发言人和会议主持人审阅、签名。

[详细会议记录范例]

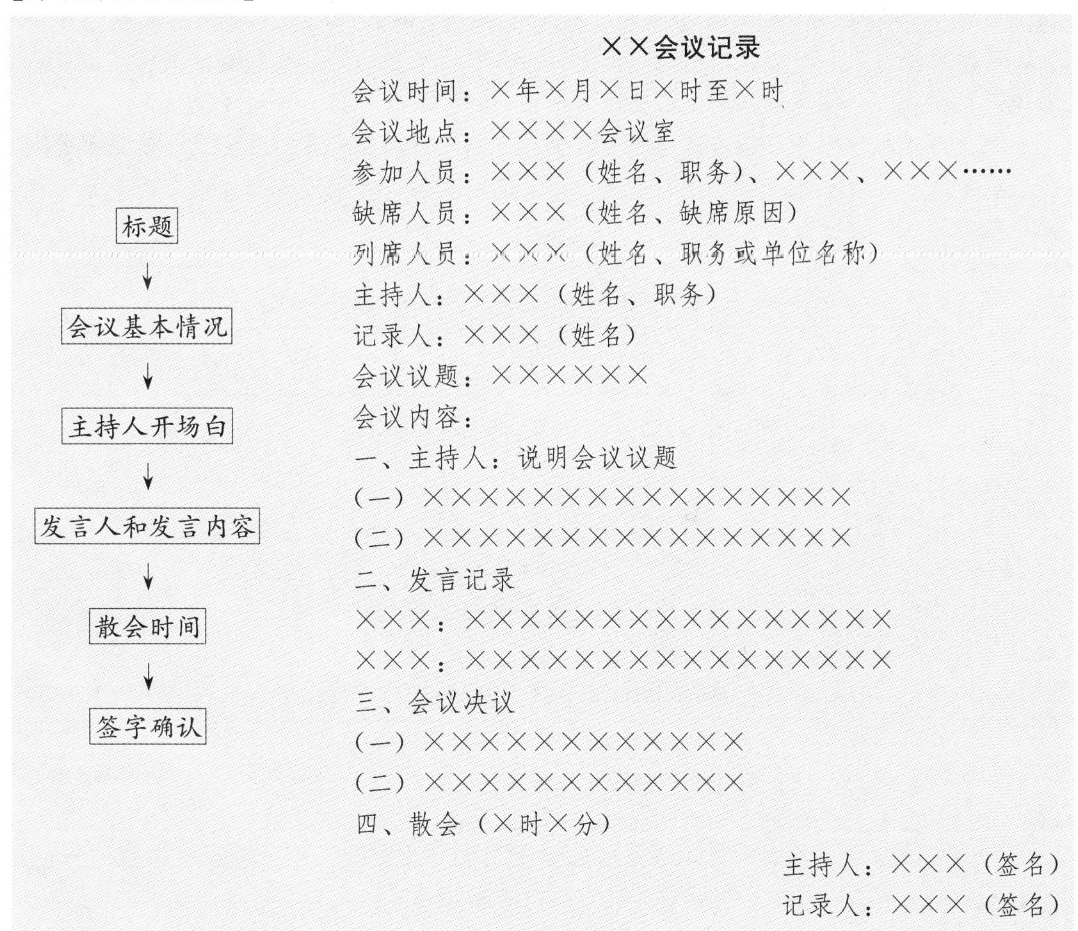

××会议记录

会议时间：×年×月×日×时至×时

会议地点：××××会议室

参加人员：×××（姓名、职务）、×××、×××……

缺席人员：×××（姓名、缺席原因）

列席人员：×××（姓名、职务或单位名称）

主持人：×××（姓名、职务）

记录人：×××（姓名）

会议议题：××××××

会议内容：

一、主持人：说明会议议题

（一）×××××××××××××××

（二）×××××××××××××××

二、发言记录

×××：×××××××××××××××

×××：×××××××××××××××

三、会议决议

（一）×××××××××××

（二）×××××××××××

四、散会（×时×分）

主持人：×××（签名）

记录人：×××（签名）

［详细会议记录例文］

××管委会整顿市场秩序会议记录

时间：×年×月×日上午×时

地点：×××××管理委员会会议室

出席者：杨××（×××××副主任）、周××（×××××副主任）、肖××（×××××副局长）、陈××（市×××××科科长）及建委、工商局有关科室宣传人员，街道居委会负责人。

列席者：×××××全体干部

主持人：李××（×××××主任）

记录人：邹××（×××××办公室秘书）

会议议题：

1. 如何整顿城市市场秩序的问题。

2. 如何制止违章建筑、维护市容市貌的问题。

会议内容：

一、主持人李××讲话

在开发区党委领导下，我区各职能单位同心协力、齐抓共管，在创建文明卫生城市方面取得了一定成绩，相应的城市市场秩序有了一定的进步，市容街道的改善也较可观。可近几个月来，市场秩序倒退，街道上小商贩逐渐多起来，水果摊、菜摊、小百货摊满街乱摆，一些建筑施工单位沿街违章搭棚、乱堆乱放材料、搬运泥土撒落大街……这些情况严重地破坏了市容市貌，使大街变得又乱又脏，社会各界反应很强烈。因此今天请大家来研究讨论两个问题：一是关于如何整顿城市市场秩序的问题，二是关于如何制止违章建筑、维护市容市貌的问题。

二、讨论发言

罗××（工商局市管科科长）：市场是到了非整不可的地步了。我们的方针、办法都有了，过去实行过，都是行之有效的，现在的问题是要有人抓，敢于抓到实处。只要大家齐心协力，问题是能够解决的。

秦××（居委会主任）：整顿市场纪律我们居委会也有责任。我们一定发动群众配合好政府职能部门的工作，制止乱摆摊、乱叫卖的现象。

李××（建委副主任）：有的施工单位不顾市里创建文明城市时发布的文件，在人行道上搭工棚、堆器材，这些违章作业严重地影响了街道的整齐、美观，也影响了街道的整洁。希望管委会召集施工单位开一次会，重申政府相关文件，要求他们限期整改，否则按文件规定惩处，态度要明确、坚决。

陈××：对犯规者先是要宣传教育，如果施工单位仍我行我素，就按相关文件规定处理，这样他们也无话可说。

周××：……

三、与会人员经过充分讨论、协商，一致决定

1. 由工商局牵头，居委会和其他部门配合，第一周宣传、第二周行动，监督实施，做到坐商归店，摊贩归点，农贸归市，彻底改变市场脏乱的状况。

2. 由管委会牵头，城建委等单位配合对全区建筑工地进行一次检查，然后召开一次施工单位工作会议，要求对违章建筑、违章工地进行限期整改，一个月内改变面貌。过时不改者，坚决照章处理。

四、散会（时间：×时×分）

主持人：（签名）

记录人：（签名）

资料来源：http：//wenku. baidu. com/view/48a18229647d27284b735129. html.

[简析] 这是一篇记录详细的会议记录。由标题、开头、主体和结尾四部分组成，内容完备，要素齐全。标题由“会议单位+会议内容+文种”组成。开头部分清楚交代了管委会整顿市场会议的概况，如时间、地点、主持人、与会人员、记录人等。主体部分客观、详细地记录了会议的全部过程。结尾标明了散会时间，并由主持人和记录人共同签字，以确认这份记录的真实性和可靠性。总体来说，这份会议记录格式规范、内容齐全、条理清楚、重点突出、有详有略，充分体现了会议记录原始性、文献性、完整性的特点。

[摘要式会议记录例文]

××区干部培训中心第×次办公室会议记录

时间：×年3月4日14:30—17:00

地点：××培训大楼第×会议室

出席者：刘××（主任）、杨××（教务长）、张××（办公室主任）、吴××（办公室秘书）及各培训部主要负责人。

缺席者：×××、×××（外出开会）

主持人：刘××（主任）

记录人：吴××（办公室秘书）

刘××（主任）：××××××××××××××××。

一、报告

（一）杨××报告中心基本建设进展情况。（略）

（二）主持人传达区人民政府《关于压缩行政经费的通知》（以下简称《通知》）。（略）

二、讨论

我中心如何按照区人民政府《通知》的精神抓好行政经费的合理开支，切实做到既勤俭节约，又不影响正常的培训教学、科研等活动的开展。

三、决议

（一）利用两个半天时间（具体时间由各培训部自己安排，但必须安排在本周内）组织有关人员集中传达和学习《通知》精神，提高认识，统一思想。

（二）各培训部负责人在认真学习的基础上，利用下周政治学习的时间向群众传达、宣讲。

（三）各培训部责成有关人员根据《通知》的压缩指标，重新审查和修改本年度行政经费开支预算，并于两周内报主任办公室。

（四）各培训部必须严格控制派出参加外地会议及外出学习人员的人数，财务科更要严格把关。

（五）利用学习和贯彻《通知》精神的机会，对全中心员工普遍开展一次勤俭节约、艰苦朴素的传统教育。

散会。

主持人：（签名）

记录人：（签名）

资料来源：http：//wenku. baidu. com/view/effb432bbd64783e09122b5e. html.

［简析］ 这是一份摘要式会议记录。开头交代了这次办公会议的概况，注明了与会者身份、缺席者缺席的原因。主体内容采用摘要式记录，反映了会议过程。决议情况记录清楚、具体，格式规范。

特别提示

撰写会议记录的注意事项

1. 会议记录的重点应放在记录讨论的观点、决议、决定上。

2. 即使要求详细记录，也不是有言必录，对于一些与会议主题无关的发言可以不记。

3. 必要时应配文字记录（可配两名记录人员负责记录工作）和录音设备记录两种方式，以保证记录内容的完整与准确。

拓展练习

下面是一则病文，试指出其存在的问题。

××班春游会议记录

时间：2015年4月2日

地点：工商班

主持人：团支部书记×××

出席人：工商班学生

缺席人：×××

记录员：×××

现将春游的会议情况纪要如下：

主持人：各位同学，大家好！今天组织大家开会是为了讨论怎样更好地开展春游活动。大家有什么意见或建议请提出来。

班长×××：大家好！春游是亲近大自然的最好时机，我们可以去鼋头渚风景区、马山、千岛湖、宜兴竹海。你们觉得呢？

副班长×××：我建议把春游和野炊结合起来，我们可以去马山。有几点好处：

(1) 可以节省经费；

(2) 地点近，可以节约时间；

(3) 我们班晕车的同学太多，可以节省精力。

大家讨论：去马山可以，没意见。

×××：那我们什么时候去合适？那边的情况怎么样？

×××：我建议清明节去。清明节快到了，而周末又有同学补课，我们这个时候去刚好调节了同学们的时间。

大家讨论：可以。

×××：我是本地人，那我就介绍一下情况。(略)

还有什么问题欢迎大家随时问我。

主持人：谢谢×××的介绍。下面我们来讨论一下分组的情况吧。

×××：我建议8个人一组，因为租餐具花费太大了。

×××：我建议4个人一组，弄菜之类的快一点。

大家讨论：最后举手表决，少数服从多数，8人一组较合适。

×××：那买菜和费用的情况呢？

主持人：买菜之类的由你们所在组的组长安排。费用就先请生活委员介绍一下。

生活委员×××：我们班的班费还有××元。我已经征得班主任同意，决定用班费。每组有××元，如果资金不够，就再由各个小组自行想办法解决。可以吗？

大家讨论：没意见。

主持人：好，这次春游就定在清明节那天，去马山。如果那天下雨就另定时间。大家如果还有什么问题或想知道马山相关情况的，欢迎随时来问我或×××。

模块三　会议简报、会议纪要

情境设定

会后工作

知识导入

为了使会议最终达到预期的效果，在会议结束后，会议组织者还应组织相关人员进行会议评估，编发会议简报，撰写会议纪要、会议新闻，以跟进会议决议的落实情况，可以说会后文书的撰写对会议精神的贯彻执行十分重要。

情境分镜头

分镜头一　在创业筹备会结束后，海豚老师提醒各团队及时做好会后总结工作，同时根据团队创业筹备会的情况，撰写一份会议简报和会议纪要。

分镜头二 因为准备充分，青梅团队的创业筹备会举办得十分成功，会议预期目标也如愿达成。为了使今后的会议组织工作开展得更加顺利，青梅组织团队成员对本次会议经验教训进行了总结，同时组织团队成员撰写了这次会议的会议简报和会议纪要。

执行路径

组织团队成员进行会议总结→撰写会议简报→撰写会议纪要

知识平台

一、会后总结

会议总结可以检查会议目的是否达到，了解会议的成功与不足，为会议的总结报告的撰写提供材料，增加组织者的会议组织经验。会议总结主要包括以下内容：

（1）会议筹备工作是否周密细致、有条不紊；

（2）会议内容及议程是否恰当合理；

（3）会议各项活动和安排是否得当；

（4）会议设施是否完善；

（5）会议服务工作是否周到；

（6）会议宣传工作是否到位；

（7）会议后续执行、督办是否及时；

（8）会议经费开支是否超出预算。

二、会议简报

简报，顾名思义，就是简单的情况报道，是机关、团体、企事业单位编发的反映情况、汇报工作、交流经验、沟通信息的一种摘要性的内部文件。简报具有“快、新、实、短”的特点，一般分为工作简报、会议简报、动态简报和科技简报。以下重点对会议简报进行介绍。

会议简报，是指专门报送、交流有关重要会议内容、筹备和进行情况，反映与会者意见和建议的简报。会议简报的撰写格式通常由报头、报核、报尾三部分组成。

1. 报头

报头包括简报名称、期数、编发单位、印发日期、密级、份号。报头约占全页1/3篇幅，用横线与正文部分隔开。简报名称用大号字体印在文件的正中部位，套红印刷。期号写在简报名称下一行。

（1）简报名称。即“刊头”，如“××会议简报”，居中位置，用套红大号字体，要醒目大方。

（2）期数。位于“刊头”正下方，注明“第×期”，用括号括入，可以按年度编号，也可以统一编号。

（3）编发单位。位于间隔线左上方位置，写编发单位的全称。

（4）印发日期。位于间隔线右上方位置，写印发简报的年、月、日。

（5）密级。位于报头左上角位置，用黑体字注明密级或“内部刊物，注意保存”“内部资料，请勿翻印”等字样。

（6）份号。位于报头的右上角位置，写上文件的实际份数序号，如“0001”。

2. 报核

（1）按语。重要的简报常加上“编者按”，主要说明编发目的，提示稿件内容，表明编者态度等。

（2）目录。若只有一篇文章，则不需标注“目录”。

（3）标题。一般要求简明地概括正文内容，类似于新闻标题。

（4）正文。正文包括：1）导语：对主要内容进行概括（包括时间、地点、人物、事件等），也可以鲜明、尖锐地提出问题，然后在下文用事实加以回答。还可以先在开头提出结论性意见，然后在下文再作阐述。2）主体：通常按事物的发生、发展过程和时间顺序安排层次，也可按照逻辑顺序（即事物的内在联系）来组织层次。3）结尾：或概括全文，或进一步指出事物发展的趋势，或对简报所反映的事实加以评述，或提出号召。

3. 报尾

（1）报送对象。报，指简报呈报的上级单位；送，指简报送往的同级单位或不相隶属的单位；发，指简报发放的下级单位。

（2）印刷份数。

[会议简报例文]

内部刊物　　　　　　　　　　　　　　　　　　　　　　编号：0001
注意保存

××市交通局公路管理处
会议简报

（2016）第11期　总第87期

公路管理处办公室编发　　　　　　　　　　　　　　　2016年×月×日

编者按：为了××××××××××××××××××，特编发本期简报。

目录

…………

××市召开农村公路养护管理工作民主恳谈会

10月22日，为促进全市农村公路养护与管理工作又好又快发展，更广泛地听取社会各界对农村公路养护与管理工作的意见和建议，××市交通局组织召开了全市农村公路养护与管理工作民主恳谈会。市交通局领导、各县（区）交通局分管领导、市公管处主要负责人和职能部门负责人、各县（区）公路管理段主要负责人、县（区）农村公路沿线乡镇和村代表、部分市人大代表和政协委员参加了会议。市交通局周××副局长主持会议。

恳谈会气氛活跃，县（区）农村公路沿线部分乡镇和村代表，部分市人大代表和政协委员纷纷就《××市农村公路管理养护体制改革实施意见》和《××市农村公路养护与管理办法（征求意见稿）》发表看法，提出了宝贵的建设性建议。围绕各代表提出的问题和难题，市、各县（区）交通系统有关领导一一给予认真全面的解答，并就如何建立和健全××市农村公路管理养护长效机制进行了探讨和交流。

在认真听取与会代表的发言后，市交通局夏××局长就农村公路管理养护工作作了重要讲话：

一是要求我们深刻认识加强农村公路管理养护工作的重要意义，进一步增强责任感和使命感。

二是介绍了全市农村公路管理养护工作进展情况。通过深入基层，多次开展各种形式的调研活动，逐步建章立制，出台了《××市农村公路管理养护体制改革实施意见》，即将出台《××市农村公路养护与管理办法》等制度。另外，还开展了农村公路管理养护工作的问卷调查。

三是分析了当前农村公路管理养护工作存在的主要问题和困难，主要是农村公路养护管理服务水平低，管理养护体制不统一，管理养护资金缺口大、筹资难，管理养护机构不健全、人员不到位。

四是要进一步加大工作力度，建立健全农村公路管理养护长效机制。针对存在的问题和困难，要求做到：第一，继续深化农村公路养护管理体制改革；第二，努力争取更多的财政支持；第三，及早落实好机构和人员；第四，加强农村公路管理养护工作的宣传力度。此次恳谈会的召开，特别是与会代表的宝贵意见和建议，将进一步有助于《××市农村公路养护与管理办法》的修改和完善，从而为建立健全××市农村公路管理养护长效机制，开创农村公路养护管理的新局面，作出积极的贡献。

报：××××、×××××××××、×××××（略）
送：××××、×××××××××、×××××（略）
发：××××、×××××××××、×××××（略）

（共印××份）

[简析] 这是一篇会议简报，这份简报叙述了××市召开的农村公路养护管理工作民主恳谈会的情况。简报的报头部分有简报名称、期号、编印单位、印发日期。报核部分由编者按、目录、标题、正文组成，及时有效地传达了会议的基本情况。其中正文的导语部分对会议的时间等基本情况进行了概述。主体部分则概括介绍了会议讨论的主要问题及重要讲话内容。结尾部分则揭示了本次会议的积极意义。

这篇简报层次清楚、体式规范、内容充实，起到了让相关部门、人员了解会议基本情况的作用。

三、会议纪要

会议纪要是一种适用于记载和传达会议情况和议定事项的公文。会议纪要是在会议记录的基础上概括、提炼而成的，是摘要式反映会议精神和情况的具有纪实性、概括性和指导性的公文。

（一）会议纪要的种类

按性质划分，会议纪要可分为以下两类：

1. 办公会议纪要

这是由机关或企事业单位召开的定期或不定期的工作会议形成的纪要，是反映机关和单位领导活动、主要决策及处理日常工作的内部文件，包括例行办公会议纪要（定期）和现场办公会议纪要（不定期）。办公会议纪要用于传达会议所研究的工作、议定的事项和布置的任务，要求有关单位遵照执行。

2. 专题会议纪要

这是由为研究专项问题而召开的会议所形成的纪要，包括研讨会议纪要和各类座谈会纪要。专题会议纪要主要用于协调关系、传递信息、指导工作以及反映会议对问题的研究情况和处理结果。

（二）会议纪要的撰写格式

会议纪要通常由标题、正文和落款三部分组成。

1. 标题

会议纪要的标题一般有三种写法：第一种由“会议机关＋会议名称＋文种”组成，如“2012年××省对外交流教育教学研究会会议纪要”；第二种由“会议名称＋文种”组成，如“创业筹备会会议纪要”；第三种采用正副标题式，如“开创工作新局面——××地区县、市长会议纪要”。

2. 正文

（1）开头。开头介绍会议的基本概况，包括会议的依据、目的、时间、地点、主持人、参加单位或人员情况、主要议题，以及会议的规模、成果等。开头与主体间常用“现将有关会议精神纪要如下”过渡。

（2）主体。这是会议纪要的核心部分，主要写会议围绕议题议定的事项，包括会议的主要精神，讨论的具体问题，交流的经验、意见，决定的事项与今后的任务。主体部分写法上形式多样，主要有：

1）分项式。即把会议的主要内容和议定事项分成不同的几个问题，然后加上小标号或小标题，分项写出。这类纪要内容相对全面，问题分析较细，需要基层全面领会、深入贯彻的大中型会议或经验交流会议常采用这种形式。

2）综述式。综述式也称概述式，就是将会议内容用概括叙述的方法，进行整体的阐述和说明，一般分段（层）逐一写出。这种形式适用于会议规模较小、意见比较集中的专题会议。

3）摘要式。即摘录与会者发言的要点，按会议发言顺序或内容性质将其写出，除写出发言者的真实姓名外，还需说明他们的职务、职称。

（3）结尾。结尾是正文的结束，一般提出希望、号召，要求与会者或有关单位认真贯彻会议精神。有的也省去。

3. 落款

（1）发文单位。发文单位通常是会议的主办单位。

（2）成文日期。会议纪要的成文日期一般写在标题正下方，并加圆括号括入；也可写在正文右下角署上成文日期，不需要加盖印章。

［会议纪要范例］

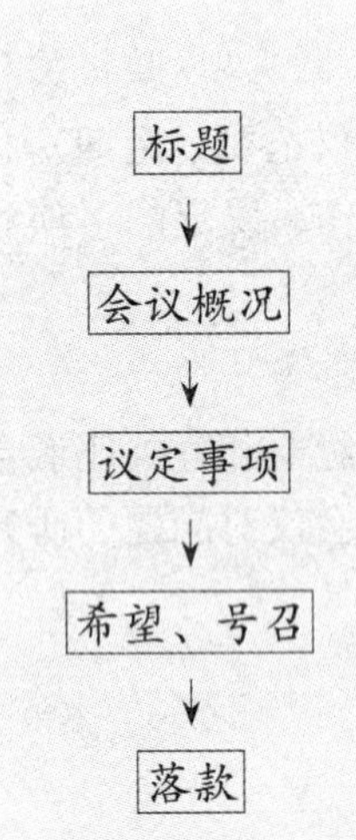

××××会议纪要

×年×月×日，××（单位名称）在××（地点）召开了××会议，本次会议的主要任务是××××××，会议由×××主持，×××、×××等出席了会议。大会期间，与会代表就××××××问题进行了交流与讨论，并最终通过了××决议。现将会议讨论和决定的问题纪要如下（文种承启语）：

会议听取了××××××，讨论了××××××。

会议分析了××××××。

会议认为（指出）××××××（当前和今后的任务，打算）。

会议同意（决定）××××××（完成任务的要求、做法、政策、规定事项）。

会议强调指出××××××。

会议号召（希望）××××××。

×××××（公章）

×年×月×日

［会议纪要例文］

××公司第一次总经理办公会议纪要

（2016年4月25日）

2016年4月22日下午，公司召开第一次总经理办公会议，会议研究讨论了公司经济合同管理办法，以及公司2016年3月至5月岗位工资发放等相关事宜。本次会议由张小求总经理主持，公司领导、总经办、党群办及相关部门负责人参加了本次会议。现将会议决定事项纪要如下：

一、关于公司经济合同管理办法

会议讨论了总经办提交的公司经济合同管理办法，认为实施船舶修理、物料配件和办公用品采购对外经济合同管理，有利于加强和规范企业管理。

会议通过了《××公司经济合同管理办法》。

会议要求总经办根据会议决定进一步修改和完善经济合同的相关条例并发文执行。

二、关于职工工资由银行代发问题

会议听取了计财处提交的关于职工岗位工资和船员伙食费由银行代发的汇报，会议认为银行代发工资是社会发展的必然趋势，既方便船舶和船员领取，又有利于规避存放大额现金的风险。但需要2个月左右的宣传过渡期，让职工充分了解和接受。会议要求计财处认真做好实施前的准备工作，人力资源部配合，计划下半年实施。

三、关于调整公司机关岗位工资发放标准的问题

会议听取了人力资源部关于调整公司机关岗位工资发放标准的建议。会议决定从6月起对已经下文明确的机关干部执行新的岗位工资标准，没有下文明确的干部暂维持不变。待3个月考核明确岗位后，一律按新岗位标准发放。

会议最后强调，公司机关要加强与运行船舶的沟通，建立公司领导每周上岗接船制度，完善机关管理员工随船工作制度，增强工作的针对性和有效性。

××公司总经理办公室

资料来源：http：//wenku.baidu.com/view/cebd1c6c7e21af45b307a8fb.html.

[简析] 这是一篇办公会议纪要。开头介绍了会议时间、地点、议题以及会议主持人、与会人员等基本情况。主体部分则采用并列式，对会议讨论决定的三个事项进行了阐述。纪要条理清晰，语言规范、简洁，有利于相关部门学习并执行会议精神。这是一份较为规范的例会会议纪要。

小贴士

会议纪要与会议记录的区别

1. 性质不同。会议纪要只记要点，是法定行政公文。会议记录是讨论发言的实录，属事务文书。

2. 功能不同。会议纪要通常要在一定范围内传达或传阅，要求贯彻执行。会议记录一般不公开，无须传达或传阅，只作资料存档。

3. 载体样式不同。会议纪要作为一种法定公文，其载体为文件，享有《党政机关公文处理工作条例》所赋予的法定效力。会议记录的载体是会议记录簿。

4. 称呼用语不同。会议纪要通常采用第三人称的写法，以介绍和叙述情况为主。会议记录中，发言者怎么说的就怎么记，会议怎么定的就怎么写，贵在“原汤原汁”不走样。

5. 适用对象不同。作为公文的会议纪要，具有传达告知功能，因而有明确的读者对象和适用范围。作为历史资料的会议记录，不允许公开发布，只是有条件地供需要查阅者查阅利用。

拓展练习

（1）试指出下面这篇简报在结构上和语言上存在的毛病。

陕西一些旅游景点附近的农民向外国旅游者
强行兜售商品造成不良影响

4 月 20 日上午，美国 413 旅游团外宾去陕西乾陵参观游览。客人一下车，一群手拿各种工艺品的农民就一窝蜂而上，大叫大喊，争抢着要外宾买他们的东西。其中一些人手持唐代铜镜、铜钟及汉唐古钱等文物出售。外宾急于参观，打手势表示没有心思买东西。然而，这些农民仍围着不散。导游走过去，使眼色，说好话，一个个左劝右劝，可这些人就是不想走，有些走开了一会儿又回来了，继续大声兜售商品，并且大声辱骂导游，有些话还骂得十分难听。当这个老外旅游团要离开陕西乾陵时，一群小孩还围住一位 70 多岁的穿着中国红衣服的外宾老太太，非要她买不可。这位外宾老太太无路可走，山穷水尽，只好一步步向路边退下去，结果被挤得跌进了一条大路边的不到 2 米宽的小水沟，造成右脚踝关节骨裂，呻吟不止，当即由导游叫来救护车，送进医院。

最近，在陕西乾陵旅游景点附近，围堵外宾、强迫向客人兜售旅游商品的现象时有发生。

（2）请指出并修改以下病文的错误。

《××××学会会议纪要》

时间：×年×月×日

参加人员：常务副会长×××，副会长×××、×××、×××，办公室主任×××，副主任×××，活动中心主任×××。

会议内容：

一、确定了学会的办公地点。根据×年×月×日会议决定，×××、×××同志对学会办公地点进行了考察，经过比较，认为××大学办公条件优越，适合作学会的办公地点。会议决定，从即日起××××学会迁到××大学，挂牌办公。通信地址：××市××区××路××号。联系电话：××××××××。

二、学会与××大学商定，由××大学给学会提供办公室、办公桌椅、电话和必要的办公费用。利用××大学的教学条件，双方共同组织举办秘书培训班等。

三、增补了学会副会长。为便于开展工作，建议增补×××为学会副会长，负责学会的后勤保障和日常管理工作。先开展工作，以后提请×月份常务理事会确认。

四、制订了今年的活动计划。（略）

××××学会

×年×月×日

项目七　创业调研与融资

学习目标

● 知识目标

1. 了解市场调查流程及市场调查方案的主要内容及撰写格式和要求；
2. 了解调查问卷的设计流程及撰写格式；
3. 掌握市场调查报告的拟定步骤、撰写格式及要求；
4. 掌握创业计划书的拟定步骤、撰写格式及要求。

● 能力目标

1. 能够按照市场调查的流程展示市场调查活动；
2. 能够依据调查内容、调查对象、调查目的完成调查问卷的设计；
3. 能够较规范地完成市场调查报告和创业计划书的撰写任务。

项目框架

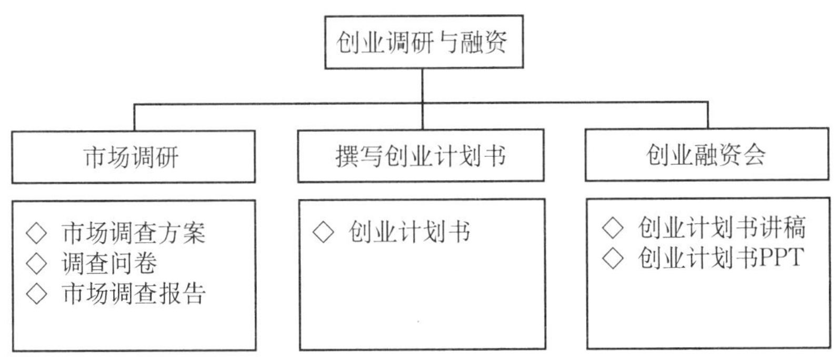

课堂设计

实训任务 1：市场调研

任务描述	围绕团队确定的创业项目在校园商业区内开展一次市场调研活动，要求各团队围绕团队创业项目，完成市场调研活动前的各项准备工作以及市场调研小结的撰写。
文案任务	市场调查方案、* 调查问卷设计、* 市场调查报告、市场调研小结

教学组织	任务分工及实训步骤与要求
课前	1. 项目团队 （1）学习并了解市场调研的相关环节及要求，掌握市场调查方案的撰写方法及要求。 （2）围绕团队创业项目，撰写 1 份市场调查方案，课前上传给教师助理。 （3）对照市场调查方案的内容，有组织、有针对性地做好市场调查前的各项分工及准备工作。 2. 教师助理 整理各团队的文档并上传给任课教师。
课中	（1）教师讲解市场调研项目相关内容并明确课堂外市场调查区域及相关要求（时间：20 分钟）。 （2）各项目团队需按照课前要求，在校园商业街范围内自行开展市场调研（时间：1 节课）。 （3）在市场调研过程中，各团队需上传 2 张团队调研实景照片至课程 QQ 群。 （4）市场调研结束后，各团队返回教室，派代表对市场调研情况进行口头汇报（时间：3 分钟/队）。 （5）教师对各团队的实训调研表现进行点评。
课后	1. 项目团队 （1）完成市场调查方案的修订工作。 （2）撰写完成团队市场调查报告。（本项课后任务可视个体情况以口头汇报形式完成。） （3）完成团队市场调研小结 1 份。小结内容包括：1）团队调研活动的组织筹备情况、活动开展情况；2）队员感悟，要求每个队员对本次调研活动的体验与感受、经验与教训进行小结，字数不少于 200 字；3）小结文稿附团队市场调研纪实照片 2 张。 （4）将团队文案上传给教师助理，并做好团队内部绩效考核工作。 2. 教师助理 完成团队文档整理、上传，以及团队实训和文案成绩的统计、发布、归档工作。

注：标注 * 的文案任务视课时情况确定是否完成。

实训任务 2：创业融资会

任务描述	各项目团队在创业融资会上向投资商展示团队的创业计划书，并就计划书的核心内容向投资人进行阐述，其目的在于让投资商相信此创业计划书的可行性，并愿意对该项目进行投资。团队实训成绩排名以各团队融资额为参照。
文案任务	创业计划书、创业计划 PPT
教学组织	任务分工及实训步骤与要求
课前	1. 创业团队（课程项目团队） （1）根据团队确定的创业项目，完成团队创业计划书的撰写任务，并将文档上传给教师助理。 （2）做好创业计划书的陈述准备，陈述时需配合 PPT 展示。 （3）确定创业公司的正式名称。 2. 天使投资人（团队成员） （1）每位投资人持有的投资额度为 2 万元，且投资资金只能投给其他团队。 （2）了解投资人通常最关心的问题有哪些。 3. 教师助理 （1）整理、上传各团队文案给任课教师。 （2）按教师的要求，在课前完成投资人支票的制作及分发任务。 （3）组织各团队做好创业招商引资会的现场布置工作。

课中	（1）教师讲解创业计划书的相关知识（时间：20 分钟）。 （2）团队代表展示团队的创业计划书电子文稿（时间：2 分钟/队）。 （3）团队代表对团队创业项目进行口头陈述，陈述内容须配合 PPT 展示（时间：5 分钟/队）。 （4）团队回答投资商提问。（时间：3 分钟/队） （5）投资人选出一个最具可行性且最具潜力的项目进行投资。（每个投资人只能将资金投给其他团队。） （6）教师助理对各团队融资情况进行统计和排名。 （7）教师对各团队实训表现进行点评，并当场公布融资结果。
课后	1. 项目团队 负责将修订完成的团队文案上传给教师助理，并做好团队内部绩效考核。 2. 教师助理 负责整理团队文案并上传给任课教师，做好实训和文案成绩的统计、记录、归档和发布工作。

注：标注＊的文案任务视课时情况确定是否完成。

模块一　市场调查方案、调查问卷、市场调查报告

情境设定

市场调研

知识导入

创业者要想创立自己的公司，必须进行相关的前期市场调查。创业者只有在充分了解市场的供求状况、现状及其发展趋势、经营模式和风险后，才能制订出相应的创业计划，并进一步实施创业。市场调查报告可以为创业者提供全面、准确的认识和判断，为创业者进行市场预测、制定经营决策、拟订计划提供重要依据，而制订出科学、合理的调查方案则是实施市场调查工作的前提，能够帮助创业者有秩序、有步骤地开展调查活动，确保市场调查工作的顺利进行。那么，我们在撰写市场调查方案和市场调查报告的过程中，应该把握哪些关键因素呢？

情境分镜头

分镜头一　为了让各项目团队对自己的项目及未来的经营活动有更加明确的认识和准确的判断，海豚老师向各团队布置了围绕团队项目展开市场调研的任务。海豚老师还提醒团队，在团队未来的融资活动中，投资商通常最关心的问题将是项目在未来市场中投资回报的潜力。因此，各团队在展开市场调研的过程中，要善于使用量化的方法分析市场机遇，论证盈利目标，详细介绍预备采取的市场策略，以此论证自己的创业设想。

分镜头二 创业筹备会后，青梅团队即着手围绕团队确定的创业项目开展深入的市场调查，但调查工作一开始进行得并不顺利。青梅团队在前期撰写市场调查方案时，对调查目的、内容及实施步骤等缺乏明确的定位和合理、具体的设计，这给后面调查活动的实施带来了极大的困难。在发现这些问题后，青梅团队迅速对方案进行了调整，在确定调查主题、调查对象及调查内容的同时，还充分考虑到了市场调研在具体实施过程中的可行性和便利性。在队员们的齐心协作下，青梅团队终于圆满完成了这次市场调研任务。

执行路径

学习市场调研实训及文案撰写的相关知识→拟订市场调查方案→实施市场调查并生成数据→撰写（口头陈述）市场调查报告→撰写市场调查小结

知识平台

一、市场调查的流程

市场调查是市场营销活动的起点，它通过一定的科学方法来了解和把握市场，在调查活动中收集、整理、分析市场信息，掌握市场发展变化的规律和趋势，为企业进行市场预测和决策提供可靠的数据和资料，从而帮助企业确立正确的发展战略。

要进行有效的市场调查，必须了解市场调查的流程，如图7—1所示：

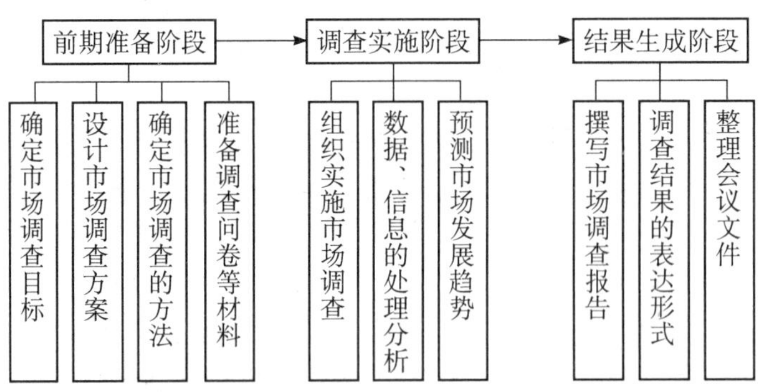

图7—1 市场调查流程图

二、市场调查方案

市场调查方案就是在具体开展调查工作前，根据调查的目的、调查对象的性质以及事先对调查工作的各个阶段进行的通盘考虑和安排，所制定出的调查实施方案和方法。从本质上说，调查方案是计划的一种类型，是对调查活动以及在此基础上的研究活动的总体设想与细化，是对人力、物力、财力以及时间等各种资源的合理安排。

（一）市场调查方案的主要内容

市场调查方案是计划的一种特殊类型，因此除了需要具备计划这种文体的基本特征与内容之外，还需要体现调查活动的特有情况。市场调查方案的主要内容有以下几方面：

1. 调查目的和意义

编写市场调查方案先要明确的就是调查目的，即进行此次调查所要实现的意图。只有确定了调查目的，才能确定调查的范围、内容和方法，否则就会列入一些无关紧要的调查项目，而漏掉一些重要的调查项目，从而无法满足调查的要求。调查目的可以用一句话进行总体概括，也可以对总目进行细化，分别从若干方面表述。如进行凯迪牌山地车的市场调查，就是针对为车行进行广告宣传从方式到内容提供新决策依据这个意向，确定了将目标顾客、需求特点、竞争对手情况三方面作为调查的主要内容。

此外，在这部分中还应具体说明该项目的调查结果能给企业带来的决策价值、经济效益、社会效益，以及在理论上的重大价值。

2. 调查内容和具体项目

调查的主要内容和具体项目是由所要解决的调查问题和目的所必需的信息资料来确定的。调查项目的选择要尽量做到"准"而"精"。具体而言，"准"就是要求调查项目反映的内容与调查主题有密切的相关性，能反映调查要了解问题的信息；"精"就是指调查项目所涉及的资料能满足调查分析的需要，不存在对调查主题没有意义的多余项目。盲目增加调查项目，会使资料统计和处理的工作量增加，既浪费资源，又影响调查的效果。

3. 调查对象和调查单位

这两项是调查活动所涉及的两类主体。调查对象就是根据调查目的和任务确定的调查范围以及所要调查的总体。调查单位就是总体中的某一个具体的个体对象，是调查中要调查登记的各个调查项目的承担者。在确定调查对象和调查单位时，必须严格规定其具体内涵与界限，以免造成调查登记时由于界限不清而发生的差错。在一般情况下，调查对象的选择是根据消费品的种类及其分销渠道来确定的，如产品由生产者到消费者手中都经过了哪些环节，那么消费品的调查对象也就是哪几种人。诸如彩电、冰箱、空调等耐用消费品，由于其价格较贵，体积、重量较大，技术复杂等原因，一般分销渠道短，常采取"生产者—消费者或生产者—经销商—用户"这一分销模式，因此，调查对象主要选择消费者和经销商。

4. 调查时间和期限

调查时间是指调查资料所属的时间。如果所要调查的是时期现象，就要明确规定资料所反映的是调查对象从何时起到何时止的资料。如果所要调查的是时点现象，就要明确规定统一的标准调查时点。调查期限规定的是调查工作的开始时间和结束时间，包括从调查方案设计到提交调查报告的整个工作时间，也包括各个阶段的起始时间，其目的是使调查工作能及时开展、按时完成。为了提高信息资料的时效性，在可能的情况下，调查期限应适当缩短。

5. 调查地点

调查地点即调查活动或调查对象所在的地理位置。调查地点与调查单位通常是一致的，但也有不一致的情况，当不一致时，尤其有必要规定调查地点，以避免调查资料出现遗漏和重复。

6. 调查方式和方法

市场调查的方式主要有市场普查、抽样调查、重点调查、典型调查等，常见的调查方法主要有实地调查、文案调查和问卷调查等。在调查时，采用何种方式、方法不是固定和统一的，而是取决于调查对象和调查任务。

7. 调查资料整理和分析方法

调查获取的原始资料大多是零散的、不系统的，只能反映事物的表象，无法深入研究事物的本质和规律性，这就要求对其进行汇总，使之系统化、条理化。资料分析通常采用定性分析法和定量分析法从四个方面进行分析研究：

（1）背景分析：了解问题的来由和背景，把握分析研究的目的和方向。

（2）状态分析：描述和评价现象的各方面的数量表现，概括现象的各种特征。

（3）因果分析：找出影响事物变化的内因和外因，以及揭示的问题与原因。

（4）对策研究：针对调查结论和启示、问题与原因，提出解决问题的对策。

定性分析方法，即从事物的质的方面入手，利用经验判断、辩证思维、逻辑思维、创造性思维等思维方法对事物质的规定性进行判断和推理。定性分析主要是界定事物的大小、变化的方向、发展的快慢、事物的优劣、态度的好坏、问题的性质。

定量分析方法，即从事物的数量方面入手，运用一定的统计分析方法进行对比研究，从而挖掘事物的本质特征和规律性，即从数据对比中得出分析结论和启示。

8. 提交报告的方式

主要包括报告书的形式和份数、报告书的基本内容、报告书中图表量的大小等。

9. 调查的组织计划

主要包括调查的组织领导、调查机构的设置、人员的选择和培训、工作步骤、经费预算、善后处理等。

（二）市场调查方案的撰写格式

不同的市场调查方案格式有所不同，但一般包括标题、前言、正文、附件、落款等部分。

1. 标题

标题由“调查项目名称＋文种”组成，如“××品牌啤酒市场定位调查方案”。

2. 前言

简要说明所拟订的调查方案的背景、目的和作用，务必简短。也可以省略前言直接进入正文。

3. 正文

根据上文介绍的主要内容，分项将这些内容表述清楚。

4. 附件

如果拟定了调查所需要的相关文件，如调查表、经费预算表、调查问卷等，可以作为市场调查方案的附件在正文之后注明。

5. 落款

市场调查方案最后需要写明方案编订的单位名称、小组名称以及拟定时间。

［市场调查方案例文］

××市餐饮市场调查方案

1. 调查的背景

××市市区人口大约为150万人，市区范围内三星级及以上酒店为22家，街头小型餐馆近3 000家，餐饮市场潜力巨大。该市的餐饮市场具有鲜明的独特性，消费者的消费偏好在保持传统的同时也出现了一些新的发展趋势。

2. 调查目的

基本掌握××市餐饮市场总体规模，了解该市消费者的消费水平，了解当地消费者的饮食偏好。

3. 调查内容

(1) 当地餐饮市场经营环境、总量。

(2) 当地消费者外出就餐的消费金额。

(3) 当地消费者喜欢的菜品种类。

(4) 当地消费者喜欢的酒类品牌。

4. 调查方式

随机问卷调查。

5. 调查对象

在街头对行人进行随机调查，调研步骤如下：

(1) 准备阶段（3月1日至3月5日）。

(2) 调查阶段（3月6日至3月10日）。

(3) 数据统计与分析阶段（3月11日至3月15日）。

(4) 撰写调研报告阶段（3月16日至3月25日）。

利用调查数据及分析撰写调研报告，约5 000字，得出明确结论。

6. 调查人员与分工

小组成员：赵××、钱××、孙××、李××、周××、武××、王××

工作分工：

(1) 项目统筹：赵××、钱××

(2) 问卷设计：钱××、孙××

(3) 调查员招募、培训与管理：李××、王××

(4) 数据统计分析处理：周××、武××

(5) 撰写调查报告：赵××、钱××、孙××

7. 调研结果和形式

本次调查的成果形式为调研书面报告。

8. 经费预算

经测算，本次调查活动所需经费为62 000元。具体项目及费用详见附件。

附：1. 经费预算表（略）

2. 调查问卷样本（略）

ABC市场调研公司

×年×月×日

资料来源：http：//wenku. baidu. com/view/c8910bd2b9f3f90f76c61b9d. html.

［简析］这份市场调查方案清晰地显示了调查的目的、内容和具体实施步骤，符合市场调查方案的基本要求。若对调查步骤研究阶段的程序加以细化，则更有助于市场调查活动的实施与后续工作的安排。

三、调查问卷

调查问卷又称调查表或询问表，是以问题的形式系统地记载调查内容的一种印件。设计问卷是询问调查的关键。问卷必须具备两个功能，即能将问题准确传达给被问的人并使被问者乐于回答。要完成这两个功能，设计调查问卷时应当遵循一定的原则和程序，运用一定的技巧。

（一）调查问卷的设计流程

调查问卷的设计流程如图7—2所示：

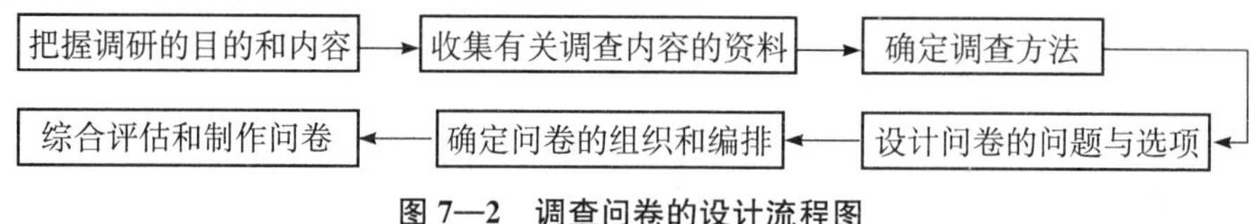

图7—2　调查问卷的设计流程图

（二）设计调查问卷时应遵循的原则

（1）目的性原则。问卷设计要紧扣调查目的，避免可有可无的问题。

（2）可接受原则。问卷设计要让被调查者能够接受并乐于回答。例如，要注意被调查者的理解能力，采用适应其身份的措辞，尽量增强问题的趣味性等。

（3）顺序性原则。在问卷设计中，一般要按照先易后难的顺序设计问题，即容易回答的问题放在前面，较难的问题放在后面，敏感性问题（如涉及个人隐私）放在最后。

（4）逻辑性原则。要注意问题的逻辑顺序，如主次顺序、时间顺序、相关问题的先后次序、类别顺序等，应合理排列，不能散漫杂乱。

（5）简明性原则。在内容和形式上力求简洁，使问卷易懂且容易完成。

（三）调查问卷的撰写格式

一份调查问卷通常由标题、前言、主体部分组成，形式上可以是表格式、卡片式或簿记式。

1. 标题

标题由“调查对象或内容＋文种”组成，如“北京中高档商品房需求情况调查问卷”。问卷的标题应该简明扼要，含义明确，主旨突出。

2. 前言

前言是写给调查对象的简信。作用是向调查对象说明调查者的身份，调查的目的、意义以及填答要求等，以求获得被调查者的合作与支持。如不是面访的被调查者，要交代回收问卷的方式、要求、注意事项，还包括感谢、保证隐私等承诺内容。前言要简短、诚恳、热情。

3. 主体

调查问卷的主体为调查问题及备选答案项。问题内容主要包括：调查对象的基本情况，与调查主题相关的事实或行动的态度、感觉、偏好等。调查者通常围绕以上内容进行问题和答案设计。撰写这部分内容应注意以下问题：

（1）问题设置。调查问卷的问题设置必须紧紧围绕调查目的和主题，根据需要设计封闭式问题或开放式问题。封闭式问题规定了一组可供选择的答案和固定的回答格式，答案是标准化的，对答案进行编码和分析都比较易于作答，有助于被调查者理解题意，有利于提高问卷的回收率，调查问卷中封闭式问题占大多数。开放式问题无固定答案，应答者可以根据自身情况用自己的语言自由地发表意见。为了降低答卷难度，调查问卷的开放式问题往往比较少。

（2）备选答案项。封闭式问题的备选答案应当全面概括所有可能的情况，防止出现遗漏。如果情况十分复杂，难以将全部可能概括完整，则应当将主要情况设计成若干备选项，同时要设计“其他”项。备选项应当按照一定的顺序并标注序号。

（3）问题排列与编号。调查问卷的若干问题应当按照一定的逻辑顺序进行排列，常用的顺序有时间顺序、类别顺序、先易后难顺序，也可以先问基本情况再问主要问题。全部问题采用统一连贯的序号。例如：运用过滤性问题识别合格应答者→从一个应答者感兴趣的问题开始→选问一般性问题→需要思考的问题放在问卷中间→提示在关键点插入→敏感性问题和人口统计问题放最后。

（4）问题数量。问题数量决定了问卷的长度和答卷的时间。应当根据调查目的的需要决定合理的问题数量，将答卷时间控制在20分钟左右。

[调查问卷例文]

关于高校应届毕业生就业情况的调查问卷

亲爱的同学：

你好！

我们正在进行一项关于应届毕业生就业问题的问卷调查，希望通过这一项调查对完善学校的就业指导工作提供科学参考，从而对有效解决毕业生面临的就业难题产生积极影响。请根据自己的实际情况回答每一个问题。你的回答将直接影响本项研究的可信度和有效性。以下选择题没有注明的均为单项。

谢谢您的理解和合作！

××大学就业指导中心

1. 您的性别（　　）。

A. 男　　B. 女

2. 您的专业是（请注明__________）。

3. 您来自（　　）。

A. 大城市　　B. 中小城市　　C. 农村

4. 您在大学期间是否担任过学生干部？（　　）

A. 是　　B. 否

5. 您的家庭经济状况使您在大学学习期间（　　）。

A. 不需要申请助学贷款或其他方面的资助

B. 要申请经济方面的支持但没有申请

C. 依靠助学贷款或其他形式的资助完成学业

6. 您的毕业去向为（　　）。

A. 就业　　B. 读研　　C. 出国　　D. 其他（请注明______）

7. 在求职过程中，您优先考虑的因素是（　　）。

A. 地域　　B. 单位性质　　C. 家庭期望

D. 薪酬与福利　　E. 个人发展机会

8. 您优先考虑的就业单位类型是（　　）。

A. 政府机关　　B. 国有企业　　C. 三资企业

D. 民营企业　　E. 自主创业　　F. 其他（请注明______）

9. 如果是自主创业，您认为最需要的是什么？（　　）

A. 资金　　B. 技术　　C. 政策支持　　D. 其他

10. 您能接受的月薪起点是（　　）。

A. 1 000元以下　　B. 1 000～2 000元

C. 2 000～3 000元　　D. 3 000～4 000元

E. 4 000元以上

11. 在求职的过程中最困扰您的问题是（　　）。（多选）

A. 个人能力不足　　B. 学校就业指导不够

C. 求职技巧欠缺　　D. 缺乏社会关系

E. 用人单位选拔不公正　　F. 其他（请注明__________）

12. 您在求职过程中遇到的与自身能力相关的主要问题是（　　）。（多项）

A. 专业能力　　B. 自我表达能力　　C. 外语能力

D. 人际交往能力　　E. 环境适应能力

13. 您的求职现状是（　　）。

A. 已签约　　B. 已有意向但还没有签约

C. 还没有签约的意向

14. 您已签约的就业地区是（请注明________________）。

15. 您已签约的就业单位是（　　　）。

A. 政府机关　　　　B. 国有企业　　　　C. 三资企业

D. 民营企业　　　　E. 其他（请注明________________）

16. 您所找的工作与所学专业的关联程度是（　　　）。

A. 专业对口　　　　B. 有一定的关联　　　　C. 几乎没有联系

17. 您认为解决就业问题的有效方法是（　　）。（多项）

A. 调整个人心态，降低择业标准

B. 学校与社会提供更好的就业指导和服务

C. 在大学期间重视自身能力的全面培养

D. 政府相关政策的支持

E. 其他

18. 您认为最有效的求职途径是（　　）。（多项）

A. 通过家庭和个人社会关系　　　　B. 通过学校提供信息和推荐

C. 人才招聘会和人才市场　　　　D. 人才招聘网络

E. 其他

19. 就个人知识结构与职业需求来看，您认为改革学校教育包括改革课程体系对改善大学生就业状况有帮助吗？（　　）

A. 非常有帮助　　　　B. 比较有帮助

C. 不太有帮助　　　　D. 没有帮助

20. 结合您的求职经历，您认为现在用人单位的需求与学校教育模式（包括专业培养，如课程设置和其他能力培养）之间存在怎样的差距？

答：____

21. 请问您对解决大学生就业难问题有何建议？

答：____

资料来源：http：//wenku. baidu. com/view/794262380912a21614792929. html.

[简析] 这篇调查问卷主题明确，每个问题均围绕毕业生就业这一核心话题设计；问题排列具有层次性，开放式问题放在最后；前言简明扼要地说明了调查目的；问题数量合理，被调查者可以在较短时间内完成。

特别提示

设计调查问卷的注意事项

1. 必要性。问卷所提的问题应直接为调查目的服务，没有价值或无关紧要的问题不应列入。

2. 可行性。问卷应避免列出令人难以回答的问题，注意使用适合被调查者身份、水平的词句或用语。尽量避免涉及填卷人的心理、习惯和个人生活隐私的问题，以及时间久、回忆不起来或回忆不准确的问题。

3. 准确性。提问要简单明确，切忌模棱两可或难以理解。如调查商品消费情况，使用“您通常喜欢选购什么样的鞋”这样的表述，用词就不准确，因为对“通常”“什么样”的含义，不同的人有不同的理解，回答各异，难以取得准确的信息。如改为具体的问题“您外出旅游时，会选购什么牌子的旅游鞋”，这样的表达就很准确，不会产生歧义。同时，问卷还要注意每个问题的措辞。词不达意、模棱两可、缺少重要句子成分都可能导致措辞不当，无法表达原意。

4. 艺术性。提问要讲究艺术，有趣味，避免对填卷人产生刺激而使其不能很好地合作。

四、市场调查报告

市场调查报告是市场调查人员以书面形式，反映市场调查内容及工作过程，并提供调查结论和建议的报告。它是调查人员通过对市场调查获得的资料进行整理、筛选、分析、归纳，得出恰当的结论，提出合理建议而形成的书面报告。市场调查报告具有针对性、真实性和时效性的特点。

（一）市场调查报告的类型

1. 市场需求调查报告

这类报告主要调查市场对本企业产品的需求量和影响需求量的因素。调查需紧紧抓住购买力、购买动机和潜在需求三个方面。

2. 经营政策调查报告

这类报告主要调查本企业的产品、价格、广告和推销政策、销售和技术服务政策等的效果，通过调查了解企业的销售能力是否适应消费者的需要，企业的销售策略是否合理，以便及时发现问题、及时改正。

3. 竞争对手调查报告

这类市场调查主要包括调查竞争者对手的情况，竞争手段，竞争能力，竞争产品质量、性能、价格及其新产品的发展动向等方面的情况。

4. 市场综合调查报告

将以上类型的市场调查报告结合在一起，所形成的市场调查报告即为市场综合调查报告。这类报告内容丰富，能够发挥多方面的作用。

（二）撰写市场调查报告前的准备工作

市场调查报告的撰写主要按以下步骤进行：明确市场调查的目的、方法和实施情况→落实写作材料→确定报告类型及阅读对象→构思报告→选择材料。

（三）市场调查报告的撰写格式

市场调查报告一般由标题、正文、落款等部分组成。

1. 标题

一般来说，市场调查报告的标题没有固定的格式，它要求与文章的内容融为一体，是文章内容的高度概括，通常用精练简洁的文字表现文章的中心思想。市场调查报告的标题主要有两种形式：

（1）公文式。公文式标题由调查对象、内容、范围、文种几个要素组成，如“关于吉诺尔冰箱销售市场前景的调查”。

（2）新闻式。新闻式标题类似新闻报道或一般文章的标题。一般有两种写法：单标题，概括调查内容或直接揭示调查结论，如“无锡市中学生家庭电脑使用情况调查报告”“皮革服装在济南市场畅销”；双标题，由正、副标题组成，正标题概括调查内容或直接揭示调查结论，副标题则标明调查对象、内容或范围，如“价高、价乱何时了——2007上海地区家电市场售后服务调查”“‘皇帝的女儿’也‘愁嫁’——关于舟山鱼滞销情况的调查”。

2. 正文

正文部分一般由前言、主体、结尾组成。

（1）前言。前言部分用简明扼要的文字交代撰写调查报告的缘起、目的、对象、范围、内容、方法和时间、地点等有关调查活动的说明。前言的写法主要有以下几种：

1）说明式，即说明市场调查的时间、地点、目的、对象、方式、范围等，有时亦可扼要地说明文章的基本观点或调查的重要意义。

2）叙述式，即简要介绍调查对象的基本情况及全文的主要内容。

3）提问式，即用提问的方式，引起读者的注意。

4）点题式，即开头就表明观点，借以吸引读者。由于写作目的、写作对象的不同，前言可长可短。短者只简明扼要地说明为什么进行调查、怎样进行调查、调查的结论如何，长者还包括调查方法、调查经过和调查人员。

由于写作目的、写作对象的不同，前言可长可短。短者只简明扼要地说明为什么进行调查、怎样进行调查、调查的结论如何，长者还包括调查方法、调查经过和调查人员。

有的调查报告为了使读者迅速、明确地了解调查报告的全貌，还在前言中极简要地列出一个报告的内容摘要。调查报告摘要具体包括四个方面的内容：

其一，简要说明调查目的；其二，介绍调查对象和调查内容，包括调查时间、地点、对象、范围、调查要点及所要解答的问题；其三，简要介绍调查研究的方法；其四，简要说明调查结论与建议。

（2）主体。主体是市场调查报告最重要的部分，一般包括基本情况、结论或预测、建议和决策三个部分的内容。

1）基本情况。即对调查所获取的客观情况、数据的叙述和说明，可以用文字、图表、数字加以说明，必要时还应对市场背景资料，如地理、气候、政治、文化、社会的变化趋势以及政策、法律法规等作出说明。这部分的重点应放在对当前情况的介绍上，要如实反映调查对象的现状现貌，如消费者情况、产品情况、销售情况、市场需求情况。

a. 消费者情况：消费者的数量、地区分布，消费者的职业、收入、年龄、性别等个人情况，消费者购买的动机、次数、数量、习惯、时间、地点等情况。

b. 产品情况：主要消费者对商品质量、性能、价格、包装、交货期限、技术服务的评价、意见和要求；商品在市场上的占有率、覆盖率，在市场上的供求比例；厂牌商标的效果；消费者对商品的使用方法是否正确。

c. 销售情况：影响销售的因素；现有销售能力；如何扩大销路、提高销售能力；现有销售渠道是否合理，如何减少中间环节；商品的销售成本与销售收入的比率；商品的仓储、运输成本、运输路线等情况；广告费用和宣传力度。

d. 市场需求情况：市场潜在需求量，本企业在不同市场的占有率，竞争对象的经营情况、经营理念和发展战略，市场变化趋势。

以上内容既要有典型事例，又要有典型数据；不仅内容要丰富，还要做到条理清晰，并科学合理地揭示出内在联系。以上四个方面，写作时不一定面面俱到，哪些方面要写，哪些方面不写，哪些方面详写，哪些方面略写，要视具体情况来确定。

2）结论或预测。这部分通过对资料的分析研究，对上述情况数据进行科学的分析，找出原因及各方面因素的影响，透过现象看本质，得出针对调查目的的结论，或者预测市场未来的发展和变化趋势。市场调查报告对市场的预测无须太详细，但仍需在反映市场现状的基础上简略地推断其发展趋势，展望市场前景。论述可长可短，可将分析、推断过程写出来，也可只写结论不反映分析过程，针对性和逻辑性要强，预测力求准确，不能牵强附会。为了条理清楚，该部分往往分为若干条叙述，或列出小标题。

3）建议和决策。调查者通过对调查资料的分析研究，在发现了市场的问题和预测了市场未来的变化趋势后，应为准备采取的市场对策提出建议或看法，供领导决策参考，这是市场调查的落脚点。

（3）结尾。结尾的写法多种多样，从形式上看可分为三种情况：一是没有结束语，二是有较短的结束语，三是有较长的结束语。较为简单的市场调查报告可以不专门写结尾，而较复杂的市场调查报告要写结尾，一般写有前言的市场调查报告也要有结尾，以与前言互相照应。从内容上看，结尾有以下几种写法：1）综述全文，重申报告的观点，画龙点睛，深化主题；2）总结经验，形成调查的基本结论；3）提出问题，并提出相应的建议或意见，以引起注意；4）补充交代，补述其他部分无法交代的问题；5）揭示意义，针对调查对象，由面到点，由此及彼，展望未来，指出调查问题的重要意义。总之，不管采取哪种写法，都力求简洁，绝不可画蛇添足，影响正文效果。提出问题而不直接致力于解决问题，这是市场调查报告有别于市场预测报告和经济活动分析报告等的标志。

3. 落款

市场调查报告正文结束后，应署上调查单位名称或调查者姓名以及完成报告的日期。如果该调查报告公开发表，落款部分的内容可以写在标题之下。

有的市场调查报告还有附录，主要内容是分析方法的说明、统计图表、公式以及参考数据等。

[市场调查报告例文]

关于居民家庭饮食消费状况调查报告

为了深入了解本市居民家庭在酒类市场及餐饮类市场的消费情况，特进行此次调查。调查由本市某大学承担，调查时间是2001年7月至8月，调查方式为问卷式访问调查，本次调查选取的样本总数是2 000户。各项调查工作结束后，该大学将调查内容予以总结，其调查报告如下。

一、调查对象的基本情况

（一）样本类属情况

在有效样本户中，工人320户，占总数的比例为18.2%；农民130户，占总数的比例为7.4%；教师200户，占总数的比例为11.4%；机关干部190户，占总数的比例为10.8%；个体户220户，占总数的比例为12.5%；经理150户，占总数的比例为8.52%；科研人员50户，占总数的比例为2.84%；待业户90户，占总数的比例为5.1%；医生20户，占总数的比例为1.14%；其他260户，占总数的比例为14.77%。

（二）家庭收入情况

本次调查结果显示，从本市总的消费水平来看，相当一部分居民还达不到小康水平，大部分人的人均收入在1 000元左右，样本中只有约2.3%的消费者收入在2 000元以上。因此，可以初步得出结论，本市总的消费水平较低，商家在定价的时候要特别慎重。

二、专门调查部分

（一）酒类产品的消费情况

1. 白酒比红酒消费量大

分析其原因：一是白酒除了顾客自己消费以外，用于送礼的较多，而红酒主要用于自己消费；二是商家做广告也多数是白酒广告，红酒广告很少。这直接导致白酒的市场大于红酒的市场。

2. 白酒消费多元化

(1) 从买白酒的用途来看，约52.84%的消费者用来自己消费，约27.84%的消费者用来送礼，其余的是随机性很大的消费者。

买酒用于自己消费的消费者，其选择的白酒价格大部分在20元以下，其中10元以下的约占26.7%，10～20元的占22.73%。从品牌上来说，稻花香、洋河、汤沟酒相对看好，尤其是汤沟酒，约占18.75%，这也许跟消费者的地方情结有关。从红酒的消费情况来看，大部分价格也都集中在10～20元。其中，10元以下的占10.23%，价格档次越高，购买力相对越低。从品牌上来说，以花果山、张裕、山楂酒为主。

送礼者所购买的白酒的价格大部分为80～150元（约占28.4%），约有15.34%的消费者选择150元以上的白酒。这样，生产厂商的定价和包装策略就有了依据，定价既要合理，又要有好的包装，才能增加销售量。从品牌的选择来看，约有21.59%的消费者选择五粮液，10.79%的消费者选择茅台。另外，对红酒的调查显示，约有10.2%的消费者选择40～80元的价位，选择80元以上的约占5.11%。

总之，从以上的消费情况来看，消费者的消费水平基本上决定了酒类市场的规模。

(2) 购买因素比较鲜明。调查资料显示，消费者关注的因素依次为价格、品牌、质量、包装、广告、酒精度，这样就可以得出结论，生产厂商的合理定价是十分重要的，创名牌、求质量、巧包装、做好广告也很重要。

(3) 顾客忠诚度调查表明，经常换品牌的消费者占样本总数的32.95%，偶尔换的占43.75%，对新品牌的酒持喜欢态度的占样本总数的32.39%，持无所谓态度的占52.27%，明确表示不喜欢的占3.4%。可以看出，一旦某个品牌在消费者心目中形成，是很难改变的。因此，厂商应在树立企业形象、争创名牌上狠下功夫，这对企业的发展十分重要。

(4) 购买动因调查表明，消费者购买动因首先在于消费者自己的选择，其次是广告宣传，然后是亲友介绍，最后才是营业员推荐。不难发现，怎样吸引消费者的注意力，对于企业来说是关键，怎样做好广告宣传，如何建立消费者的口碑，将直接影响酒类市场的规模。而对于商家来说，营业员的素质也应重视，因为其对酒类产品的销售有着一定的影响作用。

(二) 饮食类产品的消费情况

本次调查主要针对一些饮食消费场所和消费者比较喜欢的饮食进行。调查表明，消费有以下几个重要特点：

(1) 消费者认为最好的酒店不是最佳选择，而最常去的酒店往往又不是最好的酒店，消费者最常去的酒店大部分是中档的，这与本市居民的消费水平是相适应的。现将主要的几个酒店比较如下：

泰福大酒店是大家最看好的，约有31.82%的消费者选择它，其次是望海楼和明珠大酒店，都占10.23%，然后是锦花宾馆。调查中我们发现，云天宾馆虽然说是比较好的宾馆，但由于其特殊性，只有举办大型会议时才使用，或者是贵宾、政府政要才可以进入，因此调查中作为普通消费者的调查对象很少会选择云天宾馆。

(2) 消费者大多选择在自己工作或住所的周围消费，有一定的区域性。虽然在酒店的选择上有很大的随机性，但也并非绝对。例如，长城酒楼、淮扬酒楼，也有一定的远距离消费者惠顾。

(3) 消费者追求时尚消费，如对手抓龙虾、糖醋排骨、糖醋里脊、宫保鸡丁的消费比较多，特别是手抓龙虾，在调查样本总数中约占26.14%，以绝对优势占领餐饮类市场。

(4) 近年来，海鲜与火锅成为市民饮食市场的两个亮点，市场潜力很大，目前的消费量也很大。调查显示，表示喜欢海鲜的占样本总数的60.8%，喜欢火锅的约占51.14%。在对季节的调查中，喜欢在冬季吃火锅的约有81.83%，喜欢在夏天吃火锅的约为36.93%，火锅不但在冬季有很大的市场，在夏季也有较大的市场潜力。目前，本市的火锅店和海鲜馆遍布街头，形成居民消费的一大景观和特色。

三、结论和建议

(一) 结论

(1) 本市的居民消费水平还不算太高，属于中等消费水平，平均收入在1 000元左右，相当一部分居民还没有达到小康水平。

(2) 居民在酒类产品的消费上主要是用于自己消费，并且以白酒居多，红酒的消费比较少。用于个人消费的酒品，无论是白酒还是红酒，其品牌以家乡酒为主。

(3) 消费者在买酒时多注重酒的价格、质量、包装和宣传，也有相当一部分消费者持无所谓的态度。对新牌子的酒认知度较高。

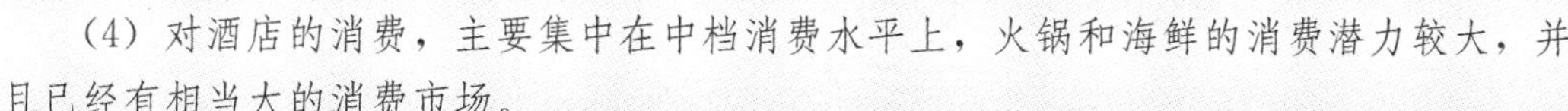

(4) 对酒店的消费，主要集中在中档消费水平上，火锅和海鲜的消费潜力较大，并且已经有相当大的消费市场。

(二) 建议

(1) 商家在组织货品时要根据市场的变化制定相应的营销策略。

(2) 对于消费者较多选择本地酒的情况，政府和商家应采取积极措施引导消费者的消费，实现城市消费的良性循环。

(3) 海鲜和火锅消费的增长，导致城市化管理的混乱，政府应加强管理力度，对市场进行科学引导，促进城市文明建设。

调查人：××大学经济贸易学院××学生社团

2001 年 9 月 3 日

资料来源：http：//wenku. baidu. com/view/1124577c27284b73f242500b. html.

[简析] 这是一篇内容较为简单的市场调查报告，报告由标题、前言、主体、结尾、落款几部分组成。标题采用公文式标题，由“调查范围+调查内容+文种”构成。前言部分简要说明了本次调查的目的、时间、内容、对象及采用的调查方法、方式。主体部分先用数据说明调查对象的基本情况，然后分别从“酒类产品”和“饮食类产品”的消费情况来进行描述并分析原因。结尾部分明确了调查结论，并有针对性地提出了建议。落款部分写明了调查单位及写作时间。这篇调查报告观点鲜明，材料翔实，中心突出，条理清晰，分析和判断也较科学、客观。

特别提示

撰写市场调查报告的注意事项

1. 资料信息要充分、真实。市场调查报告的写作必须建立在充分占有真实资料信息的基础上。如果资料信息不全面、不真实，就丧失了得出正确结论的前提。

2. 分析处理资料信息的方法要科学。市场调查报告不是资料信息的简单罗列，而是需要认真地分析、深入地研究，必要时要运用数学、经济学的原理和方法进行处理，才能得出正确的结论。

3. 报告中调查或反映的问题要突出重点。一份市场调查报告以写一个问题为宜，切忌涉及的问题太大、太多，面面俱到。

拓展练习

(1) 任选以下一个主题，拟制一份调查问卷。

1) 大学生关心的主要问题。

2) 大学生的人际关系状况。

3) 大学生的经济收支情况。

4) 大学生上网状况。

5) 大学生课外文化生活情况。

（2）按照市场调查报告的写作要求讨论下文，并提出详细的修改方案。

山寨手机市场调查报告

深圳可说是全国手机的集散地，国内大部分水货手机、山寨手机都是由深圳作为起点的。山寨手机其实就是国内一些三无厂商做出来的手机，由于规模小，制作容易，市场之兴旺也就可以想象：商场内堆积如山的山寨手机让人大开眼界，人潮汹涌，手机价格最低只要100多元一部，最贵也就1000多元人民币。便宜就是山寨手机唯一的杀手锏，因为价格便宜，所以需求不断。

说起来也许值得骄傲，山寨手机不但是中国制造，更是中国创造，功能非常齐全，产品设计灵活多变，诸如7个喇叭、4个摄像头、电击手机、验钞功能手机层出不穷，仿制苹果手机的也有数十个版本，大屏幕、手写、MP4拍摄、双模双卡，一应俱全，这是“中国式智慧的体现”。当然，成本被压榨到极限，质量也会随之下降，卖的人知道，买的人也是心知肚明。

分工清晰。山寨手机的制造，其实已经形成了非常成熟的产业链，从研发到销售都有专门分工，包括液晶屏、耳机、电池、充电器、手写笔甚至摄像头镜片、防尘网等都有专业厂家在做，MTK和英飞凌是使用最广泛的平台。

成本极度压缩。据山寨手机业内人士透露：山寨手机的主要优势在于控制成本，例如一个充电器，采购价不到3元钱。主板属于专用配件，所以很少零售，而且一出货就按上万块来算，但屏幕、喇叭、送话器等配件就比较好买，例如屏幕，十几元到100多元的都有，随你选择。其实屏幕也分很多类，显示效果好、可视角度大、响应速度快的要100多元一块，面积小、分辨率低的就便宜很多，二手的屏幕只需10元左右。

功能如同搭积木。如MTK解决方案，它可以自由添加功能；如JAVA、摄像头等，一个一个加进去；等等。核心解决方案源自中国台湾，大陆山寨厂主要负责主板设计、功能设计、外观设计、组装等工作。其实现在山寨手机的销路除了国内市场外，很大一部分是销往国外，外销才是最主要的市场。

亏本也能卖。其实100多元的手机，成本也要200多元，但这种手机做出来以后不好卖，跟不上手机发展，积压严重，因为急于套现，所以就便宜出手，走量，套现以后再设计新款。设计一部手机通常要一两万元，贵的要3万元，从设计、开模到量产，投入是很大的，所以没有人愿意做定制手机，但手机加上双卡、多喇叭等功能则容易得多。

据一项调查统计，山寨手机的中国市场占有率已经达到25%，每天到深圳、东莞等地拿货的人络绎不绝。行货、水货、翻新、山寨机混合售卖，泾渭分明，各类别的手机分开几个楼层，店主对山寨手机的反应很平淡，已经见怪不怪，虽然都知道那是“高仿手机”“假手机”，但并没有特别强调假货的危害。从市场人气来看，这个产业起码养活了数百万人。而且，市场内不仅有中国的同胞，还有很多外国人，黑人白人黄种人，一个小型的联合国就这样诞生了。据店主介绍，中国对山寨手机的需求并不算多，反而出口国外的量非常大，很多商家都是只做出口生意的，还不用承担保修工作，何乐而不为？

从来不打广告的山寨手机，也能做到广为流传，真不简单。

模块二　创业计划书

情境设定

撰写创业计划书

知识导入

创业计划书是创业者为了得到创业启动资金而撰写的一种商业计划书，也是投资方决定是否投资的重要依据。投资方首先会根据创业计划书对项目作出判断，考虑是否进行深入谈判或投资。因此，创业者是否能撰写出高质量的创业计划书，对创业融资的成功率有直接的影响。

情境分镜头

分镜头一　在各团队完成了自己的市场调研，确定了团队的创业项目后，海豚老师向各团队布置了撰写创业计划书的任务。海豚老师还告诉了大家一个好消息，学校近期将举办一次面向全市的“大学生创业计划书大赛暨创业融资会”，一些企业家和投资商将受邀出席本次活动，参赛项目中被投资认定为有潜力的优质项目，将有可能获得投资商几千元到上百万元不等的投资。学校接下来将从培训班中评选出最优秀的一份创业计划书代表学校参赛。队员们听到这个消息后都很兴奋，大家摩拳擦掌，都想争取到这次难得的参赛机会。

分镜头二　经过前一阶段的市场调研，青梅团队对自己的创业项目信心更足了，他们还给自己未来的公司起了一个既契合公司产品，又好听且好记的名字——来伊口，并在前期市场调查的基础上，经过不断的修订、完善，撰写完成了一份出色的创业计划书。艺术系广告专业学生江南还特意为计划书制作了漂亮的封面。捧着这本凝聚了整个团队成员心血的沉甸甸的计划书，青梅觉得这段日子过得既充实又有成就感，心中不禁涌起一股强烈的创业冲动，对接下来的创业计划书大赛更加充满了期待……

执行路径

确定创业计划书的编写者→了解创业计划书的写作格式→收集并整理相关信息→设计总日程表，对计划书各部分工作合理分工→创建行动日历表→撰写创业计划书→审阅和反馈→完善与更新

知识平台

创业计划书是创业阶段的企业为了得到创业的启动资金而编制的一种商业计划书。创业计划书是由国际惯例通用的标准文本格式形成的项目建议书，是全面介绍公司和项目运作情况，阐述产品市场及竞争、风险等未来发展前景和融资要求的书面材料。

一、创业计划书的撰写思路

从根本上讲，创业计划书的拟定是一个展望项目的未来前景，细致探索其中的合理思路，确认实施项目所需的各种必要资源，再寻求所需支持的过程。因此，创业者在撰写创业计划书前必须明确以下几个问题。

（一）为什么要写创业计划书

首先，撰写创业计划书的主要目的之一就是筹集资金。创业者要让公司成功运营或顺利投产，需要大量资金，这就需要寻找战略合作伙伴或者风险投资人。而一份高品质且内容丰富的创业计划书，则是吸引投资者，特别是风险投资家参与创业者的投资项目的关键。因此，一份优秀的创业计划书是叩响投资者大门的敲门砖。

其次，创业计划书的撰写过程有助于帮助创业者理清思路。对初次创业的创业者来说，创业计划书的作用尤为重要。一个酝酿中的项目，往往很模糊，通过撰写创业计划书，把正反理由都书写下来，随后逐条推敲，这样可以促使创业者对创业项目有更清晰的认识。

（二）创业计划书的读者是谁，他们最关心的问题是什么

一般而言，创业计划书的读者即融资对象。因此，创业者在编写计划书前，应根据投资者的特点理清整个计划书的撰写思路，回答投资者所关心的问题。

创业计划书的撰写思路如图 7—3 所示。

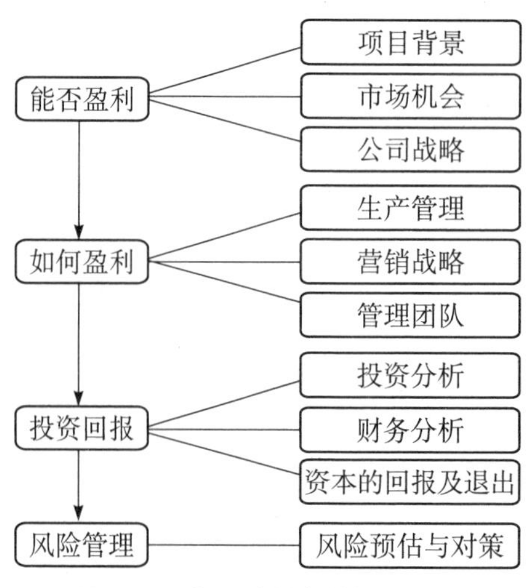

图 7—3　创业计划书的撰写思路

（三）如何撰写一份好的创业计划书

为了确保创业计划书能“击中目标”，一份成功的创业计划书应做到以下几点：

1. 关注产品

在创业计划书中，应提供所有与企业的产品或服务有关的细节，包括企业所实施的所有调查。这些问题包括：产品或服务正处于什么样的发展阶段？它的独特性怎样？企业分销产品的方法是什么？谁会使用企业的产品，为什么？产品的生产成本是多少？售价是多少？企业发展新的现代化产品的计划是什么？把出资者拉到企业的产品或服务中来，这样出资者就会和创业者一样对产品感兴趣。在创业计划书中，企业家应尽量用简单的词语来描述每件事。创业计划书对产品的阐述，要让出资者感到：“噢，这种产品是多么美妙、多么令人鼓舞啊！”

2. 敢于竞争

在创业计划书中，创业者应细致分析竞争对手的情况。竞争对手都是谁？他们的产品是如何工作的？竞争对手的产品与本企业的产品相比，有哪些相同点和不同点？竞争对手所采用的营销策略是什么？要明确每个竞争对手的销售额、毛利润、收入以及市场份额，然后讨论本企业相对于每个竞争对手所具有的竞争优势。要向投资者展示，顾客偏爱本企业的原因是本企业的产品质量好、送货迅速、定位适中、价格合适等。创业计划书要使它的读者相信，本企业不仅是行业中的有力竞争者，而且将来会是确定行业标准的领先者。在创业计划书中，企业家还应阐明竞争对手给本企业带来的风险以及本企业所采取的对策。

3. 市场分析和销售战略

创业计划书要给投资者提供企业对目标市场的深入分析和理解。要细致分析经济、地理、职业以及心理等因素对消费者选择购买本企业产品这一行为的影响，以及各个因素所起的作用。创业计划书中还应包括一个主要的营销计划，计划中应列出本企业打算开展广告、促销以及公共关系活动的地区，明确每一项活动的预算和收益。创业计划书中还应简述一下企业的销售战略：企业是使用外面的销售代表还是使用内部职员？企业是使用转卖商、分销商还是特许商？企业将提供何种类型的销售培训？此外，创业计划书还应特别关注销售中的某些细节问题。

4. 表明行动的方针

企业的行动计划应该是无懈可击的。创业计划书应该明确下列问题：企业如何把产品推向市场？如何设计生产线？如何组装产品？企业生产需要哪些原料？企业拥有哪些生产资源，还需要什么生产资源？生产和设备的成本是多少？企业是买设备还是租设备？解释与产品组装、储存以及发送有关的固定成本和变动成本的情况。

5. 展示你的管理队伍

把一个思想转化为一个成功的风险企业，其关键因素就是要有一支强有力的管理队伍。在创业计划书中，应首先描述一下整个管理队伍及其职责，然而分别介绍每位管理人员的特殊才能、特点和造诣，细致描述每个管理者将对公司所作的贡献。创业计划书中还应明确管理目标以及组织机构图。

6. 出色的计划摘要

创业计划书中的计划摘要也十分重要。它必须能让读者有兴趣并渴望得到更多的信息，给读者留下长久的印象。计划摘要将是创业者所写的最后一部分内容，但却是出资者最先要看的内容，它将从计划中摘录出与筹集资金最相干的细节。包括对公司内部的基本情况、公司的能力以及局限性、公司的竞争对手、营销和财务战略、公司的管理队伍等情况的简明而生动的概括。如果公司是一本书，它就像是这本书的封面，做得好就可以吸引住投资者。它会给风险投资家留下这样的印象：“这个公司将会成为行业中的巨人，我已等不及要去读计划的其余部分了。”

二、创业计划书的撰写格式

在不同的行业，创业计划书的结构与写法也不尽相同，没有统一的固定格式，但存在一个基本通用的写作模式。一般来说，一份内容详尽的创业计划书应包括摘要、公司战略、产品（服务）介绍、管理团队和公司结构、市场机会、营销策略、生产管理、财务规划、风险和风险管理、附录等部分。

1. 摘要

摘要列在创业计划书的最前面，是浓缩了的创业计划书的精华，这一部分内容在一些计划书中被称为执行总结。摘要涵盖了计划的要点，以求一目了然，以便读者能在最短的时间内评审计划并作出判断。摘要一般包括公司介绍、主要产品和业务范围、市场概貌、营销策略、销售计划、生产管理计划、管理者及其组织、财务计划、资金需求状况等主要内容。在摘要中，企业必须回答下列问题：

（1）企业所处的行业，企业经营的性质和范围；

（2）企业主要产品的内容；

（3）企业的市场在哪里，谁是企业的顾客，他们有哪些需求；

（4）企业的合伙人、投资人是谁；

（5）企业的竞争对手是谁，竞争对手对企业的发展有何影响。

摘要的表述要尽量简明、生动，特别要详细说明自身企业的不同之处以及企业获取成功的市场因素。

2. 公司战略

本部分重点对创办新企业的思路、新思想的形成过程以及企业的目标和发展战略进行说明，同时对企业现状、过去的背景和企业的经营范围进行客观的评述。中肯的分析往往更能赢得信任，从而使人容易认同企业的创业计划书。

3. 产品（服务）介绍

产品（服务）介绍是创业计划书中必不可少的一项内容，也是投资者在对投资项目进行评估时最关心的一个问题，有助于投资者对产品（服务）的市场价值作出合理的判断。

产品介绍应包括以下内容：产品的概念、性能及特性，主要产品介绍，产品的市场竞争力，产品的研究和开发过程，发展新产品的计划和成本分析，产品的市场前景预测，产品的品牌和专利等。在本部分中，创业者应回答以下问题：

（1）我们的产品（服务）能为顾客解决什么问题？顾客能从中获得什么好处？

（2）我们产品（服务）的竞争优势在哪里？潜在的竞争对手可能是谁？有没有可能长期维系这种优势？等等。例如：能否设立市场进入门槛？比如拥有自主知识产权，会使对手无法夺取你的市场。

（3）为什么我们的产品（服务）定价可以使企业产生足够的利润？为什么用户会大批量地购买我们的产品（服务）？

（4）我们将采用何种方式去改进产品（服务）的质量、性能？我们对发展新产品有哪些计划？等等。

4. 管理团队和公司结构

企业管理的好坏，直接决定了企业经营风险的大小。而高素质的管理人员和良好的组织结构则是管理好企业的重要保证。因此，风险投资人会特别注重对管理队伍的评估。

企业的管理人员应该是互补型的，且要具有团队精神。一个企业必须具备负责产品设计与开发、市场营销、生产作业管理、企业理财等方面的专门人才。在创业计划书中，必须对主要管理人员加以阐明，介绍他们所具有的能力，他们在企业中的职务和责任，他们过去的详细经历及背景。经验和过去的成功比学位更有说服力。如果准备把一个特别重要的位置留给一个没有经验的人，一定要向投资者给出一个充分的理由。

此外，在这部分中，还应对公司结构做一简要介绍，包括：公司的组织机构图；各部门的功能与责任；各部门的负责人及主要成员；公司的报酬体系；公司的股东名单，包括认股权、比例和特权；公司的董事会成员；各位董事的背景资料。

5. 市场机会

对投资项目在未来市场的表现，即市场预测，也是投资者十分关注的问题。在本部分中，创业者首先应针对产品（服务）的市场需求进行合理的预测：市场是否存在对这种产品（服务）的需求？需求程度是否可以给企业带来所期望的利益？新的市场规模有多大？需求发展的未来趋势及其状态如何？影响需求都有哪些因素？其次，市场预测还要包含对市场竞争情况的分析：市场中主要的竞争对手有哪些？是否存在有利于本企业产品的市场空当？本企业预计的市场占有率是多少？本企业进入市场会引起竞争对手有怎样的反应，这些反应对企业会有什么影响？等等。在创业计划书中，市场机会应包括以下内容：

（1）市场需求预测；

（2）市场现状综述；

（3）竞争厂商概览；

（4）目标顾客和目标市场；

（5）本企业产品的市场地位；

（6）市场区域和特征。

对市场错误的认识是企业经营失败的最主要原因之一。创业者应牢记的是，市场预测不是凭空想象出来的，创业者应尽量扩大收集信息的范围，将对市场的预测建立在严密、科学的市场调查基础上，以增加计划的可信度。

6. 营销策略

营销是企业经营中最富挑战性的环节，影响营销策略的主要因素有消费者的特点、产品的特性、企业自身的状况、市场环境方面的因素，最终影响营销策略的则是营销成本和营销效益因素。因此，在创业计划书中，创业者应阐明以下问题：

（1）市场机构和营销渠道的选择；

（2）营销队伍和管理；

（3）促销计划和广告策略；

（4）价格决策。

对创业者来说，由于产品和企业的知名度低，很难进入其他企业已经稳定的销售渠道，因此，企业不得不暂时采取高成本、低效益的营销战略，如上门推销、大打商品广告、向批发商和零售商让利，或将产品交给任何愿意经销的企业销售。

7. 生产管理

在寻求资金的过程中，为了增大企业在投资前的评估价值，使计划更加详细、可靠，在本部分的陈述中创业者需要回答以下问题：

（1）企业生产制造所需的厂房、设备情况如何？

（2）怎样保证新产品在进入规模生产时的稳定性和可靠性，设备的引进和安装情况如何？

（3）谁是供应商？

（4）生产线的设计与产品组装是怎样的？

（5）供货者的前置期和资源的需求量如何？

（6）生产周期标准的制定以及生产作业计划的编制如何？

（7）物料需求计划及其保证措施是怎样的？

（8）质量控制的方法以及相关的其他问题。

8. 财务规划

财务规划一般包括创业计划书的条件假设、预计的资产负债表、预计的损益表、现金收支分析、资金的来源和使用等内容。可以这样说，一份创业计划书概括地提出了在筹资过程中创业者需做的事情，而财务规划则是对创业计划书的支持和说明。因此，一份好的财务规划对评估创业者所需的资金数量和提高创业者取得资金的可能性来说，是十分关键的。在本部分中，创业者应说明以下几方面的问题：

（1）总体的资金需求如何？

（2）在这一轮融资中需要的是哪一级？

（3）如何使用这些资金？

（4）投资者可以得到的回报及退出策略是什么？

9. 风险和风险管理

企业在发展中总会存在风险和问题，创业计划书中也总会暗含与此相关的一些假设。创业者应识别并讨论企业中的风险，向投资者展示你作为一名经营者的技能，以增强投资者对你和你的企业的信任感。在这部分需要回答的问题有：

（1）公司在市场、竞争和技术方面有哪些基本的风险？

（2）怎样应付这些风险？

（3）就你看来，你的公司还有一些什么样的附加机会？

（4）在你的资本基础上如何进行扩展？

（5）在最好和最坏的情形下，你的五年计划表现如何？

主动指出并讨论风险有助于向投资者表明，你已经考虑过投资的风险并且能够处理。指出哪些假设或潜在问题及风险对企业成功最关键，你需要使各种不利于企业发展的影响降到最小。

10. 附录

在创业计划书末尾，一般需要附上一些说明性或证明性的材料，旨在提高可信度或进一步阐明问题。如营业执照、验资审计报告、资信证明、法人代表证书、税务登记证、财务报表（上年度、本度年、本月）、专利证书、鉴定报告、高新技术企业证书、高新技术项目证书等各种展现企业资质与实力的资料。

［创业计划书例文］

大学生创业计划大赛样本示例

目录

1. 执行总结

1.1　公司

上海盛旦科技股份有限公司（以下简称盛旦）秉承"Tech-application"（应用科技）的经营理念，努力将高科技实用化，以满足大众需求。公司目前拥有的一次性打印电池技术由复旦大学化学系研究开发，拥有完全的知识产权并已申请专利。

盛旦在一次性打印电池技术的基础上率先推出了"闪电贴Θ"（FlashTip）一次性超薄手机电池系列产品，填补了一次性手机电池的市场空白。目前，手机已经成为人们生活中不可或缺的消费品之一。据统计，目前全国已有手机用户 2.5 亿，但手机的不便之处也逐渐暴露，比如关键时刻的电量不足、突然断电的现象常常给人们带来很多尴尬，特别是外出洽谈商务或结伴出游时手机电池的突然断电有时会给人们带来很大的损失。虽然一些大商场提供了临时充电器，但由于充电需等候多时，且只有少数大商场提供此类服务等，因此手机电量的及时补充问题还未得到根本解决。“闪电贴”系列一次性超薄手机电池正是针对这一市场空白而推出的最新产品。

1.2 市场

“闪电贴”的目标群体主要定位于出差的商务人士、旅游群体以及往来商旅等，一张1毫米厚、面积与传统电池板相仿的产品将提供约为12小时的电池电量，只需将其贴于现有电池表面即可电力十足，轻便而快捷，既可以作应急之用，尽可能地降低短期断电造成的通信中断损失，也可省却外出携带充电器等不必要的麻烦，作为常用的备用手机电池。当然，由于其较高的性价比，其他普通消费者也可以接受。

在区域市场上，初期以国内市场为主，先大中型城市后小城市，同时在适当的时候进入国际市场，利用全球化的市场需求获得规模竞争优势。

1.3 生产与营销

盛旦准备在上海张江高科技园区设立加工基地，由于有成熟的技术（主体技术为现代喷墨打印技术和纳米材料技术），产品的加工工艺并不复杂，主要设备为打印设备和电池材料配置设备。初期成本为1.2元/贴（大小类似普通手机电池，厚度为1毫米，待机时间为12小时），售价为5元/贴，随着生产规模扩大，成本将不断降低。由于其市场容量巨大而且目前尚处于空白状态，因此市场前景巨大。

由于“闪电贴”属于快速消费品的范畴，因此在营销上采用大规模铺货的方式，占领便利店、超市、书报亭等主要的销售渠道，方便消费者及时方便地获取我们的产品。同时，第一年进行大量的派送试用，且投入一定资金做前期推广，通过各种媒体广告和各种促销活动打响产品知名度。在市场上采取先立足上海、后有计划分步骤地推向全国的策略。第一年销售37万片，第二年销售45万片，从第三年开始力求销售额和利润都大幅上升。

1.4 投资与财务

公司设立在张江高科技园区，属于国家支持的中小型高科技企业，税收上享受“两年免征所得税”的政策。公司成立初期需资金720万元，包括风险投资520万元，盛旦公司投资（管理层和化学所投资）100万元，流动资金贷款100万元。其中，用于固定资产投资155万元，流动资金565万元。股本规模及结构定为公司注册资本人民币800万元，包括外来风险投资入股520万元（65%），盛旦专利技术入股180万元（22.5%），资金入股100万元（12.5%）。

公司从第三年开始盈利，到第四年后利润开始大幅增长，内部收益率为50.1%。风险投资可通过分红和整体出让的形式收回投资。

1.5 组织与人力资源

公司成立初期采用直线型组织结构，由总经理直接向董事会负责；3～5年后，随着新产品的推出开始采用事业部型组织结构。公司初期项目团队主要来自复旦大学管理学院，成员各司其职，都具有相关领域的专业知识和运作经验，且优势互补。同时，公司拥有复旦大学化学所技术人员提供技术支持。此外，公司还邀请了多位管理学院教授为经营顾问。

2. 产品介绍

2.1　产业背景

有媒体报道的相关数据表明……在手机配套市场不断发展的背景下，手机应急断电应急处理方案的市场依然没有得到有效的开发……我们发现，在手机电池市场中，明显存在一个一次性手机电池的空白市场……而“闪电贴”这一独具匠心的高科技成果，正好填补了目前一次性应急用手机电池技术的空白，其1毫米的厚度、5克的重量、0.42元每小时的性价比都是一种新的突破，完全能提供应急手机通话的功能，它“即买即贴，即贴即用”的产品特性更为商务人士、旅游爱好者等人外出使用手机提供了极大的便利。

2.2　产品概述

2.2.1　产品简介

产品外观图（略）、产品结构图（略）

性能（略）

使用方法（略）

产品专利（略）

2.2.2　成本估计（略）

2.3　研究与开发（略）

2.4　未来产品与服务规划（略）

3. 市场机会

3.1　目标市场

本产品市场定位一次性手机电池板应急市场这一市场利基。基于前期的市场调研（附录一），对目标市场分析如下：

出差、旅游人士（略）

潜在顾客（略）

3.2　顾客购买准则

前期调研显示，“闪电贴”的价值主要在于：

（1）应急功能。85%以上的手机使用者曾经遭遇过手机突然没电的尴尬，由此，他们或有急事无法联系外界，或一时与家人和朋友失去联系，还有不少人因此而使生意洽谈受到阻碍。这都使得大量使用手机的群体有着强烈的愿望去购买具有临时应急性能的“闪电贴”。可以说，“闪电贴”很好地弥补了市场的这一空白，开发了一个巨大的潜在消费市场。

（2）使用便捷。在短期的外出中，“闪电贴”的电量完全可以替代笨重的充电器，这也将很好地满足消费者的潜在需求。他们既可以在外出之前购买“闪电贴”放入钱包中以备不时之需，也可在外出的途中在各种销售网点临时购买并“即贴即用”。谁不想外出的背包越轻越好呢？

3.3　销售策略

主要采取零售的方式，前期通过便利店和书报亭两大销售网点接近最终消费者。从为消费者提供便利的角度出发，考虑该分销渠道巨大的客流量和众多的网点。此外，前期安排多种促销活动，使消费者更快地了解“闪电贴”的性能及其使用方法等。详见下述“5. 营销策略”部分。

3.4　市场渗透与销售量

直接销售五年预期计划表（略）

3.5　竞争分析

在市场竞争方面，充分考虑了现有市场的各种情况，现就波特的五大竞争力量作一分析（如下图所示）：

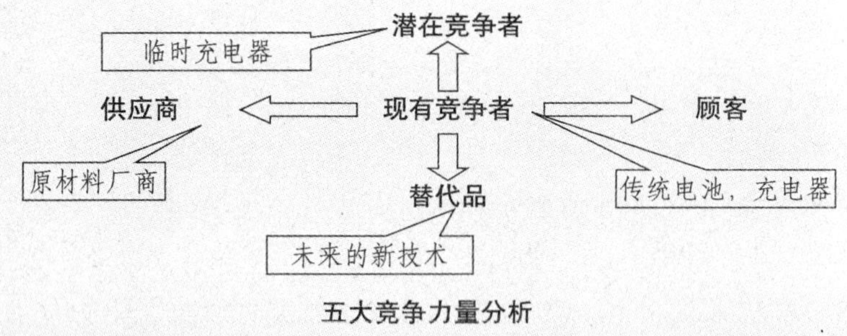

五大竞争力量分析

…………

在分析了竞争力量以后，我们认为“闪电贴”与其他竞争性产品相比，最显著的特点是其便利性（因为其只能使用一次，所以单价虽低，但实际单次成本却不低；传统电池等可重复使用多次，单价虽高，但单位使用成本较低）。因此，便利性是我们市场营销中特别要突出的重点。

4. 公司战略

4.1　公司概述（略）

4.2　总体战略（略）

4.2.1　公司使命

向社会提供优质的一次性手机电池产品，服务社会，发展自己。

4.2.2　公司宗旨

盛旦以“Tech-application”（应用科技）作为公司宗旨，力图将新的科技成果实用化，以方便生活，造福社会。推出可靠的产品，并在应用的过程中将之不断完善，缩短科技产业化的时间周期，是盛旦努力的方向。

4.3　发展战略

4.3.1　初期（1～3年）

主要产品为一次性超薄纳米手机电池，产品定位是作为现有手机电池的补充，占领一次性手机电池这个新市场，建立自己的品牌，积累无形资产；收回初期投资，准备扩大生产规模，开始准备研发新产品。

第一年：

- 产品导入市场，提高产品知晓度，树立品牌形象。
- 进入上海以及周边的五大城市（南京、杭州、苏州、温州、宁波）。
- 在这些城市打开并初步占领一次性手机电池市场。
- 累计销量达37万片，销售收入约为180万元。
- 进行喷墨超薄锂钴氧可充式电池的研究工作。

第二年：……

第三年：……

4.3.2 中期（4～6年）

…………

4.3.3 长期（7～10年）

…………

5. 营销策略

5.1 销售策略与目标

主要采取零售的方式，前期通过便利店和书报亭两大销售网点接近最终消费者。……销售方式上，前期考虑多种促销活动，目的是使消费者更快地了解“闪电贴”的性能及其使用方法等。……

5.2 价格策略

…………

在对市场需求、真实成本、向客户提供的价值和竞争对手都进行了准确的分析后，运用相关的软件得出使企业利润最大化的定价（见下表）。

“闪电贴”定价清单表

规格	成本		零售定价	批发定价
	生产成本	销售成本（包括给分销商20%的折扣以及推广费用等）	100%	80%
单片装	1.2元	1.8元	5元	4元
10片装	10元	15元	40元	32元

5.3 分销策略（略）

5.4 促销策略

5.4.1 短期的促销策略

…………

派送活动……预计第一年内派送宣传投入100万元。

户外广告……预计第一年内户外广告宣传投入100万元。

大型露天推广活动……预计第一年大型露天推广活动投入30万元。

5.4.2 长期的促销策略（略）

6. 生产管理

6.1 厂址选择与布局

生产基地定在张江高科技园区。这样选址主要出于以下三点理由……

厂区总平面布置图（略）

6.2　生产工艺流程

6.2.1　主要工艺流程（略）

…………

6.3　产品包装与储运

6.3.1　包装（略）

6.3.2　储运（略）

7. 财务分析

7.1　主要财务假设（略）

7.2　投资分析

7.2.1　股本结构与规模（略）

7.2.2　资金来源与运用

公司成立初期共筹集资金720万元，包括风险投资520万元，盛旦公司投资100万元，短期贷款100万元（金融机构一年期贷款，利率为5.85%），用作流动资金……

资金主要用于……明细如下……

8. 管理团队（略）

9. 机遇与风险

9.1　机遇

（1）目前手机市场日益庞大，市场前景看好。

（2）大部分手机使用者受到手机突然断电的困扰并造成一定损失。

（3）由于采用了高新技术，我们的产品目前没有同类竞争对手。

9.2　外部风险

（1）国家对一次性电池产品的生产、销售、检验、广告等的相关政策。

（2）手机生产商的态度，能否接受我们的产品，或者抵触我们的产品而更新手机式样。

（3）经销商销售能力的不确定性。

（4）潜在竞争者的加入。

（5）高新技术发展很快，生命周期缩短，被替代的可能性加大。

（6）风险投资以及银行贷款的风险。

9.3　内部风险

（1）新技术营销策略的不确定性造成选择上的模糊与困难。

（2）价格在一定程度上影响进入一次性手机电池新领域的营销策略。

（3）传统手机电池生产商可能对产品进行调整，抵制一次性手机电池的推广。

9.4　解决方案（略）

10. 风险资本的退出（略）

附录一："闪电贴"前期市场调研报告

附录二：超薄打印电池核心技术

资料来源：http：//wenku. baidu. com/view/94b24620192e45361066f59d. html.

[简析] 本文为第四届"挑战杯"全国大学生创业计划竞赛金奖作品，为避免篇幅过长，编者对部分内容进行了删减。该创业计划书的执行总结即摘要部分，既全面概括了计划书的重点又突出了项目的独特优势。全文逻辑清晰，数据翔实，充分展示了本项目的优势，对投资者极具说服力，是一篇优秀的创业计划书。

特别提示

撰写创业计划书的注意事项

在创业计划书完成之后，创业者最好再将计划书检查一遍，看一下该计划书能否准确回答投资者的疑问，以增加投资者对本企业的信心。通常可以从以下几个方面对创业计划书加以检查：

(1) 你的创业计划书是否显示出你具有管理公司的经验？如果你自己缺乏能力去管理公司，那么一定要明确地说明，你已经雇了一位经营大师来管理你的公司。

(2) 你的创业计划是否显示了你有能力偿还借款？要保证给预期的投资者提供一份完整的比率分析。

(3) 你的创业计划书是否显示出你已进行过完整的市场分析？要让投资者坚信你在计划书中阐明的产品需求量是确实的。

(4) 你的创业计划书是否容易被投资者所领会？创业计划书应该备有索引和目录，以便投资者可以较容易地查阅各个章节。此外，还应保证目录中的信息流是有逻辑的和现实的。

(5) 你的创业计划书中是否有计划摘要并放在了最前面？计划摘要相当于公司创业计划书的封面，投资者最先看到的就是它。为了保持投资者的兴趣，计划摘要应写得引人入胜。

(6) 你的创业计划书是否在文法上全部正确？如果你不能保证，那么最好请人帮你检查一下。计划书的拼写错误和排印错误会使你很快丧失机会。

(7) 你的创业计划书能否打消投资者对产品/服务的疑虑？如果需要，你可以准备一件产品模型。创业计划书中的各个方面都会对筹资的成功与否有影响，因此，如果你对你的创业计划书缺乏成功的信心，那么最好去查阅一下计划书编写指南或向专门的顾问请教。

模块三　创业计划书讲稿及 PPT 要点

情境设定

创业融资会

知识导入

创业计划书的现场展示效果对投资者的判断通常会产生很大的影响，因此，在进行创业计划书的陈述时要抓住机会，紧扣创业项目的关键因素来向投资者推销你的创业计划。

情境分镜头

分镜头一　海豚老师告诉大家，要想获得投资者的青睐，在进行创业计划书的陈述时，一定要用最简洁的市场分析和可靠的数据给投资者留下深刻的印象，用看得见的东西来吸引投资者的目光。海豚老师同时提醒各团队要针对投资商在融资会上可能提出的问题做好充分的准备。

分镜头二　经过学校专家组评选，青梅团队最终赢得了代表学校参加本次大学生创业大赛的机会。经过了大赛前反复的模拟演练，这一天，青梅和她的团队成员衣着整齐、精神饱满地走进了比赛现场。大赛中，青梅团队的创业项目因为市场定位准、潜力大、可行性强，获得了投资公司的青睐和投资。青梅没有想到，自己艰难的“就业”之路竟然是以“创业”作为起点；她更没有想到，一次不经意的选择，竟然成就了自己的创业梦想。在政府、学校、企业的各方支持下，经过一番组织筹建工作，“来伊口食品股份有限公司”终于注册成立，青梅被任命为公司总经理，公司的开业庆典也即将举行。此时的来伊口食品股份有限公司也如同一艘鼓动风帆的小船，满载着一船怀揣梦想、一身干劲的年轻创业者，扬帆起航了！

执行路径

修订、完善创业计划书→准备发言提纲→准备PPT→小组内部演练→融资会现场展示创业计划书→回答投资方的提问

知识平台

一、创业计划书讲稿准备要点

创业融资会对创业者来说绝对是一个难得的机会。通常情况下，会议举办方会给创业者提供10分钟左右的时间对其创业计划进行讲解。因此，陈述前的创业计划书讲稿准备工作就显得尤为重要。创业计划书的讲稿应抓住以下几方面来写：

（1）我的业务是什么？

（2）我的商业模式是什么？（主要的收入来源）

（3）我的业务是满足什么需要或解决什么问题？

（4）我的竞争对手有哪些？详细情况如何？

（5）我的客户是哪些？

（6）我的业务目前的发展状况如何？

——主意构想的阶段

——业务开发阶段

——已有产品或服务

——已有收入

——已经有了可观的收入，并且寻求业务的扩张

（7）我希望融资的金额是多少？

（8）我的目标评估价值是多少？

（9）谁是我目前的投资者？

（10）我的总部设在何处？

（11）主要管理人员简介。

小贴士

创业者在阐述时除重点介绍创业计划书中的关键点外，还应注意以下几点：

1. 要简单易懂，阐述时尽量避免使用术语。
2. 要集中阐述独到的创业优势、诱人的商机和丰厚的回报，以吸引投资者。
3. 要解释顾客为什么会掏钱买你的产品或服务。
4. 要用精确的市场分析和可靠的数据来说服投资者。
5. 要先阐述重点，然后分析细节部分，集中解释两三个要点。
6. 要解释为什么你最适合做这件事。
7. 要在陈述结束时再次强调市场机会。
8. 对于讲解中没提到的问题，要估计到他人可能会提问，应提前做好应答准备。

二、创业计划书 PPT 准备要点

有一句教育名言这样说："你听到的你会忘记，你看到的你会记住。"这同样适用于创业计划书的演示。要想给投资者留下深刻印象，应尽量使用视听设备作为辅助手段。通常，创业者会选择在讲解的同时，使用 PPT 软件加以辅助。准备 PPT 时，应注意以下要点：

（1）在重要的商业场合，PPT 模板宜采用朴素、保守的风格，不宜花哨。

（2）PPT 的结构、逻辑层次要清晰、简明。

（3）遵循 KISS 原则（keep it simple and short）：版式简单、风格简明，多图表、少文字，多留白、少动画。

（4）要美化版面，色调要有吸引力，但整个 PPT 的颜色不宜超过 3 个色系。

[创业计划书现场答辩实录]

NPG 团队在首届研究生技术创业计划大赛决赛上的答辩实录

各位领导、老师、同学们：

下午好！我们的创业项目是高质廉价三元体系锂电池正极材料的工业生产。

能源问题现在逐渐成为人们关注的热点问题。第二次世界大战以后，主要的动力支撑就是能源。锂电池作为能源的承载形式，由此迎来了它的春天，我们的产品也由此诞生了。

目前，锂电池主要应用于通信领域，包括手机、笔记本电脑、MP3等。预计到2013年底，这一数据将突破50亿美元大关。也就是说，它拥有很广阔的市场空间。目前，我们主要面临两大竞争对手——钴酸锂电池和锰酸锂电池。

从产品与技术本身来看，我们申请了发明专利，我们倡导的是技术和实力。我们的生产在按照标准化流程来进行的同时，也将严格按照国家要求的环保标准来设计。当然，我们也面临着一些困难，相信这些问题在不久之后都将迎刃而解。

在公司经营选址的问题上，我们充分考虑了各种因素，为了解决下游市场的问题，最终选择在深圳龙岗工业区设厂。之所以在深圳选择厂址，是因为深圳有比克和比亚迪两家公司，它们是生产电池的厂商，可以说与他们合作具备天时地利的条件。

这些是我们原始车间的购置以及生产材料。这张表是损益表，我们公司将在两年半内取得回报，第三年的回报资金将会达到160万美元。

我们的管理团队成员可以在各自的岗位上发挥自己的专长，我们的核心成员之间彼此非常熟悉，大家同心同德，努力拼搏。

考虑到公司未来的发展需求以及风险投资的特性，公司将会在几年之内建立退出机制，我们准备让下游电池生产商以及相关的科研院所负责生产环节。公司未来发展计划包括上市和并购重组。当前公司股权分配如下：投资者40%，技术持有者35%，管理团队15%，战略合作伙伴10%。

展望未来，我们准备在锂电池的基础上，在动力电池领域也投入一定的研发力量。如果在这一领域取得突破性的进展，我们的前景可以说是不可估量的。

我们需要投资金额300万元，在深圳市龙岗区建厂。以上是NPG团队的创业计划，欢迎提问。

问：日本在材料方面是做得非常优秀的，会不会对你们造成威胁？比亚迪等电池生产企业和你们会有正面竞争吗？

答：从电池尤其是锂电池这个行业来说，现在全球90%的产量都集中在中、日、韩，而我国约75%的产量集中在长三角区域。虽然日本的研发能力确实比较强，但是我们也有我们的优势，我们的产量、我们的原材料相对来说要集中一些，因此我们在这方面是有很强的竞争优势的。谢谢！

比亚迪虽然是电池生产企业，但是电池实际生产是分得很细的，有做正极和有做负极的，比亚迪、比克这样的公司，他们实际上更多的是做电池封装的相关工作。它们是我们的下游厂家，不存在正面竞争的问题。

资料来源：http：//tech. sina. com. cn/chuangye/2008-10-28/16532540411. shtml.

[简析] 从这份创业计划书的现场答辩情况来看，答辩者在对创业项目进行陈述时，重点阐述了以下问题：一是我们打算做什么；二是我们为什么要做；三是有哪些市场机会，竞争对手是谁；四是我们打算怎么做；五是我们需要哪些支持。总体看来，该答辩者在现场答辩时思路很清晰，表述简洁，重点突出。

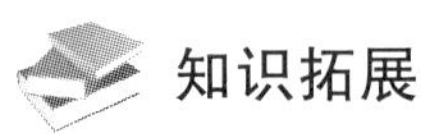

知识拓展

创业计划书现场展示的要点

（1）准备口头报告提纲，提纲需要专门打印出来备用。

（2）提早到达汇报现场，以便准备所需要的视听设备等。

（3）一定要记住，使用 PPT 是为了使现场展示更加形象生动，所以要按照讲解顺序演示 PPT，而不是单纯解释 PPT 内容。

（4）讲到哪段就演示哪张，不需要时，就停在标题页。

（5）计划书展示者应着装得体、大方，发式整洁，精神焕发，面带微笑，充满热情、自信，但不要过于激动。

（6）要与听众保持目光接触，注意听众的反应，耐心回答潜在投资者的细节问题。

拓展练习

大学毕业生刘凯打算面向高校大学生群体创办一家大学生旅行社，请你结合你所在校区的实际情况，帮助刘凯撰写一份创业计划书，并说服相关人士给予支持。

项目八　开业庆典

学习目标

● **知识目标**

1. 了解活动策划书的撰写格式及要求；
2. 掌握请柬和邀请函的撰写格式及要求；
3. 掌握欢迎词、欢送词、贺词、答谢词的撰写格式及要求；
4. 掌握新闻稿的撰写格式及要求。

● **能力目标**

1. 能够根据开业庆典活动的要求完成开业庆典活动策划书的撰写任务并高效组织和实施计划；
2. 能够以请柬或邀请函的形式向嘉宾发出书面邀约；
3. 能够依据庆典发言者的不同身份撰写发言稿；
4. 配合宣传需要，完成庆典后新闻稿的撰写、发布与宣传工作。

项目框架

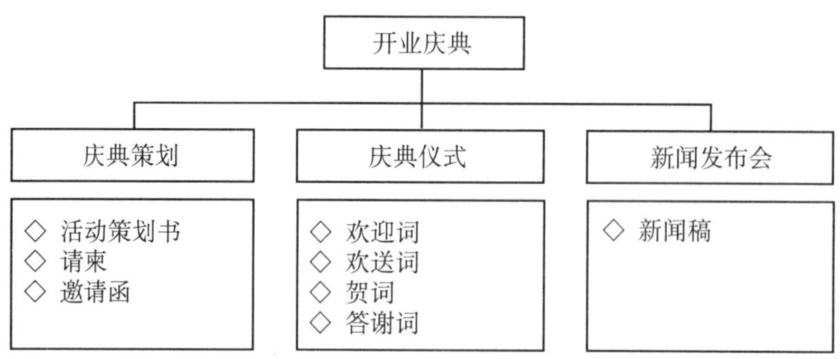

课堂设计

实训任务：开业庆典

任务描述	各团队展示本公司开业庆典仪式的主要流程（主持人宣布庆典开始—介绍来宾—主办方致欢迎词—来宾致贺词—开业剪彩）及会后新闻发布。
文案任务	开业庆典活动策划书、*请柬、邀请函、欢迎词、贺词（2份）、*欢送词、*答谢词、*新闻稿

教学组织	任务分工及实训步骤与要求
课前	1. 项目团队 （1）了解庆典礼仪的一般流程，撰写开业庆典活动策划书。 （2）按照开业庆典仪式实训内容的要求，确定人员分工。 （3）依据开业公司的经营范畴，拟定嘉宾名单、单位及职务。建议嘉宾由本组成员扮演。 （4）完成邀请函的制作，并提前向来宾发出书面邀请。 （5）按庆典流程及要求，完成角色分工及要求。 1）主持人：负责开场白；引入活动主题，宣布庆典开始；介绍来宾；负责庆典仪式中的串词；负责调控全场。 2）主办方致欢迎词：一般为主办方负责人，代表主办方向宾客的到来致欢迎词。 3）来宾致贺词：来宾代表上级部门和业内同行致贺词。 （6）将团队实训文档整理、上传给教师助理。 2. 教师助理 （1）将团队文案进行整理并上传给任课老师。 （2）做好庆典现场的布置工作（第一排为重要来宾席位）。
课中	（1）教师讲解请柬和邀请函的知识点及写作方法，并对各团队发出邀请函进行点评。（时间：10 分钟） （2）各团队依次按开业庆典仪式的流程举行开业庆典。发言稿的电子稿需同步在屏幕上展示。（时间：8 分钟/队） （3）每个团队展示完毕后，各团队即可重点针对该团队的欢迎词、贺词进行点评。（时间：3 分钟/队） （4）教师公布团队实训成绩及排名，以及在本次实训中个人表现最佳的 3 位学员名单。 （5）邀请本次实训表现最佳的团队及个人上台分享体会。
课后	1. 项目团队 完成文案修订及上传工作，以及团队内部的绩效考核工作。 2. 教师助理 负责整理团队文案并上传给任课教师，做好本次团队实训和文案成绩的统计、记录、归档和发布工作。

注：标注 * 的文案任务视课时情况确定是否完成。

模块一　活动策划书、请柬、邀请函

情境设定

庆典策划

知识导入

在一些大型活动仪式举办之前，举办方在电视、报纸、网络等各种媒体上广泛发布开业消息的同时，通常还会邀请上级领导、社会名流、新闻界人士和同行业代表参加庆典，并在活动当天，精心布置会场、安排流程，以着力烘托活动现场喜庆热烈的气氛。学习并了解活动举办前的策划与准备工作，对培养与锻炼大学生的活动策划与组织能力很有帮助。

情境分镜头

分镜头一 在完成了创业前的各项准备工作后，各团队相继开始为即将举办的公司开业庆典做起了准备。海豚老师要求各团队按照开业庆典的正式流程，认真做好庆典前的准备工作。

分镜头二 为了加强与相关部门及同行业人员的交流与合作，提高公司知名度和可信度，来伊口食品股份有限公司决定借助这次开业庆典的机会邀请一些重要嘉宾，以扩大公司的社会影响力。作为这次开业庆典活动负责人的办公室主任安琪十分清楚这次开业庆典活动对于公司的意义，她决心给大家呈现出一个隆重、热烈、喜庆而且有新意的开业庆典。现在她和团队成员首先要做的事情就是着手开业庆典的策划与嘉宾的邀约准备……

执行路径

了解活动策划的流程→制订开业庆典策划方案→明确人员分工、职责（制表）→拟定嘉宾名单→制作请柬或邀请函→发出邀请→确定出席名单

知识平台

一、活动策划书

策划书包括创业策划书、活动策划书、营销策划书、网站策划书、项目策划书、公关策划书、婚礼策划书等。其中，**活动策划书**是指为接待、参观、开业、新闻发布会、记者招待会、竞赛、捐助等大型活动所撰写的行动计划书。

（一）撰写活动策划书应遵循的原则

活动策划书的撰写应遵循以下原则，如图 8—1 所示：

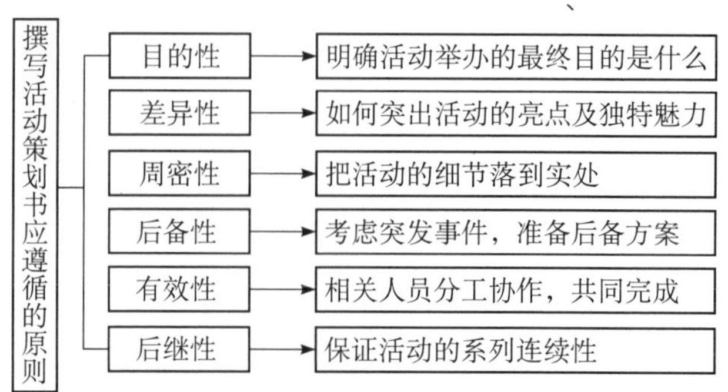

图 8—1 撰写活动策划书应遵循的原则

（二）撰写活动策划书前的准备工作

撰写活动策划书前的准备工作包括：

（1）确定活动种类、主题；

（2）确定活动的四要素（时间、地点、人物、事件）；

（3）确定活动流程；

（4）确定具体实施方案；

（5）确定时间推进表；

（6）确定资金预算。

（三）活动策划书的撰写格式

1. 标题

一般由“单位名称＋活动名称＋文种”组成，如“××学校‘环保在你身边’活动策划书”，或由“活动名称＋文种”组成，如“开业庆典活动方案”。

2. 目录

目录是整个策划书的检索部分，便于读者了解策划书的结构，有利于读者阅读某一部分的内容。开业庆典的目录包括：前言、活动主题、活动风格、活动目的、广告宣传、嘉宾邀请、活动亮点、活动程序、会场布置、费用预算、应急预案等。

3. 正文

活动策划书正文的书写没有固定格式，往往根据策划活动的特点灵活选用正文内容。活动策划书的正文一般由前言和主体构成。

（1）前言。前言一般概括地介绍策划的目的、背景、方法、依据、重要性等内容。

（2）主体。主体是对策划内容详细、具体而明了的说明，包括策划日标，策划内容(具体方案的构想，如活动事项、时间地点、任务安排、经费开支和要求)，策划过程，策划预算，实施计划（时间、人员、费用、操作程序等计划表），策划效果，预测期待效果，可供参考的策划、文献、案例等。

正文的表现方式要简洁明了，表述方面则力求详尽，写出每一点能设想到的东西，没有遗漏。在此部分中，不仅仅局限于用文字表述，也可适当加入统计图表等，对策划的各工作项目，应按照时间的先后顺序排列，绘制实施时间表有助于方案核查。如人员安排及相应权责、物资准备及其他准备、试验方案等方面应说明的内容包括：

1）人员安排及相应权责。在人员安排方面要“人人有事做，事事有人管”，无空白点，也无交叉点。谁负责与政府、媒体的沟通，谁负责文案写作，谁负责现场管理，谁负责礼品发放，谁负责会场布置，各个环节都要考虑清楚，否则就会临阵出麻烦，顾此失彼。

2）物资准备及其他准备。物资准备包括交通工具准备、会场准备、礼品准备、文案准备、就餐准备、庆典活动所需用品准备等。在物资准备方面，要事无巨细，大到车辆，小到螺丝，都要罗列出来，然后按单清点，确保万无一失，否则会导致现场的忙乱。

3）试验方案：由于活动方案是在经验的基础上确定的，因此有必要进行必要的试验，以判断活动的安排是否正确、合适。

4. 落款

落款主要包括策划者名称和完成时间两方面。一般在正文右下方写明。若在标题中已经写清策划者名称，可不再署名，只写完成策划书的时间。

［开业庆典策划书例文］

××商场开业庆典活动策划方案

一、前言

鉴于本商场“引领时尚消费，倡导精致生活”的经营理念，如何有针对性地吸引高端消费者，如何使活动形式和活动内容同商场的高端定位及高端消费人群的消费形态相契合，就成了本次活动的关键。

在策划过程中，我们着重考虑将开业庆典、促销活动和树立商场高端形象有机结合，活动主题尽可能艺术化地“扯虎皮做大旗”，淡化促销的商业目的，使活动更接近目标消费者，更能打动目标消费者。把举办第一届“紫荆”杯高尔夫赛事的开幕式作为本次活动的亮点及持续的新闻热点，力求创新，使活动具有震撼力和排他性。对于前期的广告宣传和活动中的主题风格，我们都从特定的消费人群定位的角度进行了全方位考虑。在活动过程中为尽量避免其他闲杂人等的滞留，庆典场面不宜过于盛大，时间不宜过长，隆重即可。

二、活动主题

(1) 开业庆典。

(2) 第一届“紫荆”杯高尔夫友谊赛开幕式。

三、活动风格

隆重 高雅

四、活动目的

(1) 面向社会各界展示紫荆百货高档品牌形象，提高紫荆百货的知名度和影响力。

(2) 塑造海南第一高档精品商场的崭新形象，塑造紫荆百货的精品氛围。

(3) 通过本次开业庆典活动和“紫荆”杯高尔夫赛事开幕仪式，开拓横向、纵向多种促销渠道，掀起国庆黄金周的促销高潮和持续的新闻热点，奠定良好的促销基础和社会基础。

五、广告宣传

1. 前期宣传

(1) 开业前10天内，分别在《海南日报》《海口晚报》及各高档写字楼的液晶电视传媒网等媒体展开宣传攻势，有效针对高端目标消费人群。

(2) 在周边各高档社区及高档写字楼内作电梯广告，有效针对周边高端消费者，有效传达紫荆百货开业及其相关信息。

(3) 以各高尔夫球场为定点单位给各高尔夫球场的会员及高尔夫球界名流、精英发放设计精美的邀请函，邀请其参加紫荆百货开业庆典暨第一届“紫荆”杯高尔夫友谊赛。

2. 后期广告

（1）开业后5日内，分别在《海南日报》《海口晚报》及各高档写字楼的液晶电视传媒等媒体进一步展开宣传攻势，吸引目标消费者的眼球，激起目标消费者的购买欲。

（2）进一步跟踪报导"紫荆"杯高尔夫友谊赛，掀起持续的新闻热点。

六、嘉宾邀请（由主办方负责出面）

嘉宾邀请是仪式活动工作中极其重要的一个环节。为了使仪式活动充分发挥其轰动及舆论的积极作用，在邀请嘉宾的工作上必须精心选择对象，设计精美的请柬，尽力邀请有知名度的人士出席，制造新闻效应，提前一周送达邀请函（重要嘉宾应派专人亲自上门邀请）。

嘉宾邀请范围：

A. 政府领导、上级领导、主管部门负责人

B. 主办单位负责人、协办单位负责人

C. 业内权威机构、高尔夫球界权威或精英

D. 知名人士、记者

E. 赞助商家、大型企业老总

七、活动亮点（略）

八、活动程序

2016年9月25日上午9:00典礼正式开始（暂定）

8:30　播放迎宾曲，礼仪小姐迎宾，来宾签到，为来宾佩戴胸花和胸牌、派发礼品，并引导来宾入会场就座，贵宾引入贵宾席。

8:35　以高雅的时装表演开始，展示国际著名服饰品牌魅力，在嘉宾印象中深化紫荆百货的高端定位，也可调动现场气氛，吸引来宾的目光。

9:00　时装表演结束，五彩缤纷的彩带彩纸从空中洒下，主持人上台宣布开业仪式正式开始，并介绍贵宾，宣读祝贺单位的贺电、贺信。

9:05　紫荆高层领导致欢迎词。

9:10　政府领导致辞。

9:15　协办单位（美视高尔夫）领导致辞。

9:20　参赛选手代表讲话。

9:25　体育部门领导致辞并宣布第一届"紫荆"杯高尔夫友谊赛开幕，鸣礼炮、放飞和平鸽和氢气球（会场达到第一个高潮）。

9:30　钢琴演奏（曲目略）。

9:35　宣布剪彩人员名单，礼仪小姐分别引导主礼嘉宾到主席台。

9:40　宣布开业剪彩仪式开始，主礼嘉宾为开业仪式剪彩，嘉宾与业主举杯齐饮，鸣响礼炮，放飞小气球，抛撒彩屑，将典礼推向第二个高潮。主持人宣布正式营业，消费者可进场购物。

9:45　活动进入表演及相关互动活动阶段。

10:00 整个活动结束。

九、会场布置（略）

十、费用预算（略）

十一、应急预案（略）

××礼仪公司

2016年9月1日

资料来源：http：//wenku. baidu. com/view/e6d6a6c76137ee06eff918df. html.

[简析] 这份某商场开业庆典的策划稿主题明确，目标清晰，方案内容十分清楚、具体，在庆典舆论宣传、嘉宾邀约、庆典仪式流程等方面考虑得都很详细、周全，有利于活动的开展。

特别提示

撰写活动策划书的注意事项

1. 准备充分。充分的准备工作是活动策划书科学性的重要保证。

2. 目标要明确、主题要单一。明确而具体的目标可以防止策划的盲目性、片面性。要根据企业本身的实际问题和市场分析，作出准确判断。

3. 方案具体。活动策划书的方案越清楚、具体，就越有助于指导和规范活动的开展。

4. 安排合理、周全。活动策划书对活动起导向性的作用，是活动开展成功与否的重要保障，因此，在活动时间、地点、任务等的安排上必须科学合理，尽量周全。此外，还要考虑不可测量因素，如天气、民俗、环境的影响。

二、请柬与邀请函

在商务活动中，嘉宾邀请是比较重要的一个环节。对开业庆典而言，庆典影响的大小，往往取决于来宾身份的高低与其数量的多少。在力所能及的条件下，要力争多邀请一些来宾参加开业庆典。嘉宾邀请范围一般包括政府领导和官员、公司董事会成员、有合作或业务往来的公司、相关各行各业人士、新闻媒体。邀请方式可以采用电话邀请，也可以制作通知，发传真，而最能够表明诚意与尊重的方法是发邀请函或派专人当面邀请。邀请工作应该提前一周完成，以便被邀请人尽早安排和准备。

（一）请柬

请柬，又称请帖，是以组织或个人的名义邀请宾客参加某一活动时所使用的一种礼节性的书面通知书，是人们在社会交际和社会活动中经常使用的一种文书。发请柬是为了表示庆祝活动的隆重程度，有时也作为入场或报到的一种凭证。请柬一般具有艺术性和亲递性的特点。请柬的种类，从形式上可分为横式、竖式两种，从内容上大致可分为会议、活动类请柬和宴会类请柬。

请柬通常包括标题、称呼、正文、落款等部分。

1. 标题

标题有两种情况：一般情况下直接以“请柬”二字作标题，有封面的写在封面上，没有封面的直接写在正文上方，居中排布；也有的请柬采取“事由＋文种”的标题形式，如“××公司10周年庆典请柬”。

2. 称呼

标题下左起顶格写称呼，后加冒号；也可以把称呼放在正文中。一般在被邀请人姓名后加上“先生”“女士”或被邀请人的职务、职称等，以示尊敬。

3. 正文

写明会议或活动的时间、地点、主题，如开座谈会、纪念典礼、开幕剪彩、婚礼、宴会等，多以“兹定于”开头。没有称呼的请柬正文多以“诚邀××先生/女士参加……”开头，以“请届时光临”“请莅临指导”“敬请参加”等惯用语结尾。

4. 落款

落款包括署名和日期。署名后可加“敬邀”“诚邀”等语，日期一般用汉字。

［请柬范例］

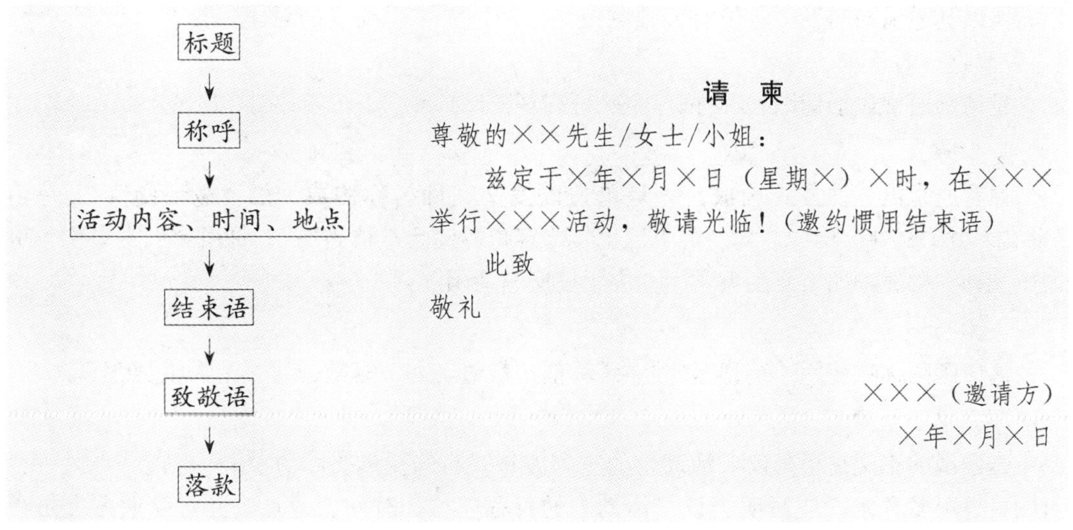

特别提示

制作请柬的注意事项

1. 时间要准确到“分钟”，地点要具体，活动主题要明确，以便被邀请人做好相关准备工作。

2. 要具体到个人。请柬没有“群发”功能，不宜出现“××公司”“××学校”“××届校友”等泛指性称呼，应明确参加会议或活动的人员名单，邀请发至个人，以示尊重。

3. 请柬一般应提前一周左右发出，大型会议、重要庆典活动的请柬可提前两周甚至更长时间发出。

4. 请柬的印制材料要好，便于被邀请人保管或作凭据之用。

5. 请柬的语言不仅要通顺、明白，还应讲究文字美，即根据具体场合、内容，采用得体客套的措辞。

（二）邀请函

邀请函，又称邀请信、邀请书，是邀请单位或个人参加联谊、交际、会议等社交活动时所使用的专用书信。邀请函是比请柬更为复杂的请帖，在国际交往以及日常的各种社交活动中，这类书信使用广泛，更正式些，可以盖公章。

邀请函按对象分类，可分为两种。

（1）发给特定对象的（如专家学者、新闻记者等），一般用于专题研讨会、信息发布会和某些大型活动。这些邀请对象，主办方也许熟悉，也许不太熟悉。之所以不用请柬而用邀请函的方式，主要是这一邀请往往还蕴含对被邀请人一定的期望，或希望他们在会上发言，或希望他们对会议（或活动）进行报道。因此，在发出邀请的同时，有必要让他们大致了解一下会议（或活动）的有关情况。

（2）发给不确定对象的，往往用于正在筹备中的一些主题报告会、专题研讨会和大型展览会等活动。这类会议或活动，一般带有某种商业化性质，要求参与者交纳一定的费用，所以其邀请函的发出，虽有大致的范围，却并无多少确定的对象，具有“投石问路”“广种薄收”的意味。

邀请函通常包括标题、称呼、正文、落款等部分。

1. 标题

标题通常由三种方式构成：一是单独以发文文种名称构成，如“邀请函”；二是由“发文事由＋文种”构成，如“阿里巴巴年终客户答谢会邀请函”；三是由“发文单位＋事由＋文种”构成，如“北京大学 110 周年校庆邀请函”。

2. 称呼

邀请函的称呼使用“统称”，并在统称前加敬语，如“尊敬的×××先生/女士”。

3. 正文

邀请函的正文是指会议（活动）的主办方正式告知受邀方举办会议（活动）的缘由、目的、事项及要求，应写明会议（活动）的日程安排、时间、地点，并对受邀方发出得体、诚挚的邀请。结尾一般要写常用的邀请惯用语，如“敬请光临”“欢迎光临”“届时恭候光临指导”。不宜使用“希准时出席”等强制性词语。

4. 落款

注明邀请单位的名称或个人姓名，下一行注明年、月、日。如果单位名称在标题中已标出，这里可以从略，但为了表示郑重、礼貌，一般都要再次注明。单位邀请需加盖公章。

[邀请函范例]

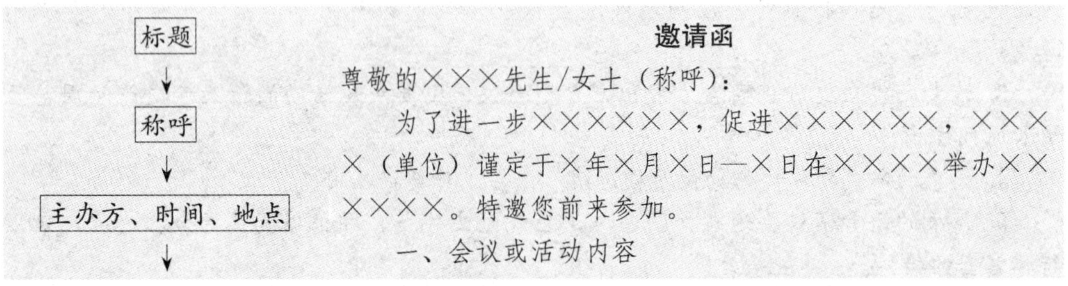

邀请函

尊敬的×××先生/女士（称呼）：

为了进一步××××××，促进××××××，×××× （单位）谨定于×年×月×日—×日在××××举办××××××。特邀您前来参加。

一、会议或活动内容

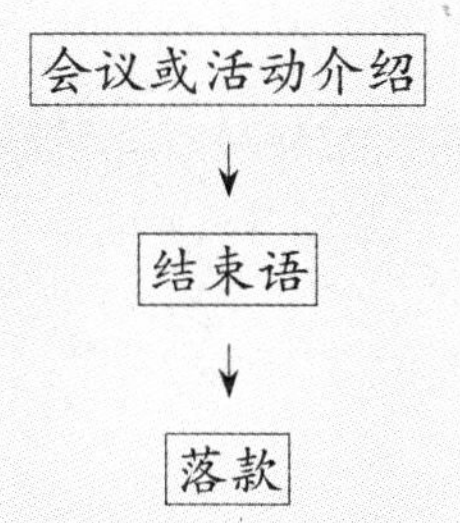

二、会议或活动要求

三、报到时间、地点

四、联系人、联系电话

届时恭候光临！（邀请惯用结束语）

××××（邀请方）

×年×月×日

[邀请函例文]

××职业技术学院专业建设指导委员会

财务会计专业岗位能力与课程体系改革研讨会的邀请函

尊敬的________女士/先生：

经我院推荐、学校批准，拟聘请您担任会计金融学院专业建设指导委员会专家委员，并请您出席财务会计专业岗位能力与课程体系改革研讨会。

一、会议目的

“以就业为导向，培养社会急需的应用型人才”是高职高专院校的主要任务，为使我院的专业定位更加准确，课程设置、教学计划更加符合职业岗位的要求，突出高职特色，提高教学质量，特举办本次研讨会。现随函附上我院财务会计专业的教学设计文件，烦请您对我院财务会计专业的培养目标、专业定位、岗位能力的分析及课程设置提前准备好指导意见。

二、会议主要内容

1. 成立财务会计专业建设指导委员会，并由学院领导为专家委员颁发聘书。

2. 专业岗位能力与课程体系改革研讨。研讨的主要内容如下：

(1) 依据社会需要，高职财务会计专业的培养目标、专业定位、岗位能力和课程构建应进行哪些调整？

(2) 请专家对财务会计专业实习基地建设及学生实习指导等问题提出指导意见。

三、会议时间、地点

时间：2015年6月29日（周三）上午8:30—11:30

地点：××职业技术学院会计金融学院201会议室

四、联系人、电话

联系人：夏雨

电话：139××××××××

敬请莅临！

××职业技术学院

会计金融学院

2015年6月22日

[简析] 这份邀请函的称呼采用敬称，正文导言写拟聘对方为专家委员和邀请对方赴会，主体部分写会议的目的、内容、时间、地点和联系人等。文章条理清楚，语言谦恭，颇能体现礼仪信函的特点。

小贴士

邀请函与请柬的区别

邀请函与请柬相比，都具有“邀请”的作用，同样具有庄重性和礼仪性的特点，但也存在以下几点区别：

1. 邀请函使用范围较请柬广泛。邀请函涉及国家元首互访、大小会议、庆典、报告等社会生活的多个方面，而请柬多用于喜庆之事。

2. 邀请函的内容比请柬复杂，信息容量更大。邀请函除了要像请柬一样写明活动时间、地点外，其最大的优点是：它有足够的篇幅（一页或多页），可对一次会议（或活动）的背景情况、具体内容以及规模和形式等方面作较为详尽的介绍和说明，从而引起受邀者的关注，激发受邀者的兴趣。

3. 邀请函的措辞比请柬更朴实。邀请函的语言较之请柬更为平实晓畅，较少使用文言词语。

4. 邀请函的形式及制作比请柬更简单，一般用A4纸印制，可套色，亦可单色，外观与一般的信函相似，请柬则与贺年片相似。

拓展练习

（1）请指出下面这份请柬的不妥之处，并予修改。

请　柬

孙老师：

兹定于明晚7时在图书馆1楼学术报告厅举行演讲比赛，想请您担任此次比赛的评委。届时请准时出席。

××大学学生会敬邀

二〇一五年十二月八日

（2）请指出下面这份邀请函的不当之处，请予修改。

邀请函

××大学：

我厅将举办“五月的鲜花”——纪念“五四”运动九十五周年大型歌咏会。因演出活动的需要，经编导与贵单位领导初步协商落实，今正式向贵单位发出参加活动的邀请函。请将回执单填好传真给××教育电视台节目编导组。因本次演出纪念活动为全省电视直播，恳请贵单位认真抓好节目的整体质量。节目审查时间为 4 月 20 日左右。联系电话（传真）：80775432。

另外，请贵单位领队及节目指导老师于本月 23 日下午 2:00 到××教育电视台四楼会议室参加节目协调会。

此致

敬礼

××广播电视厅（印章）

2014 年 3 月 19 日

模块二　欢迎词、欢送词、贺词、答谢词

情境设定

庆典仪式

知识导入

在日常生活、工作中，人们在出席一些较为隆重的庆典、集会、仪式、讨论会或宴会、茶会等公务或私人活动时，常常需要代表单位或个人发表公开致辞，而致辞的内容、长短，又应视出席活动的场合、背景、目的、意图而有所不同。在一些大型活动中，各方人士的发言甚至会直接影响活动的效果。那么，当人们在公开场合发表讲话时，如何才能使自己讲话的内容，主题更加明确，思路更加清晰，语言更具吸引力和感染力呢？

情境分镜头

分镜头一　在各团队举办开业庆典仪式前夕，海豚老师提醒各团队认真学习庆典仪式上各种发言文稿的写作要求，并完成欢迎词、贺词各一篇。此外，为了让学员们更真切地体验庆典活动举办的整个流程及要求，海豚老师要求各团队按照开业庆典活动的整个流程及相关礼仪规范，完成本次开业庆典实训任务。

分镜头二　在紧张而有序的开业筹备工作完成后，安琪和她所在的团队终于迎来了公司开业庆典的喜庆日子。开业庆典这天，来伊口公司门前彩旗飘扬，嘉宾们纷至沓来，在礼仪小姐的引导下按座次陆续入座。在欢快喜庆的音乐声中，主持人款款走上了主席台……

执行路径

A 线　现场组：布置庆典现场→引领来宾入座→介绍重要嘉宾→主持人宣布庆典仪式

开始→主办方致欢迎词→来宾代表致贺词→主宾共同揭幕剪彩→来宾参观公司

B线　文案组：撰写主持人发言稿、欢迎词、贺词、新闻稿

知识平台

一、欢迎词与欢送词

欢迎词，是在迎接宾客的正式仪式上，对来宾的光临表示欢迎而发表的讲话。

欢送词，是在欢送宾客的正式仪式上，对来宾即将离去表示欢送而发表的讲话。

（一）欢迎词、欢送词的特点

（1）注重礼貌，感情真挚。

（2）注重口语性，体现欢愉性。

（3）篇幅短小，简洁精练。

（二）欢迎词、欢送词的分类

从传达方式上分，欢迎词、欢送词可分为两大类：

（1）现场欢迎（送）词：最为常见的形式，在会议或活动开始前后向客人口头表达。

（2）书面欢迎（送）词：在报纸、杂志或其他公开发行物上发表，发表时间在客人到达前后。

（三）欢迎词、欢送词的撰写格式

1. 标题

标题的写法一般有以下三种：

（1）完全式标题。即由“致辞人＋活动内容＋文种”构成，如“×××在××上的欢迎词”“×××在××研讨会结束典礼上的讲话”。但在致辞时，致辞人一般不念标题。

（2）省略式标题。即由“活动内容＋文种”构成，如“在××招待会上的讲话”“在××研讨会结束典礼上的讲话”。

（3）文种式标题。只写文种，如将“欢迎词”“欢送词”写在第一行正中。

2. 称呼

欢迎词的称呼要求写在开头顶格处。面对宾客，宜用亲切的尊称，同时一定要针对不同场合采用不同称呼，如“亲爱的朋友”“尊敬的领导”“尊敬的各位女士、先生”“亲爱的××大学各位同仁”等。

3. 正文

（1）欢迎词的正文。

1）开头。写致辞人以什么身份、代表哪些人向宾客的到来表示欢迎、感谢和问候。如：“在这个硕果飘香的季节，我们迎来××的客人，请允许我代表××对各位嘉宾的到

来表示热烈的欢迎！”

2）主体。阐述宾客来访的目的、意义、作用。如果是一般性的来访，则可以简要叙述彼此的交往历史、情谊关系、对方此次来访的目的和意义；如果对方是初次来访者，则可以对本单位的情况进行适当的介绍。

3）结尾。用简短的语句，再一次对宾客的光临表示感谢，并表达良好的祝愿，也可适当畅想来日双方的合作前景，预祝来宾做客愉快。如：“再一次对你们的光临表示热烈欢迎”“祝你们的来访取得圆满成功”“祝你们访问期间过得愉快”。

欢迎词的正文，语言要朴实、热情、简洁、平易，语气要亲切、诚恳，感情要真挚，宜多用短句，言辞应力求格调高雅。回顾以往时的叙述要简洁，议论不要过多，力求精当；对主宾的赞颂和评价要热情而中肯，不要过分。可以有适当的联想与发挥。整个篇幅不宜过长。

（2）欢送词的正文。

1）开头。一般首先简要说明与欢送有关的背景内容、宾客还剩的逗留时间或离别的日期。

2）主体。写宾客来访期间的活动行程、活动内容和取得的成果，阐述本次合作和交流给双方所带来的益处及深远的历史意义。如果是私人欢送词，还应注意表达双方在共事合作期间彼此友谊的加深、增进以及分别之后的想念之情。如果是为朋友送行，还要加上一些勉励的话。

3）结尾。用简短的语句，对宾客的即将离去表达依依惜别之情及再次合作的心愿。如：“祝各位万事顺意，一路顺风！期待我们来年再见！”

4. 落款

现场口头传达的欢迎词、欢送词结束时一般都没有落款、署名。但在公开发表、书面成文时都要署上致辞单位名称、致辞者的身份和姓名，并署上成文日期。

［欢迎词范例］

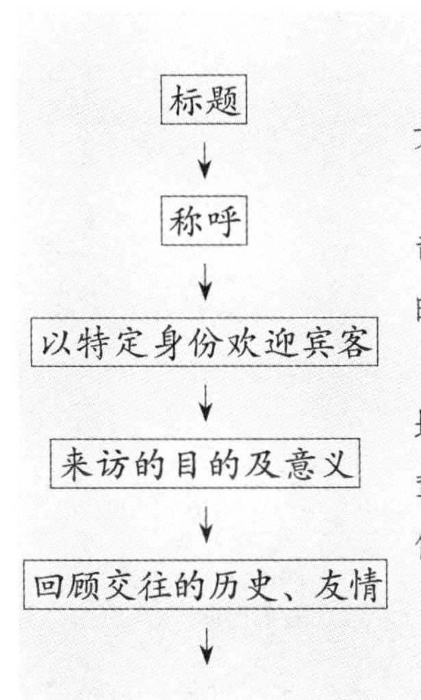

欢迎词

女士们、先生们：

值此××××××××的美好日子，请允许我代表×××公司，向远道而来的各位嘉宾表示热烈的欢迎！（介绍来宾来访的时间或背景，并以特定身份表达对宾客的欢迎）

朋友们在百忙之中专程前来祝贺并洽谈合作事宜，为我公司增添了一份热烈和祥和，我们由衷地感到高兴，并对朋友们表示诚挚的谢意！对我们今后的事业发展，必将产生×××××××，我们感到非常高兴！

今天在座的各位来宾中，有许多是我们的老朋友，在过去的日子里，我们之间有着良好的合作关系。我公司能取得今天的成

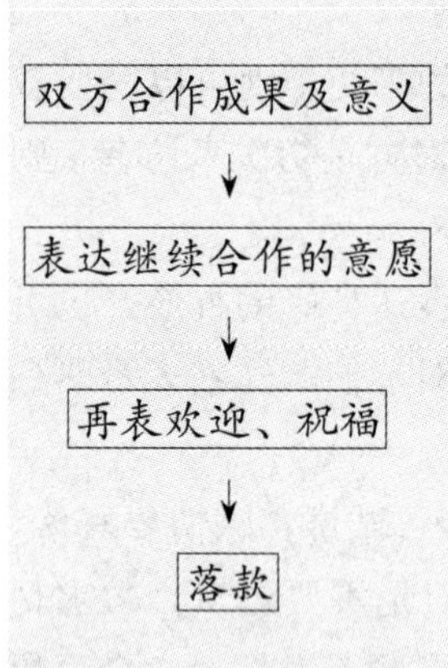

绩，离不开老朋友的真诚合作和大力支持。在此，我们表示由衷的钦佩和感谢！同时，我们也为能有幸结识来自全国各地的新朋友感到十分高兴。在此，我谨再次向新朋友表示热烈欢迎，并希望能与新朋友密切协作，发展友好合作关系。

“有朋自远方来，不亦乐乎”，在此新朋老友相会之际，我提议：

为今后我们之间的进一步合作，
为我们之间日益增进的友谊，
为朋友们的健康幸福，
干杯！

×××

×年×月×日

[欢送词范例]

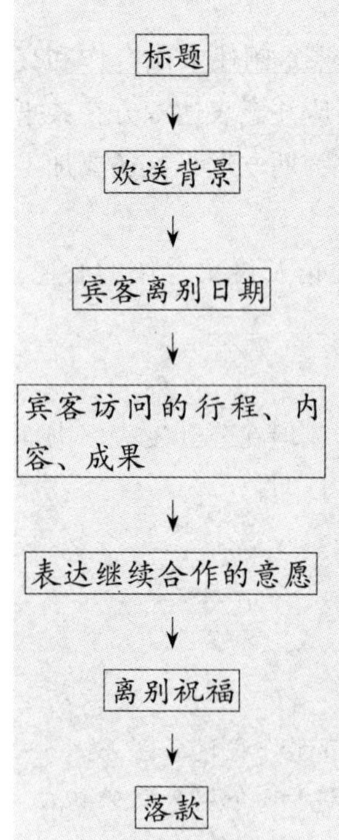

欢送词

尊敬的女士们、先生们：

经过一周的紧张考察，来自×××公司的×××先生率领的考察团就要与我们告别了。

×××先生率团来访的时间虽然短暂，然而非常成功。代表团在本公司访问考察期间，会晤了×××××，参观了×××××，与××××××××作了深入交流，对我公司的经营提出了许多中肯的建议，这必将会促进我公司进一步转变经营理念，提高经济效益。在此，我谨代表公司对各位嘉宾的宝贵建议表示衷心的感谢！（宾客访问的行程、内容、成果）

明天，你们就要离开××了，在即将分别的时刻，我们心中充满了依依不舍之情。大家相处的时间是短暂的，但我们之间的友好情谊是长久的。中国有句古语：“来日方长，后会有期。”希望在未来的日子里，我们加强合作，不断往来，我们期待×××先生及考察团一行在方便的时候再次来访！

祝大家一路顺风！万事如意！

×××

×年×月×日

[欢迎词例文]

欢迎词

尊敬的各位领导、各位来宾，女士们、先生们：

大家早上好！

红梅吐艳，喜鹊闹枝。今天是惠农有限公司开业庆典的喜庆日子，我们很荣幸能够邀请到各位领导、嘉宾前来参加庆典活动。在这激动人心的时刻，作为惠农有限公司的董事长，我谨代表惠农有限公司全体员工，向出席开业庆典的领导、嘉宾、朋友们表示诚挚的问候和热烈的欢迎！

公司的成立，得到了各位领导的关心和大力支持，得到了在座各位来宾的帮助，在此一并表示诚挚的谢意！

雄关漫道真如铁，而今迈步从头越。惠农有限公司是在原农业生产资料公司基础上，为适应现代企业制度而组建的股份制企业。我们在不断探索中求发展，在发展中求壮大。我们将以一流的产品奉献社会，以良好的信誉赢得市场，以优惠的价格让利用户，以真诚的服务方便农民。

在这里衷心地希望各位领导、各位合作伙伴、各界人士，继续关注惠农、支持惠农，让我们合作发展、共生共荣。

再次对各位的到来表示感谢和欢迎！祝各位身体健康，万事如意！

惠农有限公司董事长　王立华

2016年2月6日

[简析] **这是一篇开业庆典上的欢迎词，内容分为三部分：首先写欢迎的原因以及以何身份对客人表示热烈欢迎，对过去来宾对公司的关心和支持表示感谢；其次回顾公司发展的历史及经营理念，以及良好的预期；最后表达与来宾继续合作的愿望以及美好的祝颂。言辞情真意切，友善礼貌，营造出庆典热情喜庆的气氛。**

[欢送词例文]

欢送词

各位嘉宾：

我们的旅行车已经行驶在去机场的路上。透过车窗可以看见，南京的天空又下起了小雨。唐朝诗人王维有一首著名的诗，叫《渭城曲》，他在诗中写道："渭城朝雨浥轻尘，客舍青青柳色新。劝君更尽一杯酒，西出阳关无故人。"

今天，南京也下起了小雨，我们也在雨中与各位分别，不同的是，王维送的人要西出阳关，没有故人，而大家则要飞回家乡，去见亲人。南京人常说：下雨天留客。按我们南京人的习俗，但凡下雨的时候，是不放客人走的，一者下雨路滑，客人出行不便；二者下雨无事，正是陪客的好时候。但是，由于行程的安排，我们不得不违反南京的这一民俗，在此相送。

我想起我们常唱的一首歌："我相信，我们之间友情的花朵会常开，华东地区的美景永远常在，今日离别后，什么时候你会再来？也许从此之后我们不会再相见。"在这次华东黄金之旅的最后时刻，我想说：这一趟旅行大家都非常辛苦。

在华东的这几天，我们一同走过了……（回顾行程）

好了，各位贵宾，我们的旅行车马上会到达行程的终点——南京禄口机场，几天前我们在这里起程，今天大家终于回到了起点，一周的行程马上就要结束了。有一首诗大家不会陌生："悄悄的我走了，正如我悄悄的来；我挥一挥衣袖，不带走一片云彩。"

天下之大，没有不散的宴席。短暂的相逢就要结束，挥挥手就要和大家告别，值此分别之际，我谨代表××旅行社和南京浅草导游俱乐部感谢大家几天以来，对领队小姐、对师傅和对我工作的关心、支持与配合，并对行程中不尽如人意的地方表示深深的歉意。

各位到了机场后，即将乘坐飞机回到自己温暖的家，在这里我祝大家一路平安，旅途愉快！

最后，祝大家在以后的日子里，生活好工作好样样都好，亲戚好朋友好人人都好！欢迎您再来华东！谢谢大家！再见！

资料来源：http：//www.zhlzw.com/qx/dhs/783367.html.

[简析] 这是一篇颇具煽情意味的欢送词。首先，点明欢送的缘由，引用诗句、歌词道出依依不舍之情；其次，回顾行程以及收获；最后，表达感谢和祝愿。全文富有文采，具有真情实感。

二、贺词

贺词是在重大节日、重要会议或大型庆典等场合，向取得成就的集体或个人表达良好祝愿的一种讲话稿。

（一）贺词的种类

（1）节日、纪念日贺词：如新年贺词、教师节贺词等。

（2）事业性贺词：如会议开幕贺词、工程开工贺词、开业庆典贺词等。

（3）礼节性贺词：祝贺他人在工作、生活中取得的成就、贡献，或亲友间互相祝愿、鼓励等。

（二）贺词的撰写格式

1. 标题

（1）完全式标题。即由“发文单位＋事由＋文种”构成，如“中华人民共和国教育部给全国教师的贺信”。

（2）省略式标题。即由“发文单位＋文种”构成，如“国务院贺词”。

（3）文种式标题。即只写文种，如“贺词”。

2. 称呼

写接受祝贺的对象，即被祝贺的单位或个人的称呼。

3. 正文

（1）开头。用简练的语言写出祝贺的缘由和致辞者的身份（代表谁致辞），并表达良好的祝愿。常用“值此……之际，谨代表……向……表示热烈的祝贺”来开头。

（2）主体。陈述祝贺对象的成就、价值、意义等。陈述时应层次清晰，言简意赅，既要避免夸夸其谈，又要避免陈词滥调，要让对方感受到诚意。

（3）结尾。再次表达良好的祝愿，如“祝大会圆满成功”“祝您健康长寿”，或对祝贺对象进行鼓励，提出希望和要求等。

4. 落款

落款包括祝贺人姓名或单位名称，以及成文日期。贺词的落款可居中放在标题下，也可放在文尾，但不宣读。

［贺词例文］

贺 词

尊敬的各位领导、各位来宾、各界朋友：

早上好！

今天是新年的第一天，也是××集团××大酒店正式开业的大喜日子，我谨代表××区管委会，向××集团××大酒店的开业致以最热烈的祝贺！

随着改革开放的深入发展，经过十年开发建设，××区形成了优越的投资环境、较好的经济科技基础、便利的交通、日趋完善的配套、旺盛的人气，这一切使这里成为新的生活、发展领域和投资开发的热土，也是各企业家理想的创业场所。

××集团就是其中的一个优秀的创业者。××不仅是一个奋发向上、蓬勃发展的集团，也是具有独特投资眼光的集团。从××家园到××大厦，××集团投资建设了许多具有深远意义和较大价值的项目，为××区的发展注入了更多新的活力，带动了整个区经济的繁华和兴旺。

今天，我们很欣喜地看到，××集团××大酒店圆满落成并开业！相信在不久的将来，它必定事业欣欣向荣，成为××区经济和文化的视窗，成为周边企业的表率，并和他们携手共同繁荣××区，实现经济的腾飞！

最后，祝愿××大酒店能立足××区，稳步发展，生意兴隆！也衷心地祝愿××集团的事业更加灿烂辉煌！

××区管理委员会 ×××

×年×月×日

［简析］这是一篇主办方上级主管部门代表的贺词。贺词的正文分为三个部分：首先对东道主的开业表示祝贺；其次热情洋溢地对主办方在投资环境善加利用方面所取得的可喜成绩，表达了由衷的赞誉与肯定；最后对主办方开业以后未来的前景表达了希望与美好的祝愿。全文情感真挚，语言简练，结构完整，是一篇比较典型的贺词。

三、答谢词

与欢迎词、欢送词相对应，**答谢词**是宾客在欢迎仪式上或离去时，对主人的迎送和接待表示感谢的致辞，通常在主人致欢迎词或欢送词之后发表。由于答谢词是在主人致辞后的应答，其内容和格调要与欢迎词或欢送词相照应。

（一）答谢词的特点

（1）讲究客套，充满真情。

（2）注重照应，尊重习惯。

（3）篇幅简短，气氛热烈。

（二）答谢词的分类

根据答谢内容的不同，答谢词大致可分为两类：

（1）“招待型”答谢词：主要用于答谢对方的迎送、接待，与欢迎（送）词相对应。

（2）“帮助型”答谢词：主要用于答谢对方的帮助和支持，常用于捐赠仪式或送别仪式上。

（三）答谢词的撰写格式

1. 标题

（1）完全式标题。即由“致辞人＋事由＋文种”构成，如“×××在××研讨会上的答谢词”。

（2）省略式标题。即由“事由＋文种”构成，如“在××研讨会上的答谢词”。

（3）文种式标题。即只写文种。

2. 称呼

称呼与欢迎词、欢送词基本相同。人名要用全名，前加敬辞，后加头衔或“先生”“女士”之类词语。如“尊敬的××国××总理阁下”，以突出被答谢的主人。称呼一般不使用泛称，只能在突出被答谢的主人之后，根据当时实际的场合，恰当使用泛称以概括其余送行的多数人。

3. 正文

（1）开头。首先向主人的热情接待表示答谢之意。

（2）主体。回顾欢聚的美好时光，对访问取得的收获给予充分肯定，对主人的盛情款待和帮助表示衷心的感谢。

（3）结尾。再次对主人寄予希望和良好的祝愿，尽量使举行的仪式充满祥和、友好的气氛。

4. 落款

撰写致辞者的职务、姓名和日期。答谢词的落款可写在正文之后右下方，或在标题之下。致辞时一般不念出来。

[答谢词例文]

答谢词

尊敬的×××先生，尊敬的×××集团公司的朋友们：

首先，请允许我代表×××代表团全体成员对×××先生及×××集团公司对我们的盛情接待表示衷心的感谢！

这是我们一行五人代表××公司首次来贵地访问，此次来访时间虽短，但收获颇大。仅三天时间，我们对贵地的电子业就有了比较全面的了解，与贵公司建立了友好的技术合作关系，并成功地洽谈了×××电子技术合作事宜。这一切，都得益于主人的真诚合作和大力支持。对此，我们表示衷心的感谢！

电子业是新兴的产业，蒸蒸日上，有着广阔的发展前景。贵公司拥有一支由网络专家组成的庞大队伍，技术力量相当雄厚，在网络工作站技术市场中一枝独秀。我们有幸与贵公司建立友好的技术合作关系，为我地电子业的发展提供了新的契机，这必将推动我地的电子业迈上一个新台阶。

最后，我代表××公司再次向×××集团公司表示感谢，并祝贵公司迅猛发展，再创奇迹。更希望彼此继续加强合作，共创美好明天。

最后，我提议：

为我们之间正式建立友好合作关系，

为今后我们之间的密切合作，

干杯！

××××代表团团长　×××

×年×月×日

资料来源：http：//www.oh100.com/a/201207/114678.html.

[简析] 这是一篇来访者对主人的热情款待表示衷心感谢而致的答谢词。从称呼上看，致辞人突出了答谢的主要对象；从内容上看，主体部分具体而不空泛，感情深沉而真挚；从表达上看，语言精练、明快，语气热情、友好，篇幅简短适当。总之，这是一份值得模拟和学习的范文。

特别提示

撰写讲话稿的注意事项

讲话稿是人们在各种场合发言时所依据的文字稿本。它包括领导人的发言稿，如报告、开幕词、闭幕词等，也包括一般人的发言稿，如演讲稿等。撰写讲话稿应注意以下几点：

1. 讲话稿以声音充当媒介，通过声音来传递讲话人的思想和感情。因此，口齿清晰、吐字准确、注意语调的抑扬顿挫就成为讲话者应该具备的基本条件。

2. 讲话稿的内容要有针对性。为此，应该对听众有一定的了解。只有掌握他们的基本情况，讲起话来才能有的放矢。

3. 观点鲜明，主题明确。赞成什么，反对什么，一定要明确表达，不能似是而非，模棱两可。另外，应该抓住重点，讲深讲透。只有这样，才能给听众留下深刻印象。

4. 语言通俗、生动。由于声音的易逝性，如果讲话语言晦涩深奥，听者就很难听懂。这就要求讲话稿的语言通俗易懂，符合口语习惯，不能咬文嚼字。

拓展练习

请指出下面这篇欢迎词的不当之处，并予以修改。

欢迎词

杨××先生：

首先，对您的到来表示热烈的欢迎。

过去，我们合作愉快，取得了可喜的成绩。我相信，在将来我们双方会继续努力，加强合作，使业务联系更加广泛和深入，使我们的友谊更加巩固和充实。

在这春暖花开的美好日子里，祝我们双方的贸易洽谈圆满、顺利！

谢谢！

模块三　新闻稿

情境设定

新闻发布会

知识导入

为进一步加强企业宣传力度，企业往往会在开业庆典活动期间联系多家新闻媒体对公司开业庆典的情况进行报道，借此树立企业形象，扩大公司的社会影响，为今后企业的生存发展奠定一个良好的外部环境。掌握新闻稿的撰写格式及要求，了解企业对外宣传工作的要点，对提升个人与外界组织的沟通能力很有帮助。

情境分镜头

分镜头一　为了配合庆典宣传工作，海豚老师要求各团队撰写一份新闻稿，将公司开业庆典活动的筹备及举办情况向社会各界进行报道。

分镜头二　小米被安琪指定为本次庆典活动后新闻发布会及相关报道的具体责任人。考虑到这次宣传活动涉及电视、电台、报刊、网络等多家媒体，为便于各方面报道口径统一、定性统一、定位统一，小米决定先拟写一份新闻稿，交给主任安琪审定后再提供给媒体。

执行路径

明确宣传目标→了解新闻发布会组织流程→召开新闻发布会→主办方发言→记者提问→撰写新闻稿→发布新闻

知识平台

一、新闻发布会

新闻发布会，又称记者招待会，是社会组织为了宣布某项重要消息，把有关新闻机构的记者召集在一起，进行信息发布的一种特殊形式的会议。新闻发布会是组织与公众沟通的例行方式，也是一种传播信息，以求新闻界客观报道的行之有效的手段。

（一）召开新闻发布会的目的

（1）本单位有新动态，希望媒体报道，以扩大舆论影响，提升自身形象。

（2）澄清事实，以正视听。

（3）在负面事件发生后进行危机公关，将不良影响和损失控制在最小范围内。

（二）新闻发布会的会前准备

（1）确定新闻发布的主题。

（2）选定新闻发布会举行的时机。

（3）确定新闻发布会举行的地点。

（4）确定邀请的对象。

（5）选择新闻发布会的主持人和发言人。

（6）预算会议所需费用。

（7）其他准备工作。

（三）新闻发布会的执行流程

宣布新闻发布会开始→发布新闻或消息→答记者问→接受重点采访→宣布结束。

（四）新闻发布会后的工作

（1）了解新闻界的反应。

（2）整理保存会议资料。

（3）酌情采取补救措施。

二、新闻稿的撰写

新闻稿，是由机关团体或企事业单位发布新闻消息的材料。凡是具有新闻价值的人物事件，都可依据有关的规定，向新闻媒体记者或有关单位部门发布。新闻稿具有真实性、时效性、周知性的特点。

新闻稿通常包括标题、导语、主体、背景、结尾等部分。其中，标题、导语、主体是主要部分，必须具备；背景和结尾是辅助部分，有时暗含在主体中不单独出现。

1. 标题

在新闻稿中，标题往往起着画龙点睛的作用。它力求写得精练、生动、新颖，既能概括主要内容，又能吸引读者。标题有引题、正题、副题之分。其中，引题，旨在揭示意义或交代背景，说明原因，烘托气氛；正题，又称主题，概括或说明主要事实和思想内容；副题，用来补充交代事实，或说明事件的结果、意义，起补充和解释的作用。

标题的形式有单行式和多行式两种。

（1）单行式。即只有正题。

（2）多行式。由引题、正题、副题三种标题灵活组合而成，具体包括：

1）引题＋正题＋副题：

该出手时就出手？	（引题）
看“水浒”欲当好汉，九少年“聚义”生事	（正题）
幸亏家长发觉　“招安”而去	（副题）

2）引题＋正题：

超编三成　人满为患	（引题）
湖南国土系统员工轮流上班	（正题）

3）正题＋副题：

财政部压缩中央部门出国等费用	（正题）
包括中央行政事业单位、军队、武警和央企等中央预算单位	（副题）

2. 导语

导语指新闻稿的第一段或者第一句话。由于新闻多采用“倒金字塔”结构形式，因此，导语是整个新闻稿的最精华部分。导语不宜长，三五句即可，但这三五句按新闻的要求应包含五个要素，即时间、地点、人物（单位）、事件、结果。也就是用最简短的话、最少的文字写清楚：在什么时间，什么地点，什么人（单位），发生了什么事情，结果怎么样。

3. 主体

主体部分是对导语的解释，即进一步说清导语内容的来龙去脉。主体的写作既要紧扣导语，又要避免重复导语，在结构上主要采用时间顺序、逻辑顺序、空间顺序展开。

4. 背景

背景是与新闻人物及事件形成有机联系的一定的社会环境、历史条件、政治缘由、地理特征、科学知识等，是对新闻事实进行解释的事实材料。任何新闻总有来龙去脉、前因后果，报道时不仅应将新闻事实，还应将与事实有关系的新闻背景以恰当的形式告知读者，以利于读者正确地认识、理解新闻事件。

5. 结尾

结尾是报道的结束语，可首尾呼应，也可稍加议论。

[新闻稿例文]

旷世盛惠

——惠达泉城第一店隆重开业

2011年8月20日，惠达济南旗舰店隆重开业，来自中国建筑装饰协会、济南市消协以及××××建材等的领导、嘉宾及各大媒体参加了开业剪彩仪式。

在开幕仪式上，惠达集团总裁×××发表了开业致辞。×××总裁说：惠达济南旗舰店是惠达集团山东战略的重大举措，山东市场是惠达集团实现“百亿惠达、百年惠达”战略目标的关键市场，惠达集团成立29年来非常重视山东市场。惠达济南旗舰店的设立，是惠达品牌继续在山东市场迈向更高台阶的重大举措，同时也将进一步奠定惠达品牌在济南及山东的领跑定位。作为中国卫浴十大品牌，惠达集团将一如既往地用优秀的惠达品质去回报泉城老百姓对惠达品牌一直以来的厚爱。

各行业领导、嘉宾代表也发表了热烈的致辞，对惠达济南旗舰店的开业表示热烈的祝贺，同时希望惠达集团能在家居行业做民族品牌的风向标。剪彩仪式在热烈隆重的氛围中成功举行，吸引了众多媒体及消费者的目光。

据了解，按照国际标准精心打造的惠达济南旗舰店是惠达集团继续发力济南乃至山东卫浴市场、大手笔建设终端渠道的典范之作。惠达卫浴济南旗舰店营业面积近千平方米，不仅是集国际化、功能化、智能化、体验式为一体的卫浴旗舰终端卖场，也是渠道创新的新标杆。

作为中国卫浴十大品牌之一，惠达也是中国消费者最为熟悉的卫浴品牌之一，更是中国陶瓷卫浴行业品牌价值最高的企业。从1982年建厂以来，惠达集团始终坚持“百年品质传承”的理念，经过29年的发展，已经发展成拥有员工近万人，17条天然气隧道窑生产线，年产卫生陶瓷900多万件，生产规模居国内同行业第1位、世界第5位，能及时、迅速地提供各种规格和要求的产品，满足合作伙伴及消费者需求的国际知名卫浴企业。

惠达集团以“创意·品位·生活”为理念，以成为“全球最优秀的卫浴品牌”为目标，以厨卫生活空间为主体，打造一体化卫浴空间解决方案，致力于缔造完美的卫浴价值，为消费者创造更为优越的生活享受。

惠达济南旗舰店开业恰逢惠达集团29周年庆典，为了答谢广大消费者一直以来的陪伴、支持与厚爱，惠达集团决定于2011年7月22日—8月20日，在惠达济南旗舰店、各卖场专卖店举办“旷世盛惠，惠达泉城第一店”大型促销活动，不断提升优惠力度，更有现场抽奖送好礼活动，与广大消费者同庆盛事，共同掀起济南卫浴家具市场的层层热浪！

据悉，此次惠达卫浴周年庆大型促销活动以“钜礼、钜献、钜惠”为主题，特别推出了六大优惠活动套餐，并推出1元1片的陶瓷签售活动。

资料来源：http：//home. focus. cn/news/2011-08-22/227280. html.

[简析] 这篇新闻稿的标题采用了正副标题式，导语部分简明扼要地介绍了开业庆典情况，主体部分具体而详细地介绍了活动的过程和内容，背景部分介绍了企业的发展和品牌的特色，结尾部分对企业即将开展的促销活动进行了宣传。

特别提示

召开新闻发布会的注意事项

1. 新闻发布会发言人讲话应简明扼要，重点突出。

2. 新闻的信息必须准确无误，发现错误应立即更正。

3. 各位发言人在重大问题上要统一口径。

4. 不要随意打断记者的发言和提问，对各方记者要一视同仁，不能厚此薄彼。

拓展练习

结合校园内近期开展的一次活动，写一篇新闻稿。

项目九　广告宣传

学习目标

● **知识目标**

1. 了解产品说明书的概念、特点、种类；
2. 了解商业广告所采用的媒体形式及广告策划的流程；
3. 掌握产品说明书、广告策划方案、广告文案的撰写格式及要求。

● **能力目标**

1. 能够按照产品说明书的格式及要求完成说明书的撰写；
2. 能够完成有价值的广告策划方案，为决策层提供参考；
3. 能够撰写具有商业价值和艺术性的广告文案；
4. 能够拟写富有创意，易于传诵，且具商业价值的广告口号。

项目框架

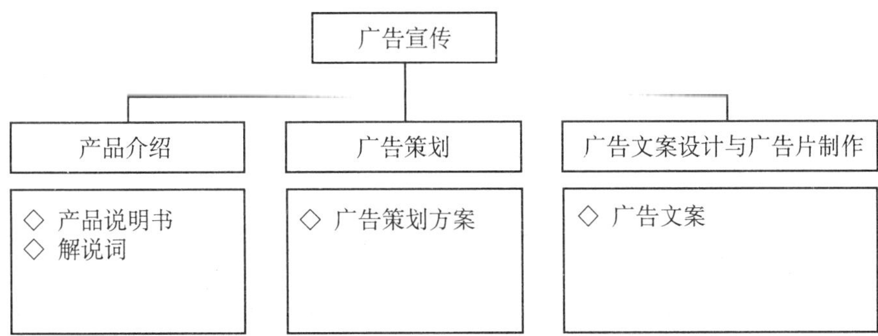

课堂设计

实训任务 1：产品介绍

任务描述	各团队需结合公司产品（服务）特点，完成一份介绍公司产品（服务）的产品说明书，并做好在产品展销会上对产品进行现场解说的准备。
文案任务	产品说明书、＊解说词
教学组织	**任务分工及实训步骤与要求**
课前	1. 项目团队 （1）根据产品说明书写作的注意事项，重点对公司产品的性状、特点、使用方法、注意事项、规格等信息进行分类整理，为产品说明书的撰写做好准备。

课前	（2）按照产品说明书的写作要求，撰写一份公司产品（服务）说明书，并在模拟展销会上展示。 （3）完成新产品解说词的撰写任务，并在展销会上现场解说、推销自己的产品。 2. 教师助理 负责团队实训文案的整理、上传工作。
课中	（1）教师对产品说明书、解说词的特点及写作要求进行概述和讲解。（时间：20 分钟） （2）在模拟展销会上，各团队展示公司产品说明书电子文案，并对本公司产品进行口头解说和推销。（时间：5 分钟/队） （3）每队展示完毕，师生对各团队产品说明书的撰写及现场解说表现进行点评。（时间：2 分钟/队） （4）教师公布各团队实训成绩及排名。
课后	1. 项目团队 负责将修订完成的产品说明书上交给教师助理，并做好团队内部绩效考核工作。 2. 教师助理 负责整理团队文案并上传给任课教师，做好本次团队实训和文案成绩的统计、记录、归档和发布工作。

注：标注 * 的文案任务视课时情况确定是否完成。

实训任务 2：广告策划与广告片制作

任务描述	为了宣传公司形象，推广公司产品，各项目团队需结合本公司情况，为公司量身定制一份广告策划书和广告文案，并制作一部宣传公司形象或产品的电视广告片。
文案任务	广告策划方案、广告文案、电视广告片
教学组织	任务分工及实训步骤与要求
课前	1. 项目团队 （1）撰写一份广告策划文案、一份广告文案及一句话的广告口号，各团队应抓住项目特点进行广告策划，广告文案力求思路开阔、创意新颖。 （2）制作一部宣传公司形象或产品的 3 分钟的电视广告片（视频格式按教师的要求执行）。 （3）现场汇报分工如下： 1）展示团队广告策划方案电子稿，并对方案内容进行简要陈述。 2）分享团队广告片制作过程及体会。 3）将广告片及汇报 PPT 提前拷贝给教师助理备份，确保广告片及汇报 PPT 顺利播放。 2. 教师助理 负责做好团队广告片及电子文档的拷贝、整理、上传（教师）工作。
课中	（1）教师对广告及广告语的特点、写作要求进行概述和讲解。（时间：20 分钟） （2）各团队派代表对制作完成的广告策划方案、广告文案及广告口号进行展示及简要陈述。（时间：4 分钟/队） （3）各团队展示广告片。（时间：3 分钟/队） （4）师生对团队完成情况进行点评。（时间：2 分钟/队） （5）团队简述制片过程及体会。（时间：2 分钟） （6）教师公布最佳创意奖、最佳文案奖、最佳实效广告奖、最具潜力广告人奖的获奖名单以及各团队实训成绩及排名。
课后	1. 项目团队 负责将修订完成的团队文案进行整理并上传给教师助理，做好团队内部绩效考核。 2. 教师助理 负责整理各团队文案并上传给任课教师，做好实训和文案成绩的统计、记录、归档和发布工作。

模块一　产品说明书、解说词

情境设定

产品介绍

知识导入

随着社会工业化进程的加快与科学技术的不断进步，商品的技术含量越来越高，许多商品的使用方法已远远地超出了人们的认知常识，而当一个产品诞生后，让别人了解它的最好办法莫过于写一篇产品说明书。因此，商家在关注产品质量的同时，必须充分意识到正确、规范地撰写产品说明书的重要性，以确保用户能够正确、安全地使用产品。

情境分镜头

分镜头一　本周海豚老师要求各团队结合本公司的经营项目，为自己的产品撰写一份产品说明书。海豚老师要求各团队在撰写说明书时，尽量避免因文字错误、专业术语艰涩难懂、产品说明与实际不符等各种问题而给消费者带来不便。此外，海豚老师还特别提醒各团队成员，在完成产品说明书撰写任务的同时，应站在消费者的角度，重新认识说明书的重要性，避免出现消费者在使用产品的过程中，因不看说明书或者不按说明书来使用产品而导致严重的后果。

分镜头二　经过两年的新产品试验，来伊口公司生产的系列无添加绿色天然食品终于正式投产了，总经理青梅却对研发部编写的产品说明书很不满意，觉得语言表述过于繁冗。于是她找来了市场部经理西子岳，交代西子岳在这份产品说明书的基础上，结合消费群体的特点重新拟写一份易于消费者理解和接受的产品说明书。青梅还告诉西子岳，公司下个月还将参加在南京举办的全国食品展销会，届时在展销会现场向各代理商解说和推广新产品的任务也将交由市场部全权负责。西子岳深知，这次展销会对公司尽快打开产品销路是一次难得的机会，于是，他一回到市场部就开始着手准备新产品推广事宜。

执行路径

A 线　了解产品说明书的特点、种类→搜集身边商品的产品说明书并进行对比、讨论→掌握产品说明书的撰写格式及写作要求→搜集、分析、整理本公司产品的相关信息→撰写产品说明书→讨论评点并修改

B 线　了解解说词的撰写要点→撰写解说词→模拟现场解说

知识平台

一、产品说明书

产品说明书，又称商品说明书，是用来对产品的名称、性能、规格、构造、用途、使用和保养方法以及注意事项等作书面介绍的文书。产品说明书的主要作用是帮助和指导客户正确地认识商品、使用商品和保养商品，同时具有宣传商品和企业的作用。

（一）产品说明书的特点

1. 说明性

产品说明书的作用，就是把与产品有关的信息告诉读者，主要以说明的方式介绍产品的特征、性能、作用、使用方法、注意事项等知识。

2. 客观性

在介绍、说明产品时，要本着实事求是、客观真实、对消费者负责的态度。尤其对产品的作用范围和使用效果，不能虚构、夸大，更不能掺杂个人好恶成分，以主观感情对其妄加褒贬。

3. 科学性

产品说明书是知识性文章，不论是介绍产品的性能与质量，还是说明产品的使用方法和注意事项，都应做到准确、科学。

（二）产品说明书的种类

产品说明书的种类繁多，不同的标准有不同的分类。

（1）根据说明书用途的不同，可分为产品特性说明书、产品使用说明书、产品安装说明书。

（2）根据表现形式的不同，可分为条款式说明书、文字图表式说明书。

（3）根据传播方式的不同，可分为直接印于包装纸上的外包装式说明书、装订成册随产品同时发出的内装式说明书。

（4）根据内容详略的不同，可分为生产资料产品说明书、消费资料产品说明书，这两类之下，还可细分为民用产品说明书、专业产品说明书、技术说明书等。

（三）产品说明书的撰写格式

产品说明书种类繁多，内容有繁有简，篇幅有长有短，格式与写法不尽相同。有的强调功能和用途，有的强调性能和特点、操作过程和维修保养，有的强调规格和型号。比较简单的产品说明书类似一篇短文；复杂的则要印制成册，图文并茂。不论是简单的还是复杂的，产品说明书的写法一般都包括标题、正文和附文三个部分。

1. 标题

产品说明书的标题的写法有以下几种：

（1）名称式标题，即直接用商品名称做标题，如“健民咽喉片”“西湖绸伞”“六神特效沐浴露”等。

（2）标明文种的标题，即由“商品名称＋文种”组成，如“荣事达洗衣机使用说明书”。

（3）散文式标题，如“微茶清醇享誉古今”等。如果是内容比较复杂、印制成册的产品说明书，标题则用彩色印制在封面上，并往往配有赞美文辞，如“全国著名商标——美菱阿里斯顿电冰箱说明书”。

2. 正文

（1）正文的类别。产品说明书的正文根据说明对象、说明内容和难易程度的不同，分为概述式说明书、条款式说明书、表格式说明书、复合式说明书。

1）概述式说明书就是用简明的文字，对产品的性能、成分、规格和用途等作综合说明。这实际上是一篇重点突出、结构完整的短文，能给人明晰、完整的印象。

2）条款式说明书就是分条列项地说明产品的性能、规格、用途等，有的还用小标题标明项目。这种条款式说明书，每一条款说明一项内容，具有文字简明、条理清楚、要点明确的特点。

3）表格式说明书就是按表格逐项填写要说明的内容，也可以表格为主，加上适当的文字说明。

4）复合式说明书即上述几种产品说明书的综合。既有概述式的总体说明，又有条文式的分项说明；既可先总后分，也可先分后总；有的还适当插入图表，图文并茂。这种写法运用得比较普遍，不少高技术产品说明书均采用这种写法。

（2）正文的结构。产品说明书的正文一般包括开头、主体和结尾三个部分。

1）开头。开头一般简要介绍产品的概况，如名称、产地、主要性能和特点等，也可介绍产品生产厂家的历史、规模、技术力量和产品声誉等，也有的不单写开头，落笔就写主体内容。

2）主体。详细介绍产品的规格、构造、用途、使用与保养和注意事项等。

3）结尾。可指明产品的发展趋势，提醒消费者注意某些事项，也可用“欢迎选购”之类的话作结。

3. 附文

附文是指附在正文后面的一些内容，如生产厂家名称、厂址、电话、传真、联系人和生产日期等，出口产品还要有中外文对照。

有些产品说明书是用于向用户全面详细地介绍产品，这类说明书的内容、结构比较复杂，装订成册，制作精美，图文并茂，多用于对科技含量较高的电子类产品和家电产品的说明，如电视机、冰箱、计算机、洗衣机等。这类复杂的产品说明书一般包括以下内容：一是封面，印有商品名称、实物图、商标、规格、型号以及“说明书”字样和生产厂家名称；二是目录，将说明书的全部条目编列在一起，以便用户查阅；三是前言，概述产品的设计目的，介绍产品的原理、性能、特点、使用范围等；四是正文，这是说明书的主要内容，产品的属性不同，内容也有所不同，主要是详细介绍产品的性能指标和主要技术参数、工作原理、使用方法、保养与维修以及附图等；五是封底，注明厂址、电话号码、传真号码等以便用户联系。

［产品说明书范例］

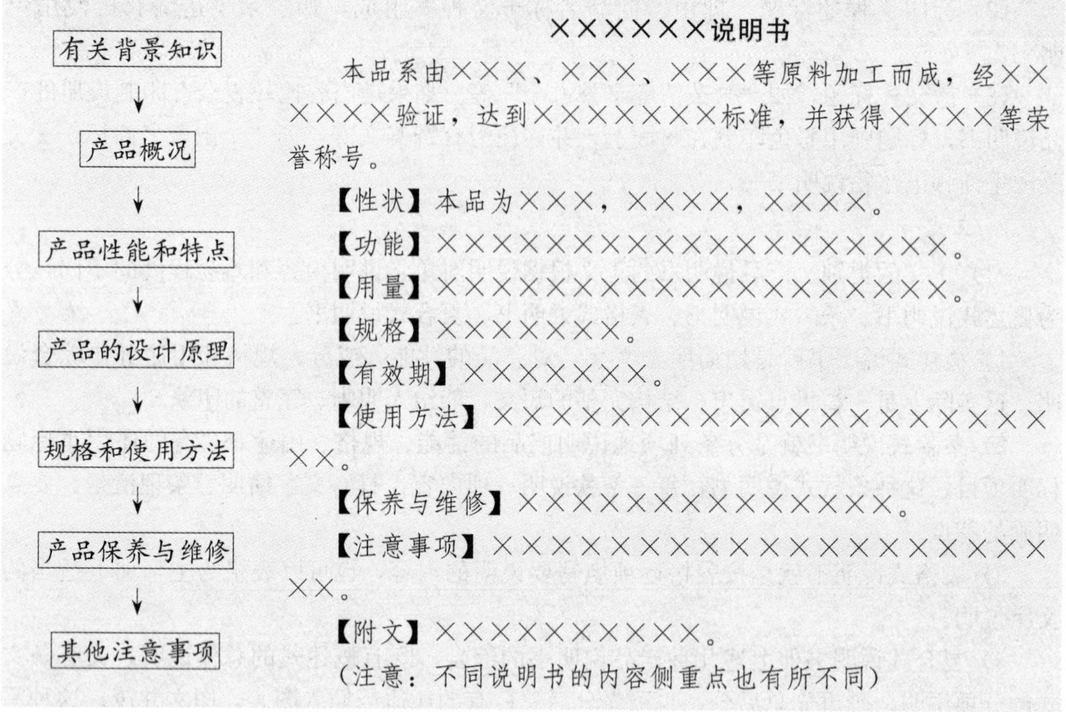

［产品说明书例文］

××牌电磁炉

本厂生产的电磁炉，是根据我国国情、烹调习惯、消费者的特点和消费水平，在吸收了国内外各种电磁炉优点的基础上，精心设计研制而成的。它具有以下特点：

1. 经济省电：热效率高于电炉、煤气、液化气，可达 80% 以上，烹调时炊具端离炉面，即自动停止加热，省时省力省开支。

2. 安全卫生：无火、无烟、无尘、无气味，又无中毒、起火、灼伤的危险，可防止老人、儿童的意外事故。

3. 功能齐全：集电饭煲、电热壶、电炒锅的功能于一身，烧饭蒸馍、炒菜炖肉、煮炸、保温样样都行。

4. 使用方便：操作简单、一学就会。既易移动使用，又易清洁保养，温度可随意调节控制。

【使用方法】

1. 把功率调节开关向左移至“关”的位置，然后插上电源插头。

2. 将锅放准在炉面的中央。

3. 将功率调节开关向右缓慢移至需要的位置，负载指示灯（绿色）和加热指示灯（红色）即显示负载和加热情况。

4. 需要保温时将功率调节钮拨至保温指示灯（黄色）亮，机器自动进入保温（85℃）状态。

5. 不得来回急速移动功率调节开关，以免造成损失。

6. 用毕，将功率的调节开关移至左端“关”的位置，然后切断电源。

【注意事项】

1. 放置位置应离开墙壁或其他物体 10 厘米以上，以保证进、排风口畅通。

2. 应单独使用 5A 以上的插座，不要与其他电器共用一个插座。

3. 不要将手表、磁带等物体放在炉面上，以免其因受磁场影响而损坏。

4. 不要直接加热密封的罐头之类的食品，以防加热后炸裂。

5. 不要用金属物体插入进、排风口拨弄，以防触电和损坏电磁炉。

6. 停止使用或清洁擦拭前应切断电源。对难擦的污垢，可用中性洗涤剂或肥皂水蘸湿后擦拭，然后用干布擦干，不能用水直接清洗，以免水进入炉体内出现故障。

7. 使用的锅必须是导磁质的平底锅（直径 12 厘米 ～ 26 厘米），如铁锅、搪瓷烧锅、不锈钢锅等；非导磁质的容器，如陶瓷、铜、铝等制品不能导磁加热。

8. 发现故障后应切断电源，送维修站检查修理，不要自行拆开。

【产品保修】

1. 本产品在一年内发生自燃故障（不含人为故障），凭保修单、发票到本厂指定地点免费保修。

2. 请用户认真填写保修单，并妥善保管。

本厂的宗旨：三杰——杰出的设计、杰出的产品、杰出的服务。

愿您的厨房像客厅一样精美！

××市第五电子仪器厂 、××电器开关厂联合生产

电话：×××××××××

厂址：××市××街××号

资料来源：http：//wenku. baidu. com/view/c3120a265901020207409cd0. html.

[简析] 这是一份家用电器产品说明书。说明书以商品名称做直接标题，正文部分用分条列项的方式详细介绍了商品的特点、使用方法、维修保养等内容。正文的最后作出了信誉方面的承诺以增强消费者的信任感并给其留下深刻的印象。落款部分给消费者提供了有关购买的信息，内容详尽、无遗漏。本说明书最大的优点就是对产品性能、使用方法、注意事项、保修等相关产品信息介绍得非常清楚，方便使用者按照说明书正确地操作并使用。本说明书格式规范，语言清晰、到位，体现了产品说明书的说明性、客观性、科学性的特点。

特别提示

撰写产品说明书的注意事项

1. 突出产品特点。产品说明书要能够突出所写产品的独特之处，使它有别于其他产品。

2. 说明要具体。产品说明书应起到指导消费的作用。如果介绍使用方法太简单，或不得要领，或把功效写得很笼统，不具体分明，则起不到应有的作用。

3. 突出重点。说明产品，应把重要的、关键的内容告诉消费者，如果只是泛泛而谈，未能在关键、重点问题上多加笔墨，则同样起不到指导消费者的作用。

4. 语言要求准确、通俗、简明。因为消费者的知识水平不一，所以说明书的语言应尽可能通俗，在介绍使用说明时，尽可能避免使用术语，以方便不同层次的消费者。同时，尽可能图文并茂，以便形象直观地说明产品。

小贴士

产品说明书与广告的区别

产品说明书和广告都有宣传、告知的作用，都有吸引消费者、引导消费、提高知名度的功效，但它们也有区别，主要表现在：

1. 目的不同。说明书的目的是介绍产品知识；广告的目的主要是促进商品销售，推广经营理念。

2. 内容有别。说明书的内容一般比较全面具体，深入细致；广告的内容一般比较简明扼要，不拘一格。说明书注重科学性、实用性，广告突出艺术性、感染力。

3. 形式各异。说明书属于说明文体，叙述客观冷静，不事夸张渲染；广告是一种宣传形式，表现方法丰富多彩，讲究创意求新，经常显示出一定的主观色彩。

4. 操作不同。说明书的发送相对自由灵活，一般由企业独立撰写印刷，随商品赠送，往往是商品服务项目不可缺少的附件之一；广告一般需付费并通过一定的媒介形式直接或间接地介绍、推销商品或服务，参与者除广告主外，还需有广告经营者等，按《中华人民共和国广告法》的规定，还必须订立书面合同，有规范的运作要求。

二、解说词

解说词是配合具体实物、人物或画面进行解释说明的一种文体。从解说的内容上分，解说词可分为产品展销解说词、文物古迹解说词、摄影图片解说词、影视剧解说词等。在展销会上解说自己的产品是一种非常常见的营销手段。以下重点对产品展销解说词进行介绍。

（一）解说词的特点

1. 指要性

指要性是指解说词应体现事物的本质特点，解说读者需要了解的内容，并根据一定的写作目的来确定解说内容的重点和要点。

2. 扩引性

解说词的使命就在于补充视听、说明客观事物时，在内容上作必要的增补与扩充（知识的拓展和情理的拓展），使其在观众观看实物和形象的过程中发挥视觉作用的同时，也发挥听觉的作用。

3. 清晰性

清晰性是指用词明晰、条理清晰。解说词通过对事物的准确描写或叙述及词语的渲染来感染观众或听众，使其了解事物的来龙去脉和意义，起到宣传的效果。

（二）解说词的撰写要点

解说词没有固定的格式，但在撰写时应把握以下要点：

（1）解说词是用来解说现场展示的对象的，所以在解说的过程中要紧扣对象，内容上可作适当的补充，但不能游离于解说对象及听众的兴趣之外。

（2）场合不同，解说重点也应有所不同。如：宣传型展销会上，解说重点应放在企业实力、企业特点、品牌内涵上；销售型展销会上，解说重点应放在产品本身的特点、优点以及提供给用户的利益上。解说内容应具体实在，符合客观事实，让听众觉得你有凭有据。

（3）解说对象不同，采用的解说方法也不同。如文物介绍的解说词要庄重典雅一些，而艺术作品的解说词要更加感性一些，景点解说词则要注重知识性和趣味性的结合。另外，要根据解说对象的内在顺序确定解说词内容的顺序，如电视纪录片的解说词，顺序上要符合影像的顺序，导游词要符合游览的先后顺序等。

（4）由于解说词是用于口头介绍的文本资料，而听众的水平可能是参差不齐的，因此撰写时语言要通俗易懂、简单明了。另外，撰写解说词时要记得用具体的细节体现介绍的真实可靠性，以增强用户的信任度。

[产品解说词例文]

我e家抛光砖产品解说词

一、金碧辉映（铂金）（主推系列）

1. 创意来源

金碧辉映系列，圣洁高贵，运用如同炼金术般的先进科技融入产品设计及生产中，金纯玉脂般的奢华质地，细腻而温润，给人以奢华的宠爱，成为建陶行业膜拜的尖端产品。

2. 技术特性

（1）精选意大利进口原料，充分执行各项环保标准，真正维护人类健康安全。

（2）通过上千次的抗污实验，融合全新环保材料，使砖体具备超强抗污性能。

（3）通过“倍级布料技术”延时高温，晶相渗透等多项创新技术，让晶体如雪花融入大地般自然，使产品色泽光亮如鲜，线条变幻自如。

（4）融合了玉石晶莹剔透的质感，砖面波光丽影，纹理鬼斧神工。如出水芙蓉般的质感，超越了天然石材的肌理效果。

3. 应用范围

可用于住宅客厅、别墅以及高级酒店，尽显大气、奢华品位。经切割后上墙，使用效果舒适而温馨，简约又大气。

二、敦煌印象无洞洞石（纳福娜洞石）（主推系列）

1. 创意来源

敦煌印象洞石，历经千年演练，古老而神秘却凝聚了人类智慧的精髓。敦煌印象无洞洞石系列，如在大气天成中凝聚着浓重的天然古典气息和尊贵的气质。无洞洞石产品，破解天然石材形成原理，突破性地运用现代科技，实现了看似有洞却无洞的视觉效果。吸水率极低，经久耐用。

2. 技术特性

(1) 采用了独创仿天然洞石微粉布料系统，形成波浪式洞石纹理，图案古朴自然。

(2) 二次精控布料工艺，有效控制洞石的分布层次，经高温煅烧后，在砖面形成天然不规则密闭洞孔，达到完全玻化使杂质无法渗透。

(3) 产品质地异常坚硬，具有天然洞石无可比拟的高抗折强度和高防污性能。条纹清晰、质感丰富，凝聚着浓厚的天然古典气息，给人独特色泽和尊贵感受。

3. 应用范围

适用于商场、酒店、商务中心等处的墙壁、地面使用，也适合家居应用，彰显大气，具有天然的气息。

资料来源：www.myhome2000.com/myhome2000/newshow.asp.

[简析] 这是一篇产品解说词，通过对产品的创意来源、技术特性及应用范围的解说，让用户对产品有了更具体的了解。

拓展练习

(1) 下面是一篇病文，在语言、内容等方面均存在毛病，请按产品说明书的写作要求，写出修改稿。

××牌电热杯说明书

我厂电热杯生产历史悠久，式样新颖，美观大方，质量优良，安全可靠，经济实惠，誉满全球，世界一流。该杯可煮沸各种食物，立等可取。特别适用于热牛奶、烧开水、泡饭等。

一、本电热杯电源电压一般为220 V交流，消耗电力300 W。

二、使用时首先插上电源插头，将电源线座一端插入杯子插座处，用完后先拔掉插头，以免触电。

三、电热杯容量1 000 g，灌得太满煮沸时会溢出杯外。

四、煮沸饮料倒出后，杯中应加入少量冷水（因杯底余热较高），否则会影响杯子寿命。

五、不能随意打开底中加热部件，以免损坏。

六、自售出之日起，一年内如有损坏，本厂负责退换，或免费修理。但不包括因使用不当而造成的损坏。

七、本产品经中国家用电器工业标准化质量测试中心站鉴定合格。

编号：92-1-HC-78

欢迎您提出宝贵意见，我们对提出好建议者实行抽奖。

我厂宗旨：质量第一　用户至上　销往全球　永久服务

本厂地址：中国云南昆明市××路××号

（2）请在下列题目中，选择一题撰写一篇产品说明书。

1）山地车、空调、移动电话（手机）、数字电视机。

2）你所在地区的某种食品（特产）。

（3）撰写一篇在招生宣传会上介绍本校或本专业的解说词。

模块二　广告策划方案

情境设定

广告策划

知识导入

在现代生活中，广告已无处不在。企业要在激烈的市场竞争中占有一席之地，就必须用好广告策划这一现代市场竞争手段。好的广告，必须有好的创意，创意是广告的灵魂，一份包含创造性的广告策划书，将会使广告传播的效果大大增色。

情境分镜头

分镜头一　各项目团队近期将开展一次公司广告宣传活动，海豚老师要求各团队在对本公司产品或服务进行市场调研的基础上，先撰写完成一份富有创意的广告策划方案。

分镜头二　为了进一步加大公司新产品的宣传力度，扩大其在市场上的影响力，来伊口食品股份有限公司决定在公司三周年庆典活动期间，面向省内各高校举办系列广告宣传活动。经公司研究，决定将这次广告策划和宣传任务交给广告部经理江南负责。当总经理青梅将新产品的相关资料交给江南时，特别向江南强调了两点要求：一是本次广告策划一定要契合产品，突出创意；二是本次广告策划和宣传费用不能超出公司的预算。

执行路径

了解广告策划的流程→学习广告策划方案的构成及写作要点→市场调研→消费者动机和行为调查→细分市场和确定目标市场→产品调研和产品定位→广告目标和广告策略→撰

写广告策划方案

知识平台

广告策划方案是企业为了达到最佳的营销效果而进行的具有创意的广告策划工作的结晶，是广告策划决定的各种战略、策略、方法和步骤的书面表达形式。

一、广告策划方案的特点

1. 目标性

写作广告策划方案应先明确广告活动应达到什么样的目的，是为了扩大影响，提高知名度，创造名牌企业，追求社会效益，还是为了配合营销策略，抢占市场，促进产品销售或追求经济效益。只有目标明确，广告策划方案的写作才能有一个中心，否则就会成为盲目拼凑或堆砌的资料。

2. 策略性

在广告策划中，策划项目的推进顺序，广告的制作、代理、发布等都必须具有可操作性，能够解决企业的现实问题。

3. 创新性

富有创意是广告策划方案的灵魂。在写作过程中，模仿和重复他人都不可能写出有价值的广告策划方案。

二、广告策划方案的种类

根据广告策划范围的不同，广告策划方案可分为两类：

1. 宏观广告策划方案

宏观广告策划方案，又称整体广告策划方案或总体广告活动策划方案，它是对在同一广告目标下的一系列广告活动的系统性预测和决策，即对包括市场调查、广告定位、广告战略战术确定、经费预算、效果评估在内的所有运作环节进行总体决策的方案。

2. 微观广告策划方案

微观广告策划方案，又称单项广告策划方案，即单独地对一个或几个广告的动作全过程进行策划的方案。

三、广告策划方案的撰写格式

广告策划要对整个广告活动进行全面的策划，其形式结构因类型的不同而千差万别。一般包括封面（标题）、目录、前言和正文。

1. 封面（标题）

封面应美观大方，内容上应写明标题、策划单位名称、时间。标题一般由产品名称和文种组成，如“MOTO-860手机广告策划方案”。策划单位要写全称，必要时署明策划人或组织人员姓名。时间是指策划方案编制完成的时间。

2. 目录

目录应涵盖整个策划书的主体内容，读过后能使人对这个广告策划的全貌、策划人的思路、策划书的整体结构有基本的了解。

3. 前言

前言是对广告策划方案的总体概述和说明，目的是让企业高层决策者或执行人员快速了解方案的基本内容，因此要准确概述或说明广告策划的时限、目标、任务和广告主的营销战略。

4. 正文

(1) 广告环境分析：包括市场分析、消费者分析、产品分析、企业和竞争对手分析等，是广告策划和创意的基础，是在市场调查的基础上对广告产品进行的定量和定性分析。

(2) 广告目标：是广告活动要达到的目的。在方案中要对广告目标进行量化的具体表述，包括开展广告活动后，企业或产品的知名度及美誉度提高的百分比、市场占有率提高的百分比等各项具体指标。

(3) 广告定位：包括广告诉求对象和广告地区定位，要根据产品定位和市场研究确立目标消费者和目标地区。方案不仅要准确描述定位对象，而且要对理由作适当分析。

(4) 广告创意表现：这是广告策划的重点。广告创意是极其复杂的创造性思维活动，其作用是根据消费者个性和消费心理确定新颖而又正确的广告主旨。广告创意表现是由决策进入实施的阶段，即广告的设计制作。其质量的好坏直接关系到广告策划方案的优劣。

(5) 广告媒介选择和规划：媒介选择和策划是针对既定的广告目标，在一定的预算约束下对媒介的选择、组合和发布的策划和安排。广告策划方案要具体地说明媒介策划的内容，以便于执行。

(6) 广告预算：广告预算是一项系统性工程，它要求广告主先确定准备用于开展广告活动的具体经费数目，再决定出于什么目的、在什么时间、什么地点支配使用这些广告经费。一个设计周全的广告策划方案应对广告活动的经费总额、使用范围和使用方法进行准确编制和说明。

(7) 广告实施计划：是对广告对象、广告时间、广告区域、广告形式、发布频率等内容的具体说明，是在上述各主要内容的基础上，为广告活动的顺利实施而制定的具体措施和手段。

(8) 广告效果评估与监控：为了了解广告宣传是否达到广告目的或是否产生对其他方面的影响，在广告策划方案中应制定出评估与监控的内容和方法。

在实际撰写广告策划方案时，上述八个部分可根据实际情况有所增减或合并分列。小标题也可有不同的表述，如广告实施计划也可表述为广告策略，广告创意表现及广告媒体选择和规划也可表述为广告战略，最后一部分可表述为结束语或结论。

［广告策划方案例文］

×××××广告策划方案

××公司是一家生产化妆品的新兴企业，组建于××××年，主要生产中高档化妆品，目前在市场上已占有一定份额。目前公司市场开发部门研制的××防晒新产品即将投放市场，这将为公司占领中国化妆品市场增加机会点。

一、广告目标

1. 扩大品牌知名度及市场影响力。

2. 推广新产品，为新产品制造市场。

3. 促成目标消费群体转变使用相关化妆品的消费习惯，创造一种消费时尚，并由此开辟更广阔的市场空间。

4. 在夏季激烈的市场竞争中使自己立于不败之地。

二、广告定位

由于×××品牌本身在消费者心中的地位是中高档化妆品，因此其广告的档次也应该达到一定层次。

1. 市场定位：广告及促销活动重点定在北京、上海、广州三大城市（下文以上海为例）。

2. 商品定位：将防晒与美白二合一的新一代高科技防晒用品。

3. 宣传定位：全新的防晒与美白理念铸就生活化的美丽。

三、广告表现

同类产品充斥着整个化妆品市场，尤以国外进口化妆品牌最具有威胁。各品牌防晒霜（乳液）的防晒效果十分相近，不同之处则在于各品牌自身的特殊成分及其功效。因此，这一时期的户外大型广告的重点应在于以下三方面：

1. 引导目标消费群体的消费理念——新一代防晒用品＝防晒＋美白。

2. 树立并巩固×××品牌的市场定位，提升×××品牌在消费者品牌概念中的地位。

3. 利用广告的艺术性表达并强调×××多效修护霜的卓越防晒功效及独特美白成分在防晒同时对肌肤的美白功能。

户外促销广告的策略重点则放在比较上，采取与间接对手进行功能比较的方式，强力诉求×××多效修护霜的“防晒＋美白”修护的超强功能品质，以此确立消费者对×××多效修护霜的购买信心与品牌知名度，并借此占领更多的市场份额。

四、广告媒介选择及实施方案

（一）广告媒介

1. 大型户外广告牌或大型广告灯箱。

2. 橱窗广告或专柜广告。

3. 沿街式吊旗广告。

4. 地铁灯箱广告。

5. 车体广告。

（二）广告媒介户外实施方案（上海地区）

户外大型广告主要采用楼顶广告牌、街边艺术广告牌和沿街悬挂式广告旗的形式。

1. 楼顶广告牌实施方案

（1）主题：×××，惊喜你自己！

（2）实施地点：淮海路国泰电影院大楼楼顶广告牌。

（3）规格：3米×10米。

（4）内容：整幅广告以水波为背景，营造一种浸泡在水里的感觉，在炎炎夏日给人以清新凉爽的感觉。广告画面由女模特、×××多效修护霜、×××标志、广告语组成，意图表达得十分明显，×××多效修护霜的图片强调了广告诉求商品的目的。

（5）影响范围：方圆4千米。

2. 街边艺术广告牌实施方案（略）

3. 沿街悬挂式广告旗实施方案（略）

五、广告预算

调研费用30 000元

媒介费用750 000元

制作费用70 000元

广告管理协调50 000元

其他费用30 000元

共计930 000元

六、广告效果评估与监控

1. 事前：采用“试验法”对广告作品进行评估。

2. 事中：广告播放期间，对受众做调查，并统计媒体实际覆盖率和受众对广告播出的反应。

3. 事后：对这次广告总效果进行综合评估。

附件：1. 市场调查问卷

　　　2. 平面广告方案

资料来源：http：//wenku.baidu.com/view/aeb9083710661ed9ad51f39c.html.

[简析] 这篇广告策划文案让人看后一目了然，可操作性强。其优点具体表现在：内容翔实，材料丰富，对策划所牵涉的各种材料进行了有序的梳理，并用条列式井井有条地围绕策划对象，从广告目标、广告定位、广告表现、广告媒介选择及实施方案、广告预算、广告效果评估与监控诸方面进行了分析和策划。

特别提示

撰写广告策划方案的注意事项

1. 简洁明了。要根据内容的不同，运用图表、文字等形式来表达，能用图表说明清楚的就不必用文字，能用一句话说清的问题就不用第二句话。

2. 层次分明。要有条不紊，先要把方案的结构安排好，要点分明，重点突出，每个部分都要紧紧围绕广告主旨展开。

3. 善于归纳。编写广告策划方案要用客观、真实的资料归纳出有关事项，并对此进行解释和说明，使决策者明白如此策划或建议的理由。

4. 说明资料的来源。在运用相关资料时，必须注明资料的来源，是通过什么途径获得的。资料的可信度有多大、时效性如何、保密性如何等，都应在方案中注明。

知识拓展

广告创意的原则

“创意”——“Creative”的英文原意是创造、创建、造成的意思。广告创意是介于广告策划与广告表现之间的艺术构思活动，即根据广告主题，经过精心思考和策划，运用艺术手段，把所掌握的材料进行创造性的组合，以塑造一个意象的过程。简而言之，即广告主题意念的意象化。广告创意应遵循独创性和实效性原则。

1. 广告创意的独创性原则

广告创意不能因循守旧、墨守成规，要勇于创新，标新立异。只有独创性的广告创意才具有最大强度的心理突破效应。别出心裁、新奇大胆，而且具有鲜明特色的广告才能触发人们的浓烈兴趣，才能在受众脑海中留下深刻的印象，从而达到长久记忆的效果。

2. 广告创意的实效性原则

广告创意能否成功地实现营销目的，很大程度上取决于广告信息的传达效果，也就是受众群体的正确理解。在进行广告创意时，应善于将各种信息符号进行完美的组合，让它更加易于被受众理解并接受；广告创意中的意象组合和传达应与广告主题、广告长期战略目标相吻合。

拓展练习

（1）各团队完成本公司广告策划方案的撰写。

（2）各团队之间开展广告策划方案的互评和修改。

模块三　广告文案

情境设定

广告文案设计及广告片制作

知识导入

“广告的效果50%～70%来自广告文案。”这是美国最权威的调查机构经过科学测试得出的结论。在这个信息爆炸的时代，要想使自己的广告不断顺应市场经济的浪潮，并能标新立异、独占鳌头，至关重要的就是要认真研究广告文案的突出特点和写作的方式方法并能撰写出最具有创意的广告文案。

情境分镜头

分镜头一　在各团队撰写完成了本公司的广告策划方案后，海豚老师又向各团队布置了一项新的任务——拍摄制作一部3分钟的电视广告片。海豚老师告诉大家，这次实训将评选出最佳创意奖、最佳文案奖、最佳实效广告奖、最具潜力广告人奖等几项大奖。队员们知道，撰写一份有创意的广告文案，是拍摄与制作本次电视广告片的关键因素。

分镜头二　江南团队的广告策划方案经几次修改后终于获准通过。紧接着，江南团队针对广告主题和诉求点，集思广益，设计并撰写完成了一份富有创意的广告文案。随后，江南团队又克服了资金、设备短缺和经验缺乏等诸多困难，完成了广告宣传片的拍摄和后期制作。这一天江南团队带着他们的作品出现在公司广告宣传活动现场……

执行路径

修改广告策划方案→进一步讨论并明确广告主题和诉求点→讨论并选取最佳创意→撰写广告文案→拍摄广告宣传片→后期制作→广告发布

知识平台

广告文案是指已经完成的广告作品的全部的语言文字部分。“语言”是有声语言，包括人物对白、画外音；“文字”是平面媒体中的文字部分、电子媒体文案中的脚本及字幕。广告文案写作实际上是广告创意再现的过程，在这个过程中，广告文案人员要在广告文案写作的特殊原则下，对广告创意策略和表现策略进行语言文字的加工、润色，目的就是让广告的语言文字更加贴近广告创意。

一、广告文案的类型

（1）以媒体划分：主要有报纸广告文案、杂志广告文案、广播广告文案、电视广告文案、网络广告文案、户外广告文案和其他媒体广告文案。

（2）以表达形式划分：主要有记叙性广告文案、论说体广告文案、说明体广告文案、文艺体广告文案。

（3）以内容划分：主要有消费物品类广告文案、生产资料类广告文案、服务娱乐类广告文案、信息产业类广告文案、企业形象类广告文案、社会公益类广告文案。

（4）以情感特点划分：主要有理性广告文案、情感广告文案、情理交融型广告文案。

二、广告文案的撰写准备

（1）首先要分析产品与市场调研的资料，然后用尽量简短的文字将产品描述出来。这些文字要包括产品的特点、功能、目标消费群、精神享受四个方面的内容。

（2）紧接着要思考：你应该向消费者承诺什么？这一点很重要，若没有承诺就没有人会买你的产品，承诺越具体越好。不要作出连你自己都不能相信的承诺，你的承诺靠什么保证要考虑清楚。

（3）有一个核心的创意，而且这个创意一要单纯，二要有可延伸成系列广告的可能性，三要有原则性，以打动那些对产品漠不关心的消费者。

三、广告文案的撰写格式

广告文案一般由广告标题、广告正文、广告随文和广告口号四部分组成。

1. 广告标题

广告标题是广告的主题，也是广告内容诉求的重点。它的作用在于吸引人们对广告的关注，留下印象，引起人们对广告的兴趣。只有当广告对象对标题产生兴趣时，才会阅读正文。

广告标题的设计形式有：情报式、问答式、祈使式、新闻式、口号式、暗示式、提醒式等。撰写广告标题时，语言要简明扼要，易懂易记，新颖生动、出奇制胜，句子中的文字数量一般控制在12个字以内为宜。例如，德芙巧克力："牛奶香浓，丝般感受"；天梭手表："瑞士天梭，世界穿梭"。

2. 广告正文

广告正文是对广告产品或广告标题，以客观的事实、明确形象的语言阐述来增加消费者的了解与认识，以理服人或以情感人。正文的撰写，不论采取何种题材和式样，都要抓住广告内容的主要信息来叙述，做到内容实事求是、通俗易懂，且具有可信性、可证性和可比性。例如，UPS国际快递广告："当投递包裹时，您总是想确认它是否被安全、可靠地送达。通过UPS，您肯定能得到完善的服务，我们的运输网络和专用递送机队，确保每周六航班往返于中美间，隔天递送，准时到达。当您需要运送包裹时，请信赖UPS。"

3. 广告随文

广告随文，又称附文，具有补充广告正文的遗漏、直接地促进销售行为的实施、加强受众的固定性记忆和认知铺垫的特殊功能。

广告随文需要对正文不便提及的问题作一些辅助性的补充，如产品在哪里销售、消费奖励是什么、销售的时间等。广告随文应真实、准确、简明、清楚、全面，该让消费者了解的信息一个也不能遗漏。此外，广告随文的写作尤其要信息准确，表现上也应尽量显明创意。广告随文的拟写也可以变被动地列出电话、地址等信息为主动强调产品的标志特点，告诉消费者怎样行动。如"凡需要以上产品的用户，请您认准××商标""我们竭诚为您代办邮购业务，邮购地址：××××，联系人：×××"。

4. 广告口号

广告口号，又称广告标语或广告语，是广告主为了加强受众对企业、产品或者服务的印象而在广告中反复使用的一种简明扼要的口号性语句。它可以出现在文案的任何部位，但因为鲜明而上口的特点，经常与广告标题出现互转的现象。

常用的广告口号形式有联想式、比喻式、许诺式、推理式、赞扬式、命令式等。撰写广告口号要做到简洁明了、语言明确、独创有趣、便于记忆、易读上口。

[广告口号例文]

较成功的广告口号

美国音乐学校："当我坐到琴凳上时，他们都在笑我，直到我开始弹起来。"

治胃药："无胃不至。"

亚细亚电脑三维动画系统："触幕惊新。"

六神特效花露水："六神有主，一家无忧。"

长途电话："中国电信，千里音缘一线牵。"

联通："只要心相通，相隔千里也握手。"

一家瑞士旅游公司在广告牌上提醒说："还不快去阿尔卑斯山玩玩，6 000 年之后山便没有了!"

牙医门诊部："请放心地来补牙，就是他（她）吻您的时候，也不会察觉。"

印刷厂："除了钞票以外，承印一切。"

某牛奶厂："如果您每天喝一瓶本厂出品的鲜奶，连续坚持 5 214 个星期，您将会活到 100 岁!"

某热水器："别只看本品价高，若购买便宜的热水器，会使你陷入水深火热之中。"

餐馆："请来本店用餐吧！不然你我都要挨饿了。"

美容院广告："请不要向本店出来的女子调情，她也许就是你的外祖母。"

美容连锁店："不为诱惑谁，只为呵护美。"

水果摊："一次不买你的错，二次不买我的错。"

[简评] 以上广告口号用语简明，突出个性，强调品牌，亲和力、针对性强，创意独特，设计得相当成功。

[广告文案例文]

英特尔奔腾处理器广告文案

广告标题：得"芯"应手

广告正文：一部高效率的超级个人电脑，必须具备一个高性能的快速处理器，才能得"芯"应手地将各种软件功能全面发挥出来。英特尔现率先为您展示这项科技成就，隆重推出跨时代的奔腾处理器，它的运算速度是旧型处理器的 8 倍，能全面缩减等候时间，大大提高您的工作效率。

除此之外，它能与市面上各种电脑软件全面兼容，从最简单的文字处理器到复杂的 CD-ROM 多媒体技术应用，它均可将这些软件的工作效率发挥得淋漓尽致，而它的售价却物超所值。若想弹指之间完成工作，您的选择必然是奔腾处理器。

广告口号：英特尔奔腾处理器，给电脑一颗奔驰的"芯"!

广告随文：略

资料来源：http：//wenku. baidu. com/view/6b94f7134431b90d6c85c794. html.

［简析］这篇广告文案标题采用诉求式，直接指出商品的优势以及能给受众带来的利益，采用双关的修辞手法，言简意赅，令人过目难忘。正文开头紧承标题，解释得“芯”应手的真正含义；主体部分紧扣主题，强调英特尔奔腾处理器的优势是运算速度快、全面兼容，物超所值；结尾部分敦促受众采取购买行动。广告口号部分采用修辞式和广告标题呼应，再次强调处理器的快速。这是策划得较成功的广告文案。

特别提示

撰写广告文案的注意事项

1. 生动形象，表明创意。广告文案中的生动形象能够吸引广告对象的注意，激发他们的兴趣。研究资料表明：文字、图像能引起人们注意所占的百分比分别是22%、78%，能唤起记忆所占的百分比分别是65%、35%。这就要求在进行广告文案创作时采用生动活泼、新颖独特的语言的同时，辅以一定的图像，以增强广告宣传的接受效果。

2. 规范准确，突出主题。广告文案中的语言要规范完整、准确无误，避免使用冷僻以及过于专业化的词语。另外，语言要尽量通俗化、大众化，符合大众的语言表达习惯，不可生搬硬套，更不能使用自己创造的众所不知的词。

3. 言简意赅，上口易记。广告文案应以尽可能少的、音韵流畅、好记上口的语言和文字表达出广告产品的精髓，避免因广告语句的冗长和拗口影响广告信息传播的效果。

广告标题和广告口号的区别

广告标题是放在广告文案最前面、起引导作用的简短语句，旨在传达最重要的信息内容或者激发消费者阅读的兴趣。广告口号指表达企业理念或产品特征的、长期使用的宣传短句。

广告标题与广告口号的区别：

1. 信息内容上，广告标题侧重于诱导和吸引，输出主要信息；广告口号则侧重用最精练的语言对企业个性或产品特征进行人性化的概括。

2. 形式上，广告口号比广告标题更讲究顺口流畅，言简意赅，易读易记，更讲究句子的锤炼和词语的推敲以及音韵的和谐。

3. 表达效果上各有千秋，广告标题注重短期效果，广告口号注重长期效果。

拓展练习

（1）试从广告文案的四个组成部分评析完达山全脂奶粉广告文案的得失。

当年的小女孩如今已变成……

每天清晨我都会给家里每个人冲上一杯牛奶。20多年前，当我还是一个小姑娘时，第一次喝完“完达山”，那浓郁的奶香，一冲即溶的特点便深深留在我的脑海里……20年过去了，时过境迁，家里的电视机坏了，当年吵着喝牛奶的小姑娘如今已成了母亲，但是我每次买奶粉仍是“完达山”。这不仅是因为“完达山”始终给我的质量信心，还有那些关于自己人生历程的回忆，就像那醇厚的奶香，让人久久回味……

不变的真情 完达山全脂奶粉

地址：黑龙江省××市××街××号

服务电话：×××××××××

传真：×××××××××

邮编：××××××

(2) 评析下面这则广告文案的优劣。

标题：痰何容易——避尔咳特效化痰露

正文：要彻底化痰止咳，唯有避尔咳，它所含的特效化痰素，迅速化解积聚气管内的有害顽痰，药效强劲。不含麻醉成分，安全可靠。避尔咳特效化痰露对各种因支气管炎、过敏及伤风感冒引起的咳嗽同样有效。有避尔咳，化痰止咳就像说话一样容易。

广告语：话未完就止咳

随文：略

(3) 请根据下面的信息制作一份节约用水的公益广告文案。

我国是个缺水大国，水资源并不丰富，但用水浪费却很惊人，供求问题十分突出。这个结论，并非危言耸听。按照2009年的最新统计，我国水资源总量为28 124亿立方米，在世界上仅次于巴西、俄罗斯、加拿大、美国和印度尼西亚而居第6位。绝对量虽算得上丰富，但由于人口多，我国人均水资源占有量却大大低于世界平均水平，仅列世界第88位，为世界人均占有量的1/4。我国水资源时空分布不均，广大的北方和非沿海地区水资源严重不足。据统计，我国517座城市中，有300多座城市缺水。其中，我国北方缺水区总面积达58万平方公里，包括京、津、冀、晋、鲁、豫北和辽中南等，而这些地区的水资源开发程度已达70%。随着人口的迅速增长，人均水资源占有量每年在递减。然而，与水资源严重不足形成鲜明对比的，却是水污染日益严重、地下水严重超采、水资源浪费严重的严峻现实问题。

项目十　商务活动

学习目标

● **知识目标**

1. 了解招投标工作流程，掌握招标书、投标书的撰写格式及要求；
2. 掌握经济合同的撰写格式、主要条款及注意事项；
3. 掌握商务信函和商务 E-mail 的撰写格式及要求；
4. 掌握商务谈判方案、商务谈判备忘录的撰写格式及要求。

● **能力目标**

1. 能够按要求撰写招标书、投标书并完成招投标任务；
2. 能够运用合同知识和写作理论，分析并指出合同案例中存在的主要问题或错误，能够发现并修改合同中的主要错误；
3. 能够根据商务沟通的需要，撰写完成相应的商务信函，并以 E-mail 的形式发送出去；
4. 能够撰写商务谈判方案并完成商务谈判备忘录的撰写任务。

项目框架

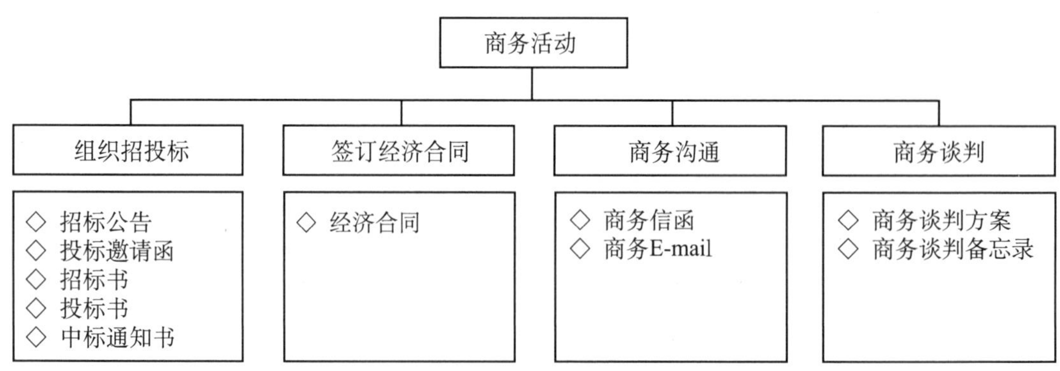

课堂设计

实训任务 1：招标与投标

任务描述	本次实训将项目团队分为招标组和投标组两组。招标组以公司的名义组织一次招标活动，并完成与招标活动相关的文书撰写任务；投标组则代表本公司参加其他公司的招标活动，并全力争取中标。

文案任务	招标公告、招标书、投标书、中标通知书
教学组织	任务分工及实训步骤与要求
课前	1. 项目团队 以抽签方式，将全部项目团队分为招标组和投标组两组，分工完成自己的任务。角色分工如下： （1）招标组。 1）招标组需代表公司，以招标者的身份，按照招标工作的整个流程，组织一次招标活动。 2）结合本公司当前的业务需要和经营范围选择并确定招标项目。 3）招标组需如期完成招标书的撰写任务，并根据投标截止时间提前1～2周在课程QQ群内向其他项目组发出招标公告。招标公告应明确投标截止时间，公告内容应尽可能地吸引其他公司的参与，也可指定投标单位，向其发出投标邀请函。 4）投标时间截止后，统一向投标意向单位发出详细的招标书，并公开强调开标日期。 5）招标组负责主持开标会议，并按“开标—评标—中标”的流程组织开标，要求当场遴选出中标单位，并发出中标通知书（中标通知书一般是在开标会后发出，在此出于实训展示需要提前放在开标会上发出）。 （2）投标组。 1）投标组在通过招标公告得到招标信息后，需选择合适的招标项目，在投标截止日期内，以公司的名义向招标单位发出投标意向（投标申请书），并接收招标单位发出的招标书。 2）根据招标书的具体要求制作招标文件，严格封标，并按时参加竞标。 2. 教师助理 （1）组织完成课前分组抽签及开标会场的布置工作。 （2）将各团队文案进行整理并上传给任课教师。
课中	（1）教师讲解本次实训所涉及的招投标知识点，并进一步明确实训任务和要求，导入实训情景。（时间：20分钟） （2）开标会议由招标方团队主持。（时间：20分钟/队） 1）招标方需再次陈述招标项目和项目要求，陈述中同步用PPT展示招标书。 2）招标方要求各投标单位将严格密封的投标书公示，确定未经拆封后，开始评标（唱标）。 3）评标时，招标方需公开各投标单位的核心文件并就项目计划进行提问。投标单位为提高中标率，在唱标时，要严格遵守开标程序，并在有限的发言时间内，突出本单位的竞争优势。发言过程中需同步用PPT展示本单位竞标的核心文件——投标书。 4）定标环节，招标单位需当场确定并公布中标单位（招标或投标成功的团队将获得额外加分）。 （3）在展示期间，师生对各团队的实训表现进行点评。 （4）教师公布团队实训成绩与排名。
课后	1. 项目团队 负责修订及上传团队文案，并做好团队内部绩效考核。 2. 教师助理 负责整理团队文案并上传给任课教师，做好本次团队实训和文案成绩的统计、记录、归档和发布工作。

实训任务2：签订经济合同

任务描述	招投标工作结束后，各项目团队分别代表招标方与中标方签订一份经济合同。签约双方应熟知合同的相关条款和注意事项，避免出现错误，造成不可挽回的经济损失。
文案任务	经济合同

教学组织	任务分工及实训步骤与要求
课前	1. 招标方 （1）招标方需依据招标项目的相关内容，提前撰写一份存在多处漏洞的经济合同，并在规定时间内提前发至乙方邮箱，并对乙方回复的邮件进行回复，直至双方意见达成一致。招标方需对所有的合同文本进行备份，并制作 PPT，对每轮修改处进行标识，准备课堂点评对方的错漏。 （2）招标方需准备并打印出一式两份正式的合同文本备用签约。 2. 中标方 （1）中标方收到甲方合同文本后，需仔细阅读合同内容，并标识出其中的错漏，重新修改后，发至对方邮箱，直到双方意见达成一致。中标方需对所有的合同文本进行备份，并制作 PPT，对每轮修改处进行标识，准备课堂点评对方的错漏。 （2）中标方需打印出一式两份正式的合同文本备用签约。
课中	（1）教师讲解合同撰写和签订所涉及的相关知识点和技能点。（时间：20 分钟） （2）乙方针对甲方提供的合同文本进行点评、指正。（时间：5 分钟/队） （3）在乙方陈述过程中，甲方需仔细倾听，并发言补充对方在陈述中遗漏的或表述欠准确的地方，并展示双方最后准备签约的合同文本。（时间：5 分钟/队） （4）师生对各团队展示的经济合同逐一进行点评。（时间：2 分钟/队） （5）甲乙合同双方最后共同商议、修订合同文本，并由双方负责人代表公司在合同文本上签字。（建议课后完成）
课后	1. 项目团队 负责将修订完成的合同正本上传给教师助理，并完成团队内部绩效考核。 2. 教师助理 负责整理团队文案并上交给任课教师，做好实训和文案成绩的统计、归档和发布工作。

实训任务 3：沟通与谈判

任务描述	各团队可延续双方招投标项目或以公司新开展的经营活动为题材，策划一次商务谈判，谈判过程由 A、B 两个项目团队按照谈判程序合作模拟完成。作为谈判对手，双方应本着诚信、互惠的原则，在谈判过程中，争取己方利益的最大化。谈判结束后，双方需各自拟定谈判备忘录。
文案任务	商务信函、商务谈判方案、谈判备忘录
教学组织	任务分工及实训步骤与要求
课前	1. 项目团队（A、B 两队） （1）为保证双方谈判能够按时顺利进行。谈判前，谈判双方须以电子邮件的方式互致商务信函，就商务谈判的主题、时间、地点以及商务谈判方案的拟订等内容进行沟通与商讨。 （2）谈判双方按商务谈判的内容撰写一份商务谈判方案。 （3）依据拟订的商务谈判方案的议程，做好正式谈判前的相关准备工作。 （4）正式谈判前需提前明确谈判人员及相关任务，谈判者尽可能在谈判中学习并运用商务谈判技巧。 （5）自学谈判备忘录的撰写方法，谈判结束后需完成一份商务谈判备忘录。 2. 教师助理 （1）整理团队文案并上传给任课教师。 （2）负责做好谈判前的会场布置工作。
课中	（1）教师讲授商务信函的相关知识并对商谈双方的商务信函抽样进行点评。（时间：10 分钟）

课中	(2) 教师讲解商务谈判模块涉及的相关知识点与技能点，并进一步明确实训任务、时间和要求。(时间：10分钟/队) (3) 谈判双方入场。 (4) 团队代表介绍谈判背景、谈判内容、谈判目标（保密）等相关信息。(时间：3分钟/队) (5) 谈判双方正式进入谈判程序。 (6) 谈判结束，双方根据谈判情况共同撰写谈判备忘录，完成后由双方负责人在备忘录上签字。 (7) 分别展示自己的谈判方案和谈判备忘录，并结合谈判的实际情况，对本组的谈判表现予以评价。 (8) 教师点评，并公布实训成绩。
课后	1. 项目团队 负责完成文案的修订、上传，以及团队内部绩效考核工作。 2. 教师助理 负责整理各团队文案并上传给任课教师，做好实训和文案成绩的统计、记录、归档和发布工作。

模块一　招标公告、投标邀请函、招标书、投标书、中标通知书

情境设定

组织招投标

知识导入

随着市场的法制化、规范化，招投标已成为国际上广泛使用的一种商业交易形式。为了保证公司稳定的货源供给和货物质量，越来越多的企业愿意选择招标的形式，对公司经营的部分产品公开招标。招标与投标工作过程比较复杂，在每一环节都会涉及招标公告、投标邀请函/投标申请书、招标书、投标书、中标通知书等应用文的写作。学习并了解招投标规则及相关文书的撰写知识，对学生在职场更快融入企业和参与企业间经营活动很有帮助。

情境分镜头

分镜头一　为了让同学们完整地体验招投标活动的整个工作流程，海豚老师要求每个团队分别模拟招标方、投标方完成以下三项任务：一是模拟招标方，在规定开标的日期内，结合本公司的业务经营范围，组织一次招标活动；二是模拟投标方，积极响应其他项目团队发出的招标邀请，研究并确定投标项目，如期完成投标书的撰写和开标任务；三是

认真完成整个招标、投标过程中的核心文件——招标书和投标书的写作任务。

分镜头二 来伊口食品股份有限公司规定，采购大宗货物须以公开招标的方式进行，并规定公司招投标活动的组织及标书制作统一由公司市场部下面的招投标项目团队负责。这天，招投标项目团队队长郭亮一上班就接到了公司总经理青梅打来的电话。青梅告诉郭亮，公司昨天收到 C 公司一周后即将举办的一个大型项目的招标邀请。青梅与公司其他领导商量后，觉得来伊口公司一旦在这个项目上中标，对扩大品牌影响力及下一步拓展市场极有好处。为此，青梅要求郭亮的项目团队随即向招标单位发出投标意向，尽快领取详细的招标书，并在一周内准备好参加投标的全部材料，全力争取中标。郭亮放下电话，心里暗自叫苦，因为一周后公司的一个招标项目也开标在即，两个项目都十分重要且紧急，这该如何是好？郭亮想了想，决定将招投标项目团队分为 A、B 两组：A 组继续负责组织本公司的招标工作，B 组负责根据 C 公司的招标文件在规定的时间内完成投标书和相关文件的准备和投递工作，并按照招标方的活动要求参加招标会。任务下达后，A、B 两个小组经过一周的紧张准备，如期来到了各自的开标现场……

执行路径

A 线　招标组：讨论招标方案，明确标的→发出招标公告→了解并制定招标流程→撰写招标书→发出招标邀请和招标书→组织开标、评标，并当场宣布中标单位→发出中标通知

B 线　投标组：了解投标流程→及早发出投标意向，领取招标书→对应招标书的要求，编写完成投标书→送达标书，参与竞标

知识平台

招投标是在市场经济条件下进行大宗货物买卖、工程建设项目发包与承包以及服务项目的采购与供应时，所采用的一种交易方式。在国际贸易中，已有许多领域采用了这种方式，并已逐步形成了国际惯例。

一、招标

招标是指招标人对货物、工程和服务等事先公布采购的条件和要求，以一定的方式邀请投标人投标，并按照公开规定的程序，在投标人中选择最合适的合作伙伴的行为。

（一）招标的种类

招标主要分为公开招标和邀请招标两种类型。

1. 公开招标

公开招标，又称竞争性招标，即由招标人在报刊、电子网络或其他媒体上刊登招标公告，吸引众多企业单位参加投标竞争，招标人从中择优选择中标单位的招标方式。

2. 邀请招标

邀请招标，又称有限竞争性招标或选择性招标，即由招标单位选择一定数目的企业，向其发出投标邀请书，邀请他们参加招标竞争。一般选择 3～10 个参加者较为适宜，要视具体的招标项目的规模大小而定。由于被邀请参加的投标竞争者有限，因此邀请招标不仅可以节约招标费用，而且可以提高每个投标者的中标机会。但因为邀请招标限制了充分的竞争，所以招标（投标）法规一般都规定，招标人应尽量采用公开投标的方式。

小贴士

公开招标与邀请招标的区别

公开招标与邀请招标在实际招标活动中需要根据本单位的实际情况灵活选择这两种招标方式。公开招标，范围广泛，具有耗时、耗力、耗经费的缺点。但竞争方会为了中标而最大限度地压低报价和提供更多服务，招标单位的选择性更广泛，相对来说处于主动位置。而邀请招标，范围局限，可以节省招投标的时间，人力、经费上相对节省。但因竞标单位处于被邀请方，在开价和服务等条款上会作周旋。如果被邀请参与投标的单位信息泄露，则招标单位将处于被动位置。

（二）招标工作的一般流程

1. 发出招标文件

发出招标文件是指招标人或招标代理机构根据已经确定的采购需求，提出招标采购项目的条件，向潜在的供应商或承包商发出投标邀请的行为。这一阶段步骤主要有：确定采购机构和采购需求，编制招标文件，确定标底，发布招标公告和投标邀请，进行投标资格预审，通知投标方参加投标并向其出售标书，组织召开开标前会议等，这些工作主要由招标人或招标代理机构组织进行。

2. 接受投标

接受投标是指投标方获悉招标公告或接到招标邀请后，根据招标公告的要求发出投标意愿或提出投标申请，并将其送交招标人或招标代理机构的行为。在这一阶段，投标方所进行的工作主要有：申请投标资格、购买标书、考察现场、办理投标保函、算标、编制和投送标书等。

3. 公开开标

公开开标是指招标人或招标代理机构在预先规定的时间和地点将投标方的投标文件正式启封揭晓的行为。开标由招标人或招标代理机构组织进行，但需邀请投标方代表参加。在这一阶段，招标人或招标代理机构要按照有关要求，逐一揭开每份标书的封套。开标结束后，还应由开标方编写一份开标会纪要。

4. 评标

评标是指招标人或招标代理机构根据招标文件的要求，对所有的标书进行审查和评比的行为。评标由招标人或招标代理机构组织进行。在这一阶段，招标人或招标代理机构要进行的工作主要有：审查标书是否符合招标文件的要求和有关规定，组织人员对所有的标书按照一定方法进行比较和评审，就初评阶段选出的几份标书中存在的某些问题要求投标人加以澄清，最终评定并写出评标报告等。

5. 定标

定标即招标人或招标代理机构决定中标人的行为。在这一阶段，采购方所要进行的工作有：决定中标人，通知中标人其投标已经被接受，向中标人发授中标通知书，通知所有未中标的投标人并向他们退还投标保函等。

6. 签订合同

签订合同习惯上也称授予合同，它是由招标人将合同授予中标人，并由双方签署的行为。在这一阶段，通常双方应对标书中的内容进行确认，并依据标书签订正式合同。为保证合同的履行，签订合同后，中标的供应商或承包商还应向招标方或业主提交一定形式的担保书或担保金。

（三）招标书的特点

1. 规范性

招标书的制作过程和基本内容要符合《中华人民共和国招标投标法》的基本规定和要求。

2. 公开性

招标是本着公开、公平、公正的原则进行的，招标文件必须公开发表或向所有投标者提供，中标结果也必须发表并向所有投标者通报，整个过程具有透明性和公开性。

3. 效益性

通过公开招标，让众多的投标人进行竞争，从而以最低或较低的价格获得最优的货物、工程或服务，取得最佳的经济效益。

（四）招标公告

招标公告是招标单位公开招标时在指定媒体上发布的周知性文书。过去曾用“招标通告”来命名，现在统一为“招标公告”。招标公告是在招标过程中使用的第一个文件，它的作用是告知招标开始，邀请有能力的供货商或企业参加投标和报价。

招标公告的撰写格式主要包括标题、招标号、正文三部分，有的还有附件。

1. 标题

招标公告的标题一般有完整式标题和省略式标题两种。完整式标题由“招标单位名称＋招标项目＋文种”组成，如“××金融职业学院新校区工程招标公告”；省略式标题，可省略招标单位名称或招标项目，或者二者均略去，只留下文种名称，如“××大桥工程施工招标公告”“××公司招标公告”“招标公告”等。

2. 招标号

凡是由招标公司制作的招标公告，都应在标题下一行的右侧标明公告文书的编号，以便归档备查。编号一般由招标单位名称的英文缩写、年度和招标公告的顺序号组成。

3. 正文

招标公告的正文由前言、主体、结尾三部分组成。

（1）前言。简要写明招标的缘由、目的或依据，招标项目的名称、规模和批号、招标范围以及资金来源等基本要素。

（2）主体。

1）招标项目。具体写明招标项目的名称以及项目的主要情况，如工程名称或需采购的商品的名称，工程概况、规模、质量要求，或大宗商品的型号、数额、规格等。

2）招标范围。写明投标人应具备的条件，使参与的投标者明确自己能否成为投标人。

3）招标步骤。写明招标的起止日期，投标人购买招标文件的时间、价格和方式，开标的时间和地点，有的还写明签约的时间和期限、项目开工的时间和时限等。

（3）结尾。结尾写明招标单位的名称、发文日期、单位地址、电话号码、传真号码，并加盖公章。

4. 附件

有的招标公告还带有附件，将一些繁杂的内容，如项目数量、工期、设计勘察资料等作为附件列于文后，或作为另发的招标文件。

［**招标公告例文**］

××银行××分行装修工程招标公告

招标编号：××××××

为了满足服务客户的需要，经总行批准，我行拟在××市××区××街××大厦一层设立“××银行××支行”。现对该支行装修工程进行招标，欢迎合格的投标人参加投标。

一、工程内容

室内外装修装饰、消防系统、强弱电、空调系统、综合布线、广告牌制作等。

二、工程概况

（一）工程名称：××银行××街支行装修工程

建设地点：××市××街××大厦一层

建筑面积：754.61平方米

工期：50天

（二）发包范围：施工图内容

（三）资金来源及落实情况：自筹，已落实

（四）质量等级：优良

三、投标报名条件

投标申请人须是具备建设行政主管部门核发的建筑装修装饰工程专业承包二级（含）以上资质的法人单位或其他组织。凡具备承担招标项目的能力并符合上述规定资格条件的施工企业，均可参加上述××银行××分行工程招标的投标。

四、投标报名方式、时间和地点

1. 申请人报名必须提交的证件

（1）安全证原件、复印件；

（2）营业执照、资质证书、企业简介原件、复印件等；

（3）无拖欠工人工资证明信原件（可到××市建设局开取）；

（4）法人委托书原件；

（5）被委托人身份证原件、复印件；

（6）外地投标申请人应出示资质证书、营业执照、进石家庄市手续的原件和复印件；

（7）××市公安局进入金融系统施工、设计、销售通知书原件；

（8）以往对其他金融单位施工的经验介绍（含相关证明材料）。

2. 投标人报名地点

××市东方新世界20楼2005室

3. 投标人报名截止时间

2016年7月20日中午12:00

4. 领取招标文件时间

2016年7月22日上午9:00

5. 现场勘察时间

2016年7月22日上午10:00

6. 开标时间

2016年7月31日上午9:00

7. 开标地点

市政府招待处6楼会议室

8. 其他注意事项

参加报名的投标申请人应按照招标文件要求的时间和地点送达标书，按时参加开标会，并按照招标文件的要求，如数交纳投标保证金（3万元），否则将失去投标资格。

9. 缴纳保证金的开户银行

××银行××支行　　　　账号：××××××

（投标报名时需提供银行开具的保证金收据。）

联系人：李××　　　　联系电话：××××××××××

地址：××市××路××号　　　　传真：×××××××

招标单位：××银行××分行（公章）

2016年7月10日

资料来源：http://www.bidcenter.com.cn/tuijian-227820-1.html.

［简析］这是一份对外公开招标的招标公告，主要内容包括介绍项目概况、提出对投标企业的资质要求、说明投标所需的相关文件以及时间安排。全文信息全面，要求明确，有利于企业根据自身情况决定是否参加投标。

（五）投标邀请函

投标邀请函是在邀请招标中，由招标单位发给受邀请参加投标的单位的信件。投标邀请函一般由标题、称呼、正文、落款四部分组成，有的还有附件。

1. 标题

标题直接写“投标邀请函”即可。

2. 称呼

称呼即受邀请单位的全称。

3. 正文

正文即投标邀请函的主要内容，主要是对招标项目进行简单介绍，同时表明邀请对方参与投标的诚意，也可以简要提出参加投标的条件。正文部分应做到文字简洁、篇幅简短。

4. 落款

落款注明发函的招标单位名称（加盖公章）、发函时间。

5. 附件

附件主要是对投标资格的详细说明。

[投标邀请函例文]

投标邀请函

××公司：

××工程项目是我市2016年市政建设规划项目，已由××市规划局和建设局批准开工，将于2016年10月开工建设。根据相关规定，该项目已具备招标条件，采用邀请招标的方式进行发包。贵公司多年来从事市政基础设施建设，施工质量优良，社会信誉度较好，我部特邀请贵单位参与该项目的施工投标。

随函寄送《××工程项目招标公告》一份。如贵公司准备参加投标，请于2016年3月5日上午9时到××项目筹建部提交招标公告所要求的各类文件，并按规定日期参加开标大会。

地址：××市××区××路××号　××项目筹建部

联系人：×××　　电话：××××××××

附件：××工程项目招标公告

招标单位：××项目筹建部

2016年2月26日

资料来源：http：//www.chinabidding.com.cn/zbw/index.jsp.

[简析] 这是一份投标邀请函，主要用于邀请特定单位参与本单位的招标工作。本邀请书对项目进行了简单介绍，并向致函单位发出邀请，同时说明了投标文件的提交时间。为方便投标方联络，文末还附有联系地址、联系人、电话等联系方式。全文篇幅简短，语气稳重、客气。

（六）招标书

招标书，又称招标说明书，是招标人为了征招产品提供商、承包者或合作者而对招标的有关事项和要求所作的详细解释与说明。招标书是为了指导招标工作有序展开，对竞标方根据业主所提出的条件提前做好准备而提供的必要文字说明。招标书一般由招标人编制，也可以由招标代理机构编制。招标书一般包括标题和正文两部分。

1. 标题

招标书的标题一般由招标单位名称、招标项目名称、文种三部分组成，如“无锡电视台2016年黄金段位广告招标书”；有时也可以省略招标单位，如“机械产品出口招标书”；或者省略招标内容，如“××商业职业技术学院A号实训楼装修工程招标公告”。

2. 正文

招标书的正文包括前言、主体、结尾三部分内容。

（1）前言。简要说明本次招标的目的和依据、招标项目名称、招标范围等内容。

（2）主体。主体部分一般用条文式或表格式详细而明确地说明以下主要内容：

1）招标项目的性质、数量、技术规格。招标项目的性质，是指项目属于基础设施、公用事业项目，或使用国有资金的项目，或利用国际组织或外国政府贷款、援助资金的项目；是土建工程招标，或是设备采购招标，或是勘察、设计、科研课题等服务性质的招标。招标项目的数量，是指把招标项目具体地加以量化，如设备供应量、土建工程量等。国家对招标项目的技术、标准有规定的，招标人应当按照其规定在招标文件中提出相应的要求。

2）招标项目的实施时间和实施地点。实施时间是指设备、材料等货物的交货期、工程施工期、服务项目的提供时间等。实施地点即项目所在的具体位置，如材料设备的供应地点、土建工程的建设地点、服务项目的提供地点等。

3）招标价格的要求及其计算方式。招标人对项目价格的估算，可以列出比较详细的计算项目以供投标方提出报价预算。

4）评标的标准与方法。招标企业评标时所依据的标准与采用的方法需要在招标书中进行简要的说明（可附评分标准表）。

5）对投标人资质或资格的要求。招标方一般会要求投标人是依法成立的正式企业，具有经过国家有关部门认定的行业经营资格。招标方可以要求投标人出具相关的证书及其复印件证明其所具有的资质。

6）投标保证金的数量或其他形式的担保。为了体现招标工作的严肃性和可靠性，招标方一般要求投标方在获取招标文件或递交投标书时缴纳一定数额的保证金，定标后保证金需要退还未中标的投标人，也可以在与中标人结算货款时作为抵押。

7）投标文件的编制要求。招标方对编制投标文件的具体说明，可根据自己的需要提出适合自己评标的文本样式或要求（可附文本格式）。

8）提供投标文件的方式、地点与截止时间。指发售招标文件的地点、负责人及费用。

9）开标、评标的日程安排。指对招标工作的时间安排，有利于投标方合理安排自己的准备时间。

（3）结尾。结尾应详细写明招标单位的全称、地址、法人代表、成文日期并加盖印章以及联系人姓名、电话号码等，必要时还可写上开户银行及账号。

招标书的内容比较复杂，某些情况下附件比较多，因此往往需要单独装订成册，向投标方出售。

［招标书范例］

×××公司××××××项目招标书

×××公司因公司业务需要，欲订购一批××××，现向有资质的社会供应商公开询价招标，欢迎各投标供应商前来投标。具体招标内容如下（文种承启语）：

一、品名、数量、规格

×××××××××××××××××××

二、招标答疑

×××××××××××××××××××

三、招标条件和要求

1. ×××××××××××××××××××

2. ×××××××××××××××××××

四、验收要求

1. ×××××××××××××××××××

2. ×××××××××××××××××××

五、付酬方式

×××××××××××××××××××

六、投标文件的组成

1. 资质证明、各项获奖证书（复印件加盖公章）

2. 法人授权委托书原件

3. 产品、项目质检合格证书（复印件加盖公章）

4. 营业执照、税务登记证、组织机构代码证（复印件加盖公章）

5. 投标报价

6. 服务承诺等有效文件（三包期限及服务响应时间等）

×××××××××

七、无效的投标

×××××××××××××××××××

八、标书投递方式

×××××××××××××××××××

九、投标截止时间

××××年×月×日×时

十、开标地点和日期

××××年×月×日×时在×××会议室开标

十一、评标原则

×××××××××××××××××××

十二、评标标准和方法

×××××××××××××××××××

十三、其他说明

××××××××××××

十四、本标书的解释权归××公司××部门。如对本文件有不明之处，请与××部门联系。

招标单位：×××公司

招标单位法人：×××

联系人：×××、×××

地址：××××××××

联系电话：×××××××××

传真：××××××××

E-mail：××××××××

×××公司（公章）

×年×月×日

［招标书例文］

广州地铁2号线车站设备安装工程招标书

一、广州地铁2号线工程施工招标工程范围为三元里至晓港九个车站及大北、海珠广场两个集中冷站的机电设备安装工程（包括通风空调、消防、低压配电及照明、车站设备监控、防灾报警、设备房建筑工程等）。每个标约包含两个站的上述专业施工工作量。

二、本次施工招标公开面向中华人民共和国国内投标人，凡具备独立法人资格并持有中华人民共和国建设部颁发的施工安装资质及广东省公安消防局颁发的自动消防系统工程施工安装甲级资格证（投标人也可出具具有该资质的消防工程分包商的相关资质证书及分包协议来参加资格预审），有类似地铁工程施工经验，具备完成此项工程施工能力的投标人都可参加本项目施工合同标段的投标。

三、有意承担此项工程施工服务的投标人，请于2001年3月4日至20日上午9:00—12:00、下午1:30—5:30到广州市中山五路公园前地铁站地铁控制中心三楼建设事业总部机电部登记并取得资格预审文件。

四、事务联系人、地址及联系方式

地址：广州市中山五路公园前地铁站地铁控制中心三楼建设事业总部机电部

邮编：510030　　联系人：张××、王××、李××、肖××

联系电话：020-83356669　　传真：020-83356670

招标单位：广州市地下铁道总公司

广州市建设工程交易中心

×年×月×日

［简析］ 招标书作为重要的招标文件，要写清楚招标项目的相关事宜及投标资格和投标流程。本招标书的标题由“招标项目＋文种”组成。正文以分条列项的方式全面而具体地写出标的的情况、对投标人资质的要求，说明并交代了招标文件交抵的时间和地点，最后写明了招标单位的联系方式。总的来说，这份招标书语言表达简洁而准确，基本达到了招标书的要求。

特别提示

撰写招标书的注意事项

1. 招标书的内容必须真实、全面、具体、严密，以免发生不必要的纠纷。如项目要求、招标条件、招标程序、评分标准、合同式样、技术响应等主要内容一定要完备，标书的内容排列一定要富有逻辑性。

2. 因为招标书是依法采购的依据，所以标书的描述要精练、准确、切中要害，尤其是对技术规格、质量及服务保修的表述应绝对准确无误，千万不能有含糊不清的表述、逻辑不清的言辞。

3. 为满足竞标现场需要，招标方可在招标书中要求投标方递交纸质投标书和电子刻录版投标书内容，刻录盘上以油性记号笔注明投标单位。二者均需盖印、密封，同时递交。

二、投标

投标是指在招标活动中，投标方按照招标单位提出的标准、条件和报价，制作投标书争取中标的经济行为。**投标书**是指投标方根据招标单位的要求准备文件，盖印、密封（封标）后按时送达招标人指定地点的书面文件。投标书也称标函或标书。

投标书是对招标书的响应，投标单位应在其中说明具体的投标方案、项目报价、服务保障等各种有利条件，争取中标。在正式开标之前，投标书应该严格保密，未盖印、未密封的标函是无效的，招标方接到投标书后，也应妥善保存，不得启封。

（一）投标书的特点

1. 针对性

投标书必须针对招标书的条件要求，作出切合实际、真实可信的回答。

2. 竞争性

投标者要想中标，投标书就要有极强的竞争性，要表明自己的实力，列举自己的优越条件，充分显示自己的竞争能力，以便战胜众多竞争对手。

（二）投标的一般工作程序

投标方在投标工作中先要选择适当的投标项目，提出申请，缴纳投标保证金，接受资格审查，然后在充分研究理解招标书的基础上撰写并按要求发送投标文件。投标的一般程序如图 10—1 所示：

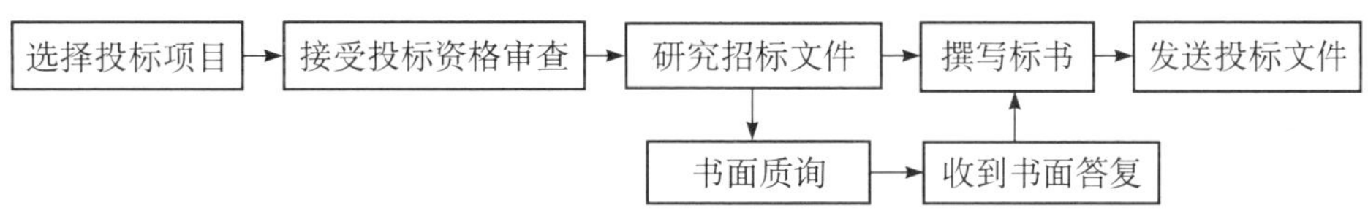

图 10—1　投标的一般工作程序

（三）投标书

针对招标内容的不同，投标书的具体内容也各式各样。总的来说，投标书的内容与招标书相对应，对招标的条件和要求应作出明确清楚的回应，包括简明扼要的目录总投标价、分项报价表与不同招标项目对应的有关内容、投标书有效期。

投标书由标题和正文两部分组成。

1．标题

投标书的标题一般由“投标单位名称＋投标项目名称＋文种”构成，如“岳阳市通和科技有限责任公司炼铁扩建工程项目投标书”；或由“投标项目名称＋文种”构成，如“××项目投标书”；也可以只注明“投标书”。

2．正文

投标书的正文由前言、主体、结尾三部分组成。

（1）前言。简要交代投标的目的和依据，点明投标的项目和内容。

（2）主体。主体是投标书正文的核心，也是决定投标者能否中标的关键部分。主要包括三个方面的内容：一是具体写明投标项目的指标，二是实现各项指标、完成任务的具体措施以及后期服务与保修，三是对招标单位提出希望配合和支持的要求。

（3）结尾。结尾处要详细写明投标单位的全称、地址、法人代表、成文日期并加盖印章以及联系人姓名、电话号码等，以附件形式附上有利己方中标的有关证明材料，以证明投标单位是合格的，而且中标后有能力履行合同。同时，要证明投标人提供的货物及其辅助服务是合格的货物和服务。

［投标书例文］

投　标　书

____________________公司（招标方）：

根据贵方为__________项目招标采购货物及服务的投标文件____________（招标编号），签字代表__________（全名）__________（职务）经投标方正式授权并代表依据中华人民共和国法律在__________（注册地址）注册的投标方__________（投标方名称）提交下述文件正本一份和副本一式____份。

（1）开标一览表。

（2）投标价格表。

（3）货物简要说明一览表。

（4）按投标须知要求提供的全部文件。

（5）资格证明文件。

（6）后期服务与保修承诺书。

（7）投标保证金，金额为人民币______________元。

（8）其他：____________________________________。

投标方全权代表宣布同意如下条款：

（1）按照招标文件中的一切内容，提供符合要求的产品。

(2) 投标方将按招标文件的规定、要求及投标方文件的每一项要求或承诺，按期、按质、按量履行合同责任和义务。

(3) 投标方已详细审查全部招标文件，包括修改文件（如需要修改）以及全部参考资料和有关附件，我们完全理解并同意这些内容。投标方同意提供按照贵方可能要求的与其投标有关的一切数据或资料，并保证提供的投标文件均真实、完整，不存在任何虚假事项，投标方完全理解不一定要接受最低价格的投标或收到的任何投标，并自行承担投标及相关过程中涉及的全部费用、风险、损失。

(4) 投标自开标日起有效期为六十个自然日。

(5) 与本投标有关的一切正式往来通信请寄：

地址：__________ 邮编：__________

电话：__________ 传真：__________

投标方全权代表姓名、职务：__________________

投标方名称（公章）：________________________

全权代表签字：______________________________

____年____月____日

[简析] 该投标书包括标题、投标单位名称、正文和落款四部分，结构完整。在正文的写作方面，先列明递交的有关文件、资格证明与投标保证金，然后郑重宣布所同意的各项条款，最后是落款。全文显得清清楚楚、干脆利落。

特别提示

撰写投标书的注意事项

1. 熟悉投标程序。

2. 紧扣招标书的要求撰写投标书内容。招标书中的招标项目及招标的条件、要求、标准等内容，投标书中的应标承诺及投标方的能力、技术、措施、服务、保修等，都应该明确无误地表述清楚，各项指标和具体措施要重点介绍说明，做到既有利于对方视内容作出正确判断，又为签订合同或进一步合作打下基础。如有必要，可进行现场勘查，对有疑问的地方，采用书面质询方式，并要求对方用书面答复。

3. 要精确计算，制定合理报价，尤其对承诺的内容，要表述得明确、具体、全面、周密，以免中标后发生纠纷。

4. 实事求是地说明自身优势和特点，重点突出“我有他无，他有我强”的竞争能力。

5. 要在规定的有效期内递交投标书。

三、开标

(一) 开标程序

开标、评标、中标和签订合同这四个步骤是一脉相承的，这里只重点介绍开标的程序。在开标过程中，招投标双方及其他与会人员将依照以下开标程序完成招投标工作。

（1）招标人签收投标人递交的投标文件。在开标当日且在开标地点递交的投标文件的签收应当填写投标文件报送签收一览表（包括纸质版和电子版），招标人专人负责接收投标人递交的投标文件。提前递交的投标文件也应当办理签收手续，由招标人携带至开标现场。

（2）投标人出席开标会的代表签到。投标人授权出席开标会的代表本人填写开标会签到表，招标人专人负责核对签到人身份，应与签到的内容一致。

（3）主持人宣布开标会开始。1）主持人介绍主要与会人员。主要与会人员包括开标人、唱标人、到会的招标人代表、招标代理机构代表、各投标人代表、公证人员、见证人员及监督人员等。2）主持人宣布开标会程序、开标会纪律和当场废标的条件。3）核对投标人授权代表的相关资料。核对投标人授权代表的身份证件、授权委托书及出席开标会人数。招标人代表出示法定代表人委托书和有效身份证件，同时招标人代表当众核查投标人的授权代表的授权委托书和有效身份证件，确认授权代表的有效性，并留存授权委托书和身份证件的复印件。法定代表人出席开标会的要出示其有效证件。主持人还应当核查各投标人出席开标会代表的人数，无关人员应当退场。

（4）主持人介绍，投标人确认。主持人介绍招标文件的组成部分、发标时间、答疑时间、补充文件或答疑文件的组成、发放和签收情况，并可以同时强调主要条款和招标文件中的实质性要求。以上内容须经投标人确认。

（5）主持人宣布投标文件截止和实际送达时间。主持人宣布招标文件规定的递交投标文件的截止时间和各投标单位的实际送达时间。在截标时间后送达的投标文件应当场废标。

（6）代表共同检查各投标书的密封情况。招标人和投标人代表（或公证机关）共同检查各投标书的密封情况。

（7）主持人宣布开标和唱标次序。一般按投标书送达时间逆顺序开标、唱标，或在递交投标书时由全部投标人抽签决定开标次序。开标由指定的开标人在监督人员及与会代表的监督下当众拆封，拆封后应当检查投标文件的组成情况并记入开标会记录。

（8）开标会记录签字确认。开标会记录应当如实记录开标过程中的重要事项，投标人的授权代表应当在开标会记录上签字确认，对记录内容有异议的可以注明，但必须对没有异议的部分签字确认。

（9）公布标底。招标人设有标底的，标底必须公布。标底由唱标人公布。标底、投标文件和开标会记录等均须送封闭评标区封存。

（10）主持人宣布开标会结束。

（二）中标通知书的撰写格式

中标通知书是招标方通知投标方已经中标的文书。经过招标、投标、开标、评标等环节，招标方按照招标项目的要求以及对各投标方的综合评定，决定中标方并与之签订合同。中标通知书由标题、称呼、正文、落款四部分组成。

1. 标题

标题由招标项目的名称和文种组成，如“××××项目中标通知书”。

2. 称呼

称呼应写明中标的单位。

3. 正文

正文应写明招标项目名称、中标单位、标价、数量、标的计量单位、截止日期等相关事项。

4. 落款

落款处应写明签发单位名称、日期，并且加盖单位公章。

［中标通知书例文］

××校机房设备项目中标通知书

××科贸有限公司：

根据我校机房设备招标文件和贵公司于×年×月×日提交的投标文件，经评标委员会评审，现确定贵公司为上述机房设备招标项目的中标人。主要中标条件如下：

本项目包括台式微机 70 台、防静电地板等，详细参数见招标文件。

标的一：金额 25.21 万元。

标的二：金额 1.407 万元。

总金额为 26.617 万元。

本项目合同履行日期自合同签订之日起，截止日期为×年×月×日。

请中标单位在接到本中标通知书后____天内，到我校签订工程承包合同。

××校招标办（公章）

×年×月×日

［简析］ 这份中标通知书要素齐全，明确告知了中标人中标结果，说明了中标条件，包括中标内容、中标价格、质量要求（详细参数见招标文件）、履行时间等，同时告知了签约时间和地点。

特别提示

开标的注意事项

1. 充分注意相关信息，提前做好相关手续、材料的准备工作。

2. 开标现场组织到位。第一，要组建搭配合理的小组参加开标活动；第二，在现场要认真核对信息，记录其他投标人的报价，解答专家的疑问；第三，要把握好最后一次报价的机会。

拓展练习

（1）请按照招标书的写作要求，指出下文缺写的内容。

××集团公司修建计算中心大楼招标书

本集团公司将修建一栋计算中心大楼，由××市城市建设委员会批准，建筑工程实行公开招标，现将招标有关事项公告如下：

（一）工程名称：××集团公司计算中心大楼

（二）建筑面积：××（平方米）

（三）设计及要求：见附件

（四）承包方式：实行全部包工包料

（五）索标书时间：投标人请于2016年11月5日前来人索取招标文书，逾期不予办理

投标人请将投标文书及上级主管部门的有关签证等，密封投寄或派员直接送至本集团公司基建处。收件至2016年12月5日截止。开标日期定于2016年12月25日，在××市公证处公证下启封开标，地点在本集团公司水仙楼第一会议室。

报告挂号：××××

电话：×××××××××

联系人：刘××

××集团公司招标办公室

2016年10月25日

（2）请按照投标书的要求，指出下文存在的问题。

××××公司投标书

××××总公司，诸位先生：

在研究了招标文件IMLRC-LCB9001号后，对集通铁路项目所需货物我们愿意投标，并授权下述签名人×××，代表我们提交下列文件正本一份，副本四份。

（1）投标报价表。

（2）货物清单。

（3）技术差异修订表。

（4）资格审查文件。

签名人宣布同意下列各点：

（1）所附投标报价表所列拟供货物的投标总价为××美元。

（2）投标人将根据招标文件的规定履行合同的责任和义务。

（3）投标人已详细审查了全部招标文件的内容，包括修改条款和所有供参阅的资料及附件，投标人放弃要求对招标文件作进一步解释的权利。

（4）本投标书自开标之日起90天内有效。

（5）如果在开标之后的投标有效期内撤标，则投标保证金由贵公司没收。

（6）我们理解你们并不限于接受最低价和你可以接受任何标书。

投标单位名称：中国广州××公司

地址：中国广州××区××街××号

电话：（020）×××××××

授权代表：×××

（公章）

×年×月×日

模块二　经济合同

情境设定

签订经济合同

知识导入

在商品经济高度发展的今天，合同的使用范围愈加广泛，大凡涉及经济利益方面的交往，都离不开经济合同。签订经济合同是建立经济合同法律关系的基础，它对于确定合同是否有效、能否履行，当事人的经济目的能否实现，发生纠纷如何判定责任等问题都有极其重要的意义。学习并了解经济合同的相关知识，对于大学生契约精神及自我合法权益维护意识的养成很有帮助。

情境分镜头

分镜头一　为了让各项目团队对合同的撰写及合同纠纷引起的后果有足够清醒的认识和了解，海豚老师要求招标方（甲方）在向投标方（乙方）提供的合同中故意留下许多错误和漏洞，供乙方发现并指正。海豚老师希望双方经讨论后，就合同中的相关条款达成一致意见，并最终签订一份规范的经济合同。

分镜头二　在C公司项目招标活动中，来伊口食品股份有限公司作为投标方在最终的开标会上幸运中标。这天来伊口公司接到了C公司通知他们第二天去C公司签约的电话。第二天，青梅带着销售部经理方达、招投标项目团队队长郭亮、办公室秘书闻欣等一行来到C公司签订合同。在仔细阅读了C公司提供的合同样本后，青梅就合同中存在的漏洞或表述欠清楚的地方与C公司进行了磋商，并最终达成了共识，完成了合同的修订和签约。

执行路径

熟悉经济合同的相关知识→撰写经济合同→指出经济合同的错漏处→修改并完善经济合同

知识平台

《中华人民共和国合同法》规定："合同是平等主体的自然人、法人、其他组织之间设立、变更、终止民事权利义务关系的协议。"**经济合同**，是指自然人、法人、其他组织之间为实现一定的经济目的，明确相互的权利义务关系而订立的书面协议。经济合同具有法律约束力，保护合同当事人的合法权益；利于加强社会的经济管理，利于维护社会的经济秩序，利于建构和谐社会。

一、经济合同的特点

1. 约束性

约束性是法律赋予合同对当事人的强制力，则当事人如违反合同约定的内容，则产生相应的法律后果，包括承担相应的法律责任。

2. 合法性

《中华人民共和国合同法》第7条规定："当事人订立、履行合同，应当遵守法律、行政法规，尊重社会公德，不得扰乱社会经济秩序，损害社会公共利益。"这一规定是对当事人在签订经济合同时最基本的要求，当事人只有遵循这一原则，签订的经济合同才能得到国家的认可和具有法律效力，当事人的利益才能受到保护。

3. 规范性

经济合同的内容和形式都应该规范化。只有规范的合同，才能真正做到有章可依，避免矛盾和纠纷，确保合同双方的合法权益。

4. 严密性

经济合同的用语应该严密周到，不能有含糊不清或者模棱两可的情况出现，避免合同在履行过程中出现不必要的争执。

二、经济合同的种类

1. 买卖合同

买卖合同是指出卖人将物的所有权转移给买受人，由买受人支付价款的合同。买受人接受此项财产并支付约定的价款。

2. 供电（水、气、热力）合同

供电（水、气、热力）合同是指供电（水、气、热力）人向用电（水、气、热力）人提供电（水、气、热力），使用者支付一定费用的合同。

3. 赠与合同

赠与合同是指赠与人把自己的财产无偿地送给受赠人，受赠人同意接受的合同。

4. 借款合同

借款合同是指当事人约定一方将一定种类和数额的货币所有权移转给他方，他方于一定期限内返还同种类同数额货币的合同。

5. 租赁合同

租赁合同是指出租人将租赁物交付给承租人使用，承租人支付租金的合同。

6. 融资租赁合同

融资租赁合同是指出租人根据承租人对出卖人、租赁物的选择，向出卖人购买租赁物，提供给承租人使用，承租人支付租金的合同。

7. 承揽合同

承揽合同是指承揽人按照定做人的要求完成工作，交付工作成果，定做人给付报酬的合同。

8. 建设工程合同

建设工程合同是指由承包人进行工程建设，发包人支付价款的合同。

9. 运输合同

运输合同是指承运人将旅客或者货物从起运地点运输到约定地点，旅客、托运人或者收货人支付票款或者运输费用的合同。

10. 技术合同

技术合同是指当事人就技术开发、转让、咨询或者服务订立的确立相互之间权利和义务的合同。

11. 保管合同

保管合同是指保管人有偿地或无偿地为寄存人保管物品，并在约定期限内或应寄存人的请求，返还保管物品的合同。

12. 仓储合同

仓储合同是指保管人储存存货人交付的仓储物，存货人支付仓储费用的合同。

13. 委托合同

委托合同是指受托人为委托人办理委托事务，委托人支付约定报酬或不支付报酬的合同。

14. 行纪合同

行纪合同是指行纪人以自己的名义为委托人从事贸易活动，委托人支付报酬的合同。

15. 居间合同

居间合同是指居间人向委托人报告订立合同的机会或者提供订立合同的媒介服务，委托人支付报酬的合同。

三、经济合同的撰写格式

1. 标题

标题由合同性质或内容加文种两部分组成，如“购销合同”“抚养遗赠协议书”“建筑合同”。

2. 立合同人

立合同人即合同当事人名称或者姓名。要准确写出签约单位或个人的全称、全名，并在其后注明双方约定的固定指代，如一般写“甲方”“乙方”。如有第三方，可将其称为“丙方”。在对外贸易合同中，有时可指代为“卖方”“买方”。不论在什么情况下，合同中都不能用不定指代“你方”“我方”来指定当事人。

3. 引言

引言即合同的开头，主要写明订立合同的目的、根据，是否经过平等友好协商等。

4. 主体

合同的主体内容由合同当事人各方约定，写明各方所承担的法律责任和应享有的权利。一般应具备以下条款：

（1）标的。标的是指合同当事人的权利和义务所共同指向的对象，即合同的基本条款。如购销合同卖方交付的出卖物。标的通常包括有形财产、无形财产、劳务、工作成果等形式。

（2）数量、质量要求。数量是标的的具体指标，是确定权利和义务大小的度量，所以必须规定得明确具体，不但数字要准确，计量单位也必须精确。质量是合同的基本条件之一，必须从使用材料、质地、性能、用途甚至保持期等各方面作详细约定。

（3）价款或报酬。这是指合同标的的价格，是合同各方当事人根据国家法律、法规、政策和有关规定，对标的议定的价格，是合同一方以货币形式取得对方商品或接受对方劳务所应支付的货币数量。要明确标的的总价、单价、货币种类及计算标准、付款方式、程序、结算方式。

（4）合同的履约期限、地点和履约方式。履约期限就是合同的有效期限，是合同具有法律效力的时限和责任界限，过时则属违约，日期用公元纪年，年、月、日书写齐全；地点是指当事人履行合同义务、完成标的任务的地点；履约方式是指当事人履约的具体办法，如借贷合同的出资方要以提供一定的货币来履约等。

（5）违约责任。这是对当事人不履行合同义务时的制裁措施。违约责任应考虑周全，需逐一估计其可能发生的事，包括写明发生当事人不能预料、无法躲避且不可抗拒的如地震、台风等情况时如何处理等。

5. 结尾

合同的结尾应写明必要的说明。如说明解决争议的方法，合同的份数、保管及有效期；说明合同所附的表格、图纸、实物等附件。

6. 落款

落款要写明双方单位全称和代表姓名，并签名盖章。还应写上合同当事人的有效地址、邮政编码、电子邮箱、电话、电报挂号以及开户银行、账号等。

[经济合同例文]

房屋租赁合同

订立合同双方：

出租方：________，以下简称甲方　承租方：________，以下简称乙方

根据《中华人民共和国合同法》及有关规定，为明确甲、乙双方的权利义务关系，经双方协商一致，签订本合同。

第一条　甲方将自有的坐落在______市______街______巷______号的房屋______栋/间，建筑面积______平方米、使用面积______平方米，类型______，结构等级______，完损等级________，主要装修设备________，出租给乙方作______使用。

第二条　租赁期限

租赁期共______个月，甲方从________年______月______日起将出租房屋交付乙方使用，至______年______月______日收回。

乙方有下列情形之一的，甲方可以终止合同，收回房屋：

1. 擅自将房屋转租、分租、转让、转借、联营、入股或与他人调剂交换的；

2. 利用承租房屋进行非法活动，损害公共利益的；

3. 拖欠租金______个月或空关______个月的。

合同期满后，如甲方仍继续出租房屋的，乙方拥有优先承租权。租赁合同因期满而终止时，如乙方确实无法找到房屋，可与甲方协商酌情延长租赁期限。

第三条　租金和租金交纳期限、税费和税费交纳方式

甲乙双方议定月租金______元，由乙方在______年______月______日交纳给甲方。先付后用。甲方收取租金时必须出具由税务机关或县级以上财政部门监制的收租凭证。无合法收租凭证的，乙方可以拒付。

甲乙双方按规定的税率和标准交纳房产租赁税费，交纳方式按下列第______款执行：

1. 按有关税法和镇政发（90）第 34 号文件规定的比例由甲、乙方各自负担；

2. 甲、乙双方议定。

第四条　租赁期间的房屋修缮和装饰

修缮房屋是甲方的义务。甲方对出租房屋及其设备应定期检查，及时修缮，做到不漏、不淹、三通（户内上水、下水、照明电）和门窗完好，以保障乙方安全和正常使用。

修缮范围和标准按城建部（87）城住公字第 13 号通知执行。

甲方修缮房屋时，乙方应积极协助，不得阻挠施工。

出租房屋的修缮，经甲乙双方商定，采取下述第______款办法处理：

1. 按规定的维修范围，由甲方出资并组织施工；

2. 由乙方在甲方允诺的维修范围和工程项目内，先行垫支维修费并组织施工，竣工后，其维修费用凭正式发票在乙方应交纳的房租中分______次扣除；

3. 由乙方负责维修；

4. 甲乙双方议定。

乙方因使用需要，在不影响房屋结构的前提下，可以对承租房屋进行装饰，但其规模、范围、工艺、用料等均应事先得到甲方同意后方可施工。对装饰物的工料费和租赁期满后的权属处理，双方议定：

工料费由______方承担（　）；

所有权属______方（　）。

第五条　租赁双方的变更

1. 如甲方按法定手续程序将房产所有权转移给第三方，在无约定的情况下，本合同对新的房产所有者继续有效；

2. 甲方出售房屋，须在三个月前书面通知乙方，在同等条件下，乙方有优先购买权；

3. 乙方需要与第三人互换用房时，应事先征得甲方同意，甲方应当支持乙方的合理要求。

第六条　违约责任

1. 甲方未按本合同第一、二条的约定向乙方交付符合要求的房屋，负责赔偿____元。

2. 租赁双方如有一方未履行第四条约定的有关条款的，违约方负责赔偿对方____元。

3. 乙方逾期交付租金，除仍应补交欠租外，并按租金的______%，以天数计算向甲方交付违约金。

4. 甲方向乙方收取约定租金以外的费用，乙方有权拒付。

5. 乙方擅自将承租房屋转给他人使用，甲方有权责令停止转让行为，终止租赁合同。同时按约定租金的______%，以天数计算由乙方向甲方支付违约金。

6. 本合同期满时，乙方未经甲方同意，继续使用承租房屋，按约定租金的____%，以天数计算向甲方支付违约金后，甲方仍有终止合同的申诉权。

上述违约行为的经济索赔事宜，甲乙双方议定在本合同签证机关的监督下进行。

第七条　免责条件

1. 房屋如因不可抗拒的原因导致损毁或造成乙方损失的，甲乙双方互不承担责任。

2. 因市政建设需要拆除或改造已租赁的房屋，使甲乙双方造成损失，互不承担责任。

若因上述原因而终止合同的，租金按实际使用时间计算，多退少补。

第八条　争议解决的方式

本合同在履行中如发生争议，双方应协商解决；协商不成时，任何一方均可向房屋租赁管理机关申请调解，调解无效时，可向市工商行政管理局经济合同仲裁委员会申请仲裁，也可以向人民法院起诉。

第九条　其他约定事宜

…………

第十条　本合同有效期限：________年____月____日至________年____月____日。

第十一条　本合同未尽事宜，甲乙双方可共同协商，签订补充协议。补充协议报送市房屋租赁管理机关认可并报有关部门备案后，与本合同具有同等效力。

第十二条　本合同一式4份，其中正本2份，甲乙方各执1份；副本2份，送市房管局、工商局备案。

出租方：（盖章）	承租方：（盖章）
法定代表人：（签名）	法定代表人：（签名）
单位联系地址：	单位联系地址：
电话：	电话：
委托代理人：（签名）	委托代理人：（签名）

资料来源：http：//baike. baidu. com/view/108761. htm.

[简析] 这是一份租赁合同。标题由合同类别和文种组成。然后写明合同当事人名称或姓名，引言写订立合同的目的，并说明订立本合同双方经过了友好协商。第一条至第十条为主体，分别写经双方协商约定的各自承担的法律责任、享有的权利、解决争议的方式和有效期限。第十一条、第十二条作为结尾内容，分别写未尽事宜的解决方式、执行合同者及合同的备案单位。本合同条款具体，格式规范，语言明晰，行文周密，可以说详尽地包揽了房屋租赁合同的写作内容。

特别提示

签订合同的注意事项

1. 合法、合理。合同内容必须符合法律规定，如果合同内容违反国家的法律和政策，不仅不受法律保护，还要依法追究法律责任。同时，签订合同必须贯彻平等互利、协商一致、等价有偿的原则。

2. 条款规定全面、完整。即合同所必备的各个构成部分不能缺少，关键条款不能遗漏。

3. 表达简明准确。合同的写作采用说明方式，应做到周密严谨、言简意赅。要写得明确具体，条款清晰、概念准确，切忌词不达意或含糊不清。比如，必须使用规范汉字，不使用“最近”“基本上”“可能”“大概”“上一年”这类模糊词语。价款与酬金数字必须大写。

4. 充分了解合作方的资格、资信和履行合同的能力。

拓展练习

（1）下列句子为合同中的部分条文，请把它们修改成严谨的合同语言。

1）交货时间：甲方要求乙方于2016年5月10日前完成全部加工物件。

2）交货地点：上海。

3）货物包装标准：袋装。

4）违约责任：乙方不能按期交货，每延期一天，应偿付甲方5%的违约金。

5）某技术合同的成交金额与付款时间、方式：项目开发经费拾万元。甲方在合同签订后向乙方汇出叁万元；乙方交付开发成果鉴定证书后，甲方付清全部余额并汇入乙方开户银行账号。逾期不付，将按加息20%收取滞纳金。

（2）下面是一份租赁合同，它的格式是否符合要求？内容上是否还有遗漏之处？

租赁合同

出租方：×××

承租方：×××

根据《中华人民共和国合同法》及有关规定，为明确出租方和承租方的权利义务关系，经双方协商一致，签订本合同。

一、甲方将自有的一套公寓房（地点、楼层）出租给乙方作办公之用。

二、租赁期限：

三、乙方应于每月20日前支付下个月的房租，否则按日支付应付款的千分之三的违约金，直到付款日为止。

四、本合同一式二份，合同双方各执一份。

五、本合同自签订之日起生效，有效期二年。

出租方（章）：	承租方（章）：
单位地址：	单位地址：
电话：	电话：

模块三　商务信函、商务E-mail

情境设定

商务沟通

知识导入

在商务活动中，当我们要传递或索取产品、价格、服务等商业信息时，最便捷而有效的方式是通过商务信函和电子邮件建立信息沟通渠道。作为企业间传递信息、促进交流的"桥梁"，商务信函的撰写水平对企业之间的交流效果，乃至业务发展都起着至关重要的作用。

情境分镜头

分镜头一　为了让学员更好地掌握商务信函和电子邮件这两种在目前商务活动中重要的沟通工具，海豚老师要求两个项目小组依据两个公司的经营活动，共同设计一个商务情景及双方谈判内容。在举行正式商务谈判前，两组需以发送电子商务信函的方式就谈判的主题、时间等相关内容达成共识。

分镜头二　来伊口食品股份有限公司在与C公司修订并最终签订合同后，随即按照合同的相关约定开始履行合同义务。在履行合同的过程中，来伊口公司因为上游原材料市场价格的不断上涨而难以按与C公司约定的价格继续履行合同。无奈之下，青梅安排秘书闻欣以来伊口公司的名义向C公司发出了一封商务信函，详细陈述了公司难以继续履行合同的原因和具体困难，进而提出了修改合同的请求。而C公司一方面考虑到来伊口公司提出的问题确属实情，另一方面考虑到公司因业务发展需要又急需增加一批订单，而一时之间也找不到更适合的供货商，回函表示愿意与来伊口公司通过谈判方式重新商定合作事宜。

执行路径

学习商务信函的撰写及邮件发送方式→设计商务谈判背景→甲方致函乙方，提出修改合同事宜→发送邮件→乙方撰写复函，并以邮件方式发送→确定双方商务谈判的相关内容

知识平台

一、商务信函

商务信函简称商函，是各类商业、贸易等企业用于商务磋商、交涉的书面或电子信

函。企业之间可以利用商务信函建立联系、沟通信息，进行交流与合作。商务信函涉及商务活动的各个环节，贯穿商务活动的始终，内容广泛，通常包括建立业务关系、询盘、发盘、受盘、订立合同、装运、催款、索赔等方面。

小贴士

询盘与还盘

询盘是指交易的一方准备购买或出售某种商品，向对方询问买卖该商品的各项交易条件，或就该项交易提出带有保留条件的建议。询盘对交易双方不具有法律约束力。

还盘又称还价，在法律上称为反要约，是指受盘人不同意或不完全同意发盘人提出的条件，为进一步磋商，以口头或书面形式提出修改意见。

（一）商务信函的种类

商务信函按使用的国家地域可分为内贸商函和外贸商函，根据目的和内容可分为交易磋商函和争议索赔函。

1. 交易磋商函

这类商务信函的主要内容包含以下方面：

（1）寄购货合同：就交易条件达成一致意见后向对方寄出购货合同，要求对方查收并签署后寄回。

（2）询价、报价与商洽价格：说明所需货品的名称和数量，要求供货单位报价。供货单位就购货方需要的货品报出价格。双方就价格这一交易的最重要条件交换意见。

（3）推销与订货：介绍可供货品的种类和价格，希望对方购买。在明确交易条件后向供货单位说明所购货品的名称、数量、需货时间、到货地点等内容。

（4）介绍交易条款：应对方要求，介绍说明某货品交易的一般条款。

（5）商洽改造合同条件：双方就货品的包装、交货的期限、运输方式及费用负担、货款等交易条件交换意见。

（6）建立贸易关系：介绍如何得到对方的有关信息、本企业的经营范围和业务开展情况，表明希望与对方建立贸易关系的意愿。

（7）催货与催提货：临近交货日期时或超过交货日期后要求供货方函告具体交货日期或要求供货方在某一期限内交货。供货方备妥货品后要求收货人提货。

2. 争议索赔函

在交易双方的合作过程中，发生交易纠纷和争议在所避免。发生争议后，在索赔过程中使用的函即争议索赔函。买卖双方中的任何一方认为另一方没有履行或没有完全履行合同所规定的义务，如拖延交货，交货数量、品质与规定不符，不按规定支付货款等，均会引起交易纠纷，发生争议。争议发生后，受损方可能向违约方提出索赔要求，而违约方则需要就受损方的索赔要求作出答复或受理受损方的索赔要求。内容主要包括以下方面：

（1）交涉货品质量：双方就所供货品与合同规定或签订合同时所提供的样品是否符合

进行交涉。

（2）要求支付货款：装货或对方提货后要求对方按规定及时支付货款，或在对方逾期付款的情况下要求对方在一定期限内支付货款。

（3）拒付货款：购货方由于来货质量与合同规定或所提供的样品不符、交货逾期或其他原因拒绝向供货方支付全部货款或拒绝向供货方支付部分货款。

（4）索赔：由于一方在某一方面没有履行或没有完全履行合同，如来货破损、变形、短缺，没有按时交货，没有按时提货，另一方要求得到赔偿。

（5）拒绝赔偿：针对对方指责本企业违约并要求赔偿，如果本企业没有违约，则说明情况，拒绝赔偿。

（6）理赔：针对对方指责本企业违约并要求赔偿，如果本企业确应承担责任，则根据情况作出赔偿。

商务信函写作的7C原则

商务信函的写作应掌握7C原则。

1. 完整（complete）。商务信函应完整表达所要表达的内容和意思，包括何人、何时、何地、何事、何种原因、何种方式等。在信件被发出前仔细地审核所表达信息的完整性是最基本的要求。

2. 正确（correctness）。正确不仅仅是指语法的正确，标点符号和拼写的正确，而且包括标准的语言和合适的表述。因为商务信函的内容大多涉及商业交往中双方的权利、义务以及利害关系，如果出错势必造成不必要的麻烦。

3. 清楚（clearness）。所有的词句都应当能非常清晰、明确地表达写信人的真实意图，避免双重意义或者模棱两可的表述。用最简单普通的词句直截了当地告诉对方。一事一段会使函电清楚易读和富有吸引力。

4. 简洁（conciseness）。在无损于礼貌的前提下，用尽可能少的文字清楚表达真实的意思。在商务信函中，简洁意味着高效率和低消耗。要做到言简意赅，就应该避免啰唆的表达和重复。

5. 具体（concreteness）。内容要具体而且明确，尤其是要求对方答复或者对之后的交往产生影响的函件。

6. 礼貌（courtesy）。文字表达在语气上应表现出一个人的职业修养，客气而且得体。最重要的礼貌是及时回复对方，最感人的礼貌是从不怀疑乃至计较对方的坦诚。商务交往中肯定会发生意见分歧，但礼貌和沟通往往能化解分歧而不影响双方的良好关系。

7. 体谅（consideration）。即为对方着想。在起草商务信函时，始终应该以对方的观点来看问题，根据对方的思维方式来表达自己的意思，只有这样，与对方的沟通才会有成效。

（二）商务信函的撰写格式

商务信函的结构包括信头、标题、称呼、正文、附件、生效标识等部分。

1. 信头

信头是指书信中发信人的地址和发信的日期等。通常情况下，公司都会专门印制带有信头的信笺，包括发函方名称、地址、电话、传真、E-mail、邮政编码等，有的还有商函编号。信头内容罗列结束后常用一条横线与其他部分隔开。信头的内容也可以放在信笺的最下方并用横线与上部隔开。

2. 标题

商函的标题一般用“关于……的函”这一结构模式。

3. 称呼

商函注重称呼，对单位应写全称，对个人应加职务或“先生”“女士”，与港台地区的商务往来习惯上在称呼后加敬语，如“台鉴”“惠览”等语。

4. 正文

（1）开头：说明发函缘由。应针对不同的情况确定不同的开头语。初次联系客户要先作自我介绍或表明如何得知对方的信息后再作自我介绍；有长期合作关系的，可向其简述合作情况；双方频繁往来的，可直截了当地说明发函的目的，进入主旨；回复函的开头应先告知对方在某时或因某事的来函收悉，再就来函内容作答。

（2）主体：说明发函事项。这是函件的主要内容。根据不同的发函目的，需要采用不同的表达方式，可以介绍具体情况或告知有关事项，也可以说明己方的具体意见或提出解决问题的办法，还可以针对来函作出答复。如果事项内容较多，应当分列条款。

（3）结尾：提出希望或要求。在结束处简要提出希望或要求。语气应恳切，争议索赔函要求庄严、正式。有的商函直接用惯用语结束，如“特此函商，务希见复”“顺致商安”“台安”“特此函达”“即请函复”“此复”等。

5. 附件

附件是不便写入函件正文的材料，主要有商品目录、价格表、订货单、发货单等几种类型。附件应在正文之后、生效标识之前注明附件顺序、名称及数量。

6. 生效标识

生效标识是指发文单位印章或签署以及发文日期，位于正文之下或附件说明以下偏右位置。签署是指发函企业的领导人的签字或盖章，以证实商函的效用。发文日期直接关系到商函的时效，年、月、日应齐全。

[商函例文 1]

询问函

×××公司：

我方在“×××卫视”上看到贵公司的广告，对贵公司的金属箱及各类刀具甚感兴趣。

请贵方附表内之项目，以CIF新加坡报价函告，并将最早交货日期、付款条件及经常订购的折扣，亦一并予以说明。

本公司对各类金属日用杂货每年需求量甚大，请贵方惠赠一份目录及详细说明。

敬上

×××公司

×年×月×日

[简析] 这是新客户向供应商发出的一份要求报价的询问函。开头简单地告知写信的缘由，即从电视广告中获悉对方商品的信息。正文说明问询的事项。特别值得注意的是，发函者在向对方索要相关资料时特别说明了需要这些资料的原因及用途，这样的做法更有利于资料的获取。

[商函例文2]

回复业务函

×××公司：

我们欣悉贵方10月12日的询价函。首先对您希望购买我方产品表示感谢。现将一份配有相关插图的供出口的商品目录寄往您处。我们认为该货设计美观、精巧，制作工艺精湛，能够满足您的要求。

我方代表 ×××先生将于下周抵达上海。他将非常愉快地携带我们手工制作的全套样品去贵处拜访。同时，我们已授权他与贵方商讨订货的付款方式或就签订合同谈判。如蒙贵方支持，将不胜感激。

祝合作愉快！

×××公司

×年×月×日

[简析] 这是一份针对对方询价函的复函。复函的开头部分告知对方来函收悉，再针对来函内容表明合作与否的态度。主体部分明确提出进一步合作的意向和做法，表意明确肯定、清晰具体，语言热情得体。

[商函例文3]

催款函

××公司王经理：

您好！我公司曾于6月2日去函请求贵公司就××合同项下共计10万元整的未结货款汇入我方账户。然而，截至昨天，我方仍未能收到贵公司的货款，对此我方深感失望。

我公司目前仍未能收到贵公司关于延期付款原因的说明，如果贵公司目前资金紧张或者对我们商定的付款方案感到困难，可以来函或者派人前来进一步洽谈。

贵公司一直是我公司最重要的客户之一，我们也非常认可贵公司在业界的信誉，希望我们能共同努力解决这个问题。

祝您工作愉快!

××公司　××经理

×年×月×日

［简析］这是一封供货方以私人名义向买方负责人发出的希望买方尽快付清货款的催款函。正文开头部分简明扼要地写明了催款缘由、催款事项及金额等。主体部分除希望对方说明拖欠的原因外，进一步提出了解决欠款问题的处理办法和意见。结尾以客气、委婉的语言，表达了希望今后双方继续保持友好合作关系的良好愿望。特别要提醒的是，以单位名义发出的催款函，标题一般要注明编号，以便于查询和联系，并且在发生经济纠纷时可作为法庭上的有力凭证，同时，标题下要清楚、准确地写明双方单位的全称、地址、开户行、账号。

［商函例文 4］

索赔函

编号：20××年×字第×号

××陶瓷厂：

随函寄上××市××质量监督局所出具的检验报告××号。该检验报告证明贵方售出的陶瓷器具中有一部分质量明显低于贵方所提供的样品，而且我方已经为此向客户支付了质量瑕疵方面的赔款 2 000 元。因此，我方特向贵方就该批质量不符合约定标准的商品提出索赔，希望贵方补偿我方损失 2 500 元，其中包括 500 元的商检费用。

特此函达，候复。

附件：××市××质量监督局质量检验报告一份

××购物广场

×年×月×日

［简析］这是以因对方违反合同造成当事人经济损失为理由，向对方提出赔偿要求的索赔函。索赔方简明扼要地提出了对方违约的事实及根据，陈述了对方因违约给自己带来的损失，向对方提出了具体的索赔意见。索赔要求合情合理，不漫天要价，措辞和语气讲究礼貌，有利于事态朝有利于赔偿的方向发展。

［商函例文 5］

理赔函

××购物广场：

贵方×月×日函及货样收悉。信中提到部分陶瓷产品的质量与样品不符一事，我们立即进行了调查，发现是由于装箱时误装了部分二等品所致。这是我方工作的疏忽，对此给贵方带来的不便，我们深表歉意。为此我方将另外给贵方装运质量符合样品要求的陶瓷制品，并接受贵方提出的要求，向贵方赔偿 2 500 元。

我方保证以后将不再出现类似失误。

特此函复。

××陶瓷厂

×年×月×日

[简析] 这是一份合同双方纠纷发生后，违约一方受理遭受损失的一方赔偿要求的理赔函。这份理赔函措辞温和有礼，以诚恳的态度表达了己方因此事给对方带来不便的歉意及随之采取的积极的理赔措施。这样的理赔函能让对方觉得自己的投诉得到了认真的对待，从而给对方留下好的印象，有利于事情的妥善解决。

小贴士

商务信函的常用语

1. 建立贸易关系

(1) 我们愿与贵公司建立商务关系。

(2) 我们希望与您建立业务往来。

(3) 我公司经营××××业务，希望与贵方建立商务关系。

2. 自我推荐

(1) 请容我们自我介绍，我们是……首屈一指的贸易公司。

(2) 本公司经营这项业务已多年，并享有很高的国际信誉。

(3) 我们的产品质量一流，我们的客户一直把本公司视为最可信赖的公司。

3. 推销产品

(1) 我们从……获知贵公司的名称，不知贵公司对这一系列的产品是否有兴趣。

(2) 我们盼望能成为贵公司的……供应商。

(3) 相信您会对本公司新出品的……感兴趣。

4. 索取资料

(1) 我们对贵方的新产品……甚感兴趣，希望能寄来贵公司的产品目录及价目表。

(2) 获知贵公司有……已上市，希望能赐寄完整的详细资料。

(3) 如蒙赐寄贵公司新产品的详细资料，我们将深表感激。

5. 寄发资料

(1) 欣寄我方目录，提供我方各类产品的详细情况。

(2) 欣然奉上我方产品样品，在贵方展厅展出。

(3) 为使贵方对我方各种款式的手工艺品有初步了解，今航邮奉上我方目录和一些样品资料，供您参考。

6. 附寄资料

(1) 随函附上本公司新出品的……样品，请查收。

(2) 随函附上购货合同第××号两份，希查收，谅无误。请会签并退我方一份备案。

(3) 我们确认向贵方购买……随函附上订单确认书供参照。

7. 请求做代理商

(1) 我们深盼与贵公司接洽，希望成为其销售代理商之一。

(2) 如蒙考虑担任销售贵方……代理商，我们将十分高兴。

8. 请求报价

(1) 兹函请提供……的报价。

(2) 请将定期供应……之报价赐知。

(3) 请将下列货品的最低价格赐知。

9. 询价

(1) 随函寄上询价单一份。

(2) 如果贵方对……感兴趣，请告具体询价。

(3) 一收到贵方具体的询价单，我方马上航空邮上样品册并报价。

10. 价格

我们很抱歉地通知你方价格无竞争力，若贵方能降低价格，使我方可接受的话，我方仍对交易感兴趣。

二、商务 E-mail

(一) E-mail 的定义

E-mail，即电子邮件（electronic mail，简称 E-mail，标志为@，也被大家称为“伊妹儿”），又称电子信箱、电子邮政。它是一种用电子手段实现信息交换的通信方式，是互联网应用最广的服务。通过网络的电子邮件系统，用户可以用非常低廉的价格，以非常快速的方式，与世界上任何一个角落的网络用户联系，这些电子邮件可以是文字、图像、声音等各种形式。

(二) 商务 E-mail 的撰写格式

商务 E-mail 包括收件人地址、主题栏和信体部分。此外，如果有图片等其他资料，还可以增加附件。如果是一件多发，还可以附加抄送对象。

1. 收件人地址

填写的信息要准确，以保证邮件准确无误地送达。

2. 主题栏

在主题栏内要输入所发邮件的主题，该主题将显示在收件人收件箱的主题区。主题的拟写要简明扼要，概括邮件的主要内容，字数不宜太多。

3. 信体部分

信体部分包括称呼、正文、结尾、落款及署名等部分。

(1) 称呼。E-mail 的抬头可以写成“××先生”“××女士”“××经理”“××博士”等。如果不知道对方的头衔、职位、性别，那么可直接写“××公司××部”等。

(2) 正文。电子邮件正文内容的拟写要注意重点突出、条理清楚、表意明确、语气适当。

(3) 结尾。在正文主要部分结束之后，在署名之前，可以写“我期待着您的回复”“希望我们能够合作愉快”等，也可对对方在某方面的帮助或配合表示感谢，如“谢谢您长期的关照和配合”“谢谢合作”等。

(4) 落款及署名。目前，人们的电子信箱里时常会被大量无用的垃圾邮件堆满，而人们在清理时又往往没有足够的时间和耐心去一一辨别，因此有时就会将一些有用的邮件误清出去。为避免这种情况的发生，发送 E-mail 时应写有落款（签名），以示身份。

［商务 E-mail 例文］

××销售部经理：

关于贵公司新研制成功的××产品优惠订购一事，我方经过详细研究，对贵方提供的折扣价表示同意，我方将尽快汇款，也希望贵方尽早安排发货事宜。

祝合作愉快！

××销售部经理

×年×月×日

［简析］这封商务 E-mail 的措辞简洁明了，意思表述清楚，用语也很礼貌。结尾惯用语使用得当。

特别提示

撰写商务 E-mail 的注意事项

为了表示礼貌和尊重，避免造成不必要的麻烦，在撰写商务 E-mail 时还应注意以下几点：

1. 力求简明扼要。开门见山地陈述问题，直截了当地说明主题，干净利落地结尾是商务 E-mail 的惯例。太多的寒暄和问候、过于冗长的背景介绍和细枝末节的描述只会耽误读信人的时间，让人反感。

2. 不要在一封 E-mail 中说明太多的问题，否则可能会给对方太多压力，也不利于把事情办好。

3. 如果是回复对方的 E-mail，则回复信件时，有必要加上部分原文，以便对方了解回信内容。若摘录的原文很长，应先把回复内容放到前面，原文内容在后。

4. 在收件人明白其意时，才可使用俚语或缩写。

5. 如果有附件，应该在正文处说明附件的内容和用途。

拓展练习

修改下面的病文。

关于要求报价的函

××茶厂经理：

我们对你厂生产的绿茶很有兴趣，十分想买一批湄潭翠芽茶。我公司要求不高，只要求该茶叶品质价格为 100 克一包。望你厂能告诉单价报价和交货日期、结算方式等给我公司。如果价钱合理，且能给予最好的折扣，我们将批量订货。

致

礼！

××副食品公司

×年×月×日

模块四　商务谈判方案、商务谈判备忘录

情境设定

商务谈判

知识导入

在商务谈判过程中，各种情况都有可能发生。谈判人员要想在复杂多变的形势中取得比较理想的结果，就必须在谈判前对对方可能提出的方案作出预测，并制订出具有一定弹性的谈判方案。因此，如何制订行之有效的商务谈判方案，是现代企业商务人士必须掌握的一项职业技能。

情境分镜头

分镜头一　为了让学生在学习商务谈判方案撰写的过程中获得更真实的体验，海豚老师要求每个项目小组依据上一个模块中以商务信函方式沟通确定的谈判相关事项，撰写一份商务谈判方案，并依据谈判方案的议程举行一次商务谈判。

分镜头二　在来伊口食品股份有限公司与C公司的商务信函往来中，C公司回函表示愿从维护双方共同利益出发，与来伊口公司举行商务谈判，就双方合作过程中出现的新的问题和分歧通过谈判途径予以解决。经双方致函协商，谈判地点定在来伊口公司。来伊口公司总经理青梅把这次谈判任务交给了销售部经理方达具体负责。方达该从哪些方面入手完成这次谈判任务呢？

执行路径

设计商务谈判背景→双方互致商务信函协商修改合同事宜→确定谈判内容→了解商务谈判前的准备工作→撰写商务谈判方案→展示商务谈判方案

知识平台

商务谈判是指在商务活动中，为使双方或者多方的意见趋于一致而进行的当面洽谈和磋商，它是当事人之间为实现一定的经济目的、明确相互的权利义务关系而进行协商的行为。

一、商务谈判的准备工作

进行一场商务谈判，前期准备工作非常关键。决定谈判成果的大部分工作是在准备阶

段完成的。商务谈判前应主要做好以下四方面工作：

（1）做好调查研究。要根据谈判项目对己方、对手和竞争者进行专门的调查研究，了解、掌握、分析所收集的资料，为谈判方案的制订提供情报。

（2）做好谈判人员安排。商务谈判之前先要确定谈判人员，与对方谈判代表的身份、职务要相当。谈判代表要有良好的综合素质，谈判前应整理好自己的仪容仪表，穿着要整洁、正式、庄重。

（3）布置好谈判会场。采用长方形或椭圆形的谈判桌，房门右手座位或对面座位为尊，应让给客方。

（4）准备好各种谈判资料。谈判前应对谈判主题、内容、议程充分做好准备，制订好谈判计划、谈判目标及谈判策略。

二、商务谈判方案

商务谈判方案，又称商务谈判计划，是在谈判之前，根据谈判目的和要求，预先拟定的对谈判具体内容、项目、步骤、方式、策略、预期目的、让步限度，以及谈判中可能出现的问题、应变的措施等作出具体安排的书面材料。

商务谈判方案是商务谈判前的周密筹划和具体准备。商务谈判方案设计的好坏，直接关系到商务谈判能否顺利进行，能否达到预期的目的，它是商务谈判能否成功的重要保证。

（一）商务谈判的特点

1. 预见性

商务谈判方案属于计划的范畴，具有计划的基本属性，即内容上要体现如下基本要素：谈什么、怎么谈、什么时间谈、谁来谈、根据什么谈。因此，商务谈判方案在内容的写作上需要具有一定的预见性。

2. 指导性

商务谈判方案不同于一般的工作计划，它不是对自己工作的单方面的规划、设想，而是一种与谈判对手进行谈判的“作战”方案，要充分考虑谈判对手的情况，以便作为“作战”的准备。因此，商务谈判方案在内容上还得有指导性。

3. 利益性

商务谈判方案是分析设想谈判对手——“假想敌”的意图和目标，预测己方可能达到的几种目标，以及己方如何争取达到最高利益目标的策划性文书。它一定要以价格为中心，以力求取得最大的利益为目标。因此，商务谈判方案具有鲜明的利益性。

（二）商务谈判方案的种类

商务谈判方案按照不同的标准划分，有不同的类型。

（1）按照谈判的内容来分，可以分为商品贸易谈判方案、经济合作谈判方案、技术引进谈判方案。

（2）按照谈判双方的态度与方针来分，可以分为让步型谈判方案、立场型谈判方案、原则型谈判方案。

（3）按照利益主体数量来分，可以分为双方谈判方案和多方谈判方案。

（三）商务谈判方案的撰写格式

1. 标题

标题一般由“事由＋文种”组成，如“关于进口 VCD 的谈判方案”。有时还可以加上谈判对手名称，如“与日本××商社洽谈商品的方案”。

2. 正文

（1）前言。写明谈判的总体构想、原则，说明谈判内容或谈判对象的情况。

（2）主体。即商务谈判方案的主要内容，这部分是商务谈判方案的核心环节，包括谈判主题、谈判目标、谈判焦点或难点、谈判策略、谈判议程、谈判组织等。如图 10—2 所示。

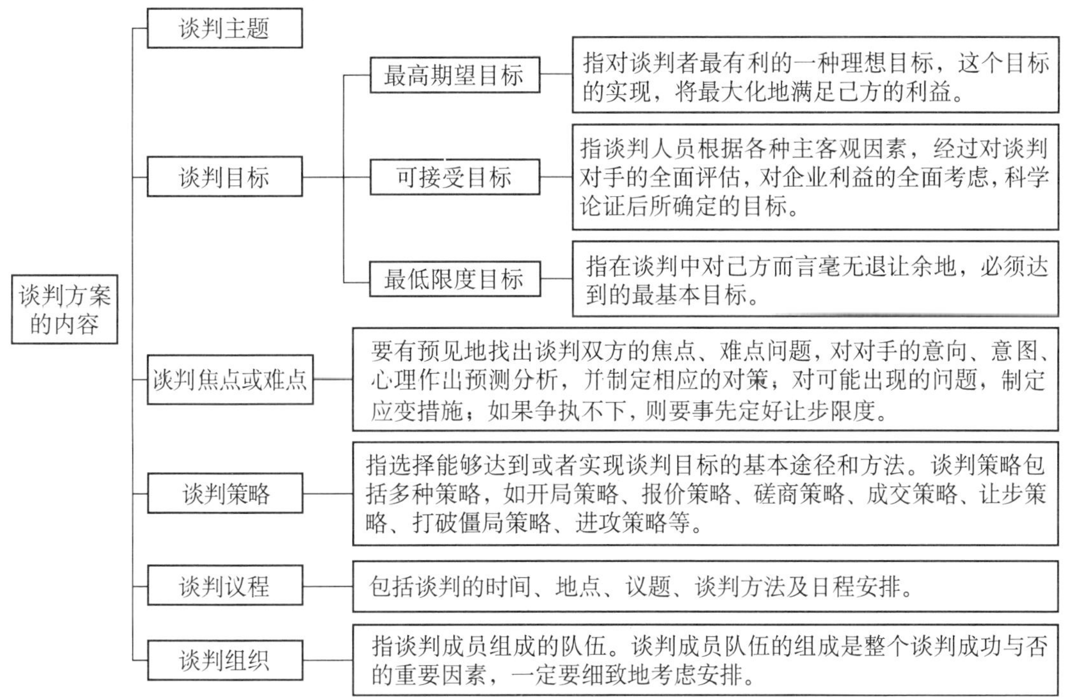

图 10—2　谈判方案的主要内容

3. 落款

写明谈判小组的名称和商务谈判方案的成文日期。

4. 附件

凡对方案内容有补充说明意见的材料应该作为附件随正文一并标出。

[商务谈判方案例文]

关于引进××公司矿用汽车的谈判方案

5年前我公司曾经经手××公司的矿用汽车，经试用性能良好，为适应我矿山技术改造的需要，打算通过谈判再次引进××公司矿用汽车及有关部件的生产技术。××公司代表于4月3日应邀来京洽谈。具体内容如下：

一、谈判主题

以适当价格谈成29台矿用汽车及有关部件生产的技术引进事宜。

二、谈判目标

1. 技术要求

(1) 矿用汽车车架运押15 000小时不开裂。

(2) 在气温为40℃的条件下，矿用汽车发动机停止运转8小时以上在接入220伏的电源后，发动机能在30分钟内启动。

(3) 矿用汽车的出动率在85%以上。

2. 试用期考核指标

(1) 一台矿用汽车的试用期为10个月（包括一个严寒的冬天）。

(2) 出动率达85%以上。

(3) 车辆运行375小时，行程达312 500米。

3. 技术转让内容和技术转让深度

(1) 利用购29台车为筹码，××公司无偿（不作价）地转让车架、厢斗举升缸、转向缸、总装调试等技术。

(2) 技术文件包括图纸、工艺卡片、技术标准、零件目录手册、专用工具、专用工装、维修手册等。

4. 价格

(1) ××年购买××公司矿用汽车，每台的离岸价格为23万美元；5年后的今天如果仍能以每台23万美元成交，那么定为合理标准。

(2) 5年时间按国际市场价格浮动10%计算，今年成交的可能性价格为25万美元，此价格为最低限度标准。

(3) 考虑到我方本次设备汽车购买量较大，争取以此为筹码，将成交价格定为21万美元，此价格为最高期望标准。

小组成员在心理上做好充分准备，争取以价格下限成交，不急于求成。与此同时，在非常困难的情况下，也要坚持不能超过上限达成协议。

三、谈判双方核心利益及优劣势分析（略）

四、谈判策略

1. 我方发言策略安排（略）

（提示：何时提出问题？提出什么问题？向何人提问？谁来补充？谁来回答对方问题？什么情况下要求暂时停止谈判?）

2. 谈判时间的策略安排（略）

3. 应急预案（略）

五、谈判时间和地点（略）

六、谈判议程

(1) 双方进场。

(2) 介绍本次会议安排和与会人员。

(3) 正式进入谈判。

1) 介绍本次谈判的议题。

2) 递交谈判相关资料并讨论议题内容。

3) 协商矿用汽车购买价格及技术引进问题。

4) 协商一致定金的支付、违约的赔偿办法及法律责任。

(4) 商定合同条文。

(5) 签订合同。

(6) 预付定金。

(7) 握手祝贺谈判成功，拍照留念。

(8) 设宴招待，谈判圆满成功。

七、谈判的风险及效果预测

1. 谈判风险

(1) 对方可能在谈判中凭其优势地位不肯在价格上让步，我方必须发挥自身优势，迫使其作出让步。

(2) 谈判中对手可能对我方采取各种手段和策略，让我方陷入困境，对此我方必须保持头脑清醒，发挥好耐心的优势，冷静而灵活地调整谈判策略。

2. 谈判效果预测

双方以合理的条件取得谈判的成功，实现双赢，双方能够友好地结束谈判，获得成功，实现长期友好合作。

八、谈判费用预算

(1) 车费：200 元。

(2) 住宿费：1 000 元。

(3) 饮食费：1 000 元。

(4) 电话费：200 元。

(5) 旅游礼品费用：1 000 元。

合计：3 400 元

九、谈判小组分工

主谈：张××为我谈判小组总代表，为主谈判。

副主谈：李××为主谈判提供建议，或见机而谈。

翻译：叶××随时为主谈、副主谈担任翻译，还要留心对方的反应情况。

成员 A：负责谈判记录的技术方面的条款。

成员 B：负责行动方向、意图，以及财务和法律方面的条款。

资料来源：http：//wenku. baidu. com/view/f8adef39376baf1ffc4fad67. html.

［简析］这份商务谈判方案具体而详尽。该方案详细说明了谈判主题、谈判目标、谈判双方核心利益及优劣势分析、谈判策略、谈判时间和地点、谈判议程、谈判的风险及效果预测、谈判费用预算、谈判小组分工等内容，方案周密，有利于谈判的顺利进行和预期目标的实现。

特别提示

撰写商务谈判方案的注意事项

1. 搜集信息要全面，在拟订商务谈判方案前，要多渠道地搜集与谈判活动有密切关系的各种信息资料，包括谈判者自身的情况、谈判对手的情况、谈判环境资料、市场信息资料等。准确充分的信息资料，是写好商务谈判方案的基础。

2. 谈判目标要明确。商务谈判的目的就是追求最佳利益目标，因此，在谈判方案中要明确提出谈判的最佳利益目标。

3. 谈判议程要合理。合理的谈判议程，是掌握谈判主动权的一个机会，也是谈判顺利进行的重要保证。具体而合理的谈判议程，应根据不同的谈判内容和目标来确定。

4. 谈判策略要周密。拟订商务谈判方案，要对谈判各方实力及影响其实力的各种因素认真分析研究，以制定周密的谈判策略，使谈判按计划顺利实施，从而达到谈判的目的。

三、商务谈判备忘录

备忘录是记录有关活动或事务，起提醒、督促作用，以免忘却的一种记事性文书。备忘录可用于个人事务的记录，也可作为商务谈判或业务合作的记录。备忘录通常使用最简洁的语言，写清何时、何地、应做何事、怎样做等，以使人明白、不产生歧义为要旨。如果是提出意见或看法，也应简明扼要地写出看法，不进行阐发。

（一）备忘录的种类

1. 个人备忘录

个人备忘录属于个人事务的备忘录，记录的事情其他人不参与。

2. 交往式备忘录

交往式备忘录是记录人与人之间活动的备忘录，这种备忘录必须真实地记录各种情况，包括对当事人有利或不利的情况。如记录商务谈判中双方所表达的承诺，一致或不一致的意见等。

3. 计划式备忘录

计划式备忘录是为了避免忘却而提前记下计划办理的事项，如上级发给下级的工作要点。

（二）商务谈判备忘录的概念和撰写格式

商务谈判备忘录是指在商务谈判时，经过双方初步讨论，把双方的意见、谅解和承诺记录下来，以在进一步洽谈时作为参考的一种记事性文书。

商务谈判备忘录不是一种正式文件，但可以在一定条件下起补充或证明作用，有时作用于某种调整的理由与依据。商务谈判备忘录一般不具备法律效力，它所记录的是双方各自的意见、观点，有待于以后洽谈时进一步磋商，记录时往往以双方各自的语气来表达。

商务谈判备忘录一般由标题、正文、落款三部分构成。

1. 标题

标题通常有两种写法：一种直接写文种名称，即“备忘录”；另一种由单位、事由和文种组成，如“××公司与××集团公司合作开发机电产品会谈备忘录”。

2. 正文

(1) 引言。记录谈判的基本情况，包括双方单位名称、谈判代表姓名（与外商谈判需注明国别）、会谈时间、会谈地点、会谈项目等。

(2) 主体。记录双方的谈判情况，包括讨论的事项，一致或不一致的意见、观点和作出的有关承诺。主体内容的记录类似于意向书的写法，通常采用分条列项式记录。

(3) 结尾。备忘录多数不另写结尾。

3. 落款

落款包括双方单位名称、谈判代表签名和日期。

[商务谈判备忘录例文]

备忘录

中国××公司××分公司（简称甲方）的代表与××国××公司（简称乙方）的代表于2016年11月在中国××市，关于举办××合资项目进行初步协商，双方交换了意见，现达成初步意见如下：

一、依据双方的交谈，乙方同意就合资经营××项目进行投资，总金额约××万美元。投资方式有待进一步磋商。甲方同意提供场地、厂房、机器设备，但所用的投资作价原则和办法亦有待进一步协商。

二、合资项目生产的××产品，乙方愿意在国际市场上销售50%，甲方希望该比重能达到70%，其余部分在中国国内市场上销售。

三、关于利润分配问题，乙方认为自己投入资金，应该占70%；甲方认为应该按投资比例分成。双方没有达成一致意见，但乙方代表表示愿意考虑甲方的意见，另定时间再进行协商。

四、工厂的规模、合营的期限、技术指导以及其他意见，均未详细讨论，双方代表都认为待将第二、三项事宜向各自的上级汇报确定后，其他问题容易商定。

五、这次洽谈虽未解决主要问题，但双方都表示愿意合作。期望在今后的两个月内再行接洽，以便进一步商洽合作事宜，具体时间待双方磋商后再定。

中国××公司××分公司　　　　××国××公司

代表：××（签字盖章）　　　　代表：××（签字盖章）

[简析] 这份备忘录是一篇格式较规范的商务谈判备忘录。导言部分简单交代了国别、公司名称、会谈时间、会谈地点、会谈项目等，接着以“现达成初步意见如下”作

为承启语引出正文的主体。主体部分具体地记录了谈判过程中双方各自的意见，并以甲、乙各自的语气来表达，真实地反映了谈判的内容。最后落款。

特别提示

撰写商务谈判备忘录的注意事项

1. 注意商务谈判纪要与商务谈判备忘录的区别。一是效力不同。商务谈判纪要一经双方签字，便具有一定的约束力，而商务谈判备忘录没有约束力，只起提示备忘作用。二是内容不同。商务谈判纪要中记的主要是谈判双方达成的主要的一致性意见，而商务谈判备忘录中记的则不一定是谈判达成的一致意见，很大程度上是下一次谈判、洽谈或磋商时要商谈的问题。

2. 内容要翔实、具体而完备。

3. 语言要朴实、准确。

小贴士

谈判“四忌”

一忌透露期限。要让对方明白“有的是时间耗”。

二忌泄露底线。泄露底线的结果只能是“底线或底线以下”。

三忌单枪匹马。单枪匹马必然势单力薄，特别是“谈判新手”更要避免。

四忌盲目垂钓。要适时显示出自己的诚心，不能一味地模仿“姜太公钓鱼，愿者上钩”。

拓展练习

请自选题材，写一份备忘录。提示：想想近期你所在的班级与兄弟班级有何合作会谈，或你与他人有何合作性商约，等等。

项目十一　法务维权

学习目标

● 知识目标

1. 了解经济纠纷维权常识及基本的法律诉讼程序；
2. 了解法庭庭审流程的相关法律常识；
3. 掌握经济诉讼文书，如起诉状、答辩状的撰写格式及要求；
4. 掌握民事调解书和判决书的撰写格式及要求。

● 能力目标

1. 能够运用法律武器维护个人及单位的合法经济权益；
2. 能够结合案情，按照仲裁文书及诉讼文书的撰写格式及要求，规范完成相关文书的写作任务；
3. 能够具备一定的对经济仲裁和诉讼文书的情境分析、评价能力；
4. 能够具备一定的对经济仲裁问题和法律诉讼问题情境的阅读理解、辨析修改和写作能力。

项目框架

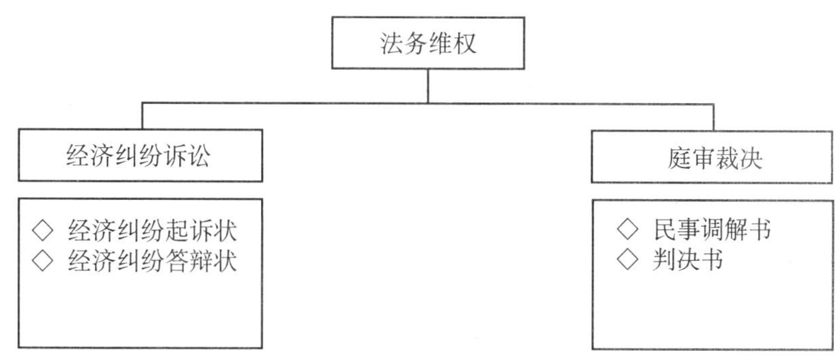

课堂设计

实训任务：经济纠纷诉讼与庭审裁决

任务描述	各团队自编一起经济纠纷案庭审情景剧，须依照经济纠纷案件启动的诉讼程序，撰写并在模拟法庭上宣读相关的法律文书。模拟法庭庭审过程须按照真实的法庭审判程序展示，庭审中相关角色由团队成员扮演。

文案任务	经济纠纷起诉状、经济纠纷答辩状
教学组织	任务分工及实训步骤与要求
课前	1. 项目团队 （1）策划并完成庭审情景剧本及相关司法文书的撰写任务。 （2）根据庭审情景将团队成员分为三个组：审判组、原告组、被告组。 （3）明确角色任务。 1）审判长：宣布开庭，并按法庭程序组织庭审。 2）原告律师：宣读起诉状。 3）被告律师：宣读答辩状。 4）其他角色任务：团队视需要自行安排。 （4）为确保实训效果，各创业团队按庭审程序进行模拟排练。 2. 教师助理 （1）做好实训前的文案整理及上传工作。 （2）做好评审筹备工作及庭审前的场地布置工作。
课中	（1）教师介绍法律诉讼所涉及的相关常识，重点讲解经济纠纷起诉状和答辩状的写作知识和技巧。（时间：20分钟） （2）各创业团队按法庭庭审程序进行情景展示：开庭→入场→核对原告、被告双方身份→宣布法庭纪律和当事人权利→原告宣读起诉状→被告宣读答辩状→法庭调查→法庭辩论→法庭调解→评议判决。（时间：10分钟/组，为节约时间，一些重复的庭审流程，前面的小组展示后，后面的小组可省略） （3）师生当场点评。 （4）教师公布团队实训成绩及排名。
课后	1. 项目团队 负责修订团队文案并上传给教师助理，完成团队内部绩效考核工作。 2. 教师助理 负责整理团队文案并上传给任课教师评分，做好本次实训和文案成绩的统计、记录、归档和发布工作。

模块一　经济纠纷起诉状、经济纠纷答辩状

情境设定

经济纠纷诉讼

知识导入

经济纠纷是指法人之间、法人与公民个人之间或公民个人之间，发生在经济方面的权利和义务之争。在现实社会的经济交往过程中，当事人之间难免会因对经济权利和经济义务有不同的认识和因合法权益受到侵犯而引起争议。解决经济纠纷的途径大体有协商、调解、仲裁、诉讼四种。如果当事人通过协商、调解、仲裁这三种方法都不能解决纠纷，

往往就需要诉诸法律，向司法机关提出诉讼，即通过“打官司”来请法院依法裁决。而启动法律程序的第一步就是撰写诉讼文书，没有诉讼文书，就没有法律程序的开始。

情境分镜头

分镜头一　为了让各团队对经济纠纷的诉讼程序有更直观的认识与体会，海豚老师要求各团队策划一起与本公司经营活动相关的经济纠纷案件，并分工模拟展示法庭起诉、法庭上诉、法庭申诉三个诉讼阶段中任意一个阶段的庭审情形。海豚老师要求原告方在法庭上向法院递交起诉状并当场宣读，被告方需针对原告方提出的诉讼请求和理由，撰写并宣读答辩状予以辩驳。

分镜头二　来伊口食品股份有限公司在检测中发现 W 公司提供的食品加工原材料中有两个批号的原材料存在质量问题，为了保证公司生产食品的品质与安全，总经理青梅决定封存并销毁与这两件批号相关的全部产品。在向 W 公司提出索赔无果后，青梅毅然决定拿起法律武器，维护公司权益。在向公司法律顾问张律师咨询了相关法律问题后，青梅请张律师以公司代理律师身份撰写一份起诉状递交法院。

执行路径

了解起诉程序→学习相关诉讼文书的撰写格式及要求→策划并拟写模拟法庭剧本→撰写相关司法文书

知识平台

一、经济纠纷诉讼程序

经济纠纷诉讼程序是指在诉讼和司法过程中必须遵循的法定程序、方式和步骤。

经济纠纷的一般诉讼程序为：起诉→应诉→庭审→上诉→申请再审和申诉→申请执行。

经济纠纷诉讼状是指在经济活动中当事人的合法权益受到侵害或与他方当事人发生权益争议时，为了维护自己的经济权益，原告人向人民法院提出诉讼或进行辩驳时所书写的法律文书。从审判程序和法律赋予当事人的权利上来区分，诉讼状包括起诉状、答辩状、上诉状和申诉状。

二、经济纠纷起诉状

经济纠纷起诉状，又称经济诉状，属民事诉状，是经济纠纷案件的原告人认为自己的权益受到侵犯而向法院陈述纠纷事实、阐明起诉理由、提出诉讼请求，从而引起诉讼程序开始的一种诉讼文书，俗称“状子”或“状纸”。

经济纠纷起诉状是法院立案和审判的依据，也是被告人应诉、答辩及辩护的依据，没有起诉状，一审诉讼程序就无从开始。

（一）经济纠纷起诉状的特点

1. 请求诉讼性

任何国家机关、社会团体、企事业单位和公民个人或其法定代理人向人民法院递交经济纠纷起诉状便是提出了诉讼请求。

2. 适用范围的特定性

经济纠纷起诉状针对的是归人民法院管辖而未被审理过的案件。

3. 处理案件的参证性

诉状本身就是一种处理案件的证据。

（二）经济纠纷起诉状的撰写格式

1. 标题

标题一般只标明文种，直接写“经济纠纷起诉状”或“起诉状”即可。

2. 开头

开头又称首部、状头，要求写明当事人的基本情况，包括原告、被告及第三人的姓名、性别、年龄、民族、籍贯、职业、工作单位、地址及电话等情况。如果当事人是机关、团体、企事业单位，应写出其全称、所在地、法定代表人姓名和职务等。如有数个原告或被告，则要按照责任的轻重，依次说明其基本情况。原告或被告有诉讼代理人时，应写明代理人的姓名、单位、职务及代理权限。

3. 正文

正文是起诉状的主体，包括案由、诉讼请求、事实与理由、证据与证据来源等。

(1) 案由。案由用来提示案件的性质特征，如“运输合同纠纷”“追索借款”“产权纠纷”等。有时候也可将案由省略不写。

(2) 诉讼请求。诉讼请求应概括写明请求人民法院依法裁决的具体事项，或诉讼要达到的最终目的。通常的诉讼请求多为要求法院保护原告的某些经济权益，如请求法院判令对方“赔偿损失”“清偿债务”“归还产权”“履行合同”等。这部分内容要写得明确、具体、合法合情、简明扼要，如有多项请求时，可分项一一列出。

(3) 事实与理由。该部分是起诉状的核心部分，它关系到人民法院是否受理此案。

1) 事实：要写明当事人之间经济权益争执的具体内容。对发生纠纷的原因、时间和事情经过及其给原告造成的损失、后果等，都要实事求是地写清楚。如果自己有过错，也要坦白承认，以便法院全面了解案情真相，依法判决。

2) 理由：理由是诉状的支柱。应基于前面陈述的事实和证据，认定被告人侵权或违法行为的性质、造成的后果和应承担的责任，依据法律法规阐述对其起诉的理由。注意在写起诉的法律依据时要交代出处，如“依据××法第×条第×款”。

(4) 证据与证据来源。证据是指为证明事实所列举的人证、物证、书证、视听资料及相关的材料。要将证据来源、可靠程度、证人姓名和单位等交代清楚。证据可以在事实之后另起一段写，也可以与事实合并在一起写。证据是认定事实的基础，必须真实可靠。

正文部分最后一句通常写“因此诉请你院依法裁决”或“因此，特向人民法院提起诉讼，请求法院依法审理”这样的句子。

4. 尾部

尾部一般按信函格式写“此致”“××人民法院”以及起诉人署名或盖章、起诉时间和附件等内容。如果起诉状是请人代写的，应在起诉状时间之下写明代书人的姓名、职务，如“代书人：××律师事务所律师×××”。

5. 附件

附件是起诉状的附加部分，有没有附件及附件内容均根据实际需要而定。在附件中应写清楚本状副本×份、物证×份、书证×份等内容。

[经济纠纷起诉状例文]

起诉状

原告：吴州市卷烟厂。地址：吴州市南街32号，电话：6789560。

法定代表人：李瑞，吴州市卷烟厂厂长。

被告：青州市利达公司。地址：青州市石桥路90号，电话：8314582。

法定代表人：何佳，青州市利达公司经理。

诉讼请求：

1. 要求被告立即予以退货；

2. 退还货款30 000元，并支付违约金2 400元；

3. 诉讼费用由被告承担。

诉讼事实和理由：

1999年10月19日，我厂与被告签订了一份《烟草过滤机买卖协议》（以下简称《协议》）（证据1）。1999年10月29日，过滤机安装调试完毕，开始使用。前两周运转比较正常，但从11月中旬起，过滤机频出故障，如停机、过滤效果差等。我厂通知被告后，被告派员来检修过，但过滤机仍旧没有好转。经吴州市甲研究所检测，这三台过滤机为质量不合格产品，其中C、F两项技术指标达不到国家标准（证据2）。我厂根据《协议》第19条“产品质量不合格，应向对方退款并支付货款总额8%的违约金”的约定，要求被告予以退货，同时退还我厂货款并支付违约金。但被告拒不同意。

根据《中华人民共和国合同法》第153条“出卖人应当按照约定的质量要求交付标的物”的规定，被告向我厂交付质量不合格的产品，其行为已构成违约，应按《协议》将30 000元货款退还我厂并支付违约金2 400元。特提起诉讼。请贵院支持我厂的诉讼请求。

此致

吴州市海滨区人民法院

附件：1. 本状副本1份

2.《烟草过滤机买卖协议》1份

3.《吴州市甲研究所检测报告》1份

具状人：吴州市卷烟厂（公章）

1999年11月20日

资料来源：http：//www.360doc.com/content/11/0221/04/5857214 _ 94712263.shtml.

[简析] 这是一份合同纠纷诉讼起诉状。状头介绍了当事人的基本情况。案由明确，诉讼请求明确具体，交代事实简洁清楚，陈述理由合情合理，引用法规明确具体，人称前后一致。

特别提示

撰写经济纠纷起诉状的注意事项

1. 提出请求事实要具体、全面，不得笼统或含糊不清。数字必须准确无误。

2. 诉讼理由要建立在确实充分的证据和明确清楚的事实基础之上，说清楚案件事实与理由之间存在的因果关系。引用的法律条文要准确、完备。

3. 注意人称的一致性。在陈述事实与理由时，叙述的人称要前后一致，如用第三人称时就要称原告与被告。

4. 语言做到准确、严谨，表述富有逻辑性。

三、经济纠纷答辩状

答辩是应诉行为。经济纠纷答辩状是指经济纠纷诉讼中的被告人针对起诉状或上诉状的内容，在应诉时向人民法院递交的进行辩护、反驳或答复的诉讼文书。

经济纠纷答辩状在两种情况下提出：一是原告向第一审人民法院起诉后，被告就诉状（起诉状）提出答辩状；二是案件经第一审人民法院审理终结后，一方当事人不服，提起上诉，被上诉人就上诉状提出答辩状。人民法院在收到原告的起诉状和上诉人的上诉状以后，应当在规定的期限内将副本送达被告或被上诉人，被告或被上诉人应当在法定的期限内提出答辩状。

被告人或被上诉人可以通过答辩状针对原告或上诉人提出的事实、理由以及请求事项，进行有针对性的答辩，阐明自己的理由和请求，维护自身的合法权益。经济纠纷答辩状还有助于法院兼听双方当事人陈述的理由和请求，以便全面掌握案情，以求公正地审理案件。

（一）经济纠纷答辩状的特点

1. 使用对象的特定性

经济纠纷答辩状只能由被告或被上诉人提出。

2. 答辩内容的针对性

经济纠纷答辩状必须针对起诉状或上诉状的内容有的放矢地进行答辩。

3. 行文方式的论辩性

经济纠纷答辩状通过摆事实、讲道理，通过运用有利的论据和有关的法律条文，通过论辩和反驳，以求驳倒对方的观点和论据，从而证明自己观点的正确性。

（二）经济纠纷答辩状的撰写格式

1. 标题

标题写明“答辩状”或“经济纠纷答辩状”即可。如属二审程序的答辩，要写明“上诉答辩状”字样。

2. 开头

开头即首部，要写清楚答辩人的基本情况，包括姓名、性别、年龄、民族、籍贯、职业、工作单位、地址、电话等内容。如果答辩人是法人，应写明单位名称（全称）、地址、法定代表人姓名和职务等基本情况。答辩人如有委托代理人的，也应写明代理人的姓名、单位、职务及代理权限等基本情况。

3. 正文

（1）答辩案由。案由要概括写明对何单位或对上诉的何案进行答辩。一般写："答辩人于×年×月×日收到××法院交来原告人（或上诉人）因××一案的起诉状（或上诉状），现答辩如下。"第一审案件答辩状和上诉案件答辩状其事由的写法不同。第一审案件答辩人是被告人，答辩事由的具体行文为："因××（案由）一案，现提出答辩如下。"上诉案件答辩状的答辩人是被上诉人，答辩状具体行文为："上诉人×××（姓名）因××（案由）一案不服×××人民法院×年×月×日×字第×号×事判决（或裁定），提起上诉，现提出答辩如下。"

（2）答辩的事实和理由。这是经济纠纷答辩状最关键的部分，要求针锋相对地明确回答原告人或上诉人所提出的诉讼请求，并明确阐明本方对争议事实的主张和理由。可以用说明事实真相、列举新的证据、引据法律条文的方法来反驳，也可以从论证原告或上诉人在诉讼程序上不合规定入手来进行反驳。要批驳对方要求的谬误性，论证自己行为的合法性和答辩理由的正确性，并请求人民法院依法合理裁决。

（3）答辩意见。在有针对性且充分地阐明答辩理由的基础上，答辩人应提出自己的答辩意见。答辩意见可包括：根据确凿事实与证据，证明己方行为的合理性；依据有关法律条文，说明己方答辩理由的正确性；归纳答辩事实，揭示对方当事人法律行为的谬误；提出对本案的处理意见，请求人民法院予以合理裁决。

4. 尾部

写法与起诉状基本相同，采用信函格式结尾，但具状人应称"答辩人"。

5. 附件

附件是对有关问题的说明，有无附件以及附件内容视实际需要而定。

[经济纠纷答辩状范例]

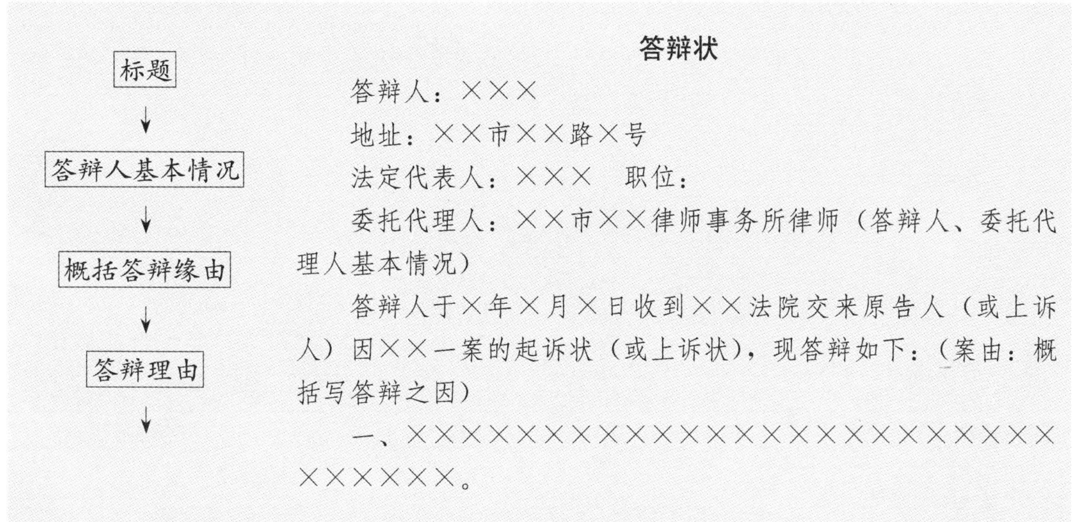

答辩状

答辩人：×××

地址：××市××路×号

法定代表人：×××　职位：

委托代理人：××市××律师事务所律师（答辩人、委托代理人基本情况）

答辩人于×年×月×日收到××法院交来原告人（或上诉人）因××一案的起诉状（或上诉状），现答辩如下：（案由：概括写答辩之因）

一、××××××××××××××××××××××××××××××××××。

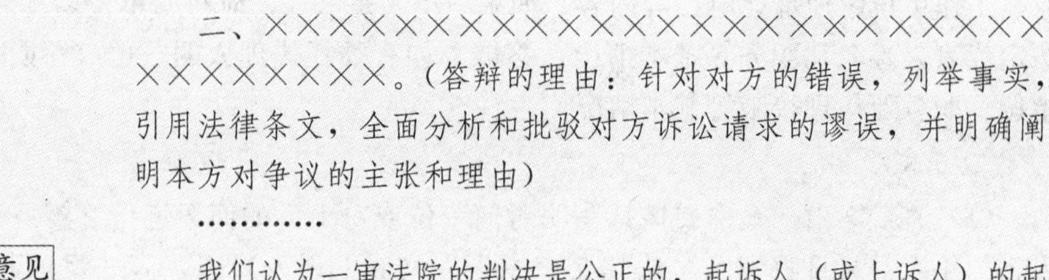

二、××××××××××××××××××××××××××××××××××××。（答辩的理由：针对对方的错误，列举事实，引用法律条文，全面分析和批驳对方诉讼请求的谬误，并明确阐明本方对争议的主张和理由）

…………

提出答辩意见 → 请求法庭裁决 → 信函格式结尾 → 附件

我们认为一审法院的判决是公正的，起诉人（或上诉人）的起诉（上诉）理由是没有法律根据的，恳请一审（或二审）人民法院公正审理，驳回原告起诉（或维持原判）。（答辩意见：在阐明答辩理由的基础上，答辩人提出答辩意见和处理意见，请求法院裁决）

此致

××人民法院

答辩人：×××××公司（盖章）

法定代表人：×××（签章）

×年×月×日

（结尾：按信函格式）

附件：1. 本答辩状副本×份

2. ×××××

（附件：本状副本、书证及件数）

[经济纠纷答辩状例文]

答辩状

答辩人：青州市利达公司。　地址：青州市石桥路90号，电话：8314582。

法定代表人：何佳，青州市利达公司经理。

答辩人因吴州市卷烟厂诉青州市利达公司买卖合同纠纷一案，现答辩如下：

我公司向原告交付的三台过滤机无质量问题，为合格产品。

一、这三台过滤机是我公司从美国进口的，有经美国权威机构检测的质量合格证书（附件）。

二、原告依据的吴州市甲研究所的检测报告没有任何说服力。他们属于同一地区，不能保证检测的公正性。我公司要求贵院安排重新检测。

综上，我公司一直严格履行《烟草过滤机买卖协议》的约定，交付的三台烟草过滤机质量合格。原告自己使用不当造成过滤机故障，一切后果应由其自行承担，与我公司无关。请贵院依法公正裁判，驳回原告的无理请求。

此致

吴州市海滨区人民法院

答辩人：青州市利达公司

1999年12月10日

附件：1. 本状副本1份

2. 过滤机质量合格证书1份

资料来源：http：//wenku.baidu.com/view/efc6d44569eae009581becc8.html.

［简析］这是一篇经济纠纷答辩状。正文中答辩人的基本情况齐全，开头简明扼要地点明了答辩的事由，然后就原告提出的诉讼中的产品质量问题进行了辩驳，并提供了有力的证明材料。阐明理由后，答辩方明确提出了自己的意见和主张。

拓展练习

（1）指出下面这篇起诉状存在的问题，并加以改正。

起诉状

原告名称：北京××锅炉厂

所在地址：北京市海淀区××大街1号（邮政编码：100088）

法定代表人：刘××　职务：厂长（电话：217766）

企业性质：全民所有制

经营范围和方式：压力锅炉制造安装，批发兼零售

开户银行：中国工商银行北京分行海淀办事处大钟寺分理处

账号：0477194×××××

被告名称：北京市××县××锅炉水电安装队

所在地址：北京市顺义县××镇××路110号（邮政编码：101116）

法定代表人：王××　职务：队长（电话：4978899）

诉讼请求：

（1）给付货款81 015元。

（2）支付违约金17 073.62元。

事实及理由：

×年6月26日，我厂与被告北京市××县××锅炉水电安装队签订了一份锅炉购销合同。合同规定，被告向我厂订购SZW240-7-95-70型号锅炉一台及附属配件，价款总计96 015元，款到发货。同年8月16日，被告将所订锅炉主体及附属配件全部提走，但未付款。经催要，被告于同年8月26日将一张××县五中的15 000元转账支票交给我厂，尚欠的81 015元，被告以锅炉是××县五中委托代购、××县五中尚未付款为由拒不偿还。被告作为购货方，在我方按时提供锅炉后应履行合同规定的付款义务，其拒绝付款的行为是违约行为。被告除应支付尚欠的货款81 015元外，还应向我厂支付逾期付款违约金17 073.62元。请人民法院依法作出判决。

证据和证据来源：

（1）北京市××锅炉厂产品订货合同1份。

（2）××锅炉水电安装队还款计划1份。

（3）北京市××锅炉厂产品发货清单2份。

起诉人：北京市××锅炉厂（盖章）

×年4月20日

（2）指出下面这篇答辩状存在的问题，并加以改正。

经济纠纷答辩状

答辩人：永耀灯饰有限公司。地址：×市人民路48号，邮政编码：××××××。

法定代表人：李××，经理

委托代理人：张××，天平律师事务所律师

答辩人因华天灯饰制造厂（下简称华天）诉新颖灯饰有限公司（下简称新颖公司）还款一案，现提出答辩如下：

华天与新颖公司曾签订3万元灯饰的购销合同，由答辩人对有关的款项进行担保，答辩人也在合同上确认了这一点。但是，这种担保只是一般担保，而不是连带担保，按照《中华人民共和国担保法》的规定，被告新颖公司是有还款能力的，不应由答辩人承担担保责任。而且原、被告曾就还款事项修改过合同内容，并没有通知答辩人，因此答辩人不应承担担保责任。请法院考虑上述原因，作出公正的判决。

此致

××区人民法院

答辩人：永耀灯饰有限公司

法定代表人：李××

×年×月×日

模块二　民事调解书、判决书

情境设定

庭审裁决

知识导入

庭审是实现诉讼要求的关键性一步，是考验法官的及时反应能力、驾驭庭审能力的重要方面。模拟庭审裁决，既能使学生在撰写民事调解书、判决书时，加强学生对法律文书格式、用语、正确引用法律法规解决问题等方面的意识和能力，又能使学生在模拟庭审的过程中，站在法官的立场，用法律思维去考虑事情、处理案件，对学生发现问题、分析问题、解决问题能力的培养和锻炼很有帮助。

情境分镜头

分镜头一　在模拟庭审的实训环节中，海豚老师要求各创业团队按照法庭庭审的整个程序现场模拟演示庭审的整个过程，在庭审过程中，控辩双方需同步展示起诉状、答辩状、民事调解书、判决书的电子文稿。海豚老师提醒大家，参加庭审的人员需事先了解《中华人民共和国法院法庭规则》的相关规定。

分镜头二　来伊口食品股份有限公司在完成了起诉状和相关证据的收集、整理后，随即就公司与W公司的经济纠纷一案，向W公司所在地×市×区人民法院递交了起诉状。法院在对该案件进行调查后决定开庭受理此案。法院开庭这天，来伊口公司总经理青梅与张律师等人一起来到了×市×区人民法院……

执行路径

了解法庭庭审程序→做好庭审前的准备→现场模拟法庭庭审过程

知识平台

一、一般庭审程序

人民法院审理民事案件，除涉及国家秘密、个人隐私或者法律另有规定的以外，实行公开审理。对决定开庭审理的案件，在开庭三日前通知双方当事人。庭审的一般流程为：

（1）书记员核对当事人情况。

（2）书记员宣布起立，法官进入。

（3）法官介绍案件的基本情况（合议庭组成、原被告、案由等）。

（4）原告宣读起诉书，从诉讼请求开始读。

（5）被告宣读答辩意见。

（6）法官可以提问，归纳辩论焦点。

（7）法庭调查，证据交换。

（8）法庭辩论。原告先说，被告后说，主要是对有争议的事实进行说明。

（9）法庭调解。当事人在宣判前的任何诉讼阶段都可以同对方当事人进行和解，或者请求人民法院主持调解。

（10）评议判决。如果当事人不同意调解或未达成调解协议，人民法院将继续审理并作出判决。

庭审过程中最主要的四个阶段庭审程序如图11—1所示：

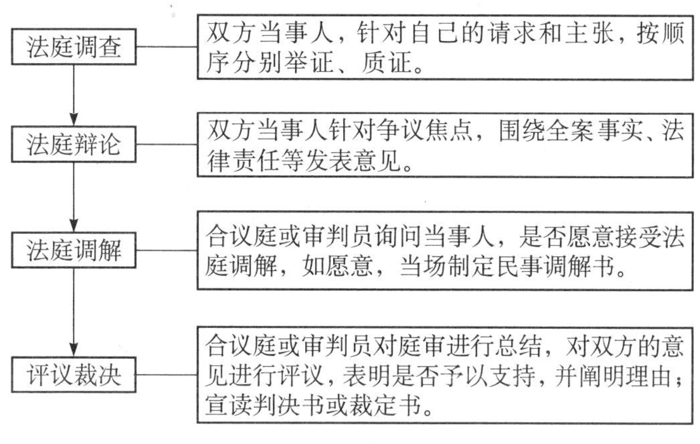

图11—1　庭审程序

二、民事调解书

民事调解书是人民法院审理民事案件，在坚持自愿、合法的原则下，在查明事实、分清是非的基础上，采取调解方式，促使双方当事人互相谅解，达成协议后而写成的法律文书。民事调解书是人民法院常用的重要司法应用文之一，具有法律效力。它既是当事人协商结果的记录，又是人民法院予以批准的证明，也是当事人遵照执行的根据。民事调解书有一审、二审、再审调解书之分。

民事调解书的撰写格式包括首部、主体和结尾三个部分。

1. 首部

首部主要交代相关背景，包括法院名称、文书名称、编号、诉讼当事人身份、案件由来、法庭组成和审理经过。

2. 主体

主体部分通过阐述事实、说明理由，最后陈述清楚当事人通过法庭调解所达成的解决纠纷的协议。

3. 结尾

结尾部分说明落款、日期、书记员等。

［民事调解书例文］

张裕元诉中华工商联合出版社等侵犯著作权纠纷案一审

民事调解书

〔2007〕海民初字第21166号

原告张裕元，男，汉族，1945年×月×日出生，江苏省姜堰市文化馆副研究馆员，住江苏省姜堰市×楼×室。

委托代理人：任××、梁××，北京市融商律师事务所律师。

被告：中华工商联合出版社，住所地为北京市东城区××街×号。

法定代表人：肖××，社长。

委托代理人：周××，北京市仁和律师事务所律师。

被告：北京第三极书局有限公司，住所地为北京市海淀区×路×号。

法定代表人：欧××，董事长。

被告：北京中关村图书大厦有限公司，住所地为北京市海淀区×路×号。

法定代表人：杨××，董事长。

案由：侵犯著作权纠纷

2001年，原告张裕元将自己创作的多幅系列画作收入3张《手绘卡通插画大百科》系列光盘，由北京银冠电子出版有限公司出版。2004年至2007年间，被告中华工商联合出版社在其出版的《成语接龙挑错字》、《成语接龙》、《成语巧接龙》（第2版）、《成语接龙》（拼音版）、《成语找朋友》、《中学生议论文范文指导》等图书的封面及封底处使用了原告光盘中的多幅画作，并对有些画作进行了小处修改，用色比原作偏红。上述使用行为未经原告同意，并未给原告署名。原告在北京第三极书局有限公司和北京中关村图书大厦有限公司购买了上述图书。在该成语系列图书封底印有该书一套6本的封面介绍，除前述5本，另有一本书《玩转成语》，封面亦使用了原告的画作，但原告没有购买到此书，出版社的代理人亦不了解该书是否实际出版。上述7本图书共计使用原告27幅画作，计52幅次。

原告诉请北京第三极书局有限公司和北京中关村图书大厦有限公司停止销售涉案图书，中华工商联合出版社停止在出版的上述图书中使用张裕元的画作，在《法制日报》和江苏省《新华日报》上刊登致歉声明，消除影响，并赔偿其经济损失费8万元，精神损失费1万元，律师费、购书费和车费7 657元。经询，三被告认可上述事实，希望与原告协商解决纠纷。

本案在审理过程中，经本院主持调解，当事人自愿达成如下协议：

一、被告中华工商联合出版社向原告张裕元赔礼道歉（已于2007年10月10日开庭时由委托代理人周××代表出版社向张裕元本人当面履行，张裕元表示接受）。

二、被告中华工商联合出版社可继续销售已经印制的《成语接龙挑错字》、《成语接龙》、《成语巧接龙》（第2版）、《成语接龙》（拼音版）、《成语找朋友》、《玩转成语》（如实际未出版，可不涉及）、《中学生议论文范文指导》7本书，但不得再行加印，并针对上述图书使用画作的行为赔偿原告张××各项损失共计30 000元，于2007年10月19日之前支付。

三、被告北京第三极书局有限公司和北京中关村图书大厦有限公司将库存的涉案图书售出后，不得再继续进货。

案件受理费2 241元，由原告张裕元负担1 120.50元（已交纳），余款退回。

上述协议，符合有关法律规定，本院予以确认。

本调解书经各方当事人签收后，即具有法律效力。

审　判　长　王××
人民陪审员　韩××
人民陪审员　李××
2007年10月12日
（院印）

本件与原本核对无异

书记员：×××

资料来源：http://www.110.com/panli/panli_118483.html.

[简析] 这份民事调解书是人民法院通过对张裕元诉中华工商联合出版社等侵犯著作权纠纷案的审理，在自愿和合法的原则下，通过调解，促使当事人达成协议而制作的法律文书。调解书对纠纷的缘由、经过、现状以及原告方的请求和所持的理由进行了说明，并对当事人在自愿和合法的原则下达成的解决纠纷的协议内容进行了清楚的阐释。

三、判决书

判决书是人民法院代表国家行使审判权，对具体案件的实体或程序问题作出的具有法律效力的权威性的书面结论。判决书分刑事判决书、行政判决书和民事判决书三种。

判决书一般由首部、主体和结尾三个部分组成。

1. 首部

首部主要交代相关背景，包括法院名称、文书名称、编号、诉讼当事人身份、案件由来、法庭组成和审理经过。

2. 主体

主体部分通过阐述事实、说明理由，最后宣布判决结果。

3. 结尾

结尾部分说明诉讼相关问题，包括诉讼费用、上诉权、判决书生效时间等。

［民事判决书例文］

吴州市海滨区人民法院

民事判决书

〔2000〕海民初字第32号

原告：吴州市卷烟厂。地址：吴州市南街32号，电话：6789560。

法定代表人：李瑞，吴州市卷烟厂厂长。

被告：青州市利达公司。地址：青州市石桥路90号，电话：8314582。

法定代表人：何佳，青州市利达公司经理。

吴州市卷烟厂诉青州市利达公司买卖合同纠纷一案，本院受理后，依法组成合议庭，公开开庭进行了审理。原告法定代表人李瑞和被告法定代表人何佳到庭参加诉讼。本案现已审理终结。

原告诉称，1999年10月19日，其与被告签订了一份《烟草过滤机买卖协议》（以下简称《协议》），但被告交付的过滤机频出故障。被告派员来检修过，过滤机仍无好转。经吴州市甲研究所检测，这三台过滤机为质量不合格产品。原告为此要求被告接受退货，同时退还原告货款30 000元并支付违约金2 400元。

被告辩称，其向原告交付的三台烟草过滤机是合格产品。这三台过滤机有经美国权威机构检测的质量合格证书；吴州市甲研究所的检测报告不能保证检测的公正性，被告要求我院重新检测。

经审理查明，原、被告之间的买卖协议合法有效。被告交付给原告的三台烟草过滤机自1999年11月中旬至今多次出现停机故障，过滤效果达不到一般使用要求。根据吴州市甲研究所的检测报告分析，过滤机有C、F两项指标达不到国家标准，因此这三台过滤机为质量不合格产品。

本院认为，被告没有按《协议》约定向原告提供质量合格的烟草过滤机，已构成违约。根据《中华人民共和国合同法》第153条、第121条，判决如下：

一、被告青州市利达公司应在本判决生效之日起15日内接受原告吴州市卷烟厂三台过滤机的退货，并退还吴州市卷烟厂货款30 000元，支付违约金2 400元。

二、诉讼费1 500元，由被告负担。

如不服本判决，可在判决书送达之日起15日内，向本院递交上诉状，并按对方当事人的人数提交副本，上诉于吴州市中级人民法院。

审判长：×××

审判员：×××

审判员：×××

2000年5月8日

（院印）

本件与原本核对无异

书记员：×××

资料来源：http：//www.360doc.com/content/10/1124/16/4703601_72063001.shtml.

［简析］这份民事判决书是吴州市海滨区人民法院对吴州市卷烟厂诉青州市利达公司买卖合同纠纷一案作出的书面判决。判决书对案件的相关背景、事实情况、判决理由及判决结果都进行了清晰的表述。

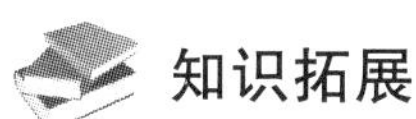

知识拓展

法庭控辩

1. 控辩制的含义

控辩制又称当事人主义诉讼方式，或称对抗制、抗辩制，用美国大法官杰克逊的话来说，就是“让双方打仗”，双方当事人各自收集并向法庭展示其证据，以对抗方式表达对事实和法律的理解，提出自己的正义主张，法官的责任不是发现案件事实真相，而是竞争的裁决者，法官仅处理或集中处理有关法律的问题，作出审判。

控辩平等是现代诉讼法的基本理论和基本理念。1991年4月，我国新的《民事诉讼法》颁布，在一些地方进行了控辩制的司法审判改革试点；1996年，《中华人民共和国刑事诉讼法》作了重大修订，引入了强烈的控辩对抗因子，中国的司法庭审开始由纠问制向控辩制转变。

2. 法庭控辩的技巧

（1）庭审举证。庭审举证要根据各案特点，选择足以证明犯罪时间、地点、手段、主要情节和后果的证据进行举证，要体现证据的链条性。庭审举证要按案情的发生和发展脉络、时间顺序、情节轻重进行庭审举证。庭审举证要充分体现语言感染力，能够吸引全场人员，特别是法庭组成人员的注意力。

举证完毕后，要对在法庭上所举的证据进行归纳，说明所举证据的种类、数量、质量，进一步强调证据的客观性、一致性、连贯性，以强化指控。

（2）庭审质证。庭审质证是指控辩双方就对方向法庭出示的证据进行质疑和反驳答辩。质证的内容主要是证据的可采用性和证明力。庭审质证的范围仅限于双方当事人为证明争议的事实而提供的书证、物证、视听资料。庭审质证是控辩双方水平、智慧的较量。在质证过程中，为了充分了解对方的情况，要学会听和看。

［**模拟法庭剧本例文**］

民事诉讼模拟法庭剧本

【时间】2009 年 3 月 20 日

【地点】佛山市人民法院民事审判庭

【人物】

审判长：司马燕

书记员：郭风

原告：秦亮，男，1989 年生，现就读于南海轻工职业技术学院，应届学生，寄住校学生公寓 27 栋 508 宿舍

原告委托代理人：葛芬，女，佛山市南海启明律师事务所律师

被告：张军，男，1972 年 5 月生，在广州某知名品牌手机公司任人事部经理一职，主要负责该公司的员工招聘和员工工资发放工作，住本市通江路 28 号 203 室

被告委托代理人：姚海，男，佛山市豪威律师事务所律师

【案由】兼职学生追讨工资未果案。

【案情概述】2008 年，来自南海轻工职业技术学院的秦亮，在张军的介绍下进入张军所在的某著名品牌手机公司兼职做促销员时，出于对张军的信任，兼职的秦亮未与该公司签订任何合同，只是口头约定做一天付 20 元推销费，按月给工资。然而，在秦亮做工两个月后，公司曾经答应给付的工资却分文未给，秦亮多次追讨却屡屡被拒。

一、法庭准备阶段

书记员：

1. 查点当事人及其诉讼参加人到庭情况并请入席

2. 宣读法庭纪律

（1）到庭所有人员应听从审判员统一指挥，一律关闭通信工具，遵守法庭秩序，不准吸烟。

（2）旁听人员必须保持肃静，不得喧哗、鼓掌、插话，不得进入审判区，有意见可以在闭庭后提出。

（3）当事人及其诉讼参与人不得中途退庭，如擅自退庭，是原告的作撤诉处理，是被告的则依法缺席判决。

（4）审判人员或法警有权制止违反法庭纪律、妨碍民事诉讼活动的行为，对不听制止的，可依法予以训诫、责令退出法庭或者予以罚款、拘留；对情节严重的依法追究其刑事责任。

3. 请审判员入席

4. 报告审判长，当事人均已到庭，请开庭

主审法官：现在开庭，首先核对当事人身份。原告，你的姓名、年龄、职业、住址？有无代理人？

原告：我叫秦亮，男，1989 年生，现就读于南海轻工职业技术学院，应届学生，寄住校学生公寓 27 栋 508 舍。现委托佛山市南海启明律师事务所律师葛芬作为一般代理人。

原告委托代理人：我叫葛芬，女，佛山市南海启明律师事务所律师。

主审法官：被告，你的姓名、年龄、职业、住址？可有代理人？

被告：我叫张军，1972 年 5 月生，在广州某知名品牌手机公司任人事部经理一职，主要负责该公司的员工招聘和员工工资发放工作。现住本市通江路 28 号 203 室，我委托本市豪威律师事务所律师姚海作为一般代理人。

被告委托代理人：我叫姚海，男，佛山市豪威律师事务所律师。

主审法官：根据《中华人民共和国民事诉讼法》第 142 条、第 143 条、第 145 条的规定，佛山市人民法院民事审判庭今天在此依法适用简易程序审理原告秦亮与被告张军劳动者权益纠纷案。本案由本院审判员司马燕独任审判长，本院书记员郭风担任记录。有关当事人诉讼权利和义务本院已书面告知，不再重复。下面本庭根据《中华人民共和国民事诉讼法》第 46 条的规定，交代回避权。审判人员有以下三种情况，可能影响案件公正审理的，当事人有权口头或书面申请他们回避：一是本案当事人或者是当事人、诉讼代理人的近亲属；二是与本案有利害关系的；三是与本案当事人有其他关系，可能影响对案件的公正审理的。现在询问当事人是否申请回避？

原告：不申请。

被告：不申请。

二、法庭调查阶段

主审法官：下面进行法庭事实调查，先由原告陈述事实。

原告：我在 2008 年 9 月 30 日，在张军的介绍下进入张军所在的某著名品牌手机公司兼职做促销员，出于对张军的信任，当时我并未与该公司签订任何合同，只是口头约定做一天付 20 元推销费，按月给工资。然而，在我做工两个月后，张军及其公司却以我不是他们公司的正式合同工为由，拒绝付给我工资，我多次追讨却屡屡被拒。

原告委托人：根据我的当事人原告本人的陈述，我认为被告及其公司在原告在其公司工作期间，没有履行如实告知原告真实的工作信息的义务，并且借原告对《中华人民共和国劳动合同法》的无知和对劳动力市场知识的缺乏之机，故意作出虚假答复，误导、欺骗原告，通过欺骗获得原告的信任，从而导致原告在违背自己真实意图的情况下作出错误的意思表示——没有与被告签署有效的工作合同，最后被告一直以原告不是其公司的正式合同工为由以达到拖欠和拒绝支付原告应得工资的目的。现在我代表我的当事人原告，根据《中华人民共和国劳动法》《中华人民共和国劳动合同法》、《中华人民共和国民事诉讼法》的有关规定，特向法院提出起诉，请求依法判决。原告的诉讼请求是：

(1) 判令被告支付拖欠两个月的原告工资，共 1 220 元。

(2) 被告赔偿原告的精神损失费，500元。

(3) 被告支付原告在诉讼期间的一切法律程序费用。

(4) 对于被告无故拖欠员工工资的行为作出赔偿性的惩罚，对原告进行100%的工资赔偿，共1 220元。

主审法官：下面由被告答辩。

被告：(略)

被告委托人：法官，我认为我当事人被告在此过程中并没有对原告实行欺骗，我当事人是根据公司的条文规定来处理原告的劳动工作问题的，这是有依有据的。难道这也是欺骗吗？至于原告说我当事人拖欠他的工资，那是无法可循的说法。要知道实习性质的兼职职位，在法律范围内，公司是可以不支付任何报酬的。而在原告实习期间，公司念在原告是在校学生反而没有向原告收取适当的实习培训费用。这一切，被告在原告工作之前就进行了说明，但原告当时并未对该工作提出任何要求和进一步了解的意愿，直接答应了被告并直接投入工作之中。原告在工作结束之后，反而认为其没有接受公司的任何培训课程，只是为公司付出了劳动，应该获得报酬，这是完完全全颠倒了事实的！被告是本着诚实信用的原则与原告进行沟通合作的，并无欺骗之意和行为，并且原告和被告并没有建立以劳动合同为基准的劳动关系，不存在用人关系，所以被告及其公司没有支付原告工资的义务！请法院驳回原告的诉讼请求。

主审法官：根据原被告陈述，双方对2008年9月30日原告在被告的介绍下进入被告所在的某著名品牌手机公司兼职做促销员的事实均无异议。但双方争议的焦点是原告在该公司工作期间是以实习学生的身份还是以员工的身份，原告与被告之间有没有建立劳动关系和发生劳动行为。

主审法官：被告、原告对本庭归纳的重点有没有异议？

被告：没有。

原告：没有。

主审法官：那么请双方围绕此焦点提供相关证明。

(原告向法庭提交了公司员工出入证明胸卡一张，促销销量清单一份，用以证明起诉事实。)

主审法官：被告对该证物有无异议？

被告：我对原告提供的胸卡、销量清单的真实性及内容无异议。

(被告对原告提交的公司员工出入证明胸卡、销量清单内容均无异议，但认为公司之所以配发写着“员工”的胸卡给原告，是因为原告在公司实习的项目是促销，需要面对广大消费者，而如果原告佩戴的是“员工”胸卡，那么就更能赢得消费者的信任，并对其促销工作有帮助。此外，被告虽承认原告在公司工作期间为公司产品的销售作出过贡献，但被告同时也强调，原告作为一名毫无工作经历和经验的实习学生，在公司工作期间，个人的推销、口才、策划、组织等能力都获得了很大的提高，这与公司花费大量时间、精力对其进行培训是分不开的。)

主审法官：被告，那么对于你和原告的劳动关系，你是否承认？

被告：不承认！公司与原告并没有签署正式的劳动合同，也没有相关证据证明我们与原告之间的劳动关系，我们始终认为原告只是我们公司的“实习生”，是享受了我们公司培训的，其促销行为是其实习内容之一，而销量只是其实习成果的体现。

被告委托人：法官，我被告及其公司本着对在其公司任职的人员（无论是正式的还是非正式的）都一视同仁的态度，让原告参与了公司的营业性活动。但实习只意味着企业给那些即将参加工作的学生提供一个锻炼和学习的机会，并不存在应聘和聘用关系。国家有要求，不许招收在校学生为正式员工，因此原告只可以算是实习生，而非正式员工。由于实习是一个教学环节，而不是法律意义上的劳动，因此实习生与用人单位不存在劳动关系；实习生也不是受《中华人民共和国劳动法》保护的劳动者，因此原告不能要求被告支付工资。

主审法官：原、被告在事实方面有无补充？

原告：没有。

被告：没有。

主审法官：双方当事人在事实方面没有补充，事实调查结束。下面围绕争议焦点进行法庭辩论。首先由原告委托人作辩论发言。

三、法庭辩论阶段

原告委托人：根据劳动部印发的《关于贯彻执行〈中华人民共和国劳动法〉若干问题的意见》第2条的规定：中国境内的企业、个体经济组织与劳动者之间，只要形成劳动关系，即劳动者事实上已成为企业、个体经济组织的成员，并为其提供有偿劳动，适用《中华人民共和国劳动法》。而从原告和被告的陈述中，我们可知原告为被告创造了经济价值，原告为被告及其公司付出了实在的劳动，实质上双方已经形成了劳动关系，那么原告就应当被视为被告的正式员工，所以被告有义务支付原告工资。请求法院支持原告的诉讼请求。

主审法官：下面由被告委托人作辩论发言。

被告委托人：（略）

主审法官：原、被告双方互相辩论。（略）

主审法官：双方无新的辩论，辩论结束，下面征询双方当事人的最后意见。原告，最后还有什么意见？

原告：坚持诉讼请求。

主审法官：被告，最后还有什么意见？

被告：请求驳回原告的诉讼请求。

四、法庭调解判决阶段

主审法官：下面依据法律的有关规定，对本案进行调解。被告，你有何调解意见？

被告委托人：鉴于原告在我当事人公司实习期间确实为我当事人公司创造了经济价值，并且表现良好，我当事人公司同意按照法律规定支付一定的实习生生活补贴，而除此之外，原告的其他诉讼请求，我们都不接受。

主审法官：原告，有何调解意见？

原告委托人：在诉讼前，我们双方已进行过多次协商，但被告没有调解诚意，现我当事人不愿意进行调解，听候判决。

主审法官：由于原告不同意调解，本庭不再做调解工作，下面进行宣判。

本庭认为，本案事实清楚，可以结案。

原告在被告介绍下进入被告所在的某知名手机公司做兼职，但是被告却以原告是实习生和没签订劳动合同为由拒绝支付原告的应得工资，双方发生争执，产生劳动纠纷，原告要求使用《中华人民共和国劳动法》来处理本案，符合法律规定，予以采纳。被告向原告介绍工作时，身为招聘方并没有主动向原告说明工作性质，并且在原告工作期间也没有向原告具体说明或提醒，造成原告误会，也应该负起一定的责任。并且，身为招聘者，没有与实习生签订劳动合同，是违背《中华人民共和国劳动合同法》和《中华人民共和国劳动法》的。另外，被告的解析不合情理，本庭不予采纳。原告是正式员工还是实习生的问题是本案的焦点之一。实习生与单位的正式职工有根本的区别，实习生不可能拥有与正式员工完全一样的待遇。实习只意味着企业给那些即将参加工作的学生提供一个锻炼和学习的机会，并不存在应聘和聘用关系。由于实习是一个教学环节，而不是法律意义上的劳动，因此实习生与用人单位不存在劳动关系；实习生也不是受《中华人民共和国劳动法》保护的劳动者，原告不能要求被告支付工资，但可以要求被告支付实习期间的生活补贴。因此，本庭对于原告的诉讼请求不支持。由于双方对各自的行为都存在意识上的错误，双方都应该负起责任，但被告身为用人单位，应该负更大的责任。

综上所述，依据《中华人民共和国劳动法》和《中华人民共和国劳动合同法》，判决如下：

一、被告张军按照《中华人民共和国劳动法》第35条、第49条的规定支付原告实习期间的生活补贴和补贴赔偿，共500元，并且承担60%的法庭诉讼费和法律程序费。

二、原告只获得被告支付的实习期间的生活补贴和补贴赔偿，并且承担40%的法庭诉讼费和法律程序费。

上述一、二两项在判决生效后五日内履行。

案件受理费330元、其他诉讼费200元，合计530元，由双方按照判决承担。

如不服本判决，可在判决书送达之日起十五日内，向本院递交上诉状正本一份、副本两份，上诉于佛山市中级人民法院。

闭庭。当事人在闭庭后五日内至本院阅读笔录签字。

书记员：全体起立。

（在主审法官退出法庭后当事人及旁听人员退出法庭。）

资料来源：http：//wenku. baidu. com/view/aeda6b71f242336c1eb95ef1. html.

[简析] 基于该模拟法庭剧本所涉及的案件，以及劳资纠纷的普遍存在，为保障外出兼职的大学生的合法权益，国家、社会、学校以及大学生自己应该采取相应的权益保护措施：(1) 小心提防。有专家建议，大学生在找兼职的时候，应该找正式、合格的中介机构，这样自己的权益才能得到最好的保障。此外，在大学生兼职期间要保持清醒的

头脑。一方面，应了解招聘方的实际情况；另一方面，兼职期间应主动要求与用人单位或个人签订合同。(2) 加强法律意识。大学生兼职期间与用人单位签订合同的比率很低，反映了目前大学生法律意识和自我保护意识淡薄的现状。(3) 规范兼职市场。据了解，我国目前并没有一部较全面的针对兼职的法律或政策来规范兼职这个零散的市场。虽然也有一些城市如北京、南京等针对地区的特点和情况出台了一些地区规定，但就全国来讲，绝大多数的大学生在兼职时遇到的纠纷是无法可依的。(4) 学校勤工俭学部门应加强对来访登记招聘的用人单位或个人进行审查。总的来说，健全相关兼职的法律制度，做到有法可依才是保障大学生兼职权益的根本。

拓展练习

请根据下面的内容，拟写起诉状、答辩状、判决书，进行模拟庭审。

1. 案件背景

2009 年 4 月，小周、小谢、小唐顺利通过了佛山市公务员考试的笔试和面试，3 人表示他们的笔试和面试成绩都在前两名。其中，小谢报考的是南海区经济贸易局，小周报考的是顺德区检察院，小唐报考的是顺德区法院。

后来，各考生在体检中被安排进行了一项基因分析检测，其中多名考生被认定为“地中海贫血”基因携带者，经复检后仍为不合格，从而失去了被录用为公务员的机会，这其中包括了小周等三人。

2. 案件经过

2009 年 12 月 29 日，三名考生一纸诉状将佛山市人力资源与社会保障局（以下简称人保局）告上法庭，三人称，人保局在考生血常规五项必检项目都合格的情况下，以其非必检项目平均红细胞体积的检查数值偏小为由要求其进行了地中海贫血基因检测，该操作不仅违反相关规定，而且侵犯了考生的基因隐私。三名考生请求法院责令该局认定他们体检合格，并按程序对其进行考察录用。

人保局随后正式就“基因歧视第一案”提交了书面答辩状。

首先，人保局在答辩状中指出，三名考生对公务员录用体检医疗机构依法作出的体检不合格的结论不服。在《公务员录用体检操作手册（试行）》的规定中，只是规定了对体检结论不服的只能申请复检一次，而并没有规定对体检结论不服的可以申请复议或提起行政诉讼。此外，《中华人民共和国公务员法》《公务员录用规定（试行）》《公务员录用体检操作手册（试行）》等相关法律法规中，均没有明确规定公务员报考者对公务员招录机关在公务员录用过程中的行为有不服的可申请行政复议或向人民法院提起诉讼的规定。因此，三名考生的起诉不符合规定。

其次，人保局表示，小谢等在一审庭审中，对他们患有地中海贫血的事实也无异议。三位考生明确承认他们是地中海贫血患者，因此无论用何种方法或者不用某种方法对其进行体检，均不能也不会改变他们是地中海贫血患者的事实。

基于此，人保局根据相关规定，决定三人不能进入考察录用环节的行为是合法的，因此三名考生要求法院判决该局作出让三人进入考察录用程序的决定，也是缺乏事实和法律依据的。

2010年2月2日，广东佛山市禅城区人民法院对案件首次公开开庭审理，2010年6月3日下午2时20分，法院对案件进行公开宣判。

法院认为，《公务员录用规定（试行）》《公务员录用体检操作手册（试行）》属于在全国公务员招录体检中均适用的现行有效的国务院部委规章，该规章对于血液病是否合格的规定清楚、明确。无论该规章有无考虑广东地区的实际情况、是否具备不合理性，在没有新的规定改变原规定前，均应参照执行。因此，被告指定的体检机构认定原告体检结果为患有血液病，体检不合格，符合上述规章的规定。

禅城区法院一审宣判三名考生败诉。有一名考生明确表示要上诉。

项目十二　总结暨表彰

学习目标

● **知识目标**

1. 了解总结、述职报告、计划的用途；
2. 掌握总结、述职报告的撰写格式及要求；
3. 掌握计划的撰写格式及要求。

● **能力目标**

1. 能够根据学习、工作需要，规范完成总结、述职报告的撰写任务；
2. 能够针对工作、学习、生活的需要，撰写出适合不同时期要求的切实可行的计划。

项目框架

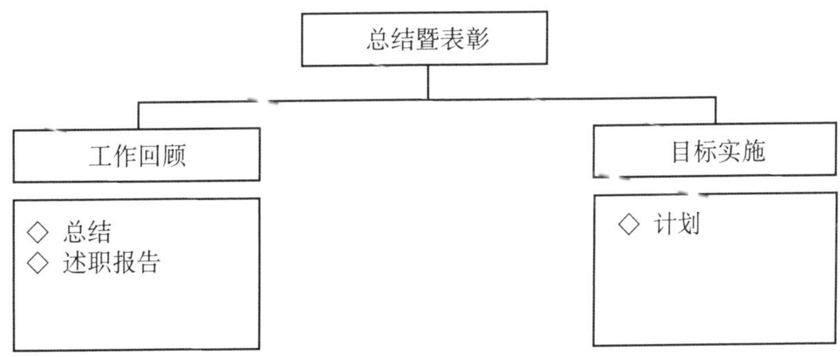

课堂设计

实训任务：总结暨表彰大会

任务描述	课程教师主持召开“应用文写作课程总结暨表彰大会”，大会议题包括两项内容：一是教师助理、团队队长、优秀学员代表上台发言，对本人任职情况及课程学习情况进行总结；二是公布优秀团队（1个）、优秀队长（1名）、优秀学员（每组1名）、最具潜力学员（每组1名）等奖项的获奖名单。
文案任务	团队总结、教师助理职述报告、团队队长述职报告、团队队员个人总结
教学组织	**任务分工及实训步骤与要求**
课前	1. 团队队员 （1）认真撰写完成个人应用文写作课程学习总结，并上传给团队队长。

课前	（2）优秀学员做好在总结暨表彰大会上发言的准备。 2. 团队队长 （1）认真撰写完成个人团队队长述职报告，并做好发言准备。 （2）根据团队绩效考核情况，评选出团队优秀学员、最佳潜力学员各1名，并将结果上报给教师助理。 （3）积极配合教师助理做好总结暨表彰大会的筹备与组织工作。 3. 教师助理 （1）认真撰写完成教师助理述职报告，并做好发言准备。 （2）负责组织团队、个人和文案等优秀评选工作。 （3）负责会场安排、颁奖等会议组织筹备工作，确保大会顺利举行。
课中	（1）教师对本学期课程学习情况进行总结。（时间：5分钟） （2）教师助理述职发言。（时间：2分钟/人） （3）团队队长述职发言。（时间：2分钟/人） （4）优秀学员代表发言。（时间：2分钟 /人） （5）教师为获得者颁奖，合影留念。（时间：5分钟）
课后	（1）项目团队：在规定时间内完成本学期团队全部文案的整理和装订工作。装订成册的文案应包括封面、前言、目录、正文、封底几个部分，封面应注明创业公司名称、所属项目团队、项目团队长、项目团队成员、所属班级、项目完成起始时间。 （2）教师助理负责将本学期全部文案电子稿及打印稿收齐后，交给任课教师。 （3）教师负责对各团队文案进行评分。

模块一　总结、述职报告

情境设定

工作回顾

知识导入

在工作、学习和生活中，人们总是在总结现有状况的基础上，确立恰当的目标，找到适合的措施，安排今后的行动步骤，从而制订出合理可行的计划。在计划实施完成后，人们往往会对照计划衡量这一段时间工作和生活的质量，思考总结其中的经验、教训，进一步调整自己今后的目标和方法。

情境分镜头

分镜头一　不知不觉中，“模拟公司”实训中心举办的第六期培训即将结束，海豚老师组织学员们根据培训期间团队及个人的表现，评选出了最佳团队、最佳队长、最佳学员、最具潜力学员。海豚老师还决定在培训结束前举办一次“培训班学习总结暨表彰大会”。本次大会除要求教师助理、团队队长对个人任职表现进行述职，各团队优秀学员上台发言外，还邀请了实训中心领导为本期培训班的获奖者颁发获奖证书和奖品。

分镜头二　忙忙碌碌中，来伊口食品股份有限公司又将迎来新的一年。眼下，青梅还有一项重要的工作要做，那就是对自己过去一年担任公司总经理期间的岗位任职情况进行回顾、总结，并撰写个人年度述职报告。明天，她将拿着这份述职报告，到公司年度股东代表大会上进行述职。

执行路径

A线：撰写团队（个人）总结→拟写发言提纲→团队代表发言→学员代表发言

B线：评选优秀团队、团队队长、学员等→准备奖状、奖品→颁奖→合影留念

知识平台

一、总结

总结是单位或个人对过去一个时期内的实践活动作出系统的回顾归纳、分析评价，从中得出规律性认识用以指导今后工作的事务性文书。

（一）总结的特点

1. 回顾性

总结是在做了一个阶段工作或完成了一项任务之后，进行回顾、检查和研究，结合实际，参照理论，看到成绩，总结经验，找出不足与教训，并把它条理化、系统化，引出规律性的认识，用以指导今后工作的事务性文书。总结是在事后进行的，那些正在构想中，尚未做或未完成的事情，不能作为总结的内容。

2. 自身性

总结回顾的都是本人或本单位的实践活动。它以本人或本单位为总结对象和总结范围，写的都是本人或本单位经历过的事情，不能写别人的事，更不能把别人做的事变为本人或本单位做的事，也不能把别人的经验变为自己的经验。总结一般用第一人称写作。

3. 客观性

总结是对过去确实发生过的事情进行回顾、分析，因此，它必须以客观事实为依据，真实地、客观地分析情况，总结经验，不应言过其实、沽名钓誉，也不必文过饰非、隐瞒不足。只有客观而真实地进行总结，才能达到总结的真正目的，体现总结应有的价值。

（二）总结的种类

（1）按内容分可以分为工作总结、生产总结、学习总结、教学总结、会议总结等。

（2）按时间分可以分为月度总结、季度总结、学期总结、年度总结、阶段总结等。

（3）按范围分可以分为全国性总结、地区性总结、部门性总结、本单位总结、班组总结等。

（4）按性质分可以分为综合总结和专题总结两类。

（三）总结的撰写格式

总结的撰写格式一般由标题、正文和落款三个部分组成。

1. 标题

总结的标题大体有以下几种写法：

（1）公文式标题。由“单位名称＋时间＋内容＋文种”组成，如“××公司2016年度工作总结”。

（2）文章式标题。即概括总结核心内容的标题，如“科技兴厂　人才兴业”。

（3）双标题。即同时使用公文式标题和文章式标题，如“搞好审计调查为宏观决策服务——××市审计局2016年度工作总结”。

2. 正文

总结的正文通常包括开头、主体和结尾三部分，即要从“做了什么—做得怎么样（好，好在哪里；不好，不好在哪里）—今后怎么办”这几方面进行总结。

（1）开头。一般概述基本情况，即简要交代在什么情况下，做了什么工作，取得了哪些成效等，给人一个总体形象。即要说明“做了什么”。

（2）主体。这是总结的核心部分，占据的篇幅较多。主要包括以下两方面内容：

1）成绩和经验。这部分应写明取得了哪些成绩，是经过怎样努力取得的，采取了哪些有效的办法与措施。这是总结的重点和中心，也是总结的目的所在。写总结不能简单地就事论事，而要结合对主要做法的叙述，对工作作综合分析，提炼出带理论色彩的鲜明观点，找出工作中带有规律性的东西，即要说明“好，好在哪里”，这部分应详写。

2）存在问题。总结工作，应持“一分为二”的观点，既要肯定成绩、经验，又要找出问题和教训。这部分内容应说明工作中还存在哪些应解决的问题而暂时没有解决，应做的工作没有做好或没有做扎实，即要说明“不好，不好在哪里”，这部分一般略写。

（3）结尾。总结的结尾部分通常写对未来的展望，主要是今后努力的方向。它是根据已经取得的经验，针对存在的问题，提出切实可行的改进措施和工作打算，指出今后的努力方向，起到明确方向、表达决心和展望前景的作用，即要回答“今后怎么办”的问题。

3. 落款

落款即撰写总结的单位名称和日期。如果标题中已出现单位名称，在落款时可不再写单位名称。

［总结范例］

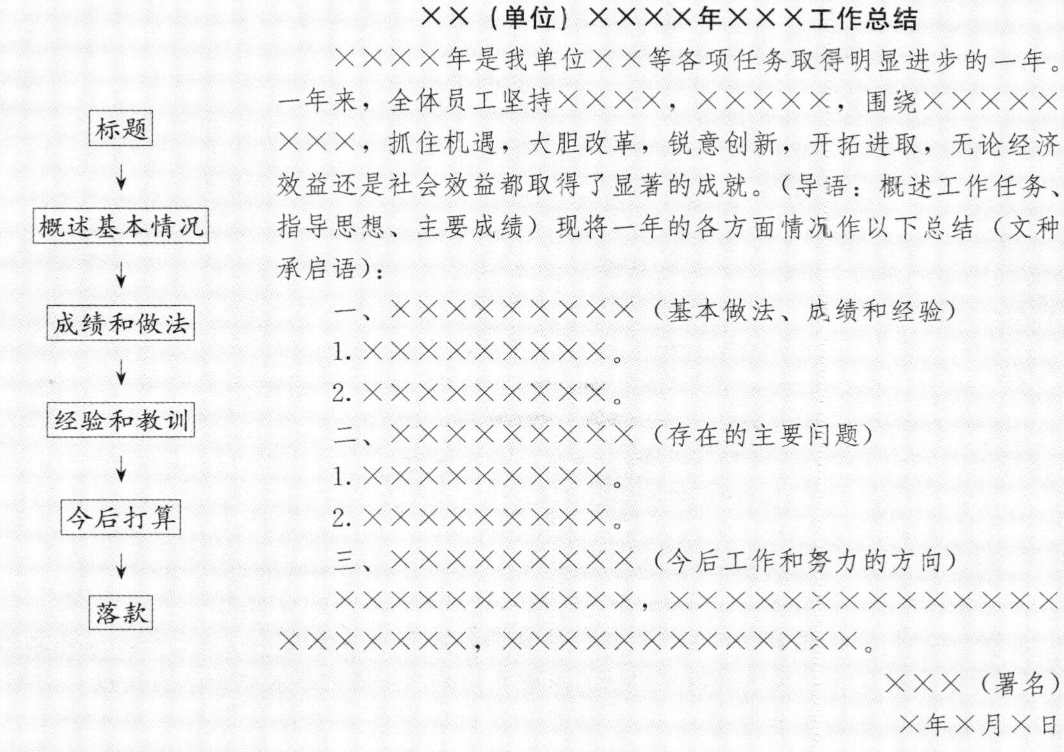

××（单位）××××年×××工作总结

××××年是我单位××等各项任务取得明显进步的一年。一年来，全体员工坚持××××，×××××，围绕××××××××，抓住机遇，大胆改革，锐意创新，开拓进取，无论经济效益还是社会效益都取得了显著的成就。（导语：概述工作任务、指导思想、主要成绩）现将一年的各方面情况作以下总结（文种承启语）：

一、×××××××××（基本做法、成绩和经验）

1. ×××××××××。

2. ×××××××××。

二、×××××××××（存在的主要问题）

1. ×××××××××。

2. ×××××××××。

三、×××××××××（今后工作和努力的方向）

×××××××××××，×××××××××××××××××××××，×××××××××××××。

×××（署名）

×年×月×日

［总结例文］

会计金融学院学生会卫生部2015年下学期工作总结

不知不觉中，本学期的工作即将结束，回顾本学期卫生部的工作，既有值得我们高兴的成绩和成功的经验，也有许多不足之处。下面就我部本学期的工作情况总结如下：

一、成绩

在本学期卫生部的工作中，我们主要做了以下几件事：

1. 完善了卫生部的制度建设（略）

2. 抓好了卫生监督工作（略）

3. 开展了卫生普查工作（略）

4. 举行了“我爱我家”宿舍风采大赛活动（略）

5. 进行了卫生干部自身素质建设（略）

二、体会

通过一学期的真抓实干，我们有如下工作体会：

作为学生干部，必须增强自我服务意识，学生会活动只有做到“一切以同学们的根本利益为出发点”，才能够获得同学们的信任。（略）

作为学生干部，必须提高自身的工作能力和素质。（略）

三、存在的问题

在取得成绩的同时，我们的工作中也存在不足。如对毕业班的卫生情况抓得不是很严，检查结果不理想……这有待于我们进一步改进工作方法。

四、今后的建议

（略）

会计金融学院学生会卫生部

2016 年 1 月 12 日

[简析] 本文是一篇极为典型的年度工作总结，全文叙议结合，叙述条理性强，分析总结较深入。

特别提示

撰写总结的注意事项

1. 注意积累，占有材料。总结是较长时间内工作的回顾，在整个工作过程中，应时时处处当有心人，为写总结积累材料。

2. 详略得当，重点突出。总结选材不能求全贪多、主次不分，要根据实际情况和总结的目的，把那些既能显示本单位、本部门特点，又有一定普遍性的材料作为重点选用，写得详细、具体，而一般性的材料则略写或舍弃。能否总结出带有规律性的认识，是衡量一篇总结质量高低的重要标准。

3. 突出特点，抓好重点。总结要有独到的发现、独到的体会、新鲜的角度、新颖的材料，切忌千篇一律，缺乏个性。

4. 实事求是，一分为二。写总结必须从客观实际出发，实事求是地反映本单位的情况，恰如其分地评价工作。对成绩要充分肯定，对问题要客观分析，不浮夸、不虚构、不隐瞒、不缩小，这样才能发扬成绩，纠正错误，更好地改进工作。

二、述职报告

述职报告是指各级各类机关工作人员，主要是领导干部向上级、主管部门和下属群众用于陈述任职情况，包括履行岗位职责，完成工作任务的成绩、缺点、问题、设想，进行自我回顾、评估、鉴定的书面报告。

（一）述职报告的特点

1. 个人性

述职报告特别强调个人性，即个人对工作负有职责。述职内容是述职者在实际工作中执行岗位职责的实绩及其是否称职的自我估价等情况，述职者不能脱离这些内容随意发挥。

2. 专用性

述职报告一般是述职者对自己在规定的范围（职责范围）、时间（任职时间）内的政绩的归纳、总结，具有专用性。

3. 严肃性

述职报告的内容应该是对自己任职期间的业绩所作出的实事求是、恰如其分、认真严肃的叙述与评价。

（二）述职报告的种类

述职报告的种类，可从不同角度划分。

（1）按时间分：可分为年度述职报告、阶段述职报告和任期述职报告。

（2）按内容分：可分为综合性述职报告、专题性述职报告。

（3）按表达形式分：可分为口头述职报告、书面述职报告。

（三）述职报告的撰写格式

述职报告的格式由标题、称呼、正文、结束语、落款等部分组成。

1. 标题

（1）文种式标题：只写“述职报告”这几个字。

（2）公文式标题：由“时限＋事由＋文种”构成，如“2012 年至 2016 年任商业局长职务的述职报告”。

（3）文章式标题：用正题或正副配合，如“×年个人述职报告”“思想政治工作要结合经济工作一起抓——××造纸厂厂长×××的述职报告”。

2. 称呼

称呼是述职者对读者或听众的称呼。向上级领导呈送的述职报告，应按照公文写作的规范格式撰写，正文之前的第一行顶格写明主送机关；如果是在一定的场合当场向领导或下属宣读的述职报告，则应当使用对听取述职报告的对象的称呼。

3. 正文

（1）开头。开头包括两方面内容：一是任职介绍，说明自己的任职时间、担任职务和主要职责，简要交代述职的内容和范围；二是任职评价，简明扼要地介绍任职以来的工作情况。这一部分力求简洁明了。

（2）主体。这是述职报告的核心，主要陈述履行职务的情况，包括三方面的内容：一是任职期间的任务完成情况，取得的主要工作成绩；二是存在的问题及经验教训；三是今后工作的努力方向、目标或打算。

（3）结尾。一般要求用格式化的习惯语来结束全文，采用谦逊式结尾、总结归纳式结尾或表决心式结尾等形式。

4. 结束语

述职报告的末尾还应有一个明确的结束语作为结束标志。如“述职至此，谢谢大家”“以上报告，敬请批评指正”等。这类习惯用语既显示了对上级领导和下属群众的尊重，又在一定意义上表达了自己做好工作的愿望。

5. 落款

述职报告的落款包括署名和成文日期。署名包括述职者在单位担任的职务、姓名。如在标题下方有署名的，此处应省略。

［述职报告例文］

述职报告

打工无岁月！总觉得还没来得及细细揣摩自己在这一年中所获得的千般感受，2016年已经接近尾声了。总的来讲，本人做到了爱岗守业，配合各项工作，在自己的岗位上忠实地履行了自己的职责。同时，我意识到熟练的操作技能、灵活的思路、足够的干劲、浓厚的工作兴趣是工作中很重要的一部分。这一年的工作丰富了我的工作阅历，但在这一年的工作中，我也认识到团队的力量和自我的不足，还有很多值得思考并改正的地方。现从以下几个方面对我的工作进行总结：

一、工作回顾

1. 围绕运营 KPI 绩效考核的方针，拟订了部门提升 KPI 绩效考核指标的方案。

2. 贯彻“放飞爱心，四海太平”这一主题，组织开展了“太平手拉手爱心书屋”活动，取得了圆满成功。

3. 本年度 VIP 客户服务工作顺利开展，增加了客户满意度。

4. 新契约体检工作顺利开展，缩短了等待时间，提升了客户满意度。

5. 做好了新契约、保全、问题件等日常工作，便于核查和管理，并及时做好档案材料的整理、归档。

6. 与其他部门建立了良好的沟通，对工作中发生的一般事项都能有效地协调及尝试沟通。

7. 为了配合公司的经营节奏，做好了截点收单工作，遵循了运营“服务直到绝望为止”的信念，满足了外勤伙伴的需求。

二、工作中存在的问题及改进方法

1. 个人学习抓得不紧，学习不够深入，缺乏锲而不舍的精神，同时沟通能力不强，偶尔工作繁忙时，存在急躁情绪。

改进方法：一方面要努力加强自身技能，脚踏实地、用心去做好每一项工作，同时要注重过程，讲究实效，切实解决工作中遇到的各种问题；另一方面要转变观念，调整思路，更好地适应公司发展提出的管理要求，为全面完成 2017 年各项工作任务做出自己的努力。

2. 日常工作没做到位，存在一定的问题，如汇报落实不够，办法措施不多，年度KPI 指标落后，离领导的期待还有一定的距离。

改进方法：多学习先进机构的经验，针对弱项指标，如承保率低、首期转账成功率低等老问题，要切实有效地制订解决方案，并坚决施行；增强方案实施过程中的应变能力、沟通能力，使得解决措施更具有创造性、艺术性。

三、下一步工作计划

1. 重点关注运营的 KPI 绩效考核。运营 KPI 的好坏，直接体现公司在运营过程中健康持续发展与否，关系到对每位伙伴的展业品质，因此在工作过程中更需要与业务部门进行沟通和协调，联合制定相关措施，及时调整和改进工作方法，确保 KPI 绩效考核从优秀走向卓越。

2. 切实做好日常工作，自觉遵守各项规章制度和业务流程，将工作落到实处，做到日事日毕。绝不拖延，马虎应付。

2016年，对于公司来说，是不平凡的一年，升格为央企，意味着拥有了新的挑战、新的起点、新的机遇。运营服务部对外展示的是公司形象，对内则为与公司业务部门往来最多的部门。为了提升客户满意度，增加公司美誉度，还有许多工作要做，现在的困境和不足是我日后更大的动力。2017年，我将不断学习新的知识、不断创新，在工作中努力实现自己的价值，充分发挥自己的特长，对自己的工作存在的不足及时改正，为实现"三年再造一个太平"做出应有的努力。

以上报告，敬请领导和同志们评议，欢迎对我的工作提出宝贵意见，并借此机会向一直关心、支持和帮助我的各位领导、同事表示诚挚的谢意。

谢谢大家！

述职人：×××

2016年12月27日

资料来源：http：//wenku.baidu.com/view/d4e2307e8e9951e79b89279c.html.

［简析］ 这份述职报告的开头部分主要对自己工作的基本情况加以总述和评价；主体部分主要从三个方面陈述了自己履行职务的情况，肯定所取得的成绩，分析了不足之处及改进的方法，并指出了下一步的计划。结尾提出希望，并以谦逊式的言辞结尾。全文写得全面具体又清晰自然。

特别提示

撰写述职报告的注意事项

1. 职责要明确清楚。注意突出自身特有的工作情况，紧紧围绕自己履行的职责、工作目标以及完成的工作任务等情况来写，切忌与他人重复。

2. 陈述要详细得当。内容重点要突出，有新意，陈述要注意详略的处理，提炼主题，不要面面俱到，否则主次难分，成为"流水账"。

3. 内容要实事求是。把握分寸，成绩切实可信，评估客观公允，问题要抓住要害，一是一，二是二，切忌把成绩和问题夸大或缩小。

4. 语言要朴实无华。措辞要得当，态度要认真、严肃、诚恳，切忌夸夸其谈、华而不实；要有个人特色，突出个性，切忌千篇一律，人人适用。

小贴士

述职报告与总结的异同

述职报告和总结既有联系，又有区别。

述职报告与总结的相同之处是，它们都可以谈经验、教训，都要求将事实材料和观点紧密结合，从某种程度上说，述职报告可以借鉴总结的某些写作方法。

述职报告与总结的不同之处有以下三点：

1. 要回答的问题不同。总结要回答的是做了什么工作，取得了哪些成绩，有什么不足，有何经验、教训等。述职报告要回答的则是履行什么职责，履行职责的能力如何，是怎样履行职责的，称职与否，等等。

2. 写作重点不同。总结的重点在于全面归纳工作情况，体现工作实绩。述职报告则必须以履行职责方面的情况为重点，突出表现德、才、能、绩，表现履行职责的能力。

3. 表述方式不同。总结主要运用叙述的方式和概括的语言，归纳工作结果。述职报告则可以采用夹叙夹议的写法，既表述履行职责的有关情况，又说明履行职责的出发点和思路，还要申述处理问题的依据和理由。

拓展练习

请根据自己过去一年的学习和工作情况撰写一份总结，要求指出取得的主要成绩及经验，说明存在的问题及改进措施，做到条理清晰、语言简洁。

模块二　计划

情境设定

目标实施

知识导入

无论是单位还是个人，无论办什么事情，事先都应有打算和安排。有了计划，工作就有了明确的目标和具体的实施步骤，从而协调大家的行动，增加工作的主动性，减少盲目性，使工作有条不紊地进行。

情境分镜头

分镜头一　对每一位大学生而言，要想不断进步，有所成就，养成及时总结、制订计划的习惯十分重要。在最后的总结大会上，海豚老师向学员们提出了一个希望，那就是希望学员们基于这段职场模拟生活的体验与思考，结合个人实际，理清思路，拟订一份自己的职业发展规划，并在此基础上，制订一份目标恰当、切实可行的个人短期计划。

分镜头二　自古言："凡事豫则立，不豫则废。"新年伊始，青梅在公司中层干部会议上就公司接下来的目标和工作重点进行了部署和安排，并要求各部门围绕公司发展目标和工作重点制订年度工作计划。

一分耕耘、一分收获，青梅和她的队友们相信：他们一直以来的勤奋与付出一定会为他们公司未来的发展打下坚实的基础，他们也同样期待未来会有更多的与他们同样怀揣创业梦想和激情的大学生，在学校、社会的关注和支持下走向创业之路……

执行路径

总结→撰写个人计划→讨论计划的可执行性

知识平台

计划是单位或个人对未来一段时间内要做的工作、学习、活动从目标、任务、要求到措施预先作出预想和安排的事务性文书。通常说的设想、规划、安排、方案、打算等，也属于计划。

一、计划的特点

1. 预见性

制订计划是对未来作出科学的预见，要求制订者在行文前，必须对各种可能出现的情况有清醒的认识，对工作的目的、措施、办法有一个正确的设想。因此，没有预见性也就没有计划，预见性是计划的主要特点。

2. 程序性

在制订计划时，对先干什么、后干什么，要有周密的时间安排与要求。执行计划时又有阶段性和轻重缓急。因此，制订计划必须有每个阶段的时间要求及相应的安排，要体现计划的周密性和程序性。

二、计划的种类

（1）按内容分：有工作计划、学习计划、教学计划、生产计划等。

（2）按时间分：有年度计划、学期计划、季度计划、月份计划、周计划等。

（3）按范围分：有国家计划、单位计划、部门计划、个人计划等。

（4）按性质分：有综合性计划、专题性计划等。

三、计划制订和实施过程

评价计划制订质量的重要标准是计划的可执行性，可是，要想写出一个执行性强的计划，仅仅掌握计划的格式是远远不够的，计划的制订和实施是一个完整的过程，撰写只是其中的一个环节。

完整的计划制订和实施过程包括激发、调查、决定、组织、实施、成就六个步骤，整个过程如图 12—1 所示：

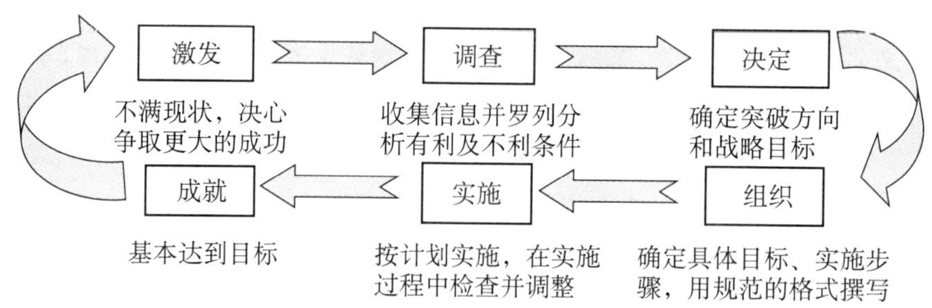

图12—1 计划的制订和实施

四、计划的撰写格式

计划通常由标题、正文和落款三部分组成。

1. 标题

计划的标题有几种形式。

（1）四要素标题，由“计划制订单位＋适用时限＋计划性质＋文种”构成，如“××建筑工程安装公司2000年房地产项目开发计划”“××大学××学院2015—2016年第一学期教学工作计划”。

（2）三要素标题，由“适用时限＋计划性质＋文种”构成，如“2015—2016年第一学期教学工作计划”“第三季度房产地营销工作计划”。

（3）两要素标题，由“计划性质＋文种”构成，如“教学工作计划”“营销工作计划”等。

2. 正文

计划的正文由开头、主体、结尾三部分组成。其中，结尾部分可省略。

（1）开头。开头相当于序言或导语。前言通常采用两种写法：

1）依据式开头，即用简明扼要的文字说明制订计划的依据、目的、缘由等。

2）概述式开头，即简要概述前一段工作的情况，叙述制订本期工作计划的指导思想、缘由、依据和目的。

（2）主体。主体应该具备目标、措施、步骤三要素。正文多采用分条列项的结构方式，应尽可能具体，具有操作性。

1）目标：计划的目标应具体明确，即写明“做什么”（将要完成什么任务或要达到什么目标）、“做多少”（完成多少指标）、“何时做”（要求在多长时间内完成）三个方面，包括要完成的具体工作在数量、质量和时间上的要求。如“至2016年10月25日独立完成高数第三册全部课后习题，正确率达90％”等。

2）措施：要写明为了保证任务的完成和目标的实现，必须采取的主要措施和主要方法以及将提供的必要条件等，即要明确“怎么做”（采取什么方法、什么措施来完成任务，由谁来做等）。

3）步骤：在明确目标和措施的基础上要进一步安排具体步骤，写明实现计划的程序和安排，特别是对重要阶段、重要节点的安排。一般来说，这个环节要写清楚如下要点："分派什么人"，"什么时间，多长时间"，在"什么地点、场合"，"采用什么方式"，"利用什么资源"完成"什么任务"。

（3）结尾。结尾可以用来提出希望、发出号召、展望前景、明确执行要求等，也可以在条款之后就结束全文，不写专门的结尾部分。

3. 落款

计划最后还要署明单位名称或个人姓名及制订计划的具体时间，如果以文件的形式下发，还要加盖公章。

［计划范例］

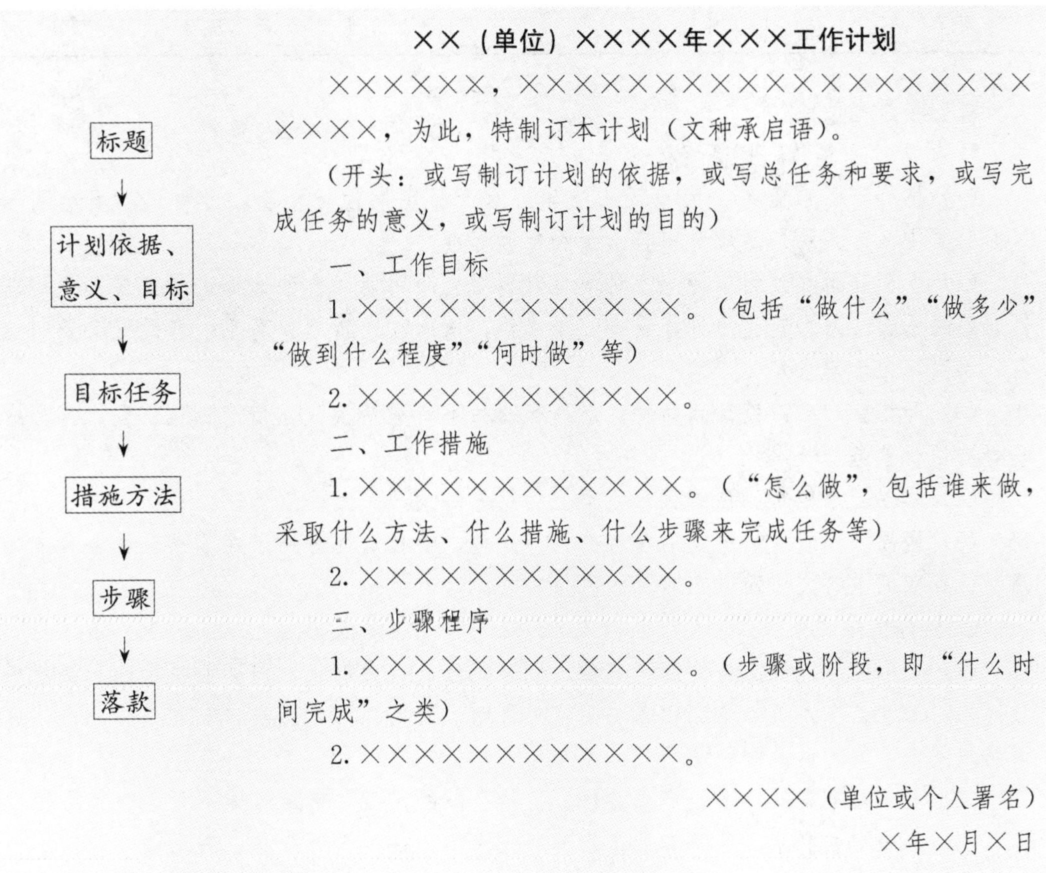

××（单位）××××年×××工作计划

××××××，×××××××××××××××××××××××，为此，特制订本计划（文种承启语）。

（开头：或写制订计划的依据，或写总任务和要求，或写完成任务的意义，或写制订计划的目的）

一、工作目标

1.×××××××××××××。（包括"做什么""做多少""做到什么程度""何时做"等）

2.×××××××××××××。

二、工作措施

1.×××××××××××××。（"怎么做"，包括谁来做，采取什么方法、什么措施、什么步骤来完成任务等）

2.×××××××××××××。

三、步骤程序

1.×××××××××××××。（步骤或阶段，即"什么时间完成"之类）

2.×××××××××××××。

××××（单位或个人署名）

×年×月×日

［计划例文］

××西服店×年"双增双节"工作计划

国务院倡导开展"双增双节"活动。为开展好这项活动，我们决定将今年的工作重点调整为"双增双节"活动，同深化企业改革一起抓，改善企业经营管理体制，发挥名牌特色产品的优势，深入挖掘潜力，以提高经济效益。现根据我商店的实际情况，确定×年的工作计划如下：

一、目标

序号	类别	指标	同比
1	销售计划	1 600万元	比去年的1 552.8万元增长3%
2	周转天数	118天	比去年的122.9天加快4.9天
3	平均流动资金	524.4万元	比去年的530.5万元下降1.15%
4	费用额	68.5万元	比去年的70.69万元下降3.1%
5	借款利息	19.3万元	比去年的20.8万元减少1.5万元
6	削价损失	16.7万元	比去年的33.4万元下降50%
7	毛利率	19.79%	比去年的18.79%上升1%
8	定制加工	5 460件	比去年的5 300件增长3%
9	上交税利	262.2万元	比去年的255.7万元增长2.5%
10	利润	218.9万元	比去年的208.5万元增长5%

二、措施和做法

1. 扩大商品销售，提高经济效益

(1) 抓好产品质量，扩大市场占有率。对产品定期抽样检查，力争正品率达到××%。其中××%的产品质量符合市优和部颁标准。

(2) 全面分析和预测市场上各种类型时装的生命周期，合理选择进货渠道，采购适销对路的原料，增加花色品种，妥善安排工作，做到款式新颖、高雅，并做好必要的储备，以满足市场需求。

(3) 开拓新产品，设计新品种，对库存商品不断更新换代，使产、销、调、存形成良好的运行状态。

(4) 采取门市销售、预约销售和集会展销等形式，扩大销量。

(5) 提高服务质量，引发消费者的购买兴趣，唤起消费者的潜在需求。结合×××活动，争取评上“文明西服商店”的称号。

2. 抓好横向联系

(1) 在全国各地设立特约经销单位。以京、津、沪为据点，向四面扩展；上半年增设××、××、××等×个经销点，下半年再增设××、××、××等×个经销点，逐渐形成一个×××商品的销售网。

(2) 利用短期贷款，多生产质量优、价格合理的产品，满足各地不同层次的需求。

(3) 加强横向联系，了解各地市场的风土人情，分析销售趋势；帮助横向联系单位改进柜台设计和商品陈列方式，增强供应能力。

3. 压缩银行贷款，减少利息支出

(1) 加速资金周转，对库存商品不断进行清理、分类，及时处理冷、呆、残损商品，防止积压现象的出现，以便周转资金。

(2) 缩短生产流转的期限，及时回收加工产品，及时上柜，及时回笼资金，以压缩银行贷款，减少利息支出。

4. 降低成本，节约费用

(1) 紧密排料，减少损失，降低消耗。

（2）合理调整库存，减少库存量。

（3）紧缩差旅费，节约水电及文具办公费用支出。

5. 加强经营管理建设

（1）健全财务报表体制，准确反映单位的经济情况，定期分析各项经济指标的完成情况，找出问题，及时处理。

（2）加强管理环节，使进、产、销、存的管理系统化、科学化。

（3）对原材料仓库场地、成品仓库场地、商品陈列室等进行合理的布局。

（4）健全各项考核制度，做到“奖不虚施，罚不妄加”。

尽管×年的任务是艰巨的，但我们有一支热爱商店的职工队伍，我们有信心完成我们的奋斗目标。

××西服商店经理办公室

×年×月×日

资料来源：杨文丰编著：《高职应用写作》（第二版），224～225页，北京，高等教育出版社，2010。

［简析］本计划的一大特色是表格与条文能很好地结合。计划正文的前言部分概述了制订计划的依据和工作思路；主体部分则先用一张表格明确、具体、简洁地将计划的目标呈现出来，然后用条文式的方式写明实现目标的五项措施和具体做法，可操作性强；结尾部分表明了实施计划的信心。本计划的不足之处有两个：一是计划中没有写明落实措施和做法的具体步骤，二是各项任务没有具体落实到由什么人做。

特别提示

撰写计划的注意事项

1. 目标必须明确。确定的任务目标在数量、质量上要明确，并突出重点，分清主次先后。

2. 方法、措施以及步骤必须具体可行。采取的措施、步骤在时间、人力、物力、财力安排上要具体可行，并且做到有实施、有检查。

3. 结构形式应合理。拟写时应根据内容的需要，采用适当的结构形式，灵活使用表格式结构，尽量量化，做到条理清晰、一目了然。

拓展练习

（1）结合自己的实际情况，写一份下学期课外阅读计划。

1）要求：有明确的目的，充分认识课外阅读多方面读物的作用；有可行性，措施要具体，时间上要予以保证；结构完整，语言简练，符合格式要求。

2）建议：可结合专业课程的学习，选择多方面读物进行阅读；注意阅读方法，并能做点阅读笔记，提高课外阅读的效率。

（2）通过对自己在本学期学习或工作情况的总结，拟订一份下学期的个人学习或工作计划，要求目标明确，切实可行，采用条文式，语言简洁准确。

参考文献

1. 陈子典，胡欣育主编．应用文写作．北京：北京师范大学出版社，2007.

2. 吴婕主编．有效沟通与实用写作教程．北京：中国人民大学出版社，2011.

3. 杨文丰编著．高职应用写作．第二版．北京：高等教育出版社，2010.

4. 梁志刚，周炫主编．实用文书写作．北京：北京大学出版社，2009.

5. 张佳主编．创办创业公司与“模拟公司”互动化实习．北京：清华大学出版社，2009.

6. 韦志国主编．实践技能训练应用写作．北京：北京交通大学出版社，2010.

7. 杨顺勇，王学敏主编．人力资源管理．第三版．上海：复旦大学出版社，2008.

8. 张微．广告文案写作．武汉：武汉大学出版社，2008.

9. 程滔主编．法律文书格式与写作技巧．北京：中国人民公安大学出版社，2002.

10. 赵轶编著．市场调查与分析．北京：北京交通大学出版社，2008.

11. 张建主编．应用写作．北京：高等教育出版社，2005.

图书在版编目（CIP）数据

应用文写作项目化教程 / 王燕主编．—2 版．—北京：中国人民大学出版社，2017.2
21 世纪高职高专规划教材．公共课系列
ISBN 978-7-300-23764-0

Ⅰ.①应… Ⅱ.①王… Ⅲ.①汉语-应用文-写作-高等职业教育-教材 Ⅳ.①H152.3

中国版本图书馆 CIP 数据核字（2016）第 312437 号

21 世纪高职高专规划教材·公共课系列
应用文写作项目化教程（第 2 版）
主　编　王　燕
副主编　陈海敏　李　静
参　编　孙亚明　周　纯　徐华新　金　银　宋永燕　鲁　瑾　刘春生　王　虹
Yingyongwen Xiezuo Xiangmuhua Jiaocheng

出版发行	中国人民大学出版社		
社　　址	北京中关村大街 31 号	**邮政编码**	100080
电　　话	010－62511242（总编室）		010－62511770（质管部）
	010－82501766（邮购部）		010－62514148（门市部）
	010－62515195（发行公司）		010－62515275（盗版举报）
网　　址	http://www.crup.com.cn		
	http://www.ttrnet.com（人大教研网）		
经　　销	新华书店		
印　　刷	中煤（北京）印务有限公司	**版　　次**	2013 年 9 月第 1 版
规　　格	185 mm×260 mm　16 开本		2017 年 2 月第 2 版
印　　张	21.75 插页 1	**印　　次**	2017 年 2 月第 1 次印刷
字　　数	494 000	**定　　价**	43.00 元

信息反馈表

尊敬的老师：

您好！为了更好地为您的教学、科研服务，我们希望通过这张反馈表来获取您更多的建议和意见，以进一步完善我们的工作。

请您填好下表后以电子邮件、信件或传真的形式反馈给我们，十分感谢！

一、您使用的我社教材情况

您使用的我社教材名称			
您所讲授的课程		学生人数	
您希望获得哪些相关教学资源			
您对本书有哪些建议			

二、您目前使用的教材及计划编写的教材

	书名	作者	出版社
您目前使用的教材			
	书名	预计交稿时间	本校开课学生数量
您计划编写的教材			

三、请留下您的联系方式，以便我们为您赠送样书（限1本）

您的通信地址			
您的姓名		联系电话	
电子邮件（必填）			

我们的联系方式：

地　址：苏州工业园区仁爱路158号中国人民大学苏州校区修远楼

电　话：0512-68839319　　传　真：0512-68839316

E-mail：huadong@crup.com.cn　　邮　编：215123

网　址：www.crup.com.cn/hdfs